本书受中国历史研究院学术出版经费资助

中国历史研究院
Chinese Academy of History
学 术 出 版 资 助

纳民轨物

清末巡警道研究

| 彭雪芹 著 |

社会科学文献出版社
SOCIAL SCIENCES ACADEMIC PRESS (CHINA)

中国历史研究院学术出版
编委会

主　　任 高　翔
副 主 任 李国强
委　　员（按姓氏笔画排列）
　　　　　　卜宪群　王建朗　王震中　邢广程　余新华
　　　　　　汪朝光　张　生　陈春声　陈星灿　武　力
　　　　　　夏春涛　晁福林　钱乘旦　黄一兵　黄兴涛

中国历史研究院学术出版资助项目
出版说明

为了贯彻落实习近平总书记致中国社会科学院中国历史研究院成立贺信精神，切实履行好统筹指导全国史学研究的职责，中国历史研究院设立"学术出版资助项目"，面向全国史学界，每年遴选资助出版坚持历史唯物主义立场、观点、方法，系统研究中国历史和文化，深刻把握人类发展历史规律的高质量史学类学术成果。入选成果经过了同行专家严格评审，能够展现当前我国史学相关领域最新研究进展，体现我国史学研究的学术水平。

中国历史研究院愿与全国史学工作者共同努力，把"中国历史研究院学术出版资助项目"打造成为中国史学学术成果出版的高端平台；在传承、弘扬中国优秀史学传统的基础上，加快构建具有中国特色的历史学学科体系、学术体系、话语体系，推动新时代中国史学繁荣发展，为实现"两个一百年"奋斗目标、实现中华民族伟大复兴的中国梦贡献史学智慧。

中国历史研究院
2020 年 3 月

目 录

绪 论 …………………………………………………………（1）

第一章　渊源与筹议 ……………………………………（13）
　　第一节　治安困局与警学东渐 …………………………（13）
　　第二节　兴办警务局 ……………………………………（37）
　　第三节　司道之争 ………………………………………（57）

第二章　建制与经费 ……………………………………（70）
　　第一节　先后筹建 ………………………………………（71）
　　第二节　分科治事 ………………………………………（98）
　　第三节　经费来源与筹措 ………………………………（133）

第三章　选任与考核 ……………………………………（150）
　　第一节　选任规制的形成 ………………………………（150）
　　第二节　人事纠葛：以湖北为例 ………………………（176）
　　第三节　考核与升转 ……………………………………（186）
　　第四节　遴委属官 ………………………………………（199）

第四章 与各方关系 ……………………………………… (211)
第一节 节制与协作：与督抚部院及司道之关系 ……… (211)
第二节 监督与应对：与谘议局的关系 ………………… (233)
第三节 统筹与整顿：与府厅州县的关系 ……………… (245)

第五章 职责与成效 ……………………………………… (288)
第一节 治安管理与预防 ………………………………… (288)
第二节 监管舆论与社会活动 …………………………… (328)
第三节 统筹市政 ………………………………………… (342)

第六章 裁并巡警道 ……………………………………… (362)
第一节 辛亥应变 ………………………………………… (362)
第二节 归并内务司 ……………………………………… (369)

结　语 …………………………………………………… (378)

征引文献 ………………………………………………… (382)

附　录 …………………………………………………… (396)

后　记 …………………………………………………… (412)

绪 论

一 选题旨趣

治安管理是社会安定与统治稳固的基石。由于社会经济及政治文化有别，古今中国治安管理观念与体制截然不同。中国古代社会以农为本，人口流动性弱，故而政府事务相对轻简，设官分职较为粗放。另一方面，因深受儒家"刑辅德教"的政治理念熏染，历代政府重在倡导教化以靖民心，辅以刑罚以警奸宄，而对处于德刑之间的日常防范却重视不足。因此，古代治安管理没有形成一个独立的系统，而是杂糅于其他制度中。清朝中前期，因袭明制而略加调整，由绿营、差役、巡检、保甲等共同维护地方社会秩序。这一体制下，官兵差民均参与其中，分属不同的系统，又与军政事务混为一体。

晚清以来，时局动荡，战乱频仍，民生困顿。另一方面，商埠城市工商业发展，人口向商埠城市的流动加速，城市社会治安急剧恶化，并面临诸多新生问题。同时，农村社会秩序失衡，盗匪横行。旧有治安体制弊病丛生，积重难返，无法应对治安危局。

趋新国人借鉴域外，提倡西方警察观念，创建新型治安管理体制。戊戌维新期间，黄遵宪等人仿西法试办湖南保卫局，开创了移植警制的先例。庚子之后，在部分趋新督抚的主持下，各直省省城商埠陆续创设了警务局所，警察新制萌生。警察执行站岗巡逻、查禁缉捕、调查户口、筹办消防、规范营业、讲求卫生等各项治安市政事务时，注重通过事前预防消除隐患，并将以往民间自行经理及新生事务纳入政府职掌之中，标志着治安管理方式开始发生变化。

警察局所初创，多由督抚大吏自行筹设，委员经管，成为督抚权力的延伸。且警察由兵勇裁改者居多，素质低下，不谙警务，以致不少地区警政因陋就简，有名无实，与设警初意相距甚远。各省警局亦规制殊异，不仅直省之间各自为政，即便一省内部，亦互不统属，章则不一。随着新政的深入，警察被视为各项宪政与行政的基础，其重要性日益彰显。

清政府借外官改制之机，于各直省添设巡警道缺，制定颁行巡警道官制，建立了统管一省警务的省级行政管理机构，以便规范各省警察规制，进一步推进与完善城乡警察建设。在筹备立宪期间，巡警道上承民政部与督抚的指挥节制，统筹一省警务发展，建立该省警察队伍，使责权明晰、分工精细、上下有序的警察体系逐步确立，成为政府维持社会秩序与巩固统治的重要依托，标志着中国治安制度的转型。警察体系取代旧有治安体制，① 时至今日仍是维护社会治安的中坚力量。

清末巡警道的议设、建制、运作与成效，不仅受清末社会变迁与观念转换的影响，又与官制与宪政改革的进程密切相关，且受制于政体革新与人事变动。因此，通过梳理清末巡警道的设置及运作，可以观察清季警察观念与警察制度形成的大致过程及其间的互动关系，探讨中央部院与督抚司道之间的人事纠葛、权力争夺，以及由此带来的地方行政格局重组与政局变动，从而能深入了解清末

---

① 传统治安体制下的各治安系统，消亡时间不一。地方驻军的社会治安功能逐渐淡去，但今日具有军事编制的武警仍具有维持当地社会治安的功能。巡检制度于民国时废弃。衙署差役清季已经议裁，直至南京国民政府时期完全裁去。保甲制度在晚清就被批评为有名无实，因政权动荡，地方政府无暇顾及，更形荒废。但南京国民政府曾推行恢复保甲，后来随着南京国民政府倒台，共产党建立新型基层政权，保甲制度废除。晚清民国时期，兵事殷繁，匪盗横行，绅民自发组成的乡团民团等团练组织为数不少，1949年后曾有民兵组织与之类似，后来政权稳定后，逐渐取消。

官制改革的具体成效,以及近代警察制度引进与建立对民众生活的影响。

对历史整体的了解有赖于各门专业的精进不已,① 本书通过对清末巡警道这一具体问题做深入细致的考察,试图观察近代社会中制度移植在观念变革、社会需要、人事、利益的相互纠缠中演变及互动的过程,以求丰富与加深对历史复杂性的认识。

二 先行研究

目前学界关于清末巡警道的研究,主要体现在近代警察史、政制史及区域研究等著述中。由于关注的视角不同,这些相关研究论及巡警道时,内容较为简略,但提供了巡警道设置的概况,是本研究得以开展的基础。现以相关研究的历时性进展与研究视角的变化为经纬,回顾这一专题的先行研究。

(一) 1949 年以前

民国时期,由于警政的发展与推广,警察学方面的著作增多。这一时期的警学著述,主要针对警务教育的实际需要,介绍警察法规、各项警察业务等专业知识,尚少对中国警察的历史进行研究。不过,部分警学著作在追溯中国警察沿革时,涉及清末巡警道的建置。另外,有关政制史的研究中也有涉及巡警道的论述。

1931 年,郭冠杰在《清朝地方官制之略述》一文中,对清朝地方官制的演变脉络进行了大致的梳理,其中指出了巡警道既受本省督抚节制,又归民政部监督的隶属关系,并简要介绍了其机构设置、选任资格的一些基本史实。②

1935 年,执教于内政部警官高等学校的陈允文著《中国的警察》一书。该书对中国警察的创建略做回顾,指出晚清为划一各

---

① 余英时:《钱穆与中国文化》,上海远东出版社 1994 年版,第 36 页。
② 国立中山大学法科社会科学论丛编辑委员会编辑:《社会科学论丛》第 3 卷第 11、12 号合刊,国立中山大学出版部 1931 年版。

省警察官制而设立巡警道，并且注意到各省巡警道署组织的不同，但对巡警道的设置及废止时间判断有误。① 同年，内政部警政司编的《中国警察行政》一书，也注意到巡警道设立后虽然官厅名称渐趋一致，但内部组织仍省自为政，互有异同。并且指出巡警道为一省警察之主管长官，直接受本省督抚之节制，间接受民政部之监督。② 同时，内政部编撰出版《内政年鉴》，其中"警政篇"追溯了清代警察制度的创立，论述与《中国警察行政》相似。③ 因受著作目的及篇幅所限，上述各书仅下断语，但指出巡警道设立的目的在于划一警制，以及各省道署的建置存在差异，具有启示意义。

1936 年，在河南警界历任要职的马濬明编辑《河南警务沿革纪略》，叙述了1903 年开封创办巡警至1936 年河南警务沿革的具体历程，其间简要描述了河南添设巡警道后，警务公所的分科情况及人员配置，以及改良警制、扩充警额、培植警才、添购警械、划一服制、增加警饷的情况，并记述了河南巡警道人事上的变迁及其在辛亥革命中的表现。该书回顾了河南巡警道设置及其施政情形，为后来研究者提供了线索。④

这一时期有关巡警道的讨论，叙述十分简要，且多从警察学的角度对晚清巡警制度的设置进行粗略的回顾，真正意义的研究尚未展开。

（二）1950 年以来

1950—1970 年代，学界尚未重视对清末巡警道的研究。仅1958 年杨世骥在《辛亥革命前后湖南史事》一书中，批评湖南巡警道赖承裕在长沙抢米风潮中处事不当，激怒饥民。⑤ 而1971 年美国学者周锡瑞在《改良与革命——辛亥革命在两湖》中讨论新

---

① 陈允文：《中国的警察》，商务印书馆1935 年版，第32—33 页。
② 内政部警政司编：《中国警察行政》，商务印书馆1935 年版，第5 页。
③ 内政部年鉴编撰委员会编撰：《内政年鉴》，1935 年版。
④ 马濬明编辑：《河南警务沿革纪略》，1936 年稿本。
⑤ 杨世骥：《辛亥革命前后湖南史事》，湖南人民出版社1958 年版。

政与民众的关系时，也叙述了1908年长沙城市贫民人数激增，米价昂贵，而湖南巡警道赖承裕反对平粜米价，处事颟顸，激起民愤，引发长沙抢米风潮的相关史实。①

1980年代以来，史学研究的广度与深度都有了长足的发展。受此影响，学界关于近代区域史、政制史、警察史的研究日益深化，而涉及清末巡警道的讨论也逐渐增多。

1980年代，台湾首先出现了近代警察制度史的研究专著。1984年，王家俭在《清末民初我国警察制度现代化的历程》②一书中，从现代化的角度，较为系统地描绘了国人对警察认识的变化，以及警察制度在晚清民初创办与发展的演变过程，在警察制度史上具有开创性的学术意义。其中简略叙述了清末巡警道在各直省的设置时间、道员任免、警政建设等基本情况，为后来者提供了初步线索。不久，王家俭在《近代安徽的警政建设》③一文中，讨论了1901—1937年安徽警政建设的基本情况，首先注意到近代警政在地方上建置的具体过程，梳理了安徽巡警道设置的大致脉络及其职掌状况。同时，台湾学者张玉法、张朋园、王树槐在有关地方现代化的区域研究中，分别注意到山东、湖南、江苏巡警道在晚清制度变革中设立的一些基本史实。④

这一时期，清代官制的研究著述也涉及巡警道的讨论。1981年，张德泽在《清代国家机关考略》⑤一书中指出巡警道实行分科

---

① 该书中文译本，参见〔美〕周锡瑞《改良与革命——辛亥革命在两湖》，杨慎之译，中华书局1982年版。

② 王家俭：《清末民初我国警察制度现代化的历程》，台湾商务印书馆1984年版。

③ 王家俭：《近代安徽的警政建设》，《近代中国区域史研讨会论文集》（下），中研院近代史研究所1986年版。

④ 张玉法：《中国现代化的区域研究——山东省，1860—1916》，中研院近代史研究所1982年版；张朋园：《中国现代化的区域研究——湖南省，1860—1916》，中研院近代史研究所1983年版；王树槐：《中国现代化的区域研究——江苏省，1860—1916》，中研院近代史研究所1983年版。

⑤ 张德泽：《清代国家机关考略》，中国人民大学出版社1981年版。张著认为东三省、江苏、甘肃、福建六省未设巡警道，显然与事实不符。

治事，其设置是晚清地方官制改革的一项重要内容。1988年，刘子扬编著的《清代地方官制考》①，分析相关章程条文，讨论巡警道的职掌、机构设置及定期考核属官的一些规定，并且首先关注到巡警道对属官的管理。

1990年代以来，近代警察史吸引了越来越多的研究者，研究视野拓宽，研究领域扩大，一些问题开始得到具体细致的讨论，大量的专题论文和著作涌现。② 这些著述，对近代警察制度演变的大致轨迹、警察经费的筹集、重要人物的警政思想、晚清警察教育状况、影响警政进程的制约因素、警察与社会各界的关系等诸多方面都展开了专门的讨论。而这些相关研究，对于了解巡警道建置的制度背景及其中的相关问题，具有一定的借鉴意义。其中，1993年韩延龙主编的《中国近代警察制度》③一书，利用大量的未刊档案，从通史的角度全面论述了1949年前中国警察制度在各个层面的演变，使得中国近代警察制度史的研究向前迈进了一大步。该书以章程奏牍为基础，简略论述了巡警道的设立、组织及职权。尤其

---

① 刘子扬编著：《清代地方官制考》，紫禁城出版社1988年版。
② 例如：黄晋祥《论清末警政演变的历史轨迹》，《社会科学家》1997年第2期；黄晋祥《绅商与清末的办警方式及其经费问题》，《晋阳学刊》2002年第6期；肖朗、施峥《日本教习与京师警务学堂》，《近代史研究》2004年第5期；刘增合《鸦片税收与清末警政改革》，《江苏社会科学》2004年第4期；夏敏《晚清时期中国近代警察制度建设》，《江苏警官学院学报》2003年第4期；公一兵《北京近代警察制度之区划研究》，《北京社会科学》2004年第4期；孟庆超《简论清末警政制度》，《理论探索》2002年第6期，郭玉家、马学春《清末新政与中国警政近代化》，《许昌学院学报》2003年第3期；王飏《善耆与近代中国警政》，《湖南公安高等专科学院学报》2002年第2期；李宁《略论促成清政府建立近代警察制度的主要原因》，《河北法学》2004年第1期；杨玉环《论中国近代警察制度的开创》，《辽宁大学学报》2003年第6期；万川主编《中国警政史》，中华书局2006年版；孟庆超《中国警察近代化研究——以法文化为视角》，中国人民公安大学出版社2006年版；丁芮《管理北京：北洋政府时期京师警察厅研究》，山西人民出版社、山西经济出版社2013年版；李思颖《清末警察制度研究》，硕士学位论文，上海师范大学，2015年；等等。挂一漏万，不一一详列。
③ 韩延龙主编：《中国近代警察制度》，中国人民公安大学出版社1993年版。

引人注目的是，该书将民政部拟订的直省巡警道官制并分科办事细则与宪政编查馆修正并最终颁行的细则进行比较，通过分析两个章程的异同，从侧面讨论了巡警道规制的形成以及清政府对警察教育的重视。而美国学者司昆仑在其博士学位论文《晚清成都的警察改革（1902—1911）》①中，对晚清成都警察的创办及巡警道添设后对成都警察的改革进行了详细的探讨。1999年，詹延钦《清末巡警与辛亥革命》②一文考察了清末巡警与辛亥革命的关系，其中涉及直隶、广东、福建、四川等直省的巡警道在革命前后的表现与选择。沈晓敏《清末民初的广东警察》③一文讨论了广东地方警政的建置，其中梳理了广东巡警道的机构设置以及划一各属警察制度的努力。

2000年以来完成的数篇警政区域研究的硕士、博士学位论文，分别对清末直隶、广东、甘肃、山东、浙江、湖南等省的警政建设做了较为详细的论述，并且对巡警道整顿改良所属警政的努力进行了探讨。如谢明刚《清末直隶警政述论》④讨论了直隶巡警道推行警务长制、划一州县警区，以规范州县警制。贾蕊华《试论清末广东警政》⑤探讨了清末警察制度在广东的推行过程及警政建设对广东社会秩序的导向作用。张利荣《清末民初甘肃的警政建设》⑥分析了甘肃巡警道设立迟缓的主要原因在于财政困难，及巡警总局对厅县警局的规范。杨雪英《1902—1928年山东警政研究》⑦注意到山东在裁撤旧道、挪筹经费的基础上添设了巡警道，以及警务公

---

① Kristin E. Stapleton, *Police Reform in a Late-Imperial Chinese City: Chengdu, 1902–1911*, Ph. D. dissertation, Harvard University, 1993.
② 詹延钦：《清末巡警与辛亥革命》，《史学月刊》1999年第4期。
③ 沈晓敏：《清末民初的广东警察》，《广东史志》2001年第2期。
④ 谢明刚：《清末直隶警政述论》，硕士学位论文，河北师范大学，2002年。
⑤ 贾蕊华：《试论清末广东警政》，硕士学位论文，暨南大学，2006年。
⑥ 张利荣：《清末民初甘肃的警政建设》，博士学位论文，暨南大学，2007年。
⑦ 杨雪英：《1902—1928年山东警政研究》，硕士学位论文，山东师范大学，2008年。

所四科的职掌。许雪溢《清末浙江警政建设述论》[①] 述及浙江全省警务处裁改为巡警道后的机构重组，及巡警道对厅州县警务的稽查。方靖《近代西方警政的东渐及其在广州的实践》[②] 论述了广东巡警道设立后对广州警察制度的规范。苏寒沙《近代湖南警政研究（1989—1926年）》[③] 探讨了湖南巡警道署的机构设置以及警务的推广。

由于兴办警察是清末新政的一项重要内容，近年来关于新政的区域研究也关注到该地区警政的办理状况与警察机构的建制，涉及各该省巡警道建制的一些基本史实。如朱俊《徐世昌与东北新政研究》[④] 与郭艳波《清末东北新政研究》[⑤] 皆讨论了奉天巡警道的职权范围及裁撤。庞振宇《清末江西新政与社会变迁》[⑥] 提及省级行政机构变动中江西巡警道的设立。葛天《清末陕西新政研究》[⑦] 注意到陕西直省官制改革中巡警道的添设以及巡警道员的更换，并认为警局的设立使新的社会秩序逐渐确立。而在清季官制改革的研究中，潘鸣《清末省级行政机构改革研究（1906年—1911年）》[⑧] 对行省官制变革进行了整体的观察，讨论了各省巡警道设置的时间、警务公所的机构设置，并且注意到督抚在巡警道员选任上的重要作用及与民政部的争夺。

2005年，聂颖、何峰《中华民国湖北巡警道钩沉》[⑨] 一文是

---

① 许雪溢：《清末浙江警政建设述论》，硕士学位论文，浙江大学，2008年。
② 方靖：《近代西方警政的东渐及其在广州的实践》，博士学位论文，暨南大学，2010年。
③ 苏寒沙：《近代湖南警政研究（1989—1926年）》，硕士学位论文，湖南科技大学，2015年。
④ 朱俊：《徐世昌与东北新政研究》，硕士学位论文，安徽师范大学，2005年。
⑤ 郭艳波：《清末东北新政研究》，博士学位论文，吉林大学，2007年。
⑥ 庞振宇：《清末江西新政与社会变迁》，硕士学位论文，江西师范大学，2007年。
⑦ 葛天：《清末陕西新政研究》，硕士学位论文，西北大学，2009年。
⑧ 潘鸣：《清末省级行政机构改革研究（1906年—1911年）》，硕士学位论文，首都师范大学，2007年。
⑨ 聂颖、何峰：《中华民国湖北巡警道钩沉》，《湖北档案》2005年第12期。

最先出现的以巡警道为专题讨论对象的文章。此文梳理了武昌起义爆发后革命政府在武汉所成立的警察机构对武汉警区的规划以及维持武汉稳定与秩序的措施。但是，事实上，虽然革命政府颁发过"中华民国湖北巡警道之关防"，但是并没有任命过巡警道员，而是设立湖北临时警察筹办处，借用该关防办公，中华民国之后湖北并未设置巡警道。2016年邹俊杰《论晚清的警政人事博弈——以湖北巡警道的选任和罢黜为中心》①一文讨论了在湖北巡警道员选任上中央与地方督抚之间的利益纠纷与权力纠葛。

2014年关晓红《从幕府到职官：清季外官制的转型与困扰》②一书全面深入地考察了清季外官制改革的历程，深刻揭示了清季官制改革中新旧体制的复杂纠葛，分析了弃旧图新的巡警道在筹议时由"司"而"道"变更的原因，提出巡警道的设置开启了政府职能由传统的缉盗安民到便民利民的转变。

自1980年代以来，学界关于近代警察的学术性研究开始起步，有关近代警察制度的探讨日益增多，警察发展的大致脉络得以明晰。而对于清末巡警道的探讨也有所深化，并关注到巡警道的建置与运作的一些史实。然而，由于关于巡警道的讨论，多是在新政与警政的区域研究中涉及，或在政制研究中做笼统的通识性介绍，研究视角不同，因此对各该省巡警道的梳理着墨甚少。且多从机构设置的角度进行考察，对巡警道运作的具体情况讨论较少，难以认识清末巡警道在全国建置与实施的情况及成效。现有先行研究探讨清末巡警道的内容较为简略，但提供了巡警道设立的基本情况，为继续深入研究打下了基础。

历史研究的深入，依赖于资料的进一步挖掘、研究视角的转换与研究范围的扩大，更取决于研究方法的得当。综而言之，现有研

---

① 邹俊杰：《论晚清的警政人事博弈——以湖北巡警道的选任和罢黜为中心》，《江苏警官学院学报》2016年第6期。

② 关晓红：《从幕府到职官：清季外官制的转型与困扰》，三联书店2014年版。

究在资料运用上，多基于官方典籍等文本，忽略了晚清大量报刊、档案奏牍、私人文集笔记中所留存的丰富而具体的信息；在研究视角与范围上，多于近代警察史、政制史、区域研究中涉及巡警道的建置，因而简略笼统。

概言之，目前有关巡警道的研究，对于巡警道脉络的梳理尚显粗略，基本史实尚待厘清，而关于巡警道规制所蕴含的巡警观念的变迁、巡警道制度的具体运作、巡警道设立的成效得失以及社会反应的研究付之阙如，对于巡警道设置在晚清官制改革中的位置，以及对近代直省行政体系、社会变迁及民众生活的影响，更是缺乏考量。因此，这一课题还存在广阔的研究空间，有待于更为具体而深入的探究。

三 资料与思路

晚清创办警察，乃新事新设，史无前例可循。虽有日本等国经验可资借鉴，但移植的新制度如何与中国固有体制衔接，如何增删建制方能符合中国社会需求，皆需逐步探索，适时调整。朝野之间对此有不少讨论，吸引了众多目光。清廷各级政府对其创行筹建倾注了巨大的心力，官绅各阶层对其利弊得失给予了持续的关注。因此，无论官方典籍、奏章文牍，还是报章杂志、私人著述，皆有大量记载，留下了丰富的史料，为今日认识巡警道设立的渊源脉络提供了依据。可供利用的资料主要可分为以下几类。

第一，官方文献典籍。实录政书等官典籍，记载一朝史实，涉及面广，包罗万象，自然不乏巡警道设置之记录。《清德宗实录》《宣统政纪》《光绪朝东华录》《清朝续文献通考》等为后人了解巡警道设置的基本线索提供了重要的资料。

第二，档案。《光绪朝朱批奏折》《宫中档光绪朝奏折》《谕旨汇存》《光绪宣统两朝上谕档》《民政部奏折汇存》等奏折汇编辑录了大量朝廷谕令、各省奏牍，内容涉及朝廷关于兴办巡警道的各项指令、各省官员汇报该地创设巡警道的成效，可了解朝廷动向与各省巡警道的推行状况。《清末筹备立宪档案史料》《清代军机处电报档汇编》《清代官员履历档案全编》《四川保路运动档案选编》《辛亥革命前十年间民变档案史料》等各种档案汇编为了解清末新政与当时的社会背景提供了方便。

第三，奏章文牍。督抚奏章与官员禀呈批示等文牍是了解一省政情的重要依据，蕴含着制度实施的大量具体信息，是梳理各直省巡警道规制与实际运作极为重要的凭据。《端忠敏公奏稿》《庸庵尚书奏议》《锡清弼制军奏稿》《退耕堂政书》《退庐全集》等多种督抚部员及其他官员的奏议文集数目繁多，他们或是各省巡警道的具体筹划者指挥者，或是这一制度运作的观察者批评者，他们所留下的相关资料，是了解各巡警道建置的重要依据。

第四，报章杂志。晚清以降，兴办报刊之风潮席卷民间与政界，各种名目的报章杂志如雨后春笋般涌现，深刻影响着知识信息的传播方式与规模，甚至悄然改变着整个社会生活的样态。《政治官报》《内阁官报》以及四川、广西、浙江等各省官报，是政府公布章程命令、引导舆论的重要途径，包含很多警政建设的信息。《大公报》《申报》《时报》《新闻报》《中外日报》等众多私人创办的报刊，更以消息灵通著称，对官场人事变更嗅觉敏锐，尤为可贵的是对社会生活的大量报道，留存了巡警道制度实施情况及效果的具体生动、缤纷多彩的实际例证，为了解制度运作动态的过程以及人事的复杂纠葛提供了可能。报刊不仅追踪制度的厘定与实施，而且发表大量的评论，可从中体会时人对这一制度的看法。由于晚清报界政治倾向性不同，且新闻采访尚不完备，各报馆新闻来源芜杂，甚或道听途说，因此利用报刊中的信息必须谨慎小心，需要搜寻多种报刊，在相互比勘中辨别真伪，梳理源流。

第五，各类资料汇编及文集、笔记、日记等。《北洋公牍类纂》、各省财政说明书等也是认识警察观念与制度变革的基础资料。另外，各地各类辛亥革命史料选编为梳理巡警道在政局变动后的流变提供了便利。而《走向世界丛书》《黄遵宪集》《梦蕉亭杂记》《汪荣宝日记》《日本法政考察记》等私人著述，记载了官员士人置身于晚清变局中，对于巡警道等新知识与新制度的切身体验与感受，使我们有机会认识巡警道观念的倡导传播，巡警道制度对官绅民众生活的影响，以及对它的感悟与反应。

此外，尚有近人修撰的各种地方史志，对当地警察的筹建与巡警道的建置多有梳理，为了解地方警政的大致轨迹提供了线索。

虽然有关资料散见于各种档案、报刊、章奏之中，需要耐心寻觅梳理，但资料的丰富使研究这一课题成为可能。上述种种资料，留存了大量的相关信息，不仅可以理出巡警道在规制上的章程条文，亦可认识在不同时空、不同人事下，规章实施的具体过程与歧异的面相。

由于既有巡警道研究较多集中探讨巡警道的制度设置的条文规定，对于孕育制度变革的社会土壤与观念更新缺乏深入了解，对制度实施过程中各阶层的态度与反应亦缺少关注和认识，而有关巡警道制度具体的运作过程，及各地运作的特点与差异，现有研究亦存在缺失，故本书意在通过对清末知识与制度转型中晚清巡警道建置脉络的历时考察，梳理制度移植与建立过程所体现出的观念转变、制度变革与社会变迁。

本书具体内容拟从以下几方面入手：第一，梳理清末巡警道的渊源流变，展现巡警道制度在历史中的演进历程；第二，分析影响制度变迁的诸多因素，力求将制度变迁置于历史语境之中，从社会变化带来的内在需求入手，并关注具体运作中人事对制度形成与实施的影响；第三，观察巡警道制度变革带给社会的影响，主要关注治安制度的转型、地方行政格局的变迁，以及巡警道对民众日常生活的规范；第四，探讨巡警道在清末新政中的位置，通过巡警道这一个案研究，具体深入地透视晚清政情与社会变迁。

第一章
渊源与筹议

传统治安体制，责权分散。清中叶以来，窳败扰民，弊病丛生，更难应对社会剧变后的治安乱象，屡为世人诟病。戊戌前后，趋新官绅借鉴西方警察之制，创办警务局所，以取代旧制，弭乱避祸，纳民于轨。然而，各地委员自办，清廷难以掌控，且规制混杂，程度不一，并与司法权限杂糅不分。故新政期间，内外官员筹议于各省增设专管警务之司道，力图划一警制。

第一节 治安困局与警学东渐

一 清代治安体制及其弊病

清朝中前期，没有专门的治安法规与管理机构。[①] 探究当时的

---

① 关于中国古代治安问题的通史性研究著作，主要有朱绍侯主编的《中国古代治安制度史》（河南大学出版社1994年版），该书从中国古代的政治制度、军事制度、司法制度、监察制度以及其他制度中，梳理出中国古代各个时代的治安思想，政权机构中的治安职能，中央与地方的治安保卫制度，户籍管理、消防管理以及对驿传、关卡、市场的管理，是首部系统研究中国古代治安制度史的著作。此外还有中国社会科学院法学研究所法制史研究室编著《中国警察制度简论》（群众出版社1985年版）、林维业《中国警察史》（辽宁人民出版社1993年版）、董纯朴编著《中国警察史》（吉林人民出版社2005年版）、万川主编《中国警政史》（中华书局2006年版）等著作，以警察涵盖古代治安的范畴，论述了由古至今的治安管理。

社会治安管理，需从清代律例、兵制、政制等相关的法规与制度中去追根溯源。

《钦定大清律》是清朝治理社会的法典，除名例律外，按照中央六部职掌，划分为吏律、户律、礼律、刑律、兵律、工律六类。其中，社会治安的管理与处分主要依据刑律中盗贼、人命、斗殴等款来决断。① 从刑律的条款与量刑来看，清代对治安的管理，主要从捕贼治盗、惩禁争斗、处置命案等几个方面入手，政府管理的重心在事后的惩治。

不过，清代"盗贼"一词含义宽泛，范围很广，不仅"有劫、有抢、有窃"，② 谋叛谋逆亦包含在内，涵盖了从普通的偷窃者到结盟谋反的政治犯，罪行轻重悬殊，性质差别很大。清代特别重视政治性的犯罪，对侵害朝廷威仪、有碍清朝统治的政治犯罪，处以极刑，加意防范。如刑律盗贼一项中，对从事谋反、倡立邪教、惑众滋事、结盟入会、盗制书印信及官府财物者，不分首从，多以极刑惩处，并且株连家人。此外，受儒家尊亲敬长、等级有别等伦理思想的影响，在盗贼、人命、斗殴等各类犯罪的量刑中，参照犯罪者与受害者的身份地位，分别处以不同的刑罚。如斗殴，普通民人相互争殴，根据情节、后果，分别处以笞二十到杖一百、流三千里等轻重不同的处罚；而子孙殴祖父母父母、奴婢殴家长，则皆处以斩刑。由于清朝尚未出现专门的治安管理条例，此类问题的处理规定从属于刑律。治安的维持与刑律的执行，则由绿营塘汛、各级政府以及保甲团练等共同承担。

绿营营制，分为标、协、营、汛四级。除督抚提镇所领的绿营各标居中镇守，专备调遣征伐外，各协职司协守要地，营汛分扎城邑市镇，以为分守。此外，尚有墩台塘铺等名目。每汛于所辖汛地中分设各塘，以为设卡守望之处，每塘汛兵四五名。又于

---

① 参见《钦定大清律》总目及刑律。
② 《光绪会典》卷55，《大清五朝会典》第17册，线装书局2006年版，第510页。

水陆孔道之旁，按汛地建造墩台营房。而关外边防及特殊地区，又特别设置捕盗营。如吉林设捕盗五营，奉天设捕盗二十五营，山西巡抚节制下有口外七厅捕盗营，直隶总督辖下设有五路捕盗营及张家口捕盗营等。

　　绿营弁兵实行的是差操合一的制度，平日职责分为差、操两种，操练以备征调与承应各项差役并重。其所应百役，包括解送钱粮饷人犯、守护仓库监狱城门、缉捕盗贼、侦查邪教结会、查禁赌博娼妓、巡缉私盐、清道站道、捕蝗等。① 其中，查禁缉捕等维护社会治安的任务占据重要位置。清廷在直省城邑市镇、驿路通衢，分驻营汛，安设墩铺，"原为稽查奸匪，缉拿盗贼，护送差使"。② 对于营伍疏于防盗、捕盗不力、讳盗不报的处分极严，绿营处分例规定，各省营汛地方须每年统计盗窃案件，根据拿获的多寡，分别赏罚。武职各官讳盗不报者革职，若地方被盗失事，专汛官停俸，兼辖官罚俸六月，限一年缉拿。③ 可见，绿营弁兵承担着捕盗察奸、巡逻护卫的重任。

　　"地方文武均有缉匪之责"，④ 除绿营塘汛墩铺外，各级政府也有捕盗缉匪、察奸禁暴之责。清代各直省中，督抚综核全省政事，布政督促各属编练保甲，按察监督各属捕务，皆肩负治安责任。道府各官监督所辖州县，决讼检奸。各府设总捕同知，或总捕通判、粮捕通判、粮捕水利通判等佐贰官，⑤ 辅助知府，督饬所属州县捕务。州县政府是整个官僚机构中的下层，由州县官、佐贰、书吏、衙役等组成，是地方治安最直接的负责者。州设州同、

---

① 参见罗尔纲《绿营兵志》，中华书局1984年版，第252页。
② 昆冈等撰：《钦定大清会典事例》卷626。
③ 昆冈等撰：《钦定大清会典事例》卷634。
④ 昆冈等撰：《钦定大清会典事例》卷633。
⑤ 如江苏府设总捕同知，常州府设总捕通判，松江府设粮捕通判，镇江府设粮捕水利通判。参见《江南通志》第107—108卷，《文渊阁四库全书》总第510册，台湾商务印书馆1982年版，第166—183页。

州判,"分掌粮马巡捕之事",① 设吏目"司奸盗、察狱囚、典簿录"。② 县设有县丞、主簿等佐贰官,"分掌粮马、征税、户籍、缉捕诸职"。③ 遇有案件,则交由差役出外缉查。捕快专任辖境内缉捕之事,州县官也可差遣马快、民壮,办理侦缉捕盗之事。部分省份将马快与民壮合为一役,"名曰壮快,一体操练,分班巡缉"。④ 此外,部分州县在距县治较远的关津及繁盛市镇设立巡检司,"掌捕盗贼",⑤ 并就近管束弹压地方。清代巡检司巡检,⑥ 从九品,各地所设多寡不一,广东所设最多,共148人,江西次之,92人,江苏82人,福建、湖北各74人,甘肃、乌鲁木齐最少,各仅2人。⑦ 巡检在治所建有衙署,内驻弓兵几人至几十人不等。弓兵亦属差役,设有定额,招募承充,在巡检督率下,盘查行人,巡缉道路,拿捕盗贼。

清代各级政府中,督抚司道以及府厅州县各级官员,对辖境内的治安皆负有责任,并设佐贰官辅助督捕。而缉捕侦查等具体事务,则由处于正式行政系统之外的差役执行。然而,各州县所辖地区甚为宽广,绝大多数的居民散处在农村,交通并不快捷。政令信息由州县治所传递到各个乡村,不仅所费时日甚久,而且需要大量的人力物力,这对于并不庞大的州县政府来说是件很难完成的任务。因此,州县官实施治理,仅仅依赖佐贰官辅助与差役应命是不够的,还需要借助民间的力量。在维持当地治安与社会秩序方面,

---

① 嵇璜、刘墉等:《清朝通志》卷69《职官略六》,浙江古籍出版社1988年版,第163页。
② 赵尔巽等撰:《清史稿》卷116《职官制三》。
③ 赵尔巽等撰:《清史稿》卷116《职官制三》。
④ 张廷玉等撰:《清朝文献通考》卷23《职役考三》。
⑤ 嵇璜、刘墉等:《清朝通志》卷69《职官略六》,第7163页。
⑥ 有关清代巡检的专题研究,可参见张浩《清代巡检制度研究》,硕士学位论文,东北师范大学,2007年;胡恒《清代巡检司地理研究》,硕士学位论文,中国人民大学,2008年。
⑦ 张廷玉等撰:《清朝文献通考》卷85《职官考九》。

保甲团练等乡里制度发挥着不可替代的作用。①

清入关定鼎之初，以保甲为弭盗安民之良规，因袭明制，编查保甲。十户一牌，十牌一甲，十甲一保，不仅普通汉人，旗人、绅衿、船户、无业游民、盐场工人、山居棚民、奴仆、僧道等也皆须编列入册。在城乡镇集人烟稠密之所，按户编查，而穷乡僻壤零星居住之民，变通办理。甲长保长由士民公举诚实识字及有身家者报官点充，凡甲内有盗窃、邪教、赌博、窝逃、奸拐、私铸、私销、私盐、私立党会等事，以及形迹可疑之徒，牌、甲、保各长及邻佑皆有向官府报告之责。倘若隐匿不报，按律惩治。若有差役持票前来拘拿盗贼及逃犯，保甲长须协同捕拿。此外，若有户口迁移变动，须随时申报，将门牌改填更换。② 保甲制度主要内容是诘奸宄、弭盗贼，随社会发展又屡有变化。清中叶实施摊丁入亩，滋生人丁永不加赋，里甲的主要功能丧失，逐渐被保甲制度取代。而保甲的职能也因此扩张，由弭盗安民逐渐承值各种差役。北方以自耕农为主的地方，乡地制度演变为以自然村为基础，出现地保、乡保等职役。此外，中国为伦理社会，家族在社会生活中居于重要地位。"聚族而居，丁口众多者，择族中有品望者一人，立为族正，该族良莠，责令查举。"③ 在宗族发达的地区，族长族正也具有一定的治安责任。

保甲、乡地、宗族等组织相互交错，共同承担着安定乡邻、察

---

① 关于清朝保甲、地保、里甲、团练等乡里制度的研究，可参见费孝通、吴晗等《皇权与绅权》，天津人民出版社1988年版；瞿同祖《清朝地方政府》，法律出版社2003年版；〔美〕孔飞力《中华帝国晚期的叛乱及敌人》，谢亮生等译，中国社会科学出版社1990年版；魏光奇《清代直隶的里社与乡地》，《中国史研究》2000年第1期；王先明《晚清保甲制的历史演变与乡村权力结构》，《史学月刊》2000年第5期；李怀印《晚清及民国时期华北乡村中的乡地制》，《历史研究》2001年第6期；刘志伟《在国家与社会之间：明清广东里甲赋役制度研究》，中山大学出版社1997年版；刘道胜《清代基层社会的地保》，《中国农史》2009年第2期；等等。

② 昆冈等撰：《钦定大清会典事例》卷158。

③ 昆冈等撰：《钦定大清会典事例》卷158。

奸禁暴的任务。清中叶之后，又出现团练（乡团），在较为动荡的时期，护卫着乡村的安全。嘉庆初年，四川、湖南因白莲教起事，筹建乡团，协助绿营平乱。道咸年间，太平天国起义及捻军起义，席卷十几个省，绿营疲弱，无力抵抗。清廷多次谕令各直省督抚督饬地方官会同士绅，"仿照嘉庆年间坚壁清野之法，办理团练，以资保卫"，① 鼓励士绅组建团练，招募团勇，守望相助，协助绿营，保卫乡邑。咸同之际，各省举办的团练，"有驻守地方者，有随营征剿者"。② 离乡征剿的团练发展为湘军、淮军，辅助清廷平定了战乱。因绿营窳败，战后湘军淮军作为勇营保存下来，驻防要地，变成清朝的经制之师。战乱平息后，为防止大权旁落、尾大不掉，清廷下令裁撤团练。然而，晚清社会不宁，盗匪充斥，驻守当地的各团练虽屡经裁撤，但实际上多数仍旧存在，清廷也不得不妥协，以资守卫。团练在清朝中晚期，尤其是治安恶化比较严重的地方，起到重要的保境安民的作用。

绿营弁兵、各级政府、保甲团练等几种不同的系统，共同负责维护城镇乡村的社会治安。"城守有驻防，大路有塘汛"，③ 州县有捕役，乡里有保甲，多方参与治盗卫民，其立意并非不善，人数非为不多，但是往往执行不力，并且存在一些制度性的弊病。

绿营兵丁皆土著，固定不移，世代为业。虽然有效地防止了将官专擅，将兵权牢固地集中于中央，但是，兵丁世居当地，疲弱窳败，遇到事变，镇守无力，应承差役，敷衍塞责。

捕役责在侦查缉捕，但身份低微，他们及其子孙不得参加科考与入仕为官，地位处于普通百姓之下。而且，"在所有衙役中，捕役的地位最低"。④ 其他差役尚有微薄工食银以维生，捕役却全无

---

① 刘锦藻撰：《清朝续文献通考》卷215《兵考十四》，浙江古籍出版社2000年版。
② 赵尔巽等撰：《清史稿》卷133《兵志四》。
③ 辅德：《请定将弁协缉事宜疏》，贺长龄辑：《皇朝经世文编》卷75，台北，文海出版社1972年版，第2671页。
④ 瞿同祖：《清朝地方政府》，第104页。

工食，只能依赖陋规及赏银谋生。"捕役之名，不载赋役全书，不编征工食。"① 为防止捕役勒索扰民，雍正年间，朝廷令州县于本衙门额设工食内，"每捕役一名，将他役工食量为并给，使其养赡充裕"，② 但数甚微薄，并不足以维持生计。而"其役颇贱，其责实重"，州县只得严定赏罚以激励约束，"轻则加以扑责，重则质其妻子，能获要盗，赏亦随之"。③ 而且，捕役大多由市井无赖、土棍游民承充，甚至由黠贼猾盗投诚改充，"地方官不得已而用之"。④ 虽然州县官时常督催，重其赏罚，但通常并不能对其进行有效的约束。各地捕役积习难改，平日欺压良懦，倚势作威，遇有案件，或敷衍了事，或诬良为盗，恐吓敲诈，肆意勒索，"除暴则不足，扰民则有余，索贿则争先，逐贼则居后"。⑤ 更有甚者，与窃盗莠民互相勾结，"故每一案出，往往获真盗难恶伤其类，诬良民易不患无辞"，⑥ 窝赃分赃，假公济私，渔利自肥。其他各班差役无不如此，差役之弊积重难返。

保甲制度为历代统治者推崇，视为比闾什伍遗法，邻佑彼此熟识，使其互相稽查，则"人类良莠，平时举可周知，惰游匪类，自无所容，外来奸宄更无从托迹，于治理最为切要"。⑦ 将编户齐民置于邻佑的相互监督之下，以连坐的方式迫使民人不敢妄为。成周比闾之法，"欲其出入相友，守望相助，疾病相扶持，是教其相率而为仁厚辑睦之君子也"。而什伍保甲之法，则"一人有奸，邻里告之，一人犯罪，邻里坐之，是教其相率而为暴戾刻核之小人

---

① 瞿同祖：《清朝地方政府》，第104页。
② 张廷玉等撰：《清朝文献通考》卷24《职役考四》。
③ 张廷玉等撰：《清朝文献通考》卷23《职役考三》。
④ 田文镜：《请停分缉协缉疏》，贺长龄辑：《皇朝经世文编》卷75，第2674页。
⑤ 《仿设巡捕说》，赵树贵、曾丽雅编：《陈炽集》，中华书局1997年版，第247页。
⑥ 刘锦藻撰：《清朝续文献通考》卷27《职役考一》。
⑦ 昆冈等撰：《钦定大清会典事例》卷158。

也"。① 形式相似,立意却完全不同。而在执行上,虽然朝廷多次谕令重申,要求地方官实力奉行,不得流于形式,但各地方官往往视为具文,置之不问,即便下札申诫,不过虚应故事,且"造册有费,立牌有费,择派甲长保正,亦莫不有费",② 小民深受苦累滋扰。"事实上,保甲制度总的来讲是没有效率的。"③

清代治安管理无专职机构,治安职责分散在绿营、各级政府及保甲团练等性质各异的机构中,而且它们之间的权限虽各有侧重,却并无明确的界限,权责互有交错,易于造成推诿敷衍之弊。雍正五年曾加以区分,遇有盗案,"城内失事,缉拿之事专责之文职",而"道路墩铺失事,缉拿之事专责之武职"。后河南巡抚田文镜认为,文武印汛各分界限,声气不能联络,不利缉贼拿盗,禀请"城乡俱当责之有司",④ 嗣后界限又逐渐模糊。虽然清代十分重视盗贼的缉捕与惩治,对"盗案处分极严",不仅对盗贼的刑罚从重,而且"印捕同一责成",⑤ 对地方文武缉捕不力者皆处以重罚。遇有盗案,以事发日起计算,一月未能捕获盗贼者"笞二十,两月笞三十,三月笞四十,捕盗官罚俸三月"。⑥ 文武官弁讳盗不报或以盗为窃等,皆给予记过、停俸甚至革职的处罚。但是文武各官畏于惩处,往往互相推诿,隐匿不报,或者隐瞒案情,大事化小。

无论是绿营弁兵还是州县衙役、保甲长等,他们本身的职责相当宽泛,捕盗察奸仅是他们众多差务中的一种。如营伍差操并重,平日操演阵法,又须承担缉捕护送等各项差务。地方一役,职责最重,所管若干村庄之内,凡"税粮完欠、田宅争辨、词讼曲直、

---

① 马端临:《文献通考》卷12《职役考一》。
② 刚毅:《牧令须知》,官箴书集成编纂委员会编:《官箴书集成》第9册,黄山书社1997年版,第223页。
③ 瞿同祖:《清朝地方政府》,第253—254页。
④ 田文镜:《请停分缉协缉疏》,贺长龄辑:《皇朝经世文编》卷75,第2673页。
⑤ 何刚德:《春明梦录》,上海古籍出版社1983年版,第36页。
⑥ 昆冈等撰:《钦定大清会典事例》卷836《刑律捕亡》。

盗贼生发、命案审理，一切皆与有责，遇有差役所需器物，责令催办，所用人夫，责令摄管"。① 因设置目的不同，一些巡检兼掌河防、缉私，或兼管教化、息讼等事务。由于需要承值的差务繁多，他们皆不能专心于治安的维护。

总体而言，清朝中前期，在以小农为主体的社会中，商业性的城市并不多见，人口分散于四乡村镇，士民工商各安生业，流动性比较弱。虽然各级政府治所之地一般商业较为繁盛，但其政治性仍占主导地位。传统治安体制，正是源于这样的社会结构。社会治安的管理，以察奸治盗、平匪戡乱为主，严惩重罚以警奸宄，重心是维护清朝统治的稳定，因此为上的成分多，而安民的成分少。加之各项举措奉行日久，早成具文，其间弊病丛生，实际效果大打折扣，社会治安状况堪忧。

道咸以来，太平天国及捻军起义持续了十几年，波及十几个省，同时，各地小股土匪盗贼乘势而起。战乱之后，百业停废，民众颠沛流离，生活难以为继，城乡盗贼充斥，会匪蔓延。加以游兵散勇激增，更加剧了社会的不安定。这种局势下，民变的规模、频率皆有急速增加的趋势。《安徽省志》记载，安徽清末十年间，因抗租抗捐、饥民抢米等，共发生三十余次罢市暴动等乱事，波及四十余州县，商界农民会党等各界皆牵涉其中。② 民变激增，盗匪横行，社会治安持续恶化，政府营勇所需承担的治安责任日趋加重，但固有体制并无改善，难膺重任。

除王朝末期所通常呈现出的诸多乱象之外，晚清社会还面临着"千年未有之变局"。因西方势力的入侵与中西交流的密切，晚清出现了许多新的社会问题，如民教矛盾的激化。据统计，1860—1901年，在礼俗差异、文化隔阂、利益争执等多种因素作用下，

---

① 张廷玉等撰：《清朝文献通考》卷21《职役考一》。
② 安徽省地方志编纂委员会编：《安徽省志·公安志》，方志出版社1998年版，第91—92页。

广东省内大大小小的教案共 132 起。① 教案此起彼伏，不仅严重危害了社会秩序，而且易于引发对外交涉。积弱的清朝各级政府在列强连续的打击中已成为惊弓之鸟，因此，预防教民对立与冲突为当时行政要务。

此外，中国社会结构开始新的调整。鸦片战争以来，清政府被迫开放广州、上海、厦门等五口为通商口岸，又陆续开放苏州、芜湖、汉口、重庆等数十个商埠，允许外国人经商设厂。在西方各国廉价商品与强势资本的冲击下，以小农为基础的农业社会开始松动，对外贸易与近代工商业迅速发展。在对外贸易上，进出口贸易总值皆大幅度攀升。1868 年至 1913 年，进口贸易额增加了 9 倍多，出口贸易额增加了 6.5 倍。洋务派开办了官办、官督商办、官商合办等各种形式的军工与民用工业，以自强求富。甲午战争后，列强在华投资设厂逐渐增加，至 1913 年之前，创办棉纺织厂、面粉厂等企业 125 家。在外资的刺激下，趋新国人提出"商战"，以保卫利权，民间投资设厂的热情进一步高涨，仅 1895—1900 年五年间，就新设工矿企业 86 家。到 1913 年，创设各类工矿企业 744 家。这些工商业集中在上海、广州、天津、武汉等城市。②

由于贸易与工商业发展的需要，人口向城市加速聚集，商埠城市的人口急剧增多。如上海，1852 年人口为 54.4 万人，1890 年为 82.5 万人，年均递增率为 1.1%，而同时期全国人口年均增长率约为 0.06%，上海人口的增长速度大大高于人口的自然增长速度，而随后二十年增速更快，1910 年增至 128.9 万人。③ 与鸦片战争之前上海人口自然型缓慢增长相比，开埠后的上海由于经济活跃，大

---

① 参见林广荣《晚清广东教案新探》，硕士学文论文，暨南大学，2008 年，第 67—77 页。

② 此处所用统计数据转引自何一民主编《近代中国城市发展与社会变迁（1840—1949 年）》，科学出版社 2004 年版，第 16—23 页。

③ 忻平：《从上海发现历史——现代化进程中的上海人及其社会生活（1927—1937）》，上海人民出版社 1996 年版，第 40 页。

量移民进入，人口增长迅速。天津亦是如此。1860年，根据《北京条约》，天津开放为通商口岸，迅速成为仅次于上海的第二大工商业和港口贸易城市，人口也由开埠前的20万人急剧增加到清末时的60万人。① 而武汉三镇的人口，在1850年代约20万人，开埠之后，至1911年城区人口增至约80万人，② 增长迅速。

因工商业的推动与人口的集中，这些沿海沿江的商埠城市迅速发展，开始了早期的城市化进程。但也造成了城市特有的诸多问题。其一，治安恶化。大量人口涌进城市觅食求生，但城市所能提供的职位有限，部分人口或生计艰难，或无以为生，造成流民游民增多，秘密社会活动加剧，易于引发治安问题。如光宣年间的重庆，哥老会等秘密结社组织比较活跃；袍哥码头兴盛，设立了多处公口堂口，参与者遍及商民吏役。其二，城市基础设施落后，道路拥挤，交通压力增大，居民居住环境恶劣，下水道等沟渠排水设施不足，卫生极差，卫生、交通等各项市政工程亟待开展建设。

清朝固有治安体制，在维护王朝统治与社会秩序上曾发挥了重要作用。但是随着历史的演进，该体制中的各个系统弊病丛生，自顾不暇，没有能力解决晚清社会剧变下的治安恶化，更无法应对教民冲突、城市治安难题等新生时代问题，也没有相应的部门处理交通、卫生等各种市政事务。因此，对社会治安实施有效的管理，并因应新生事务，须突破旧制，另辟蹊径。

二　警学东渐的历程

晚清官绅各界在中西交涉屡战屡败的冲击下，转而师法泰西，谋求自强之道。而英法等较早迈入近代化的西方各国，伴随着产业革命的进程，城市化也得到迅速的发展，并相应形成警察制度，以解决社会快速变迁中的治安问题。受各国经济与政治的影响，其警

---

① 陈卫民编著：《天津的人口变迁》，天津古籍出版社2004年版，第51页。
② 皮明庥主编：《近代武汉城市史》，中国社会科学出版社1993年版，第117页。

察制度的形成与特点各有不同。

中世纪时期，英国也没有专职的治安官员，实行太兴制与十户联保制。撒克逊王朝时期，郡之下，以十户为一区，设十户长，由户主轮流担当，负责该区治安；以百户为一大区，设百户长，百户长向该郡地方官负责。这就是太兴制。12世纪，在太兴制的基础上，实行十户连坐，本区内犯罪，邻佑负连带责任，即十户联保制。①

英国圈地运动之后，大量人口流入城市，又因产业革命，工业迅猛发展，工人人数激增，因此，城市人口急剧增加，城市治安状况急剧恶化。1829年，时任英国内政大臣罗伯特·皮尔提出《大伦敦警察法》，在首相阿瑟·韦尔斯利的支持下，经议会通过颁布。根据该法令，伦敦创立警察厅，厅长对内政大臣负责。其下分为十七个辖区，每区设一警察署，警察署之下又分设若干巡区，招募警察分班巡逻，负责侦查缉捕，维护治安，但无权审判。这一文职警察队伍专职维护治安，被后来学者视为近代警察的起点，"开创了西方警察历史的新纪元"。② 1839年，英国颁布《郡县警察法》，依照伦敦办法，推行警察制度。1856年，颁布《郡市警察法》，由郡市政府任命该地警察局局长。英国警察制度逐步确立，其特点是实行地方分权型的警察体制，警察官吏的任命与经费的筹措分属各地政府管理。随后，美国等受英国影响，仿照英国警察制度，逐步建立警察体系。1838年，美国国会决议于各城市设立警察局，波士顿、纽约、费城等大城市首先设立警察局。19世纪中后期，美国各州、县、镇都设立了职业化的警察。

近代法国在革命与复辟的较量下，政权更迭频繁，受政治局势

---

① 参见陈真、陈合权主编《世界警察概论》，四川大学出版社2008年版，第1—3页。

② 〔英〕罗伯特·雷纳：《警察与政治》，易继苍、朱俊瑞译，知识产权出版社2008年版，第17页。陈真、陈合权主编的《世界警察概论》也认为《大伦敦警察法》的颁布具有划时代的意义。

多变的影响，法国警察制度的确立颇为曲折，也自成特色。17世纪路易十四时期，于巴黎及各城市设警察总监，维护该城的安全。法国大革命之后，设警察特派员，不久吉伦特派主政，建立治安委员会，统管全国治安，随后在热月党统治时期及督政府统治时期被裁撤。1795年，于中央设警务部，各城市设警察中心局，并制定了警察法典，划分行政警察与司法警察。拿破仑当政后，警务部权力大为扩充，创建巴黎警察厅，大城市设警察局，市镇设警察分局，受警务部指挥，由警务部任命警察特派员。1818年，波旁王朝复辟后，将警务部裁撤，事务归并于内政部办理。[①] 法国警察体系高度集权，且政治性强。1829年，巴黎警察厅组建法国最早的制服警察，逐步建立行政性的警察体系。法国近代警察制度与其行政体制相应，实行中央集权。而德国、日本等则效仿法国。日本明治维新之时，十分注重学习西方制度。1873年，专门赴欧考察警政的川路利良提议，效仿法、德等国，移植警察制度。

受各国政治与行政体制的影响，警察管理体系也各不同。大致可分为两类：一为海洋型，即地方分权型，主要是英国及受英国影响的美国等；二为大陆型，即中央集权型，以法国为代表，德国、日本等受其影响。在西方警察制度逐步确立之时，中国趋新人士开始关注了解，并提倡移植于中国。

"庚子以前，中国无警察也。"[②] 西方警察观念，在近代以来西学东渐的过程中，逐渐被趋新国人所注意、认识、介绍而引进并广泛传播。因时代与社会的变迁，不同时期的不同群体对近代警察的认识逐渐深化，主张各有侧重，大致可分为以下几个阶段。

第一阶段，为警学萌发时期，表现在驻外使臣与游历官绅开始记载与介绍西方警察制度。

1860年代以来，清廷不断派遣外交使臣及驻外使节出使海外，

---

① 参见陈真、陈合权主编《世界警察概论》，第7—9页。
② 何刚德：《客座偶谈》，上海古籍出版社1983年版，第13页。

他们是近距离接触西方社会的观察者。同时，一些官绅或自费出国游历，或被政府派去考察。这些走出国门的外交使臣及游历官绅最先接触到西方警察，开始对其进行零星记载与介绍。

1866年，总理衙门派遣同文馆学生随同休假的总税务司赫德前往欧洲游历，以实地考察西方政治风俗，了解"夷情"。此行中，伦敦"街衢弁兵，皆穿红衣黑裤，服饰新鲜，马匹雄壮，各持杖巡守无间"，① 给带队的斌椿留下了深刻印象，这是笔者所见关于西方警察最早的记载。次年，自称为中国人游历西方之"前路之导，捷足之登"② 的王韬，最早主动以个人身份自费游历西方，在法国巴黎看到了"密同梭织，立道左，无不威严"的"巡丁"，③ 并且注意到"巡丁"具有在剧场戏园等公共场所弹压喧闹、维持秩序的职能。十年之后，在宁波海关任职的李圭赴美国参加万国博览会，亲往纽约警察局察看，最先注意到值勤警局巡捕交接换班、缉捕获犯后的处理等具体警务问题。④

1870年代之后，清廷开始向外国派遣驻外使臣。出使英国大臣郭嵩焘在英任职期间，十分留意英国社会经济、政教制度。他观察到"伦敦凡事一任巡捕"，⑤ 详细记载了伦敦警察具体的分区设署情况。⑥ 作为郭嵩焘副手的刘锡鸿，虽然思想守旧，对伦敦"巡捕"却是交口称赞。他观察到伦敦警察的经费来源于税收，"口粮核派于商贾富户"，又留意到警察有缉捕查案之责，而无审讯定罪之权，"凡遇盗贼、人命、喧争、斗殴一切不法，该役拿解美亚寓所讯问"，⑦ 最先记载了西方警察与司法的分离。张德彝、黎庶昌

---

① 斌椿：《乘槎笔记》，岳麓书社1985年版，第112页。
② 钟叔河：《走向世界：近代中国知识分子考察西方的历史》，中华书局2000年版，第150页。
③ 王韬：《漫游随录》，岳麓书社1985年版，第83页。
④ 李圭：《环游地球新录》，岳麓书社1985年版，第271页。
⑤ 郭嵩焘：《伦敦与巴黎日记》，岳麓书社1985年版，第491—492页。
⑥ 郭嵩焘：《伦敦与巴黎日记》，第471页。
⑦ 刘锡鸿：《英轺私记》，岳麓书社1985年版，第158页。

也注意到英法巡捕。

这些走出国门的官员士绅与驻外使臣踏上异国土地,目睹西方警察,并记下了直观的感受。而长期留心时局,主张经世致用的黄遵宪,对西式警察的了解远远高出同侪,最先从制度的层面考察研究西方警察制度。

在任驻日参赞期间,黄遵宪十分留心日本的维新变革,着意收集日本制度变革的信息与材料,思考日本发生巨大变化的动力与原因。历时几年,殚精竭虑,详细梳理日本维新变法的历史与政体变革后的现状,终写成《日本国志》,"凡牵涉西法,犹加详备,斯适用也"。① 其中,对明治维新后日本警察的设置经过与机构建制、违警法的内容与处理进行了细致的考察。日本在东京设警视厅,"受内务卿命统司全国警察之事",② 在州县设警部,"受知事、令之命主管内警察"。③ 警察职责在"保护人民,一去害,二卫生,三检非违,四索罪犯"。此书详细列举了警察的职责、值勤、基本准则、经费、待遇以及赏罚与抚恤、警区的划分与警察的规模等等。此外,他还考察欧洲警察之制,认为欧美民富国强,正是由于"警察吏之功",提出中国"欲治国安人,其必自警察始矣",④ 把警察的功能提升到了保国安民的高度,是"西法之至善者也"。⑤ 黄遵宪不仅对日本警察的整个体系有比较全面而深刻的认识,而且注意到日本与欧洲警察制度上的差别,对警察制度推崇备至。

第二阶段,早期改良派鼓吹倡导西方警制,为建警初倡时期。

咸同之际,因农民起义与对外战争,清朝内外压力剧增。固有治安体制在匪盗众多、动乱频仍的危机中无法弥盗安民。参照传统

---

① 黄遵宪:《日本国志》,天津人民出版社2005年版,凡例。
② 黄遵宪:《日本国志》卷14《职官志二》,第390页。
③ 黄遵宪:《日本国志》卷14《职官志二》,第394页。
④ 黄遵宪:《日本国志》卷14《职官志二》,第393页。
⑤ 黄遵宪:《日本杂事诗(广注)》,岳麓书社1985年版,第634页。

乡兵之制，团练大量举办，以救保甲之穷，保卫乡邑安全。在从传统资源中寻求良策的同时，部分国人将目光转向西方警察之制，探索另一条道路。

晚清不平等条约签订后，外国来华人员增多，在外国人聚居地，如厦门、上海、天津、广州、汉口、九江等通商口岸与约开商埠内，逐渐形成具有治外法权的租界。香港及各口岸商埠的租界，按照西方政治理念与行政体系，建立市政管理机构，实行自治。如上海自小刀会起义后，西人于租界内设工部局，下设巡捕房。经工部局董事会议决，巡捕完全由工部局指挥，执行租界内警察任务。[①] 天津开放为商埠后，天津英租界首先设立巡捕房，警卫界内安全，随后，日、法、德等国也陆续在天津租界内设巡捕。[②] 香港及各地租界成为国人观察与了解西方世界的窗口。早期维新派看到训练有素的香港及租界巡捕之后，开始倡议于各地仿办。

陈炽观察到上海、汉口等租界所设巡捕"号令严明，规模整肃，风清弊绝，井然秩序"。[③] 但赞赏之余，又为外人窃据事权，把持权柄，感到国家尊严备受凌辱。他主张在现有治安体制基础上，参仿巡捕章程，将原有机构清理整顿，新旧体制并存共生，教养与防御并重，"以保甲稽之，以虞衡备之，以巡捕守之，广工商之利以生之，兴教养之道以变化之"。[④] 这样双管齐下，始能国泰民安。在《续富国策》中，陈炽又将设巡捕的意义提升到国家富强的高度，认为"此英吉利所以东摧印度、西并美洲，属地遍于全球，威棱震于四海。欧美各国，一律仿行。日本初效西法，赞叹

[①] 参见蒯世勋编著《上海公共租界史稿》，上海人民出版社1980年版，第26—27页。

[②] 天津市地方志编修委员会编著：《天津通志·公安志》，天津人民出版社2001年版，第853—857页。

[③] 《巡捕》，赵树贵、曾丽雅编：《陈炽集》，第99页。

[④] 《巡捕》，赵树贵、曾丽雅编：《陈炽集》，第100页。

称扬，推为西国富强之第一策者也"。① 主张先在通商建埠之处仿设巡捕，然后再推广于内地各省、府、州、县，将旧日差役之弊一洗而空。至于所需经费，他主张"以本地之银，供本地之用"，抽收房捐车捐，并且须将收支用度"刊单登报，涓滴归公，无滥无私，敷用为度"，② 如此办事有力，用度明晰，则人乐捐输，经费自无不足。宋恕认为，城乡盗贼充斥，会匪蔓延，"欲除暴安良，必以师西法、设巡捕为要务"。③ 郑观应提出，"除根之道莫要于仿照西法，设立巡捕"。④ 并且注意到对户口的管理：民惟邦本，设置"生死注册官"，对人口进行普查，以奠定税收、征兵、治安、劝学诸政之基。

早期改良思想家认识到了西方巡捕之制意美法良，尤其是香港及沪汉等租界巡捕维持当地治安成效显著，让他们看到了将西法移植本土的可行性。故而，他们在忧心中国治安恶化，批评捕役弁兵腐败无用时，明确主张中国欲防患保安，必须弃旧换新，改弦易辙，撤差役，仿西制，设巡捕，并初步考虑了设立巡捕的具体方法与经费来源。

第三阶段，甲午战争之后，部分趋新官员向朝廷建言，提出仿办巡捕，以裁兵善后。

甲午中日之战，清朝竟然败给了长期以来师法中国的日本，绿营练军的窳败虚弱更是暴露无遗，给清廷朝野内外带来了巨大的震动。如何自强避祸，减少中外交涉，走出危局，部分趋新官员主张裁无用之绿营，练新式之军队。但绿营承担着察奸缉捕等差务，裁撤之后用何抵补，裁减的兵丁如何安置？在考虑这些问题的过程中，部分趋新官员提出设立巡捕，以为裁兵善后之策。

胡燏棻于1895年6月上变法自强疏，建议兴利除弊，卧薪尝

---

① 《仿设巡捕说》，赵树贵、曾丽雅编：《陈炽集》，第247页。
② 《仿设巡捕说》，赵树贵、曾丽雅编：《陈炽集》，第247页。
③ 胡珠生编：《宋恕集》，中华书局1993年版，第142页。
④ 《巡捕》，夏东元编：《郑观应集》，上海人民出版社1988年版，第513页。

胆，革旧布新。他认为，发捻之乱，绿营之废弛无用暴露无遗；而甲午中日之战，练军之虚弱无力明确显现。由于绿营肩负部分缉捕功能，骤然裁撤，地方治安将受到影响，因此虽屡次议裁，却并无成效。但是，近年绿营兵饷往往减半发放，不敷养赡，兵丁"多以小买营生，巡缉俱属虚文"，① 故而当依据地方繁简，酌情裁汰老弱，用此省出款项另行创练新军。裁兵之后，可"将保甲守望等局，仿照西国巡捕之制，城乡市镇，人物辐辏之区，所设巡捕由官督率，而分稽查之职于绅董"。② 胡燏棻主张效仿西方巡捕之制，改革保甲等局，由官绅合办巡捕，作为裁兵的善后之策，以抵补裁兵后的地方空虚。

1896年10月，盛宣怀条陈自强大计，提出"尽取欧洲之新法，变易华夏之旧习"，③ 主张裁兵节饷，以编练新军。"至绿营向有城守防汛之责，护饷解犯等差，或酌留若干，属于州县，略如各国警察巡捕之意，而责成整饬之，自无偏废之虞。"④ 盛宣怀此意，是效仿西方警察之制，留存一些绿营兵丁，由州县统属，专备应差，淡化军事性质，成为实际上的警察。

出使德国大臣吕海寰提出，办理外交，重点在于"安教"，而"安教"之策，在于预防。他主张在通都大邑"照外洋设立巡捕之法，分段各派兵勇，日夜梭巡，于教堂所设地方，或巡查更加周密，则既可以防奸民之窃发，并可以弭盗贼之潜踪。盖有巡捕以时为之防，使不能聚党成群以滋事端者，实为保护教堂之善法"。⑤ 从保护教堂、避免中外交涉的角度，指出了设巡捕的必要性。

---

① 胡燏棻：《变法自强疏》，中国史学会主编：《戊戌变法》（2），上海人民出版社2000年版，第284页。
② 胡燏棻：《变法自强疏》，《戊戌变法》（2），第284页。
③ 盛宣怀：《条陈自强大计折》，《戊戌变法》（2），第438页。
④ 盛宣怀：《条陈自强大计折》，《戊戌变法》（2），第439—440页。
⑤ 《出使德国大臣吕海寰折》，国家档案局明清档案馆编：《戊戌变法档案史料》，中华书局1958年版，第22—23页。

这些较为趋新的官员，或从裁兵善后，或从避免交涉的角度，提出了关于仿西法设巡捕的主张。他们的主张上达朝廷，但尚未引起清廷的关注。经过早期驻外使臣、游历官绅以及早期改良派的倡导，西方巡捕之制渐为中国人所认知。另外，上海等租界里的巡捕也成为向中国人展现西方警察之制的窗口。观念的更新，促发实践的开展。维新变法之时，湖南保卫局在长沙的试办就是这一观念变化的成果。湖南保卫局是中国历史上第一个具有近代警察性质的机构，它的实践，极大地推动了中国官绅各阶层对引进西方警制的关注与讨论。虽然政变发生，维新中止，湖南保卫局旋即被裁，存在时间短暂，但湖南保卫局在中国警察史上具有不可磨灭的开创性意义。

第四阶段，戊戌变法期间，维新派付诸实践，创办湖南保卫局，开始移植警察制度的尝试。

甲午战败后，维新、变法成了最振奋人心的口号，学西方、用西制也成了挽救时局的追求。其间，维新派对强国保种的探求最为积极而投入。在治安问题上，他们也进行了影响深远的探索，即创办湖南保卫局。

湖南保卫局是在湘抚陈宝箴的支持下，经署臬司黄遵宪筹备，于1898年8月25日在长沙设立。它是借鉴日本、西方警察制度，创建新型的治安卫民机构的一个尝试。保卫局采取官绅合办的组织方式，"凡局中支发银钱、清理街道、雇募丁役之事，皆绅商主之。判断讼狱、缉捕盗贼、安置犯人之事，皆官主之"。总局之下设五分局，每分局下又设六所小分局，并附设迁善所，以便能够"去民害，卫民生，检非违，索罪犯"。[①] 为何采取官绅合办的方式，从黄遵宪事后的回顾与他的同道中人当时的议论可以窥见一二，大约缘于以下几点。

一是预防人走政息。唐才常认为泰西日本警察由官府管理，而

---

① 《湖南保卫局章程》，《湘报》第7号，1898年。

湖南保卫局由官绅合办，"盖恐后来官长视为具文，遂参以绅权，立吾湘永远不拔之基"。① 黄遵宪在向巡抚陈宝箴提议设立保卫局之时谈道，"今之督抚易一人，则盖取前政而废之，三十年来，所谓新法，比比然矣。必官民合办，费筹之于民，权分之于民，民食其利，任其责，不依赖于官局，乃可不撤"。② 他们采用官绅合办，期以避免因官员调迁而人亡政息，希望地方绅士的参与能够将之持续下去。

二是避免外交冲突。19 世纪八九十年代，外国教会势力发展迅速，也是教案频发的时期，列强常以此为借口，进一步向中国索取权益。皮锡瑞曾与友人谈及开办保卫局的用意是"恐洋人滋事，托巡捕保护，而不能明说，故章程不及"。③ 尤其刚刚经历过甲午战败、城下之盟的耻辱，朝野上下对外国侵略忧心忡忡，极度敏感。设立保卫局的目的之一，是以肃清内乱、整饬内政为途径，清除列强干预的借口，希望能避免中外交涉于无形。"即以明交涉者，委之驻扎各处教堂前后，保护教事，计不过数十处，虽每年费数千金，然较之赔款巨万，相去远矣。"④ 积弱的中国，只得靠此避战之法。

三是养成自治，以开民智、伸民权。黄遵宪认为，"警察一局，为万政万事根本。诚使官民合力，听民之筹费，许民之襄办，则地方自治之规模，隐寓于其中，而民智从此而开，民权亦从此而伸"。⑤ 黄遵宪希望通过绅民参与管理保卫局，转变绅民观念，启发其权利意识。

---

① 《记官绅集议保卫局事》，蔡尚思、方行编：《谭嗣同全集》，中华书局 1980 年版，第 426 页。
② 《致梁启超书（九通）》，《黄遵宪集》下卷，天津人民出版社 2003 年版，第 505 页。
③ 皮锡瑞：《师伏堂未刊日记》，《湖南历史资料》1958 年第 3 期，第 96 页。
④ 皮锡瑞：《师伏堂未刊日记》，《湖南历史资料》1958 年第 3 期，第 96 页。
⑤ 《致梁启超书（九通）》，《黄遵宪集》下卷，第 505 页。

四是培植民气，隐寓民权，以应非常之变。谭嗣同认为设保卫局并非仅为缉捕盗贼，乃是关乎民之存亡、国之安危的大事。台湾被割让，官员皆内渡的民族伤痛，让谭嗣同意识到"世变至无常，而官者不可恃者也"。① 若再逢大变，官可辞职他就，可避走他地，而当地之民却无处而逃。所以不能依赖官方，须筹自治之方。"保卫局特一切政事之起点，而治地方之大权也。"② 此乃官方无力救护百姓，只得筹划民众自保之"万不得已之策"。黄遵宪事后的回忆也印证了这一在当时无法明言的目的："万一此地割隶于人，民气团结，或犹可支持。即不幸，力不能拒，吾民之自治略有体制，扰攘之时，祸患较少，民之奴隶于人者，或不至久困，重台阶级，亦较易升。"③

从保卫局的立意与局制可以看出，以黄遵宪为代表的维新派兴办警察，并不是简单复制西方与日本的警察制度，而是在引进西式警察制度时，参酌中国特有的政情，做出适应中国社会的修正。尤其是参用绅民，以实现自治，培植民权，更显出黄遵宪、谭嗣同等人的用意深远。遗憾的是，政变发生，光绪被迫归政，慈禧重新垂帘，变法搁浅，维新时所颁各种变革法令皆行废止，参与维新的官员或被革职，或被严遣。湖南保卫局受政变影响，被清廷谕令裁撤。几年后，经历庚子剧痛的清政府，颁布新政诏书，重走变法老路，以应对时局危机。在此背景下，移植警察制度的倡议再次出现。

第五阶段，庚子之后，部分督抚大臣条陈建言，建议普设巡捕，他们的主张影响到清廷的决策。

庚子年对清政府来说是危机四伏、四面楚歌的一年，内有义和团势力急剧膨胀，外有八国联军联手侵华，乘机而起的自立会革新

---

① 《记官绅集议保卫局事》，蔡尚思、方行编：《谭嗣同全集》，第427页。
② 《记官绅集议保卫局事》，蔡尚思、方行编：《谭嗣同全集》，第427页。
③ 《致梁启超书（九通）》，《黄遵宪集》下卷，第505—506页。

派密谋武装勤王，革命党在边境的起义骚乱持续不断。时局糜烂如此，仓皇出逃的慈禧太后决心以求变应危局，实行新政。1901年1月29日，尚在行在的清廷发布了实行新政的上谕，指明了改革的方向，即由洋务时期学习"西艺"转向探求"西政之本源"。并要求军机大臣、大学士、各省督抚等，对于"如何而国势始兴？如何而人材始出？如何而度支始裕？如何而武备始修？"向清廷献计献策，"各举所知，各抒所见"，陈述关于如何实行新政的意见，以便清廷采摘施行。① 又于1901年4月设立督办政务处，作为推行新政的总机关。

应清廷要求条议新政的上谕，一些督抚发出了设巡警的提议。江西巡抚李兴锐在议复新政事宜疏中提议"遍设巡捕"。他认为西方各国城镇乡村，无不设立巡捕，"日本初改西政，乃至诧为富强第一要策"，中国各口岸租界亦皆设巡捕。其巡捕"实则此即古者虞人游徼之遗制，其按户派丁与中国团练保甲亦相仿"，团练保甲相沿既久，不免视为具文。今各省土匪滋扰，所以应当遍设巡捕。虽经费为难，但可"先就各省所有制兵防勇改为巡捕"，令分街道日夜梭巡，一如西法，"择省会及一二繁盛之区倡办之"，然后推行于各府州县。此后，凡捕盗提人皆由巡捕负责，裁汰州县各衙门捕役工兵，则旧日差役之弊悉革。② 李兴锐认为巡捕与中国古制相仿，可裁改制兵防勇为巡捕，以去差役之弊。

署浙抚余联沅认为实行新政须先定大纲，为"一改律例，二变科举，三设巡捕，四行印税"。他从用人、筹费上阐明了这样做的必要性。"改律例则用人行政耳目自可一新，变科举则设学专科，人材自能日出，设巡捕则既可多裁防营以裕饷，行印税则更可筹集巨款以练兵。"并认为改律例为最急之务，其他三端也不可偏

---

① 中国第一历史档案馆编：《光绪宣统两朝上谕档》第26册，广西师范大学出版社1996年版，第460—462页。
② 《赣抚议复新政事宜疏》，《北京新闻汇报》光绪辛丑五月初十日，第874—875页。

废。"今日非变科举无以取材，非行印税无以筹款，而不设巡捕则亦终不能行印税。"① 余联沅立足于筹款，即设巡捕以保证资金的顺利筹措。

在众多条陈新政的折件中，以刘坤一、张之洞联衔的江楚会奏三折最为著名，其主张成为清末新政前期举办各项新政的总纲。② 在《遵旨筹议变法谨拟整顿中法十二条折》一折中，第六条去差役、第十一条裁绿营提出了设警察的方案。他们认为西方和日本所设巡捕警察，其章程用意，"大要以安民防患为主，与保甲局及营兵堆卡略同"，但兵警皆出身学堂，且章程严密，故可行之久远而无弊。而且其"用意甚厚，凡一切查户口、清道路、防火患、别良莠、诘盗贼，皆此警察局为之"。新政之始，可于繁盛城镇"采取外国办法，并参酌本地情形，先行试办"，然后再依次推行。他们认为警察若设，自可取差役以代之，则差役之害便可永远革除，并且认为此举乃"为吏治之根基，除莠安良之长策"。③

"如何而武备始修"是清廷最为关心的问题之一，刘、张二人在折中提出了裁绿营、练外国操的建议。他们认为，"绿营官弁兵丁，层层积弊，已入膏肓，既甚骄顽，又极疲弱"，不仅无法整顿改良，也不能将之改为警察，必须全部裁汰。裁汰绿营需要注意两个问题，"一则宜筹从容消散之方，一则宜筹抵补弹压地方之具"。刘、张提出的对策，一是各省绿营分二十年裁撤；二是绿营裁撤后，所节余兵饷，"只能改为养缉勇、设警察之费，不能指为充裕库储之计"，以便设立警察，填补治安空虚。他们主张要区分、更

---

① 《署浙抚余中丞议复变法事宜折稿》，《北京新闻汇报》光绪辛丑七月初四日，第1976—1978页。

② 参见李细珠《张之洞与清末新政研究》，上海书店出版社2003年版，第80—110页。

③ 苑书义、孙华峰、李秉新主编：《张之洞全集》第2册，河北人民出版社1998年版，第1415页。

改制兵防勇的编制与功能，分为三种。一为精练备战之营，"只可屯扎省城及要隘重镇两三处，断不宜各处分扎，又蹈营汛之失"。二为在省府州县，"酌设缉捕勇营，派赴外府，择要分防"。三为设警察之勇，"归州县调度"，改募勇丁，并列举这样做的好处在于"整饬去留，其权在地方官，勇可随时裁募，弁可随时更换，于弥乱安民，既有实际，而经费可免另筹"。①刘、张二人提出设警察的建议，主要有两个目的：其一，差役之弊积重难返，设警察以取代之，是刷新吏治、修明内政的重要手段；其二，绿营逐年裁汰，治安防卫事务势必空虚，设警察以补救之。

江楚会奏所提供的新政方案全面可行，切中时弊，10月2日，慈禧发布懿旨："刘坤一、张之洞会奏整顿中法、仿行西法各条，事多可行，即当按照所陈，随时设法择要举办。各省疆吏亦应一律通筹，切实举行。"②奏折得以批准，成为新政初期清廷出台各项政策、各省变革各种政务的依据与蓝本。

同光年间，趋新官绅在批判固有治安体制弊病的同时，针对社会巨变下治安恶化及新生社会问题，从多个层面提出了在中国仿西法设警察的主张。综合分析上述言论，他们建警察的目的与立论的角度主要有以下几点：第一，裁兵善后；第二，节饷筹款；第三，去差役之弊；第四，济保甲之穷；第五，保教以避中外交涉；第六，实现地方自治。而对于巡捕警兵，有主张另行招募者，有主张由保甲团练改充者，也有建议由制兵防勇中挑选者。

近代警察由驻外使节与游历官绅的观察，到早期改良派与个别趋新官员的提倡，终于进入握有实权的督抚大员的视野，并通过他们的建议上达天听。警察在观念上的传播与普遍接受，为警察制度在全国范围内的移植奠定了思想基础。不久，各地警务局所如雨后春笋般涌现，警察制度终在中国立足。

---

① 苑书义、孙华峰、李秉新主编：《张之洞全集》第2册，第1424—1425页。
② 《光绪宣统两朝上谕档》第27册，第188页。

第二节　兴办警务局

庚子战乱，彻底暴露了清朝军队的窳败羸弱，加速了社会的动荡与失序。清政府为挽救统治危机，首先变革兵制，改练常备军以增强战斗力，试创巡警军以巡缉地方，维持治安。袁世凯、张之洞等督抚则在治所另筹警务局，为解决城市治安难题寻找另一条路径，并得到清廷的认可和鼓励，警务局从而在各直省迅速推广兴办，警察制度在中国萌发。

一　试创巡警军

根据江楚会奏的意见，1901 年 9 月 12 日，清廷谕令各直省将军督抚，"将原有各营严行裁汰，精选若干营，分为常备、续备、巡警等军，一律操习新式枪炮，认真训练，以成劲旅"。① 不久，政务处制定出更定兵制、改练操演、核实饷章的具体方案，将各省制兵防勇重新编制，分为三等。常备军挑选年少精壮之人，饷项最为优渥，按省之大小，酌定一二大支，驻扎省会及扼要处所，为军队的主力军。续备军的兵饷也较为优厚，亦按省之大小，酌定若干营，采德、日陆军兵学之法，延聘教习，实力训练，以成劲旅。而巡警军则是"将旧有各营，裁去老弱浮惰，饷或仍旧，或酌增，另定操章，酌量归并若干营，分拨各处，兼归州县钤束，专为巡防警察之用"。② 庚子巨变首先源于军事上的惨败，彻底暴露了清政府军队的积弊与无能。故而，新政首先在军队展开，汰弱留强，分别功用。此次改编，是清廷在庚子奇侮的剧痛刺激下，参仿西方军

---

① 《清德宗实录》卷 485，光绪二十七年七月癸巳。
② 《札北藩司等遵旨筹议更定兵制饷章录用武员训练条规章程并新军兵饷数目》，苑书义、孙华峰、李秉新主编：《张之洞全集》第 6 册，第 4139—4141 页。

事制度而进行的兵制变革。故要求各军"一律操习新式枪炮",并表示"朝廷振兴戎政在此一举"。① 可见,清廷将编练巡警军看作整顿武备的一项内容。刘锦棠认为此举"意欲沟通征兵团练募勇,以救一时之弊,收百年之效"。② 即将各种编制混杂的军队整合起来,以修明武备,期收实效。

各省将军督抚遵照上谕以及政务处所拟方案,先后制定裁改制兵防勇,编练常备、续备、巡警等军的具体办法,奏复施行。上谕及政务处的方案指明了改革的方向,但对具体的编制、营章、职掌、训练没有做统一细致的规定。各省督抚根据自己对上谕的理解,结合当地军队与社会实情,进行调整编练,故而各省巡警军的设置有比较大的差别。

1901年底,闽浙总督许应骙首先上奏,闽省"遵旨筹议改练新军,酌拟常备军两支,续备军、巡警军各一支"。③ 其省内外各府州县巡警军拟设二十三队,由福强、福锐等军分别改设。1902年4月,两江总督刘坤一裁减改编江南制兵防勇,将防营去弱留强,编为常备军、续备军,"各标练兵本由制兵挑选而成,应作为巡警军",④ 将练军与水师改编为巡警军。云贵二省皆改绿营制兵为巡警军,但做法稍有区别。贵州绿营,"除塘汛分驻之兵免裁,其余各就所辖标营,严汰老弱浮惰,酌留七成",⑤ 编成巡警军。云南则就绿营现额统裁三成,将未裁之兵作为巡警军,"拟仍绿营饷米旧章"。⑥ 广东多盗,甲于天下,故他省营勇专剿股匪,粤勇则兼缉捕。广东从陆路营勇中"挑熟于缉捕之勇,编为巡警军"。⑦

---

① 《清德宗实录》卷485,光绪二十七年七月癸巳。
② 刘锦藻撰:《清朝续文献通考》卷219。
③ 《清德宗实录》卷488,光绪二十七年十月己未。
④ 《刘忠诚公(坤一)遗集》,台北,文海出版社1968年版,第4983页。
⑤ 《贵州巡抚邓奏为遵旨变更营制黔省制兵防勇改为常备续备巡警等军分别训练期成劲旅折》,《申报》1902年8月12日。
⑥ 《会奏滇省操练新军折》,《申报》1902年4月25日。
⑦ 《署粤督德奏裁减营勇拟练常备续备巡警各军折》,《申报》1903年7月13日。

其他各省也陆续办理，形式互有参差。

自奉旨编练巡警军，各省"办法既有参差，名称复不划一，且有虽经具奏并未实行者"。① 各省巡警军来源不一，饷章有别。从来源看，有从绿营制兵改编而来，如福建、云南、贵州、河南，但具体办法也有差别，福建将绿营尽数归并，贵州除塘汛外酌留七成，云南就现额统裁三成，河南裁两成；有从防营中挑选编练，如广东；有将绿营、练军合并改编，如两江、陕西；也有从练军中挑改，如伊犁。从饷章看，大多取自裁汰绿营所节存的饷项，有仍照原饷发给者，有变通饷章酌量增加者。

而从各省巡警军的编制与统属看，福建巡警军设于省城及各府州县，分为六路二十三队，分归提督、各镇总兵统领，且每统领另设亲兵五十名。福建巡警军的编制统属与绿营旧制并无根本差别。江西水师巡警军，以亲兵营驻省河，其余五营亦划定汛地，每营专管一河。后又将该水师全军六营分为两军，各三营，派统领二员督率操防。② 其编制与它的前身江西水师也没有实质区别。两江将现存制兵裁去二三成，取消马战守各名目，统改为巡警军。按数分哨，各以营官为管带。③ 顺天将捕盗营改为巡警军，但"其千总、把总、外委名称暂行仍旧，唯裁汰无用之员弁"。④ 以上各巡警军，编制与绿营旧制雷同，兵丁由绿营原有官弁统领管带，而且巡警军所设官缺仍袭用旧日制兵品阶衔名。这类巡警军直接由绿营制兵转化而来。宣统元年，陆军部要求这些"原系防绿各军，只将名目更换，仍用原营旧制"⑤ 的巡警军，购置军械及工程销案归陆军部

---

① 徐世昌：《退耕堂政书》，台北，文海出版社1968年版，第156页。
② 《京报（邸报）》第147册，全国图书馆文献缩微复制中心2003年版，第172页。
③ 《刘忠诚公（坤一）遗集》，第5121页。
④ 陈璧：《望岊堂奏稿》，台北，文海出版社1973年版，第281页。
⑤ 《抚部院准陆军部咨购置军械及工程销案应区别军用警用分送本部及民政部核销缘由分行遵办文》，《广西官报》第42期，1909年11月21日，第10019页。

核销。可见，此类巡警军与营勇无甚差别。

再者，从职责上看，闽省巡警军"为缉捕巡防弹压保护之用"；① 江西水师巡警军分段梭巡，编查渔艇，验票盘诘，护饷救生等；② 两江巡警军专备巡防警察。这类巡警军的职务与绿营汛勇承担缉捕巡防的职责类似。

由以上分析可知，巡警军是在改良营勇防汛之制的基础上而设，带有浓厚的军事色彩，是清季变革兵制的一部分。但章程规定它兼归州县钤束，专为巡防警察之用，又与营勇防汛有所不同，是清廷补救营勇防务腐败、巡缉不力的尝试。但是，部分督抚对上述做法并不认可。

由于清廷对新政的态度日益明朗，在革新求变的思路下，借助清廷改编巡警军的既定政策，以筹办巡警军的名义另谋它途，走向另外一条变革路径，即试办警察。如1901年底，山西巡抚岑春煊"自奉谕旨饬令筹练常备巡警各军后"，立即着手调查晋省治安情形，认为非仿照东西各国设立警察无以稽查匪类，消弭乱源，"拟将原有保甲局改为警察局，以专督率"。③ 江西巡抚李兴锐认真筹划巡警一事，并"电招前湖南臬司黄公度廉访来江委以此事"。④ 李兴锐欲委任黄遵宪总理其事，可见他想编练的巡警，与清廷立意已有不同。这些思路就成了兴办警察的起点。不过，较早付诸实践，且影响巨大的，则是湖北总督张之洞与直隶总督袁世凯分别在武昌、保定创办的警务局。

二　另筹警务局

在新政之前，广州已经尝试创办警察。李鸿章总督两广后，屡次去函聘请黄遵宪。黄曾前往广州与李鸿章会晤，讨论政事，主张

---

① 《整饬戎行》，《申报》1902年2月2日。
② 《护赣抚柯奏为整顿江防并添造飞划借资巡警片》，《申报》1903年4月16日。
③ 《开办警察汇志》，《选报》第2期，1901年11月21日，第11页。
④ 《巡警需人》，《申报》1902年6月9日。

治粤"莫先于设巡警,免米厘二事"。① 李鸿章接受建议,"拟行警察法于省城",并以设巡警、开矿产之事相委。遗憾的是黄并未应命,但是创办巡警之事继续推行。1900 年 7 月,李鸿章奏请在广东省城"各街分设巡警健勇自数名到十余名",昼夜梭巡,责令清查人户,擒捕凶犯,打扫街道。其所用经费,"由各街铺户行栈酌抽房捐,责令绅董自行经理收支",按月榜示数目,"而以两司一府两县董其成"。② 在易学清等士绅的组织下,成立了"西关巡警总局",办理西关一带各街巷房捐、募勇、巡警事宜。③ 这是继保卫局之后最先出现的创办警察的尝试,借鉴《湖南保卫局章程》,由官绅合办。

北京被八国联军占领时期,城内各段绅董与当地所驻洋兵商议,由绅董出面,设立"安民公所",④ 招募勇兵,协助洋兵维持各地段治安等事务。各国洋兵亦设巡捕队,维持治安。日军所设的警务衙门及巡捕队,曾吸引那桐等留守官员前去观看。《辛丑条约》签订后,各国交还地面,在奕劻、李鸿章的主持下,裁撤安民公所,于内城设善后协巡总局,"城内地面按照八旗,每旗各设一局,皇城内分左右翼各设一局,居中设一总局"。⑤ 总局设文案处、营务处、发审处,分别掌理文牍收发、巡防缉捕、审讯案件各事。各分局设总办、帮办、警巡等,分驻内城和皇城。分段设立巡捕处,"每日需派绅董、巡捕官督催巡捕长,昼夜分班巡查"。⑥ 善

---

① 钱仲联:《黄公度先生年谱》,黄遵宪著,钱仲联笺注:《人境庐诗草》,中国青年出版社 2000 年版,第 954 页。
② 朱寿朋编:《光绪朝东华录》,中华书局 1958 年版,第 4531 页。
③ 《粤东谈屑》,《申报》1900 年 8 月 19 日;《广州西关巡警局规》,《申报》1900 年 8 月 21 日。此点何文平在《清末广东巡警的创建与官绅关系》(《中山大学学报》2006 年第 5 期)一文中已经论及。
④ 北京市档案馆编:《那桐日记》(上),新华出版社 2006 年版,第 357 页。
⑤ 故宫博物院明清档案部编:《义和团档案史料》下册,中华书局 1959 年版,1224 页。
⑥ 《京城善后协巡总局档案全宗》,韩延龙、苏亦工等:《中国近代警察史》,社会科学文献出版社 2000 年版,第 88—89 页。

后协巡总局是在军事甫定、旧制尽废、各级官署尚未复建的情况下设立的临时机构，其组织与职掌相对简单笼统。此外，在京城创办警务学堂，聘请日本人川岛浪速为学堂监督，"办理学堂一切事宜，并日后带领学生赴东京学习"。① 培训警务人才，以备兴办巡警之用。1902年2月，督办协巡局事务的胡燏棻奏请于京师"创设工巡局，以期整顿地面"，② 其"一切均仿照泰西巡警章程"③办理。5月，内城工巡局设立，"着派肃亲王善耆督修街道工程并管理巡捕事务"，④ 职能涉及巡缉、工程建设、交涉及发审等多个方面。

广州试办警察在新政之前，正当义和团运动如荼如火地进行，又值八国联军侵华，各级政府全力应对突发的军政变故，各地绅民也将注意力集中于战局，因此，广州西关巡警局并未引起各界的关注。八国联军占领北京期间，由洋兵组成巡捕队，及安民公所分区维持京城秩序，是特殊形势下的临时应急举措，但已经蕴含了新制度的萌芽。各国撤兵后，所设善后协巡局，是在步军统领及五城等营勇撤散殆尽，无法归复旧制的情况下，裁改安民公所而设立的，目的在于恢复京城秩序，迎接两宫回銮。两者突破固有治安体制而产生，但都是在特殊局势下运行的。不过，随后创设的武昌警察局与保定警务局却产生了巨大而深远的影响。

湖广总督张之洞倡导中体西用，以学问称著于世，又为士林领袖，处事稳重，深得清廷信任，在晚清政坛中举足轻重，其言行影

---

① 中国第一历史档案馆：《有关川岛浪速的几条史料》，《历史档案》1993年第4期，第67页。
② 《光绪宣统两朝上谕档》第28册，第31页。
③ 《会议工巡》，《湖南官报》第30号，1902年5月18日，《清末官报汇编》，全国图书馆文献缩微复制中心2006年版，第16483页。嗣后本书引用《湖南官报》《北洋官报》《甘肃官报》《湖北官报》《吉林官报》《陕西官报》《四川官报》《四川警务官报》《云南官报》《广西官报》《云南政治官报》中所注释的页码均来源于《清末官报汇编》。
④ 《光绪宣统两朝上谕档》第28册，第102页。

响当世甚巨。张之洞认为"西法政治必以警察为根",曾向荣禄表示,实行新政,"现拟先从警察办起"。① 对于裁改营勇为巡警军的做法颇不认同。他反复申述巡警与营伍不同,警察一事,"实为吏治之实际,教养之初基,立法甚严而用意甚厚"。东西各国皆以警察为内政第一大端,若仿而行之,"即可以养民善俗,尤可为将来广学堂、定兵制、息教案、行印花税诸事之根"。② 也就是说,张之洞认为警察是新政的基础,绿营制兵积习积弊已入膏肓,"警察乃专门学问,与营伍不同,寻常兵勇断不能充此选,即精兵亦不相宜。此项练军只可酌量派以弹压缉捕看守局库等事,不宜令冒巡警军之名"。③ 与其扬汤止沸,不如釜底抽薪。故而坚持分年裁尽绿营,另募警察之勇。

1902年6月,张之洞在武昌裁撤保甲局,设立警务公所,札委臬司督理局务,署武昌府知府梁鼎芬为总办,试用知府金鼎为之副,由上海聘用英国人珀蓝斯充当警察总目。经费每年约需五六万金,由当地筹办,抽收房捐铺捐,并截裁保甲经费。于省城内分中东西南北五局,城外分设东西水陆四局,酌采外国章程。募练警察步军550名、警察马军30名、清道夫202名。④ 将警察章程教之读熟,分布省城内外,昼夜梭巡,"所有安抚良善、保卫生理、维持风化、整齐人心、巡防奸宄、缉捕盗贼、稽查户口、防救火灾诸要务",⑤ 皆为其职责。张之洞创办武昌警察局,是在庚子巨变之后社会极为动荡的形势下,而保甲早成具文,所以改弦易辙,仿办警察,稽查奸宄,以求户清道坦,匪戢民安。兴办警察后,不仅保甲

---

① 《张之洞札》,杜春和、耿来金、张秀清编:《荣禄存札》,齐鲁书社1986年版,第256页。
② 《省城创办警察折》,苑书义、孙华峰、李秉新主编:《张之洞全集》第2册,第1474—1476页。
③ 苑书义、孙华峰、李秉新主编:《张之洞全集》第2册,第1505页。
④ 《省城创办警察折》,苑书义、孙华峰、李秉新主编:《张之洞全集》第2册,第1476页。
⑤ 《鄂垣创兴警察示》,《申报》1902年6月9日。

可裁，差役可革，而且可以争主权、保国体。办警察属于各国主权，中国未办警察之前，"巡捕房为外人所设，以致大权旁落"。现在添开商埠，"若未经定议之先，中国自设警察，则开埠之后主权在我……则警察可以复主权于无形也"。此外，凡外人到内地游历或传教，或派兵士保护，或派绅民照料，"实失国体、失政体"。若随处兴办警察，则随处可保护外人，既不惊扰地方，又不多縻经费。"此则警察之可以保国体、保政体于无形者也。"①

直隶总督袁世凯也认为保甲流弊已深，"不得不改弦更张，转而从事于巡警"。他区分了军、警功能，"备军所以御外侮，警兵所以清内匪"。保定仿西法创办警务局，尝试将军警的职能分离开来。招募巡兵五百人，"由委员会同地方官责令村长保举，必系确实土著"者方能充任。警务局的具体规制如下：省城设警务总局，总办一员，兼管学堂事务；另设提调、发审、文案、收支、医官各员；设分局五所，"按东西南北四街冲要地方各设一局，四关设一局"，每分局以巡官主之，并设巡弁、巡记各一员，巡长各4名，正副巡目各8名，巡兵各64名；按各局划定界内，分段安设巡所。袁世凯也视警察"为内政之要图"，奸宄不兴，民可安其业，国本既固，外患始可消，并且，国家政令贯彻，治理得失，"而官府所资为耳目，借以考察舆情者，亦惟警察是赖"。② 警察之功用，不仅在于禁暴诘奸，更在于周知民隐，通上下之情，为治理之基。

随后，袁世凯又于天津设立警务局。《辛丑条约》规定："距天津二十华里，华兵不能驻扎。"③ 清廷维持地方治安，制兵防勇本来承担着重要的责任。"天津自各国联军占据以后，创设都统衙门治理地面。"该署内划分八股办事，分别为总文案、汉文、巡

---

① 《论鄂省设立警察局》，《新闻报》1902年4月2日。
② 《创设保定警务局并添设学堂拟定章程呈览折》，天津图书馆、天津社会科学院历史研究所编：《袁世凯奏议》中册，天津古籍出版社1987年版，第604页。
③ 《直隶总督袁奏为天津及海口一带设立巡警谨将先后筹办情形具陈折》，《申报》1905年2月9日。

捕、河巡捕、发审、库务、工程局、卫生局，其外划分城北、城南、军粮城、塘沽四段，"每股每段均各派员分司其事"。1902年8月，袁世凯接收之时，各股各段均预先遴员接替，并将其在保定募练之巡警队两千人预调来津，"按段接办"。接收之后，天津城内的治理机构部分延续都统衙门的模式，甚至用人上也给予照顾。"其各国原设之华捕一千余人，亦暂行酌留，免其流落滋事。"① 天津城内巡警局由曹嘉祥任总办，在城厢设总局，"南北东西各设一局，各局设捕长捕副各一"。② 制定刊发巡警条规，涉及捕盗、禁赌、交通管制、卫生治理、货摊管理、买卖违禁品以及酒馆戏园等公共场所的营业与秩序等诸多方面。由于天津不得驻兵，社会秩序只能依赖巡警一肩承担，故而天津巡警规模远远超过他处。

直隶与湖北不约而同，在清廷谕令变革兵制后，并未遵照改编营勇，成立巡警军，而是另外筹设警务局，招募朴实土著充任巡警。张之洞与袁世凯的实力与威望，堪当众督抚领袖，湖北与北洋的做法影响了清廷的态度。由于保定警务局所定警务章程最为系统严密，1902年10月17日，清廷颁布上谕，"袁世凯奏定警务章程，于保卫地方一切甚属妥善，着各直省督抚仿照直隶章程，奏明办理，不准视为缓图，因循不办"。③ 保定、天津的警务局模仿西方警察制度，招募巡警，划分警区，站岗巡逻，防患保安，具备近代警察的特征。因此，这道上谕的颁布，确定了办理警务的方向，明确了大致的办理模式，即以直隶办法作为参照，创办近代意义上的警察。

三 警局勃兴及影响

清廷谕令仿照直隶兴办警察后，创设警务局作为"新政要务"，④ 各省首先在省城或商埠筹设试办。经过短短一年，至1903

---

① 《恭报抵津日期接收地方情形折》，《袁世凯奏议》中册，第620页。
② 《天津警察》，《湖南官报》第131号，1902年8月30日，第16685页。
③ 《光绪宣统两朝上谕档》第26册，第230页。
④ 《警察局议设巡捕房》，《申报》1906年3月13日。

年底，各直省多已在省城或通商大埠开办警察，并开始向州县推广。巡警部成立前后，警务局于州县迅猛涌现。

岑春煊在晋抚任上已经筹划创办警察，并已将巡警局章程拟订完毕，①但尚未实行便调任粤抚，尚未赴任时，又转调署理四川总督，山西办警的计划搁浅。岑春煊认为，警察可防患于未然，"求善外交必先内治，求善内治必先警察"，②目前办警刻不容缓。所以，到川上任后，他立即筹划举办警察。但是中国兵卒官吏皆无警察学识，所以，四川办警须先立学堂。1902年12月，岑春煊仿照直隶京师，先于成都创立四川通省警察学堂，委任周善培为教习。周善培受黄遵宪影响，倾心维新，戊戌政变后远赴日本，留心新学西制。岑春煊对其"极为重视"，③周善培亦不负所托，精心部署调教，培育出四川第一批警员官长，并参照黄遵宪的办法，拟定了警察章程四百余条。④次年4月，警务局在成都正式开办。岑奏留"由部领凭赴滇尚未到省"⑤ 的云南试用道李光觐，委以警务局总办。从近省州县土著壮丁中招募兵勇，"并挑选绿营兵丁，共得识字合格者一千八百人"，编成巡警五营，"教以警察巡兵当知之法"，⑥分配各段，以备巡查。锡良接署川督后，委任周善培为警务局总办，周"素性恃才，处事锋利"，⑦ 如不惜得罪同僚，亲往藩署抓赌。在周善培雷厉风行的整顿下，成都警察勤于巡逻查禁，

---

① 《山西巡警局详定章程》，《选报》第8期，1902年2月28日，第11—13页。
② 中国第一历史档案馆编：《光绪朝朱批奏折》第26辑《内政·保警》，中华书局1995年版，第553—554页。
③ 黄遂生：《周善培的一生》，四川省政协文史资料委员会编：《四川文史资料集萃》第1卷，第71页。
④ 周善培：《旧雨鸿爪》，《中华文史资料文库》第1卷，中国文史出版社1996年版，第135页。
⑤ 《署川督岑奏留员办理警务事宜片》，《申报》1903年4月23日。
⑥ 《岑春煊折》，《光绪朝朱批奏折》第26辑《内政·保警》，第570页。
⑦ 黄遂生：《周善培的一生》，四川省政协文史资料委员会编：《四川文史资料集萃》第1卷，第72页。

"未逾年，盗风大息，城乡十里内外乞丐绝迹"，① 效果显著。

安徽警察的创办既非由督抚大员提倡，也非开始于省城，而是在趋新官员许鼎霖、吕承瀚的努力下，由芜湖发其端。芜湖滨江背河，交通便利，历来商务殷繁为全省之冠，且为通商口岸。许鼎霖时任芜湖商务局会办，见多识广，喜谈西法。自清廷发布兴办警察的上谕后，许就为此事积极奔走，曾专程"进省谒见皖抚，面陈此间筹创巡警要公"。② 经过许、吕两人多方筹款预备，芜湖警务局在1902年底开办。芜湖警务局以保甲总局为办公之所，设巡警兵300名，以芜湖保卫营改充，委保卫营统带饶游戎继续督率，并雇用洋捕头一员。"所需经费即以原设之保甲局卫营裁改济用，不敷之款按照各省章程抽收门牌车船各捐。"③ 警务局兴筑马路，开辟菜场，巡查路面，并兼理发审。

赣抚李兴锐为督抚中最早上条陈设巡捕者，原有意招湖南保卫局的创办者黄遵宪前来南昌，总司其事，惜未成行。江西兵备道兼九江关道监督瑞澂，对警务相当留心。九江为中外互市之场，"况今日天下游勇会匪比比皆是，动以仇教为名"。为避免"强邻借保护之名，逞要挟之计"，拟"仿鄂省之筹款，直隶之办法"，④ 订立章程，设局开办警察。九江警察尚在筹备中，江西臬司出缺，瑞澂受命署理，移驻南昌，旋被护赣抚柯逢时委以总办江西全省警察兼总理学堂事务。瑞澂认为营兵习气太重，"实与警察之意相背"，"不得不另行招募"，⑤ 因此，先于省城设立学堂，订立招考章程十六条，出示招考。规定应试者必须年龄为18—35岁，未曾充当差

---

① 《周善培召怨》，《清朝野史大观》第2册第4卷，上海书店出版社1981年版，第169页。
② 《创办巡警》，《湖南官报》第138号，1902年9月6日，第16700页。
③ 《皖抚聂奏开办巡警以维商埠》，《谕折汇存》第49册，台北，文海出版社1967年版，第10347—10349页。
④ 《浔兴警务》，《申报》1902年12月17日。
⑤ 《护理江西巡抚布政使柯逢时折》，《光绪朝朱批奏折》第26辑《内政·保警》，第564—565页。

役。如有官绅子弟及士子自愿报考者，格外优待。给予优厚待遇，以吸引人才。毕业后派令当差，"其家属人等，由地方官妥为保护，勿任土豪痞棍欺凌，倘家属有涉讼案件，准援绅衿例遭袍，以示优异"。① 先后共得身家清白、粗通文义的学生642人，入堂学习，两个月毕业。1903年2月，裁撤省垣保甲局，设局开办巡警，设总局一，别设四分局。不久，瑞澂回任九江，立即与九江府知府、德化县知县、保甲总巡商议，拟在九江设立警察局。因有南昌经验可资参照，8月，九江警察局成立，九江府裴知府为提调，德化县江知县为稽查，保甲商团即日裁撤。② 将商团、保甲、清应、棚栏、更夫经费改作办警经费。并订立江西九江警察功过赏罚章程，③ 用记功、赏银、升职等奖励方式激励巡兵勤于职守。

其他直省也陆续创办了警察局所。1902年底，山东巡抚周馥派兵100名分赴京师、天津两处警务学堂学习，随后招募巡军，委派臬司尚其亨总理警务，并先后委派道员杨晟、潘延祖、杨嘉辰等会同臬司经理，"仿照直隶章程，参以东省民情风气，拟订局制饷章及学堂章程课本"，④ 设局开办。1903年3月，广州将保甲局卡一律裁撤，正式开办巡警总局，以臬司总办局务，"将城内保甲地段九分卡，并为警察分局五所，另在西关地方添设警察分局四所，新城二所，东南关各一所，河南二所"，共分局15所。⑤ 河南巡抚陈夔龙与司道筹商，"将原有保甲局裁撤，改设巡警总局"。巡警局办公处所就设在保甲局旧址，并将隶属保甲局的安定营，"汰弱留强，改编巡警营，以藩臬两司督理局务"。⑥ 至1903年底，各省城商埠多已开办警察。

---

① 《招考警察示》，《申报》1903年2月28日。
② 《举行警务》，《申报》1903年8月31日。
③ 《九江警察》，《南洋官报》第10期，1904年。
④ 《山东试办巡警拟定局制饷章折》，周馥：《秋浦周尚书（玉山）全集》，台北，文海出版社1967年版，第260页。
⑤ 《警察汇志》，《选报》第50期，1903年5月3日，第23页。
⑥ 马濬明编著：《河南警务沿革纪略》，1936年手稿本。

各省创办警务，多裁撤保甲局，取其经费，以资挹注，保甲渐有被巡警所取代的趋势。但也有例外，湖南巡抚俞廉三认为湘省"财力匮乏，不得不求撙节"，只得"就地方情形，酌量变通"，就原设保甲团练局，"将省城内外划分地段，设立大小警察分局，添派勤干员绅，按段经理，即以驻扎省城之亲军后营改为警务营，轮班巡警，仍以游击翟廷尉曾带，归保甲局节制"。① 长沙为近代中国警察的首创之区，戊戌维新时期就曾尝试兴办湖南保卫局。但在清政府明令兴办警察之后，长沙却"因地制宜"，将警务"即归保甲局兼管"。② 省城原有"三大营向派日夜巡勇，因设警务局已裁撤"，但是巡警却为数不多，以至于开办警务后，"城中近多窃盗，且失物无从查究"，③ 不仅无所改观，反而愈加混乱。

随着警察的创办，"巡警军"与"巡警""警察"含义有混同的趋势。山东巡抚周馥关于裁制兵改练巡警的奏折中，将"巡警""巡军"混用。④ 河南省城开封筹办警察时，改保甲局为巡警局，"除挑留安定营勇外，添募足五百人，改为巡警军"。⑤ 此处"巡警军"即巡警。而且，部分已设巡警军转化为警察。福建创办福州警察局之时，从城守中军副将所带的巡警军中拨出一队，"悉除其绿营兵籍"，⑥ 以充任警察。

在随后划一兵制的过程中，巡警军又改编为巡防队或常备新军。1905年，兵制再次改革，练兵处将旧有防练各营以及杂项队伍整合归并，统名为巡防队，以与新军区别。次年，陆军部成立后，制定巡防队试办章程。福建部分巡警军改编为新军，如闽省常备新军第

---

① 《湘抚俞奏酌量变通开办警务》，《谕折汇存》第52册，第2032页。
② 《总理湖南全省保甲团练总局开办警务示》，《湖南官报》第295号，1903年2月24日，第16982页。
③ 《警务未善》，《北洋官报》第75册，1903年6月1日，第54页。
④ 《遵裁制兵改练巡警折》，周馥：《秋浦周尚书（玉山）全集》，第169—173页。
⑤ 《清德宗实录》卷528，光绪三十年三月辛巳。
⑥ 《江西巡抚李奏为闽省设立警务局实行警察之政谨将办理情形折》，《申报》1904年7月20日。

一镇甲协,"以原有常备左镇全军为基础,抽调福宁巡警军第二十一队",①并其他练兵防勇组合而成。其他巡警军多转化为巡防队。如江苏巡警军三旗与其他水陆各营旗,"均照章一律改为巡防队"。②陕西巡抚恩寿奏称,陕省巡警军以抚标城守协四营及延绥汉中陕安三镇各练军改设,"此项名目既与警务相混,又为部章所无",③故而遵照练兵处奏案,改为巡防队。安徽各巡警营经过合并,也纳入巡防队之列。由于不少巡警军沿用原营旧制,故多被改编为新军或巡防队。随着巡警的兴办与兵制的进一步改革,巡警军有的转化为巡警,有的被整合于新军,有的改编为巡防队。

而警察则快速地从省城向州县推广。四川在省城兴办巡警后,随即"自应遵照奏定章程,由近及远,推行各府厅州县一律举办"。④其他各省也根据能力所及,向州县推广,这需要巨额的经费,因此推广警察,最关键的一环就是经费的筹措。以四川为例,川督锡良仿照政务处议准的两湖成案,"拟将绿营现存兵额分作十成,腹地各营自本年起岁减一成,十年裁尽,专留此饷以为拓办省外各府州巡警之用"。⑤另外饬令各属自行筹款。随后,奉节、乐山、荣县、德阳、罗江等县先后禀报,将旧有之练丁练费改办警察。⑥四川警务于冲繁州县次第举行,至1905年,"已办警察者二十余处",其所用经费,"或提地方闲款,或由绅富捐助"。⑦

1905年9月,清廷派遣五大臣出洋考察政治,未及启程,火

---

① 刘锦藻撰:《清朝续文献通考》卷220。
② 《水陆各营旗照改巡防队片》,陈夔龙:《庸庵尚书奏议》,台北,文海出版社1970年版,第735—736页。
③ 《又奏陕西巡警军拟改为巡防队片》,《政治官报》第1140号,1910年12月29日,第11页。
④ 《督宪札各属催办警察文》,《四川官报》第1册,1905年2月,第24579页。
⑤ 《川督锡拟裁腹地绿营兵各情折》,《四川官报》第6册,1904年4月,第23995页。
⑥ 《督宪札各属催办警察文》,《四川官报》第1册,1905年2月,第24579页。
⑦ 《四川各属现办习艺所警察折》,锡良:《锡清弼制军奏稿》,台北,文海出版社1974年版,第488—489页。

车被炸，震惊朝野，清廷更加意识到办好警察的必要与紧迫。10月，清廷颁布上谕，于中央设立巡警部。"巡警关系紧要"，京师及各省皆已举办，"自应专设衙门，俾资统率"。① 同时，委派徐世昌补授该部尚书，毓朗补授左侍郎，赵秉钧署理右侍郎，"所有京城内外工巡事务，均归管理，以专责成，其各省巡警，并着该部督饬办理"。② 巡警部的设立，表明了清廷对警察新政十分重视，对于兴办警察给予了制度性的认可。

警部成立后，建立衙署，划分机构，设置员缺，调委属员，厘定职权。巡警部从兵部、刑部、都察院等其他部院以及外省官员中多次奏调能员干吏，充任司员，襄助警务，又从警务学堂及法政学堂中调取学生多名，担任各科属员，以便着手整顿与推进各省警务建设。巡警部成立后，主要从以下几个方面推进警务建设。

首先，调查各省警务，并派员出洋考察。警部主要职责在于统筹全国警务，只有将各省警务的现状与问题了然于胸，才能有针对性地制订出未来的警务发展规划。中国疆域辽阔，"各省情形不同，经费有赢绌之殊，措置有难易之判，尤非考查详确无以立整齐划一之规"。③ 因此，警部多次咨催各省督抚，速将近年办理巡警章程，及设立巡警学堂共有几所，警兵若干，经费数目，并现办巡警实在情形，详列表册，报部备查。④ 又派员赴各省实地考察警务近况。此外，先后派遣部员周树模、刘彭年、舒鸿贻前往日本，详细调查日本警察制度，以便借鉴日本经验，建构中国警察体系。

其次，提出裁撤各省绿营，一律改为巡警的警务推广方案。巡警部提议，由各省督抚从现存马步战守各兵中，"挑选年力富强、体量合格、粗识文字、别无嗜好者改编巡警，慎选廉明武职及粗通

---

① 朱寿朋编：《光绪朝东华录》，第5408页。
② 《清德宗实录》卷549，光绪三十一年九月庚辰。
③ 《奏请饬令各省巡警督饬办理片》，林开明等编辑：《北洋军阀史料·徐世昌卷》，天津古籍出版社1996年版，第34页。
④ 《咨催警务表册》，《大公报》1905年12月6日。

警察人员督率教练"，①每年裁撤绿营所腾出饷项，尽数拨作办警经费。警部的提议虽然得到清廷的认可，但裁兵改警牵涉诸多问题，推行为难，且警兵的素质难以保证。

再次，指示各省筹设警察学堂。各省现有警官警士，"或以防军改名，或以招募成数，官非素习，人鲜技能"。不仅现有官警需要进行警察学的再培训，而且也需要储备警务人才，以备警务推广。因此"亟须设立警察学堂，实施教育，宏造人材"。巡警部要求各省先于省会及商埠设巡警学堂，征募士民肄习，"已办者更宜精求美备，增益不能，未办者务当从速设立，力图振兴"。②

此外，警部还参与修订各项与警务相关的法规及规章，以此来规范各省警务的实施。如推动违警律、报律的制定。警部咨行修订法律大臣，"请将违警罪章速为妥议条款，颁行各警局以维警政"。③由于违警律的编定颁行需要时日，警部先行编订简易的通行警章，发给各省暂且照办，以免除参差不齐之弊。报律初由学部、商部共同制定，后警部参与会定。另外，警部自行订立了交通规则及稽查户口、巡警勤务等章程。

自 1860 年代以来，西方警察制度逐步进入中国人的视野，并在清末内忧外患的重重危机下，被清廷朝野内外视为先进的制度，先在外省试办，后经清政府提倡，设立巡警部，专掌警务推广与管理，警察制度终于在中国立足。警察制度的引进对中国社会产生了多方面的影响。

警察的兴办促进了警察观念的深化，进而影响到中国治安管理理念的变迁。各省师法西制，仿办警察，为深入了解西方警察制度，纷纷派遣留学生赴日本专门学警务，或者派遣官绅前往考

---

① 《政务处会同兵部奏议复巡警部奏请绿营疲弱一律改为巡警折》，林开明等编辑：《北洋军阀史料·徐世昌卷》，第 44 页。

② 《巡警部咨各直省亟应设立警察学堂文》，《四川官报》第 6 册，1906 年 4 月，第 25315 页。

③ 《咨请速颁警章》，《大公报》1906 年 2 月 24 日。

察警务。1901年底，那桐出使日本回京后，挑选八旗官学生30名，交由京师警务学堂监督川岛速浪带往日本，进入日本警务学堂学习，三年肄习，所需费用由政府承担。① 湖北创办警务局之时，总督张之洞派遣营勇弁兵多名赴日学习警察知识。② 随后，江苏、广东、浙江、四川等省陆续向日本派遣学生，专习警学，以备任使。除此之外，亦派遣官绅前往进行短期的考察。警部成立后，多次派遣部员远赴日本考察。员外郎舒鸿贻、雷廷寿等分别刊行了《日本考察笔记》《日本警察调查提纲》，③ 详细记载了日本警察制度，以备国内采择仿办。其他官绅留下的大量综合类考察日记，如贺纶夔《钝斋东游日记》等，也涉及日本警察的描述。

为了更多更快地培养警务人才，各省陆续创办了警察学堂。为了警察学堂的教学需要，以及方便官绅研究警务，多种警学图书相继翻译出版。日本宫国忠吉所著的《警察全书》一书，由东华社编辑所翻译之后，首先在1902年2月《译书汇编》上刊出，随后由东华译社、作新社出版。据谭汝谦先生的不完全统计，清末新政十年间，中国翻译出版的各类日本图书中，有关警察学方面的图书共有七种。④ 此外，还有由留日学生编写的警察讲义丛书，据笔者所见，仅1906年就出版了四套此类图书，如由湖南留日警察学生编写、由杨度作序的"警察讲义"丛书，湖北官书局印行由周仲

---

① 《开办警察汇志》，《选报》第2期，1901年11月21日，第11页。
② 《札委双寿带同两湖等书院学生及护军营勇前赴日本学习师范警察各学》，苑书义、孙华峰、李秉新主编：《张之洞全集》第6册，第4194—4198页。
③ 参见刘雨珍、孙雪梅编《日本政法考察记》，上海古籍出版社2002年版。
④ 谭汝谦主编：《中国译日本书综合目录》，香港中文大学出版社1980年版。该七种书为：日本政府编《日本警察新法》，小幡严太郎纂译，东京善邨译书馆1899年版；〔日〕宫国忠吉《警察全书》，东华翻译社译，东华翻译社1903年版；〔日〕后藤狂夫《现代各国警察制度》，胡捷等译，上海昌明公司1906年版；〔日〕有贺长雄《外事警察》，李锦沅译，武昌荆门学社1907年版；〔日〕室伏高信《警察学》，译书汇编社译，东京译书汇编社；《日本警察法令提要》，唐宝锷译，东京译书汇编社；《日本警察法概要》（无出版信息）。其统计并不完全，如宫国忠吉所著之书，作新社于1903年以《警察学》为名出版。

曾等编译的《最近警察法教科书》，湖北李凌云亦编辑了一套《警察讲义》，由商务印书馆发行，作新社也于该年出版由许绍经编著的《警察讲义丛编》。此类丛书中，包含《法学通论》《警察学大意》《高等警察》《行政警察》《外事警察》《卫生警察》《司法警察》《消防警察》《警务要则》等多本图书。

此外，新政期间，报纸杂志种类与发行量迅速增加，各类报章关于警学的讨论及警务的报道时常可见，为绅民了解警学提供了便利的途径。警察制度的移植促进警察观念的深化与迅速普及。

晚清警察职掌广泛，调查户口，安置门牌，修整城市马路，疏通沟渠，清扫道路，安置路灯，制定行路规则，检查饮食物品，建设菜市场，规范摆卖摊贩，组织消防救灾，皆为警察责任。这些警务的举办，使得城市更为整洁卫生，直接影响到民众的日常生活。传统观念下，政府尽量不扰民不干预，对社会的治理以事后惩治为主。而引进警察制度后，政府日常政务直接面向普罗大众的社会生活，对其进行规范管理，政府承担的社会责任越来越驳杂繁重，重视管理规则的制定，及事前的检查与预防。虽然清廷支持开办警察，仍以巩固统治、维护社会秩序为最终目的，但是包罗甚广的警察职责实际上为民众提供了诸多方面的服务。与旧时差役兵丁侧重于缉捕察奸相比，警察更加贴近民众生活。可见，警察的职责侧重于纳民轨物，预防危害，厚生安民。同时，警务的执行，也表现了政府职能的扩张，不少原本政府不予干预或者由民间自行经理的事务，以及因社会发展而出现的一些新生事务，被纳入警察的管辖之下，政府所管政务的范围更为广泛。

警察局所的创办是在趋新督抚的主导下从外省开始，进而影响到中枢的决策。在警察兴办初期，中枢并无一定规划，由督抚自行创设。各省巡警创设之初，多先在省城或通商大埠试办，一般由督抚派委多名司道大员经理其事，多以臬司为督办者，也有以藩臬二司同为督办者，另外遴选道府大员，或为总办，或为帮办，或为会办，或为副办，或为提调，或为坐办。名目各有不同，员额多寡不一。由于固有官制体系未及调整，无法容纳新生事物，督抚自主建置警务局所，自行委员办理。这与晚清以来设立的商务、学务等各类新式局所相似，是新生事物无法安置在固有官僚体制内的一种变通式处理。而此类局所委员任免听从督抚意旨，成为督抚权力的延伸。这些正式职官体制之外的局所委员，是对旧有官制与职官体系的突破，是咸同以来督抚权力延伸的继续，也对固有体制产生了巨大的冲击。

各省巡警的录用与资格并无一定限制。有的从所属州县土著乡民中招募，有的从绿营兵勇中挑选身强体壮者充任，有的既招募民人又挑选兵丁，二者混合而成。晚清兵制改革中，各省为安置被裁营勇兵丁，防止大量散兵游勇流入社会，从中挑选改编为巡警，既部分解决了营勇的出路，又节省了行政经费，使得警察迅速创设，但也造成了巡警素质低下、兵勇陋习难除的弊端。正如民政部所言，各省府厅州县举办警察，"有循保甲之规制而变其名者，有以团营、巡勇、乡勇改者，有以绿营兵改者，有以乡镇原有之巡夫人等改者，有专用巡警者，粉饰因循，在所不免"。①

不仅警察来源不同，各地警局亦名目不一，有称警察局者，有称警务局者，有称巡警局者。开办方式有官办、官商合办、官督绅办等。广东省惠州开办巡警，"官商合办，颇觉和协"。② 安徽桐城县办理警察，"议定官督绅办"，按亩抽捐一分五厘，由各业户投柜征收，岁可得银4800余两，以充经费。③ 福建政和县知县陈寿昌于1906年将城东保甲局改为警察局，将旧有保甲局茶捐拨用，并亲任警察局总办，"遴选邑绅分任董事、支应等职"，分城内六段，城外四段。④

---

① 《民政部奏为拟请通饬各省酌裁民壮各役募练巡警折》，《京报（邸报）》第152册，第274页。
② 《各省内务汇志·广东》，《东方杂志》第3年第2期，1906年3月19日，第80页。
③ 《各省内务汇志·安徽》，《东方杂志》第3年第8期，1906年9月13日，第185页。
④ 民国《政和县志·福建省》卷15，《中国方志丛书》第97号，第197—198页。

江西九江创设警察时，就地筹款，即将保甲商团裁撤，"邀集各帮绅董到局面议"，① 争取各商董的支持，由各商董说服铺户将保甲商团更夫等费酌量加征，并按月收齐后交局支用。由于晚清警察多是在裁撤保甲团练等局，提取原有保甲乡团等项经费的基础上创办的，征收保甲等各项经费的商董绅董，转而为警费筹集征收捐税。

警官的设置及职责更是驳杂混乱。如督办、总办、会办、提调、稽查、会计等，以及巡官、巡弁、巡记、巡长及正副巡目等差，各地警局或全部皆设，或择要设置，各有不同，没有一定标准。由于清廷并未颁布章程，各省警察系自行创办，因此，各省之间章制互有不同，办法参差不齐，名目亦千差万别，即便一省内部，各地警察也是规章有别。

虽然警察局所向州县推进，一省之中却既无统筹规划，也无统一管理，各州县自行筹设，十分杂乱。由于省城警局多以臬司为督办，州县警务的兴办亦多由臬司兼管，但一些省份尝试以省城巡警总局统管本省警务。如1906年，苏州改良警制，将省城原设之警察总局更名为苏省巡警总局，以藩臬两司督办，其总办、会办、提调等员由抚宪遴派。"各路巡警分局及各府州县巡警局均为巡警总局所统率"，凡奉巡警部督抚下达之饬令公牍，均由总局转行；而省城内外各分局申详禀牍，亦不得逾越总局。"凡地面寻常告示事关全省警务者则由总局颁发，若仅一路一局之事，则用该路该属局示，仍将底稿抄送总局核办。"②

直隶另辟蹊径，创设直隶警务处，专管该省警务。总督袁世凯认为"筹办通省巡警，必先设一总汇之区"，"应于保定省城设立警务处，以臬司督理其事"。③ 1906年，在保定设立直隶警务处，

---

① 《警察筹费》，《申报》1903年10月12日。
② 《苏州省城巡警试办章程》，《申报》1906年5月14日；《续苏州省城巡警试办章程》，《申报》1906年5月16日。
③ 《督宪袁札设省城警务处办理通省巡警文》，《时事采新汇选》第15册，第8164页。

制订《直隶警务处试办章程》，"整理全省警务"。① 这一专职机构的设置，改善了固有直省警制散漫杂乱的缺陷，使得直隶警务有了统一的管理。直隶警务处管理全省警务的地方警制模式，以及直隶警务在全国的领先地位，提示了警务管理的一个发展方向，即设立专门的省级警务机构，专管该省警务。

第三节　司道之争

各省督抚或地方官自行筹设警局，形式不一，程度参差，管理混乱，清廷难以掌控。因此，巡警部成立后，提议在各省设立巡警道，专管一省警政，以便统筹规范各省警务。但因经费难筹与警才匮乏，其可行性颇受质疑。由于警察为治安要政，宪政之基，随着筹备宪政的进行与官制改革的深入，民政部、厘定官制大臣及其他官员或主张设巡警使，或倡议设民政使，或拟设布政副使，统管该省警务。虽仍有阻力，但最终清廷颁布上谕，令各省设巡警道，成为外官改制的重要内容之一。

早在1901年3月，张謇撰《变法平议》，就提出"巡道改为巡警道，专掌警察"的建议。② 张謇所撰的《变法平议》，本是应刘坤一所邀，为江楚会奏所拟之稿，但因张謇提出的变革方案"宏深博大，意在一劳永逸。惟积习太深，一时恐难办到"，③ 而被刘坤一弃置不用。④ 张謇有关警察制度的主张也随之止于设想。时

---

① 《直隶警务处试办章程》，甘厚慈辑：《北洋公牍类纂》卷7，台北，文海出版社1997年版，第533页。

② 张謇研究中心、南通市图书馆编著：《张謇全集》第1卷，江苏古籍出版社1994年版，第50页。

③ 《刘制台来电》，苑书义、孙华峰、李秉新主编：《张之洞全集》第10册，第8562页。

④ 参见李细珠《张之洞与清末新政研究》，第80—97页。

隔五年之久，才有设置巡警道的声音再次出现。

1905年巡警部成立。如何发挥统筹及指导各省巡警道建设的职能，使警部设立不至于"亦不过仍为步军统领之代表，汲汲于讼狱盗贼之虞，并无民事之可亲，而天下各省督抚，亦依然分疆画界，以绳其州郡之官，岁增一报告，达之京师而已"，① 是新生警部面临的重要任务。为使部令上通下达，并得以贯彻落实，巡警部在开署办公之初即提出设立主管一省警政的专职官缺。"警部因各省办理巡警须有专责，拟请旨将分巡道改为巡警道缺，以专责成。"② 此提议与五年前张謇所论相同。巡警部不仅提倡"各省兴办警察宜别设一巡警道，专司全省警察事宜"，而且付诸实践，试图通过所处中央部门的地位，咨行两江总督周馥，拟将屡议裁撤的江南盐巡道"改名巡警道，以专责成"。③ 此外，警部厘定警察官制，拟巡警道为实缺官，"六年俸满称职者以次奏请递升"。④ 并且"电令各省一律添设警务衙门，以专责成，其一切事权，须另派道员总理，而秉命于督抚，仍须归总于警部"。⑤ 虽然这些提议尚无下文，但警部倡议设立巡警道的努力引起了媒体与舆论的关注。清朝传统官制中，并不注重中央部院与地方政府机构设置之间的对应，各省州县中没有与六部相应的部门。而巡警部提议于各省设立巡警道，专管一省警务，追求上下各级政府机构的贯通，以方便政务的推行，这体现了晚清官制改革的立足点之一就是建立上下有序的官制体系。

此时，内外官制的整体变革开始筹议。清廷枢臣规划外官改制，认为巡警关系地方治安，责重任繁，"非尊其品秩，崇其体

---

① 《论设巡警部》，《津报》光绪三十一年九月十六日。
② 《巡道改名志闻》，《大公报》1905年12月28日。
③ 《警部咨商江南盐巡道改为巡警道》，《申报》1906年1月1日。
④ 《拟定外省警务为实缺官》，《申报》1906年2月16日。
⑤ 《饬令各省设警署》，《大公报》1906年2月20日。

制，不足以资管摄"，①提议于各省添设巡警司衙门，派巡警使一员，统辖全省警政。并添派副使二员帮同管理，统隶于警部。甚至传出警察司在直省司道中处于"布政之次，按察之上"，为正三品官。② 虽然巡警部与政府枢臣设巡警道或警察司的主张不同，但是他们对各省需要设置警务官缺的认识却是一致的。基本态度的相似，就为进一步筹商奠定了基础。

1906年5月，学部设立后，各省裁撤学政，设立提学使。警部援照此例，开始改变从前要求设立巡警道的主张，"近因学部已请简提学使，故各堂官商议拟援学部之例"，③"拟添设巡警使一员，其品秩如提学使"。④ 不仅各省设置提学使的成案可供援引，州县分职办事的例子也自下而上地影响着警部的考虑。巡警部借鉴"直督袁慰帅去岁在直省创行州县官分职新制，系将地方事宜分为财政、学务、裁判、巡警四股"，提议将直隶州县分职办事之法推广至直省官制，主张一省"政事分由藩、臬、学、警四司办理，而归督抚总其成"。⑤ 并拟订巡警使的选任方式，"所有简选请补一切事宜均奏归巡警部管理"。⑥

但朝廷枢臣讨论直省官制时，却以经费困难与人才不足为由，否决了警部设置巡警司的提议。"政府以各省办理警务向归道员监制，似毋庸再设专司，以省繁冗。"⑦ 又"以各省警政尚未一律兴办，且警员中堪膺警使之任者亦甚乏人，故请设警察使之消息已决意姑从缓议"。⑧

警部设置巡警司的提议遭遇阻力，进退维谷。适逢出使各国考

---

① 《拟添设各省巡警使》，《时报》1906年3月11日。
② 《各省设巡警司》，《大公报》1906年3月5日。
③ 《请简警察使之消息》，《大公报》1906年5月23日。
④ 《各省添设巡警使》，《大公报》1906年5月21日。
⑤ 《警部拟援例奏简巡警使消息》，《申报》1906年6月3日。
⑥ 《警部定统一办法》，《申报》1906年7月18日。
⑦ 《巡警使司将驳》，《大公报》1906年7月11日。
⑧ 《警察使决意缓设》，《大公报》1906年8月8日。

察政治大臣陆续回国，载泽、端方、戴鸿慈等相商改良官制，并通电张之洞、周馥、赵尔巽等督抚商讨意见。1906年8月，戴鸿慈、端方奏请核定全国官制以为立宪预备，提出将中央各部增裁归并，设九部而总于内阁，其中以"内务可以赅警察，而警察不能尽内务"，将巡警部改为内务部，将户部、工部关于丁口工程等事并入。地方行政制度相应变通，"以求内外贯注也"，每省设八司，"一曰民政司，二曰执法司，兼一省裁判事，三曰财政司，四曰提学司，五曰巡警司，六曰军政司，七曰外交司，八曰邮递司"。① 而且还明确提出调整各司与督抚及中央部院之间的权限关系，取消各司相对独立的地位，使之成为督抚属官。"除执法司为司法官，军政司应直隶中央，不入行政范围外，其余六司皆为督抚之最高辅佐官。"② 而府县署中也应分曹治事，各设内务、警务、收税、监狱等专官。这一官制设计，改变了清朝官制内外官员及督抚司道分权制衡、互相牵制的状况，力求上下贯通。其对外省官制的大幅度调整，立意与巡警部着眼于一部利益之得失有很大差别。这份奏折由奉命出外考察政治大臣提出，是他们游历西方各国之后，通过实际考察比较而得出的经验总结，对标榜新政的清政府来说，其重要性不言而喻。不过，此折主张中央改警部为内务部，省设民政司、巡警司，府县设内务、警务专官，而对民政、内务、警务各部的职责范围如何区分未加说明。

根据考察政治大臣的陈奏，1906年9月1日，清廷颁布了预备立宪先行厘定官制的上谕：仿行宪政，"必从官制入手，亟应先将官制分别议定，次第更张，并将各项法律详慎厘定，而又广兴教育，清理财政，整饬武备，普设巡警，使绅民明悉国政，以预备立宪基础"。③ 第二天，又任命载泽、世续、那桐、荣庆等为厘定官

---

① 故宫博物院明清档案部编：《清末筹备立宪档案史料》上册，中华书局1979年版，第377页。
② 《清末筹备立宪档案史料》上册，第371—377页。
③ 《清末筹备立宪档案史料》上册，第44页。

制大臣，共同编纂官制，端方、张之洞等五总督选派司道大员来京参议，并派奕劻、孙家鼐、瞿鸿禨总司核定。预备立宪从官制入手，意味着官制改革由局部调整进入内外官制全面变动的关键时期。而"普设巡警"是预备立宪的一项重要内容，为宪政之基础，因此警制的完善与警察的推广也是亟待进行、刻不容缓的要政。因此，警部各堂备受鼓舞，重燃希望，"又提议此事，每省派巡警使一员，统辖全省警政，定为正三品"，并拟"添派副使二员帮同管理，仍归警部直辖，不久即奏行举办"。①

对于更改内外官制，厘定官制大臣们争议不休，媒体密切关注，外界谣言纷传，有各省设置七司、八司、九司、十司等不同的说法，可谓众说纷纭。厘定官制大臣决定"先拟定官制大纲，然后再由编制局详审细目"。② 官制大纲分两部分，分别为中央政府官制与地方官制。中央设十部，拟将巡警部、工部及户部关于丁口之项并入内务部。"省中一切职制略仿中央规模，增设八司。"③ 其民政司以布政司改，另设巡警司，监督省城及各府州县警察。裁道府，以县直隶督抚。县设内务、警务、收税、监狱四部。可见，厘定官制大臣的立官精神与改制计划，与戴鸿慈、端方所奏官制基本一致，已经把增设巡警司列入外官改制的计划之中。并以"采用君主立宪国制度"，"先从行政司法厘定"为宗旨。④

传闻纷杂之际，出使德国大臣杨晟条陈官制，主张直省司道机构设置应与中央各部相配合。"其权限一依各部主管之范围，其下宜分置四司：曰民政兼巡警，曰学政，曰军政，曰财政兼商务。"⑤巡警司由民政司兼理，并认为各司应为督抚属官，但遇事亦可径达中央各部。而内阁中书殷济条陈要政，亦要求设立巡警司。警务为方

---

① 《各省警察使将见实行》，《大公报》1906年9月2日。
② 《拟定官制大纲》，《时报》1906年9月11日。
③ 《拟定官制大纲（续）》，《时报》1906年9月13日。
④ 《编纂官制大臣奏厘定官制宗旨折》，《时报》1906年9月24日。
⑤ 《清末筹备立宪档案史料》上册，第399页。

今要政，"虽责成臬司认真督办，无如臬司系司法之官，非行政之职，近省一带尚可随时考察，其距省较远者，大都委之属吏，未能实力奉行。拟请朝廷于每省添设警察使一员，责令专办警务"。① 值得注意的是，殷济认为警务滞后因由臬司兼办，不仅力有不逮，而且与行政、司法分离的思潮不符，与改革官制以为立宪预备的方向相背。而解决之道，即添设专办警务的警察使。

但此时舆论也有不少反对的声音。翰林院撰文李传元认为，"其外省各司以藩、臬、学三司兼领，似亦足以胜任，所有各司即可缓设"。② 御史叶芾堂担忧 "一司所费，年须数万金，八司即须数十万金，加以州县僚佐各职所费甚巨，此款洵不易筹"，③ 也以经费难筹为由，认为官制不宜多所更张。

警部援引各省提学使之例，由主张设巡警道，转而要求设巡警司。部分考察政治大臣、驻外使臣、趋新官员也提倡效仿西方警制，设立警务专司。但是，举办各项新政急需大量经费，使得财源十分紧缺，而新式人才又相对缺乏，部分政府枢臣及官员对此颇为担忧，犹豫不决，甚至反对。虽然厘定官制大臣所订官制大纲拟于各省设民政、巡警等司，但是，有关司道的添设裁并及其与督抚部院的权限关系，以及道府的裁留等问题，关系到内外政治格局的调整与平衡及中央与地方权力的重新分配，牵一发而动全身，再加上督抚意见不一，态度不明，故而外官制改革议而未决。

因此，厘定官制大臣放弃内外官制并举的改革方案，先由内官改制开始，外官改制暂缓。④ 1906 年 11 月 6 日，内官制颁布，中央部院裁并重组，重新厘定规章，划分权限。不久，巡警部改为民政部。为了与新立的中央各部相对应，外官制亟待调整，以

---

① 《清末筹备立宪档案史料》上册，第 133 页。
② 《清末筹备立宪档案史料》上册，第 411 页。
③ 《清末筹备立宪档案史料》上册，第 447 页。
④ 参见关晓红《种瓜得豆：清季外官改制的舆论及方案选择》，《近代史研究》2007 年第 6 期。

免内外新旧两套官制并行杂陈,难以契合衔接。故清廷在颁布内官制改革上谕的同日,发布另一道上谕,令奕劻等厘定官制大臣,"其各直省官制着即接续编订",并"着会商各省督抚一并妥为筹议"。①

厘定官制大臣为省城院司各官设计了两层办法,通电各省督抚商酌意见。第一层办法接近立宪国官制,"合院司所掌于一署,名之曰行省衙门,督抚总理本衙门政务,略如各部尚书。藩臬两司,略如部丞。其下参酌京部官制,合并藩臬以外司道局所,分设各司,酌设官,略如参议者领之"。② 第二层办法仅做微调,"以督抚径管外务、军政,兼监督一切行政、司法。以布政司管民政,兼管农工商……此外,学、盐、粮、关、河各司道仍旧制"。③ 分析两套方案,如果按照第一层办法,参酌京部官制分设各司,则外省官制有可能因中央设有民政部而设民政司。这一办法也会使督抚与司院之间的权限关系得到根本性的调整,各司成为督抚属官。第二层办法只是根据旧制略做变通,督抚与各司权限关系基本不变。但以布政司管民政,却将巡警由臬司兼管转移到由藩司管理。

对于两套方案,各督抚意见不一,莫衷一是。直隶总督袁世凯提议"每省设警察使"。④ 山东巡抚杨士骧认为"内既有专部,外当有专司,指臂是联,相为表里"。⑤ 两广总督周馥也认为"京师既添设各部,则外省应亦添设各司,以资承转"。但考虑到改制的种种困难,又提出"现时廉俸难筹,自应仍以各局所委员充当。而其事相联属者必须兼摄,如藩司兼理财政,臬司兼理巡警之类,

---

① 《清末筹备立宪档案史料》上册,第472—473页。
② 侯宜杰整理:《清末督抚答复厘定地方官制电稿》,《近代史资料》总76号,第52页。
③ 侯宜杰整理:《清末督抚答复厘定地方官制电稿》,《近代史资料》总76号,第53页。
④ 《直督外官制条陈》,《盛京时报》1906年12月27日。
⑤ 侯宜杰整理:《清末督抚答复厘定地方官制电稿》,《近代史资料》总76号,第75页。

不必遽开生面，徒费无益"。① 湖广总督张之洞对两层办法尤多批评，"民政以警察为大端，乃臬司分内事，今乃不属臬司而属藩司"。② 不仅不主张设立巡警专司，也不主张巡警归属藩司管理，而是仍主张维持现状，减少更张。综观各省督抚回复官制改革的电文，赞同第一层办法者稍多，认可第二层办法者稍次，也有否定或折中二者的。③ 虽然一些督抚认为依据中央各部添设各司，内外官制方能对接呼应，但因初事改弦，经费难筹，困难诸多，具体操作还是当"先从简易入手，则法制易行，而经费亦省"。④

关于外官改制与否及办法，各督抚众说纷纭，分歧很大。而各级官绅、媒体则议论纷纷，颇多揣测。"官制事大约以香帅两次电报为准的，本初条陈未必能合。……大约改巡道（又云不改）为巡警使（又云另设），有知府加兵备衔者，州县稍分等第，如是而已。"⑤ 关于巡警司是否设及如何设的传言如此不一，可见当时意见之纷杂。

而道府裁留的问题，各省督抚亦各存意见，"有谓裁各道而加重府县权者，有谓裁知府及知州而升知县并改道为司不管地方事宜者"。⑥ 由于固有官制"管官官多，管民官少"，而各督抚主张裁道留府者为多，仅鄂督张之洞主张以巡守各道监督州县，编制局专门

---

① 侯宜杰整理：《清末督抚答复厘定地方官制电稿》，《近代史资料》总76号，第89页。

② 侯宜杰整理：《清末督抚答复厘定地方官制电稿》，《近代史资料》总76号，第84页。

③ 参见《各省将军督抚复电总表》，《光绪朝朱批奏折》第1辑，第612—614页。此表在《光绪朝朱批奏折》中标示的时间为光绪三十四年，笔者认为有误。此表题头为"谨将各省将军督抚议复效电分别列表恭呈御览"，可见此表是关于各督抚回复此次编制局所拟官制意见的汇总，而督抚们最后一份复电在光绪三十三年正月间，此表当在此后不久，而非光绪三十四年。

④ 《陕西巡抚来电》，《近代史资料》总76号，第54页。

⑤ 陈旭麓、顾廷龙、汪熙主编：《辛亥革命前后——盛宣怀档案资料选辑之一》，上海人民出版社1979年版，第38—39页。

⑥ 《再电各省改外官办法》，《时报》1906年12月14日。

就道府问题发布说帖，折中二者，减少管官之官，"拟将所有守巡道一律裁撤"。① 专管盐粮关河事宜者，事简者亦酌情裁撤。但粤督周馥对此表示反对，认为应留巡道监督州县。②

民政部成立后，承袭巡警部的主张，继续要求设立巡警司。各省警务多系以臬司督办，"臬司有理刑之责，势难兼顾，法政民政责之一人，考之各国尚鲜有此政体"，拟"嗣后各省仍应简派专员专办警务"。③ 警察兴办初期，各省一般由与治安职能稍近的臬司兼理或督办。初创之时，警务较简，委之属员，尚能兼顾。若大力推广，将力有不逮，成为大兴警政的窒碍。且依据近代权力制衡与划分的观念，臬司主管司法，警察是为行政，两者不可混为一谈。在清季行政、司法分离的舆论之下，将警务从臬司管辖之下分离出来显然是大势所趋。故而，民政部援引东西方各国成例，为设立巡警司的提议增加了很重的砝码。不久，民政部堂官商议"现在本部既已改名民政，自应请派民政使，以资督饬而重警政"，④ 转而提倡设立民政司，期与其所管政务类别相对应，以利于部务的贯彻执行。

1907年3月，编纂官制大臣载泽等拿出直省官制总则草案。督抚之下设三司，即布政司、提学司、提法司。置布政使一员，受本管督抚节制，管理该省财赋，考核该省地方官吏。另外，"各省布政司置副使一员或二员，秩正四品，以原设道员酌改，受本管督抚节制，分理该省民政、农工商务及邮传事宜"。⑤ 另外，所有管理地方的守道巡道一律裁撤，视地方情形可酌设盐粮关河诸道。可见，此草案拟将巡警诸务归于布政副使管理，与通电中第二层办法

---

① 《编制局裁并道府说帖》，《新闻报》1907年2月21日。
② 《粤督周致厘定官制王大臣电》，《中外日报》1907年3月5日。
③ 《议定法政民政分司办法》，《盛京时报》1907年4月7日。
④ 《议设立民政使》，《盛京时报》1907年6月13日。
⑤ 《附编纂官制大臣泽公等原拟直省官制总则草案》，《东方杂志》第4年第8期，1907年10月2日，第411页。

相近。虽然张之洞批评第二层办法将警务划归藩司，但草案仍然将包括警务在内的民政事务交由布政副使管辖，似乎并未顾及督抚的反对意见。随后，载泽上折奏请外官制照政治馆原议颁布，"勿为各省督抚异论淆惑"，①赢得舆论大为称赞。

然而，1907年4月，御史赵春霖奏灾情严重，"各省盗贼蜂起，水旱时闻，正在多事之秋，外官制一事应请缓议，以免纷扰"。②直隶总督陈夔龙亦电阻改外省官制。③鉴于内外意见难以统一，清廷将赵折发交各衙门阅看，态度趋于缓办；并将编制局裁撤，所有应办事宜及公文案卷均移交政治馆接收。④外官制停议，编制局裁撤，参议官制各委员离京回省，外官制行将中辍。

外官改制陷入困顿局面，不少热心改制的官员极力挽回。各大军机拟先从东三省官制改革做起，以东三省为试点，"如果确有把握毫无流弊，再行推广各省"。⑤驻英大使汪大燮力挽外官制，认为立宪以改变官制为下手方针，"全国安危在此举，万不可信一二人之偏见，以展缓此议"。⑥且提出外人十分关注中国官制改革，若有始无终，不免为外人耻笑。岑春煊晋京，游说庆亲王奕劻，认为虽中外意见不同，但官制改革断不能不办，外官制宜照原议第一条办理。新任东三省总督徐世昌力持外官改制之议，面谒庆亲王，"请将外官制仍照原议办理"。⑦并参照原议第一层办法，厘定东三省新官制。

经中外大员力争，5月，"近日政府中对于此事已渐有转圜之意"，⑧外官制渐有转机。政治馆对编制局所订草案略做修改，交给

---

① 《电报一》，《时报》1907年3月23日。
② 《赵侍御奏请展缓外官制》，《大公报》1907年4月6日。
③ 《陈夔龙亦阻改外省官制》，《申报》1907年4月16日。
④ 《谕饬裁撤编制局》，《大公报》1907年4月4日。
⑤ 《议先改变东三省官制》，《大公报》1907年4月17日。
⑥ 《汪大臣力挽外官制》，《大公报》1907年4月19日。
⑦ 《徐督力持外官改制之议》，《盛京时报》1907年4月28日。
⑧ 《外官制渐有转机》，《大公报》1907年5月16日。

总司核定官制大臣进行核议。拿到外官制草案后,"善化（瞿鸿禨）所改颇多,寿州（孙家鼐）亦略改定,庆邸（奕劻）未动笔"。① 修订之后,6月7日将草案再次具奏,但清廷对官制相当慎重,以"兹事重大,需慎重妥议",仍将外官制草案"着大学士孙家鼐阅看核议复奏"。② 7月,改定的直省官制通则由总司核定官制大臣奕劻领衔上呈清廷。于督抚之下设布政、提学、提法三司,"别就省会增设巡警道一员,专管全省警政事务"。③ 另设劝业道专管全省农、工、商及交通事务。守巡道裁撤,酌留兵备道及盐粮关河各道。州县设警务长、视学员、劝业员、典狱长为佐治官。此通则与编制局原拟草案相比,显著的区别之一就是巡警道的添设。

为何改变了草案的内容,提出设立巡警道?为何采纳的不是设立巡警司的建议,而是设巡警道?据《盛京时报》报道,主要是根据编纂官制大臣世续的意见。"嗣经世中堂奏各省地方辽阔,各司督抚同驻省城,而又裁撤分守分巡道缺,未免鞭长莫及,不如设巡警劝业道缺,或驻省城,或驻各府较为得力。"④ 世续仿照旧有事务道之成例,建议添设巡警劝业道,以震慑地方,得到枢臣的认可,这是增设巡警道的直接原因。

事实上,这一官缺的添置关系到制度移植、官制变革、权力分配、财政收支等诸多重要的问题,是在多种因素的共同牵引与合力作用之下互相妥协的产物。首先,警察仿照西方制度而创立,但是西方各国及日本警察制度虽然完备,但各依国情而各有特色。中国地广人众,行政层级繁多,无法完全效仿他国警察制度设官置缺。警察制度的移植尚需根据中国现状相应调整,将之纳入中国职官体

---

① 《丁未五月初四日京陈丞来电》,《张之洞存各处来电稿》第2函,近代史所藏档甲182-445,转引自李细珠《张之洞与清末新政研究》,第314页。

② 《外官制交孙相核复》,《新闻报》1907年6月10日。

③ 《总核官制大臣庆亲王等奏改订外省官制折》,《东方杂志》第4年第8期,1907年10月2日,第402页。

④ 《外官制改订内情》,《盛京时报》1907年7月14日。

系之中。其次，巡警司道之争是在改革外官制的背景下讨论的。警察之制乃旧制所无，前无成例可循，故而各人根据对西方警制的理解，结合中国现有的职官体系，提出了不同的建议。再次，这一讨论牵涉权责关系的重新调整。清代督抚本为中央差遣官，乃清廷之权分寄督抚，使其监督地方，后来督抚渐成定制。在晚清平叛戡乱及处理夷务的过程中，督抚势力逐步扩张，各类局所即是督抚权力延伸的明证。在警务的创办中，督抚的权力进一步加强。内重外轻的政治格局被打破，内外相维而又相制的政治平衡亦随之失衡。清廷欲借筹备宪政改革官制之机，将散放于下的权力重新收归中央。但督抚为办事的便利与快捷考虑，力主自己掌握。若设巡警司，由于司使的任命由中枢决定，易受清廷控制；而若设巡警道，则便于督抚操控。从以上的讨论也可以看出，自各省提学使设立后，巡警部及民政部亦力争于各省添设巡警司，厘定官制大臣一度亦如此考虑，但是鉴于督抚的不满态度，始终难下定论。此外，财政问题亦是困扰官制设置的一大问题。清季财政匮乏，"厘定官制大臣议于各省添设巡警劝业两司，本已定议，近闻总司核定王大臣以外省款项支绌，添设监司大员经费不易筹措，拟暂作罢论"。① 基于上述诸种因素，经慎重考虑，最终制定出添设巡警道的外官改制方案。

　　1907年7月7日，清廷批准《总司核定官制大臣奕劻等奏续订各直省官制情形折》，颁布上谕，"各省按察使拟改为提法使，并增设巡警劝业道缺，裁撤分守分巡各道，酌留兵备道及分设审判厅，增易佐治员"。② 直省官制经上谕颁布，纷纷扰扰的争议与猜测终于尘埃落定。不过，有舆论认为外官制宣布并非政府本意，全属敷衍，皆为官样文章，"非出于真心热诚，而仍是因时变而起，自居于被动之地位也"。③ 此种被时势所逼而被动做出的改革，政

---

① 《外省添设警察劝业两司作罢》，《申报》1907年4月15日。
② 《光绪宣统两朝上谕档》第33册，第91页。
③ 《读二十八日上谕恭注》，《时报》1907年7月10日。

府并无定见与决心，可能因执行不力而流于形式，或随时势变迁再做调整。此后，在各省巡警道陆续添设的过程中，巡警道调整为司的议论屡见不鲜，各种争议仍在官制改革的深化中持续进行。

由于创办之时各省警务多由臬司兼理，随着警察的推广，警务日益繁重，于是不少有识之士提议设立巡警司道，专管该省警务，以便更有效地推进警察新政的实施，维护清朝统治秩序与地方安宁。另外，受行政司法分立的官制改革思潮影响，将警务的管理从臬司中剥离出来是新官制的应有之义。于是，各省添设巡警道被列入外官改制的方案之中。

巡警道由最初提议到上谕批准设立，经历了六年的时间。这既是晚清警察兴办之后进一步发展的内在需要，也得益于改革官制以为立宪预备的东风。其筹议过程中提倡或反对的种种声音与争执，既有因警察观念与认识不同导致，又掺杂实际社会客观条件的考量，也与个人或部门利益相关联，及中央集权与地方分权的争夺相纠缠。一部分考察政治大臣、驻外使节及其他官员的倡议，大约基于对西方制度的了解，希望借鉴西方经验，刷新官制。部分中央枢臣及巡警部（民政部）为有效地贯彻部令，加强中央对地方警政的指导和控制，一直致力于在各省设立巡警专司。另一部分枢臣及督抚官员出于警费难筹与警才不足的客观困难，希望在维持原状，尽量减少更张的基础上，整顿警察，使之承担更多的社会治安责任。而直隶警务处等管理一省警务的专职机构的自发形成，为设置巡警道（司）的提议提供了参考例证。各省设立巡警道，基于新旧治安观念的转换，源于维持社会秩序的需要，经内外官员筹议妥协，终得清廷批准。

第 二 章
建制与经费

新外官制公布后，奉天在徐世昌主政下，更改建省改制的方案，迅速添设了巡警道缺。而清廷钦定为官制改革试点的直隶、江苏二省却筹而不设，长期观望，未起到示范作用。湖北、山东反而积极贯彻新制，率先添设了巡警道缺。因警察为新政之基，清廷多次督催各督抚尽快推广，各省陆续筹设巡警道缺，唯因各省社会政情、督抚思想倾向与政治态度不同而先后有别。

由于警察事务琐碎繁杂，巡警道为方便管理，于道署警务公所内分门别类，分科治事。先设的奉天、湖北、山东等省巡警道，根据该省警务状况与现有警局规制，各自划分不同的科别来分管各类警务。直省巡警道官制颁行后，警务公所机构设置划一为总务、行政、司法、卫生四科，各省均遵照该官制，或调整已设道署编制，或依照章程划分四科。不过，因各省警务情形有别，四科之下所分各股及属员的配置仍有不小的差别。

巡警道缺添设后，其俸银养廉及公费，各省参照原有道缺及新设提学司规制，酌量增减，确定数额。由于各省经济状况不同，贫富不均，财赋收入盈绌有别，因此各省巡警道的养廉公费银有较大的落差。又因各省警务公所人员配置多寡不一，各警务公所公费也差距明显，各省巡警道署所需经费或由裁缺旧道腾挪支用，或由藩司、善后等局筹拨，并在清理财政的过程中再次调整规范。

第一节　先后筹建

1907年7月，清廷颁行外官改制的方案，"着由东三省先行开办"，"此外直隶、江苏两省风气渐开，亦应择地先为试办"，① 预示着直省行政机构进入全面调整的时期。然而，官制变更并非一纸谕令就可以一步到位，各省情形不同，督抚认识不一。东三省中，仅奉天率先添设巡警道缺；直隶、江苏两省巡警道长期议而不设，未能起到示范作用。湖北、山东等省反而提前赶设，与奉天一道，成为新制推行的表率。总体来看，巡警道在各省的筹建既有先后之别，又有形式上的差异。

一　新制表率

外官改制方案的出台，得益于部分督抚与朝中大员的联合推进。尤其是东三省总督徐世昌对官制改革极为热衷推崇。新官制颁布之后，徐世昌等督抚积极响应，率先筹备添设巡警道，成为新官制推行的表率。

清廷在上谕中明确指示，外官制改革由东三省先行试办。其实，清廷以东三省官制改革作为试点，寄希望其为各省表率，并非始于这一上谕的颁布。东三省被清廷视为"龙兴之地"，极为重要，却被列强环伺。日俄战争后，东三省满目疮痍。这种状况被奉命前往考察的徐世昌奏知朝廷，引起清政府的高度重视。清廷决心改变东三省的窘况，委徐世昌为东三省总督，从改革官制入手，重振东三省。清廷对于东三省改制寄予厚望，赋予东三省总督便宜行事的权力。为此，慈禧太后面谕徐世昌，"凡东三省改革官制、除去积弊等事所需之经费可随时支用，已命度支部不得从而掣肘，一

---

① 《光绪宣统两朝上谕档》第33册，第91页。

切外交交涉概任汝之裁定"。① 一切政务可暂时不按成规,"用人吏部不得准驳,财政度支部不得稽核,军政陆军部不得节制"。②

徐世昌赴任之前,积极筹划东三省新官制事宜。然而,时值外官制因反对行将中辍,经载泽等力争,各军机大臣始允先将东三省官制办起,"俟果有利无害,再议各省之办法"。③ 因"朝廷有意以东省改订官制为各省之模范",④ 徐世昌对此十分慎重,拟以前编制馆所定"第一层办法,即以东三省为实行试办之地"。⑤ 又经多次筹划,东三省职司官制及办事要纲终于定稿,1907年5月出奏。具体办法为在东三省中,"每省设行政公署,总督为长官,巡抚为次官,设二厅曰承政,曰谘议,以参赞二员领之,下设七司,曰交涉、旗务、民政、提学、度支、劝业、蒙务,每司设司使,下设分科,每科设佥事"。⑥ 其中,民政司掌理民政巡警缉捕等事,统管该省警务事宜。

徐世昌抵任后,立即着手试行官制改革。适逢外官制改革上谕颁布,同时颁发各省官制通则,其官制设计与东三省已经奏定的方案略有不同,即除三司外,另设巡警劝业二道。1907年8月,受新颁外官制的影响,奉天新官制做出相应调整。虽然原拟以民政司兼辖巡警事务,但徐世昌奏曰:"巡警虽为民政之一部分,而奉省巡警已普及于各属乡镇,允宜特设专官,民政司以组织地方自治为重要,即可划出警务一门,俾之分任。"⑦ 由原来预备设立七司,再添设巡警道,并改劝业司为劝业道。巡警道即由原奉天府知府邓嘉缜署理,奉天成为第一个设立巡警道的省份。

---

① 《太后面谕新任东三省三大臣》,《中外日报》1907年4月29日。
② 《东三省政治不按成例》,《新闻报》1907年5月3日。
③ 《外官制从东三省试办》,《中外日报》1907年4月25日。
④ 《徐菊帅之意见》,《顺天时报》1907年5月11日。
⑤ 《三志东三省官制》,《大公报》1907年5月5日。
⑥ 《东三省官制详志》,《大公报》1907年5月27日。
⑦ 《徐世昌唐绍仪奏为请派署司道各缺并遵旨增改官缺以资治理》,《京报(邸报)》第153册,第193—194页。

东三省新官制与行省旧制最主要的区别在于合署办公、分科治事及司法独立。主要表现在以下几方面。第一，设行省公署。鉴于内地各省督抚司道各有关防、公署，往往意见参差，僚属遂多分党，互相倾轧，最滋流弊。因此，与内地各省"分设督抚藩臬各署"不同，东三省新官制"仿前代行省行台办法"，设立行省公署，"以总督为长官，巡抚为次官"，于公署内分设承宣、谘议二厅，"交涉、旗务、民政、提学、度支、劝业、蒙务七司隶之"，合署办公。各员逐日入署，"事则公商，稿则会画"，凡奏咨、批、札、稿等各项公文的处理，由"承宣厅分交各司核办，厅司稿件经督抚核定后即用省印行下"，减省文牍周转、批详重叠、移交往复，行政简捷高效。第二，分科治事。"承宣厅及各司，均就所管事务，以类相从，分设各科，每科设佥事一员，办理科务"。下设一、二、三等科员。民政司别设一、二等医官。第三，专立司法。行政、司法分权，"拟仿明巡按御史及国朝盐政之制，于三省各设提法使一员，秩正三品，专管司法行政，兼理裁判事务，别立一署，暂受督抚考核节制"。①

处理各种公事的流程，则是根据新官制合署办公的原则，与其他直省大为不同。凡各属上呈公事及京外各衙门来文，"均由承宣厅文牍科收发处收齐上簿，送交左参赞阅后，分类转送各厅司道登簿，重要者由各厅司道呈请帅示，其余即由各厅司道拟定办法呈督抚宪阅定，仍暂交各衙门局所承办"。由于公署尚未落成，各衙门局所暂在外办公，两厅即在公署内办事。各类公文的处理，"其归某司道主稿，即由某司道及参赞依次核画，再呈督抚宪阅画，毋庸札司申复，以省周折。一稿画齐，用省印发行，承宣厅主之"。②从而减少公文流转批示的环节，提高行政效率。

---

① 《拟定东三省职司官制及督抚办事要纲折附单》，徐世昌：《退耕堂政书》，第455—460页。

② 《奉省新设官制办法》，《盛京时报》1907年8月22日。

奉省官职设置及办事流程，不仅使东三省原有体制大为改观，也对清朝行省制度具有重大突破。新奉省官制强调了司法与行政的分割，以及督抚与司道的上下级从属关系。新官制以总督为长、巡抚为次、厅司道为属官，接近近代官制上下有序的科层制特征，改变了传统王朝官制设计中的大小相维、互相牵制的局面，设官更注重行政事务的顺畅办理，而非着重于方便王朝统治的平衡与牵制。这是政府设官立意与内涵上的变化。在这种合署办公、分科治事的新官制体系之下，奉天巡警道的衙署配置与原有守巡各道及事务道有着明显的区别。

奉省民政司与巡警道并存，二者职权范围需要进一步明确。因此，奉省行省公署谘议厅会同各司道共同召开会议，划分各司道职掌权限。民政司以自治局、工程局隶之，分为五科，即民治科、疆理科、营缮科、户籍科、庶务科，其中户籍科掌户口编审、国籍更易、旗籍民籍改隶等事项。① 而巡警道则以巡警局、巡警学堂隶之，分为四科，行政科掌调查户口、稽核营业、保安、交通、消防等事，另设司法、卫生、庶务三科。② 权限划定之后，民政司、巡警道对相关事务进行交割，"省城向章凡商民有租占官地及建筑房屋发照等事，概归巡警局管理"，③ 民政司设立后，警局将有关建筑事务移交民政司营缮科管理。不过，从二者内部机构及职掌上看，其仍有相互关联之处，需要双方协作。民政司之户籍科与巡警道之行政科均有调查户口之职责，需要相互合作。民政司所管自治各事，亦需地方巡警为之补助，"各局巡官准其随时差遣，以免贻误事机"。④

---

① 《奉天行省公署谘议厅会同各司道公议分科职掌章程》，《盛京时报》1907年8月29日。
② 《奉天行省公署谘议厅会同各司道公议分科职掌章程（续）》，《盛京时报》1907年8月30日。
③ 《权限分清》，《盛京时报》1908年6月27日。
④ 《督宪札文　为民政司巡警道权限事》，《盛京时报》1908年7月10日。

奉省新官制推行之后，因耗费过繁，引起朝野非议。有人上折指责其用度太巨，宜斟酌损益，认为民政司与巡警道应归并。徐世昌对此做出回应，表示奉省奏定官制本无巡警道之名，因外省官制添设巡警道，并由东三省先行试办，故而奏设。"奉天巡警道一缺，应照原奏裁撤，归并民政司办理。"① 且黑龙江新官制设立之时，即以江省警察事务甚简，"拟不设道缺，归民政司兼办"。② 吉林亦如此。1909 年 3 月，东三省总督徐世昌以巡警道所行职务，"与民政司权限复杂，且推行既久，渐觉未便"，③ 又因迭奉部章，"设民政司省分不应再有道缺，以清权限，而免纷歧"，④ 奏请将奉省巡警道裁撤，所有警务并入民政司经理，借以节省虚縻而统一事权。经政务处复核后，清廷批准。虽然奉天巡警道仅存约一年半的时间，且与民政司并存也是仅有的一个特例，但其率先添设，对于其他直省官制改革还是具有一定的示范作用。

光宣年间，张之洞倡导兴办新式教育、编练新军、推广工商、试办警察，各项新政的成就举世瞩目，被认为清季革新运动的领军人物。其老成持重的作风也为清廷所信任，在晚清地方督抚中处于领袖群伦的位置。张学识渊博，中学根基深厚，又能够顺应时势，吸纳西学，在晚清政坛中居于举足轻重的地位。而在外官制讨论如火如荼之际，张之洞却并非积极的推动者，认为"京官宜少改不宜多改，外官宜缓改不宜急改"。⑤ 在议复编制局所拟订的外官制方案时，对两种方案都横加批评。⑥ 直至新外官制颁布前夕，张之洞"对于外省官制仍

---

① 《遵核奉天官制详陈办理情形折》，徐世昌：《退耕堂政书》，第 1225 页。
② 《东三省总督徐世昌奏请设司缺派员试署并陈变通办法折》，《政治官报》第 54 号，1907 年 12 月 18 日，第 9 页。
③ 《拟裁奉天巡警道添设洮昌临长海两道员缺折》，林开明等编辑：《北洋军阀史料·徐世昌卷》，第 689 页。
④ 《徐钦帅奏酌核奉省官制办理情形（续）》，《盛京时报》1909 年 3 月 31 日。
⑤ 《电报》，《时报》1906 年 11 月 12 日。
⑥ 侯宜杰整理：《清末督抚答复厘定地方官制电稿》，《近代史资料》总 76 号，第 84 页。

执守旧意见"，① 其态度激起主张改制的官员的不满。为此，御史史履晋上奏弹劾张之洞阻挠外官改制，请予罢斥，该折留中。② 然而，出人意料的是，外官改制的上谕刚刚颁布，张之洞就迅速做出反应，奏请在湖北设立巡警劝业二道，使得湖北成为最先设置巡警道的省份之一，与筹备官制改革已久的奉天几乎同时。

湖北于 1902 年在武昌创办警务局，成为全国创办警察最早的省份之一。其章程办法被许多省份，尤其是南方各省，在创办巡警的时候所仿效。经过几年的筹办，湖北的巡警局所由武昌扩展到汉口、汉阳、沙市、宜昌等地。湖北警察创办较早，具有一定的基础。1907 年 9 月，张之洞以巡警道管理全省巡警、消防、户籍、营缮、卫生事务，"此皆关系民生，与百姓最为亲近利害相关之事"，③ 遴选候补知府冯启钧试署湖北巡警道缺。9 月，冯启钧择定已裁缺粮道衙门，作为巡警道衙署。④ 随后，张之洞离任晋京，冯启钧随节前往，经继任湖广总督赵尔巽电饬催促回任，⑤ 冯启钧方离京回鄂，于 11 月 15 日接印视事。⑥

张之洞态度的急转直变，或与其职位的变化有关。1907 年 7 月，清廷补授张之洞为大学士，又于 9 月 4 日补授军机大臣。⑦ 张之洞在即将离任湖广总督之时，对跟随他多年的下属做出安排是情理之中的事情。当然，张选择此时奏设湖北巡警劝业二道，并非仅仅出于私人因素，他急于在离开之前对湖北新官制进行部署，以便经营多年的湖北能够按照他的政治理念运转，应该是更为重要的考虑。另外，新外官制已经上谕颁布，木已成舟，张之洞采取积极支

---

① 《张香帅对外官制意见》，《顺天时报》1907 年 7 月 4 日。
② 《电报》，《神州日报》1907 年 7 月 5 日。
③ 《张之洞奏为新设巡警道缺遴员奏请试署及早开办以卫民生而靖地方》，《京报（邸报）》第 153 册，第 327—328 页。
④ 《巡警道择定衙署》，《神州日报》1907 年 9 月 23 日。
⑤ 《电商巡警劝业二道事宜》，《时报》1907 年 10 月 29 日。
⑥ 《电报》，《神州日报》1907 年 11 月 13 日。
⑦ 《光绪宣统两朝上谕档》第 33 册，第 176 页。

持的态度，也是作为朝廷重臣的分内之事。再者，张入阁拜相，所任官职由外省疆吏转为朝中重臣，从更多考虑湖广两省的实际情况，变为以改革全局为立足点，从而大力推动改革之进展，也是促使他态度转变的可能因素。

继奉天、湖北之后，最先设置巡警道的是山东。然与奉天、湖北增设巡警道缺不同的是，山东在裁撤督粮道的基础上，设置了巡警劝业二道。

山东督粮道原驻省城，后因办漕务移驻德州，统辖五卫所。"自粮运停办，漕粮全行改折，五卫所员弁一律裁撤"，此后粮道事甚清简，"仅管漕折仓款，除簿书期会而外，几于无事可办"。由于粮道已形同虚设，当此筹办各项新政，财政不支之际，自应将其裁撤，以腾出经费，办理要政。时值督粮道周开铭病故，故借此机会，署山东巡抚吴廷斌与军机处会商，"援照陕西、湖北裁撤粮道成案"，① 将山东省粮道即行裁撤。其现管事务，交由藩司照章办理。即以原设督粮道经费，增设巡警劝业二道。不久，军机处回电，"粮道既成虚设，自应裁撤，以其经费分设劝业巡警两道缺，办法甚是"。② 得到军机处的支持后，吴廷斌奏请清廷，改设巡劝二缺。1908年1月，清廷予以批准。山东虽然不是清廷指明先行试办新外官制的省份，却紧随奉天、湖北之后，力行新外官制，增设巡劝二道，在外官改制中处于先行地位。

随后，湖南、安徽、贵州、陕西各省巡抚，或因该省治安恶化，急需设立专官整顿推广警务，或认识到巡警道缺重要，"所以为地方策治安者至周且备"，③ 又为宪政之基础，故在奉鄂之后，

---

① 《署山东巡抚吴廷斌奏裁撤山东督粮道增设巡警劝业两道折》，《政治官报》第87号，1908年1月20日，第11—14页。

② 中国第一历史档案馆编：《清代军机处电报档汇编》第34册，中国人民大学出版社2005年版，第187页。

③ 《安徽巡抚冯煦奏请以卞绪昌试署巡警道折》，《政治官报》第183号，1908年5月2日，第10—11页。

相继筹备添设巡警道缺。

1908年3月，湖南巡抚岑春蓂以"湖南民俗强悍，伏莽素多"，巡警道一缺关系民生利害，湘省尤不可缓，遵办筹设，以专责成。① 原拟先借警务总局为衙署，后因"警务总局又改为警务公所，仍需设在署内，房屋狭窄不敷办公"，② 只得另行选址。经过勘察，省城蒙养院系裁撤粮道衙门改设，拟将该院另迁他处，改作巡警道衙。4月，安徽巡抚冯煦因皖省自设立巡警以来，虽然规模粗备，各府州县亦次第举办，"而无专官以重责任，终无以挈领而提纲"，③ 奏请添设巡警道缺。拟以现有巡警局改为巡警道衙门，酌筹常年经费，并于6月添铸新设巡警道关防。④

5月，贵州巡抚庞鸿书奏请将贵州粮储道及分巡贵西兵备道缺裁撤，改设巡警劝业两道。贵州向设三道，为粮储兵备道、分巡贵东兵备道、分巡贵西兵备道，分别驻于省城、古州厅、毕节县。就新定官制而论，兵备各道固应酌留。就贵州地势而论，古州逼近湘粤，为犬牙交错之地，又多属苗疆，分巡贵东兵备道不可轻议裁撤。而分巡贵西兵备道缺，"事务较简，责任即轻，巡防缉捕诸务又有威宁总兵为之坐镇，不虑空虚"，⑤ 即将该道缺裁撤，现管事务交由布政司、按察司办理，每年腾出养廉银两千两、津贴银六千两，以及书吏、纸张、工食等项，充作巡警道署经费。并将粮储兵备道裁撤，改充劝业道经费。

与此同时，陕西巡抚恩寿奏改盐巡道为巡警道，仍兼盐法水利各事。陕省"警务向归臬司督办，该司为刑名总汇之区，事繁不

---

① 《湖南巡抚岑春蓂奏遵旨增设巡警道缺遴员陈请试署以资治理而卫民生》，《光绪朝朱批奏折》第26辑《内政·保警》，第706—707页。
② 《蒙养院拟改巡警道署》，《申报》1908年6月9日。
③ 《安徽巡抚冯煦奏请以卞绪昌试署巡警道折》，《政治官报》第183号，1908年5月2日，第10—11页。
④ 《清德宗实录》卷591，光绪三十四年五月甲午。
⑤ 《庞鸿书奏拟将粮储道贵西道裁改为巡警劝业两道折》，《政治官报》第198号，1908年5月16日，第5—6页。

及兼顾"。虽然警政规模略具，但尚未推广，"若不议设专官，不能提纲挈领，无以振各属之精神"。但是，"如议新增，则又困于财力，一时不及兼营"，只得量为变通，裁旧立新。陕省粮道已裁，现存四道，"一陕安道，界连川楚，民教事烦；一延榆绥道，地处边要，抚驭尤殷；一凤邠西乾鄜道，驻扎省垣，兼理盐法水利"。以上各缺按地方情形，皆在不可裁撤之列。只有"盐巡道一缺，公务虽繁，类多照例详转，且近在省垣，事易就理"，① 拟请将盐巡道缺改为巡警道，仍兼理盐法水利。现任分巡凤邠西乾鄜盐法道张嘉猷，系实缺道员，改补巡警道缺。

在新外官制颁布时，奉天已经开始了官制改革，并迅速依据各省官制通则做出调整，最先设立了巡警道。湖北在总督张之洞的主持下，也迅速添设了巡警道缺。山东、湖南、安徽、贵州、陕西各省巡抚积极筹备，随后陆续设置。而被清廷圈出作为官制试点的直隶与江苏，虽然有所筹划，却未付诸行动。

二 据章遵设

清廷实行新政以来，屡次下诏，兴办警务。各省虽经先后创行，"而编制各种章程互异，不独精神未能统一，即形式亦复参差"。巡警部及民政部皆认为，出现这种状况，"实缘警察机构未臻完备，内外隔阂，呼应不灵，不得不各囿方隅，姑仍旧贯"。只有在各省设立巡警专司，"以为挈领提纲之计"，方能突破瓶颈，打开困局，沟通上下政情，贯彻部中命令政策，划一警务章制。虽然曾经多次提议，但"事关官制，非通盘筹划"，② 未敢仓促议行。丁未新外官制颁布，清廷明确谕令各省添设巡警道，正合民政部之计划。在外官改制的背景下，如何筹建增设巡警道署，如何规范各

---

① 《陕西巡抚恩寿奏请改盐巡道为巡警道折》，《政治官报》第 207 号，1908 年 5 月 26 日，第 8—9 页。
② 《民政部奏拟订直省巡警道官制并分科办事细则折》，《盛京时报》1908 年 4 月 16 日。

省巡警道的建制，民政部需要制定章程细则，以资凭借。经过几个月的酝酿，1908年4月，民政部为整理警务，统一规制，"按照厘定官制王大臣奏定外省官制内关涉警政事项，并参酌学部奏定各省学务详细官制章程"，① 制订出巡警道官制及分科办事细则十五条，缮折具奏。随后，清廷交与宪政编查馆复核。

经过月余审核，5月25日，宪政编查馆酌加改并数条，将修订后的直省巡警道官制并分科办事细则奏请清廷颁行。② 此时，部分直省已经先行设立巡警道，前无先例可循，上无统一规划，只得自主筹建，自行组织机构。而直省巡警道官制并分科办事细则的奏准颁行，是对已设巡警道官制的规范，也为后来各省筹设巡警道提供了范式。宪政编查馆还提出，因财政紧张，各省增设巡警劝业两道，应将守巡各道一律裁撤。"今若应裁者，尚未尽裁，而应设者，先行遍设"，各省财力拮据，恐有不支，"应请饬下各省督抚迅将应裁守巡各道妥议裁撤，一面增设巡警道缺，认真整顿，庶节虚縻而重要政"。③

自丁未新外官制颁布以来，不少省份仍在观望之中，有的虽经筹议添设巡警道，但迟迟未付诸实行。民政部与枢府为推进各省筹建巡警道的进程，尽快落实丁未新外官制，多方筹议推行办法。第一，多次督催。如"枢府诸大老议以巡警劝业两道关系重要，各省并未一律设立"，④ 饬各省速行筹款，赶紧设立。政务处各王大臣会议议论各省新官制事宜，亦催促"速设巡警道，以办警务"。⑤ 第二，筹议办法。对于各省应如何筹设巡警劝业两道，各军机认为

---

① 《民政部奏拟订直省巡警道官制并分科办事细则折》，《盛京时报》1908年4月16日。
② 《清德宗实录》卷590，光绪三十四年四月庚辰。
③ 《宪政编查馆奏直省巡警道官制细则折并单》，《民政部奏折汇存》，全国图书馆文献缩微复制中心2004年版，第183—189页。
④ 《议催各省速设巡警劝业道》，《大公报》1908年4月16日。
⑤ 《会议各省官制之改革》，《盛京时报》1908年4月22日。

"亟宜先将各省原有道缺酌量奏裁",① 故咨行各省督抚，查明该省道缺何者应裁，迅速核办。第三，酌情变通。未设巡警道各省，多以经费难筹为由，故枢府有人提议变通办法，"如不能筹款之省，即以各实缺道员试署或兼办，毋庸另设专缺，亦不加给经费，俟办有成效，即由督抚予以奖励，以资鼓舞"。② 此议似乎妥协过甚，与新官制不符，各省无一照此而行。不过，民部枢府急切推进巡警道创立的态度清晰可见。然而，巡警道的增设，民部枢府仅能督饬催促，具体进展还需要各省督抚的落实。

在朝廷的督催之下，直省巡警官制并分科办事细则奏定颁行后，尚未设立巡警道的各省陆续筹设。由于云南处于边地，铁路兴办，交涉日繁，治安事务愈加繁要，而广东、四川设警较早，警察规模粗备，须有专官统辖，因此云南、广东、四川三省于当年即据章遵设巡警道缺。

1908年7月，云贵总督锡良以滇省地处边隅，民族众多，地形复杂，内则汉夷杂处，外则缅越比邻，加以铁路将成，政事更为繁难；境内之巡警、消防、户籍、营缮、卫生与铁路之稽查、弹压、保安、防匪等事宜，均需警察办理；历年虽设局遴员，认真筹办警察，但尚未普及，"自非设立专官，挈领提纲，切实整顿，断难实收成效"。于是，奏请增设云南巡警道缺，凡全省巡警事宜，概归该道专管，原设局所，即予裁撤。由于原有云南分巡各道，"或远驻边方，或兼管关务粮盐，亦各有专司，实无可裁之缺"，③因此，只得另筹经费，增设巡警道缺。

广东地处南方沿海，省城广州不仅为五口通商口岸城市之一，而且在鸦片战争以前是唯一的对外贸易港口，又是鸦片战争的主战场，因此广东与西方的接触和交涉最早也最为频繁。外官改制谕旨

---

① 《会议酌改道缺》，《大公报》1908年5月17日。
② 《本省大事：办劝业巡警道》，《半星期报》1908年5月22日，第27页。
③ 《增设巡警道以杨道福璋试署折》，锡良：《锡清弼制军奏稿》，第807—808页。

下达之后，粤省大吏即已筹划进行。"巡警为保全治安要政，宜另设专缺统一事权，以力谋推拓普及"，① 然而因粤省现有各道缺或统辖兵权，或兼理边务，皆事务殷繁，责任颇重，不能裁减。而劝巡各道、审判各厅同时添设，财力有所不及，故颇为踌躇。直至1908 年 8 月，两广总督张人骏始奏请添设广东巡警道缺，"以重责任而资董率"。②

10 月，四川裁分巡成绵龙茂道，设巡警道。川督赵尔巽认为，巡警至关重要，是各项行政的基础。中央特设民政部，力图振兴，"则外省自宜添设专官，期上下有以相承"。川省现有道缺中，盐茶道系特设专官，川东道兼管关务，川南永宁道、川北兵备道、建昌上南道均距省城辽远，或地居冲要，或近控夷疆，皆不宜裁撤。唯分巡成绵龙茂道，"虽有兼管兵备水利事务，近在省垣，事多承转，且水利宜归劝业，兵事责在疆臣"，为可裁之缺。裁缺之后，将所节省经费改归巡警劝业两道之用。倘若不敷，再行筹措。由此，"改设巡警道一员，将全省警政及旧管地方各事宜，悉归巡警道办理，其旧有之巡警总局并焉"。③

自直省巡警道官制奏定颁行后，云南、广东、四川立即据章增设了巡警道。然而，"各省未经设立者尚属多数"。11 月，军机处拟"通饬各省督抚无论如何筹措，统限年底一律设齐"。④ 然而，因光绪、慈禧相继去世，各项政务暂时搁置。宣统接继大统，载沣摄政，清廷继续催促各省赶办新政。1909 年，江西、浙江、广西、山西、河南等省的巡警道陆续设立。

1909 年 1 月，江西裁督粮道，设巡警道。早在上年沈瑜庆护

---

① 《酌筹遵改外官制详情》，《时报》1908 年 2 月 25 日。
② 《两广总督张人骏奏请简巡警道折》，公安部公安史资料征集研究领导小组办公室编：《公安史资料》1990 年第 3 辑，第 48 页。
③ 《四川总督赵尔巽奏拟裁分巡道缺增设巡警劝业两道折》，《政治官报》第 358 号，1908 年 10 月 24 日，第 9—10 页。
④ 《催设巡警劝业道》，《大公报》1908 年 11 月 14 日。

理江西巡抚之时就已筹备添设巡警道缺，并奏保张检试署该缺，但清廷未准，仅将张检交军机处存记。① 冯汝骙莅任赣抚后，调整办法，以添设官缺必先筹集经费，而江西督粮道"事务甚简，拟请裁撤，归并藩司兼办。即以粮道办公经费，均给巡警劝业两道，有赢无绌"。② 又因盐道已经移驻萍乡，巡警劝业两道衙署即可安置于粮、盐道署。由于经费毋庸另筹，衙署无须另建，裁旧立新，只在转瞬间，简单易行。且粮务归并藩司，事权专一，呼应更灵，有利无弊。于是，得到清廷的批准。

浙江巡警道的添设颇多曲折。该省警察于1903年6月在杭州开局兴办。③ 之后创设警察学堂，延聘教习训练警士，制定警务章程以便遵行，并向宁波、湖州等其他州县推广。1908年，冯汝骙抚浙后，曾拟奏保警察局总办崔玉圃试署巡警道，但因"崔系武职，恐不合例"，且经费无着，故而"踌躇未决"，④ 未能实行。仅在省城杭州重新划定警区，修订章程及官警薪饷数目，⑤ 以整顿警务。又"仿照直隶办法，设立警察参事处"，⑥ 派委留学日本法政毕业生拣选知县梁建章、候选知县谷钟秀办理，以期警务有所起色。

冯汝骙调任赣抚后，直隶藩司增韫升任浙江巡抚。增韫在直隶为官时曾兼充直隶警务处督办，富有办警经验，鉴于浙江"省城警察总局组织多未完备，此外各府厅州县未尽切实举办"，⑦ 仿照直隶警务处规制，创设浙江全省警务处，"以为总揽机关"。⑧ 1908

---

① 《赣省奏设巡警劝业道》，《中外日报》1908年9月13日。
② 《宣统政纪》卷5，光绪三十四年十二月辛巳。
③ 《杭垣警察》，《申报》1903年6月27日。
④ 《议设劝业巡警道》，《中外日报》1908年5月14日。
⑤ 《冯汝骙、浙江省城新定划分警区章程薪饷数目及办理清道卫生》，《光绪朝朱批奏折》第26辑《内政·保警》，第710—712页。
⑥ 《设立警察参事处》，《大公报》1908年9月8日。
⑦ 《改设全省警务处续志》，《申报》1908年11月1日。
⑧ 《浙江巡抚增韫奏筹办巡警情形折》，《政治官报》第531号，1909年4月2日，第15—17页。

年 11 月 8 日，浙江全省警务处正式成立，同时将旧有之警察总局改设为省城巡警总局，专办省城巡警事宜，受警务处节制。同时，将全省保甲事宜均归警务处主持。省城城门稽查属警务范围，原归臬司，嗣后统归警务处管辖。另外，仿照直隶，以藩司充当全省警务处督办，因系实缺兼差，不支薪水公费。原警察局总办王丰镐改派警务处总办，月薪 240 元；并派提调、总稽查，月薪各 120 元。①

该警务处为筹办浙江全省警务总机关，节制省城巡警总局、沿海水路巡警总局、内河水路巡警局、全省警务学堂、探访总局、卫生总局、工程总局及将来创设关于警务之局所。省城巡警总局专理省城地面事宜，而直接归警务处节制。② 原警务总局主要关注省城警务的进展，"本系督办全省警务，因直接办理省城地面警务，日不暇给，而各属警务遂置为缓图"。③ 而全省警务处的成立，将省城与全省的警务分离开来，省城巡警总局专管杭州地面，全省警务处筹办全省警务，比之巡警总局，职务范围的厘清使得警务处能够致力于各属警务的推广。不过浙江全省警务处的建制与直省官制通则不相符合，其内部组织与巡警道官制也有一定的差距。因此，浙江全省警务处并不被清廷认可，存在未及半年就遭到裁撤。1909 年 4 月，浙江巡抚增韫奏增设巡警道，并遴选杨士燮试署。④ 至此浙省巡警道设立，同时将浙江全省警务处裁撤，归并巡警道管理。

5 月，广西添设巡警道员缺，刘永滇补授。实际上，1908 年 11 月广西巡抚张鸣岐即拟筹设桂省巡警道，"所有通省警察及边防队讯警察统归督办"。⑤ 经过半年筹备，张鸣岐以巡警次第举行，

---

① 《改设全省警务处续志》，《申报》1908 年 11 月 1 日。
② 《浙江全省警务处章程》，《浙江日报》1908 年 10 月 29 日。
③ 《议复抚部院交议筹办浙江巡警经费案》，《申报》1909 年 12 月 18 日。
④ 《浙江巡抚增韫奏增设巡警道请以杨士燮试署折》，《政治官报》第 534 号，1909 年 4 月 25 日，第 9—11 页。
⑤ 《桂省拟请添设巡警道》，《大公报》1908 年 11 月 28 日。

"然非特设专官无以专责成而资整顿",① 奏请添设广西巡警道员缺，得到批准，以原任云贵总督刘长佑之嫡孙、候补道刘永滇补授是缺。

同月，山西巡抚宝棻奏裁雁平道，改设巡警道。晋省警务，省城颇具规模，州县设立无多，正待扩张。"现由臬司管理，该司应改提法，此后本管事务日益繁重，势难兼营"，亟宜设立巡警专官。"但财力拮据，经费又不易筹，不如就本省道缺酌量裁改，借可腾挪恒注。"晋省向设四道，归绥道远在口外，控制边陲；河东道向驻南路，管理盐务，各有专司；冀宁以首道兼理洋务，一时亦难议裁。只有"雁平道僻居省北，事务较简，虽号兵备，仅属虚名，且防营向由大同镇统辖，足资震慑"，即应裁撤，腾出经费改设巡警道。"所有雁平道向支养廉津贴俸薪役食及各属公费等项，均拨归巡警道，以资办公。"②

9月，河南裁粮盐道，增设巡警劝业两道。豫省道缺，开归陈许郑道、彰卫怀道均兼管河工，责任较重，应仍其旧外，南汝光道、河陕汝道距省较远，地属要冲，需有大员震慑，未便轻裁。而粮盐道一缺，"豫漕久已停运，所管盐务事不甚繁，虽兼管水利事宜，现应改归劝业道经理"，即行裁撤，所有粮盐事务改归藩司兼理。"增设巡警道一员，将全省警政悉归巡警道办理，其旧有之巡警总局照章改为警务公所。"③ 至增设两道应需养廉公费等项，由裁撤粮盐道及各局旧有公费筹拨，不敷再筹。

江西、浙江、广西、山西、河南五省巡警道于1909年陆续设立，加上前两年所设省份，共计十五省。不过，最早设立的奉天巡

---

① 《广西巡抚张鸣岐奏添设巡警道员缺请简折》，《政治官报》第545号，1909年5月6日，第21—22页。
② 《山西巡抚宝棻奏改设巡警道遴员请简折》，《政治官报》第550号，1909年5月11日，第21—22页。
③ 《河南巡抚吴重熹奏拟裁粮盐道增设巡警劝业两道折》，《政治官报》第667号，1909年9月5日，第11页。

警道于1909年5月裁撤，归并该省民政司办理，因此，至1909年底实际存在巡警道者共有十四省。1910年2月，御史麦秩严片奏催令速设巡警道并裁并原设巡警等局。未设立巡警道各省，除奉天、吉林、黑龙江三省警务由民政司办理外，"如直隶、江苏、福建、新疆、甘肃等五省尚未设立，自应催令增设"，勿再延缓，致违定章。①

1910年4—5月，在清廷的一再催促下，直隶、江苏、福建先后奏设巡警道。各省筹设巡警道的过程中，或因经费难筹，或因人事变动，或因大吏敷衍，或因省情特殊，经历了颇多曲折，遇到了诸多问题，而尤以直隶、江苏为甚。

袁世凯总督直隶后，锐意革新，直隶各项新政都位于全国前列，其警务的创办与推广更为各省之模范。1902年保定及天津警务局创设，且章程完备，开启了中国各地兴办警务的先河。清廷曾颁布上谕要求各省仿照直隶办法，其各项办法章程多为其他省份所借鉴，甚至不少省份直接派员前来直隶学习或考察，以参照直隶经验筹办警务。直隶不仅城市警务局所形成规模，又最先开办了天津四乡警务局，将警察推及乡村。1906年，直隶总督袁世凯又筹设直隶警务处，统管全省警务。在警务处创办初期各省省城与州县警务局所互不统属，一省警务尚无专管机构的情况下，直隶创设警务处专管全省警务，这一制度上的突破乃为全国首创，它与巡警道专管一省警务的性质已经十分相似。原本，有直隶警务处这样的组织基础，直隶设立巡警道只是转换名目、提高品阶、扩充机构，既无旧衙门裁撤之难，又无旧制度转型之困，而且清廷所颁上谕又要求直隶先行试办，以为各省示范。因此，直隶理应迅速设立巡警道，却迟迟未付诸行动。

直隶总督袁世凯倡导官制改革最为积极，在议改内外官制之

---

① 《又奏请催各省速设巡警道并裁并原设巡警等局片》，《政治官报》第885号，1910年4月18日，第8页。

时，曾亲往京城参议官制事宜。在东三省官制出奏后，袁逐条驳诘，并称如果令各省试办官制，应"由直隶首先办起"。① 虽然袁之所为出于与徐世昌争胜的目的，② 但袁世凯积极筹备改革官制的态度也表露无遗。新外官制颁布后，清廷同时调袁世凯、张之洞入京。如同张之洞在晋京之前奏设湖北巡劝二道，袁世凯在离任之前也对直隶官制有所安排。去职之前，袁就"人才如何甄举，经费如何筹措，应裁改者从何事入手，应增设者从何事发端"，札饬布、法、学、运四司，令"布法两司在保定督同道府县先行会议，学运两司在天津同道府县先行会议"，③ 以为新官制张本。此外，袁世凯荐举早已熟稔、素有私谊且时任山东巡抚的杨士骧接继己位，并与之约定，"有过相护，有急难相援"。杨继任后，"奉命唯谨，虽例行小事必请命而行"，④ 直隶的政务人事仍在袁的掌控之中。而且，袁世凯入京后即与张之洞合议，以各省绿营逐渐裁汰，而巡警尚未办齐，不足抵补裁军后地方防务空缺，故联合致电各省，呼吁"仿照奉天、湖北例，一律统设巡警道缺，由督抚选员试署三月，期满再行请旨补授"，⑤ 以便迅速推广巡警，卸去绿营承担的地方治安责任，使裁兵之后无后顾之忧。由此可见，袁世凯推行外官改制、筹设巡警道缺的态度甚为积极。作为领导外省、改制试点的直隶，自当走在前列，为各省表率。

而杨士骧接任直隶总督后，直隶新政的进程却有了不同程度的减缓。杨士骧为袁世凯的故交旧部，受袁举荐，得署直督。虽然杨

---

① 《直督奏驳东三省官制》，《中外日报》1907年6月22日。
② 东三省新官制本令徐世昌与军机大臣及袁世凯共同会商，但徐一手创稿，始终并未与袁相商，袁颇不满。后接政府来电，东三省新官制乃各省改革官制之起点，徐督到东三省后，如果行之无弊，即由北洋首先仿办，以次递推各省。袁愈加不悦，遂具折纠参。参见《直督奏驳东三省官制》，《中外日报》1907年6月22日。
③ 《直督饬议官制》，《新闻报》1907年9月7日。
④ 胡思敬：《国闻备乘》卷3《三杨》。
⑤ 《各省统设巡警道》，《大公报》1907年10月2日。

士骧表示，继任后直隶各项新政"悉守袁宫保旧规，断不更改"，①但是 1907 年 10 月杨士骧上任后，即与民政部堂官协商添设直隶巡警道事宜，拟以现署保定工巡局总办叶崇质补授直隶巡警道缺。②然而空为坐言，并未起行，此议搁浅。同时，遵照袁世凯指示，在天津设立官制会议处，经提学使卢木齐主稿，拟定改制草案十数条。"仍注重调查州县进出款项，预算经费"，并讨论如何甄别人才，裁汰冗员，而"道府以上多仍其旧，无甚更张"。③可见，直隶将筹改外官制的重点放在了筹款之上，并拟从州县入手，而对道府改制不甚重视。这大概是由于袁世凯在任时铺张太广、亏空过巨，与杨士骧约定"到任后应一力担任，设法弥补"，④杨只得着手筹款。巡警道官制奏定颁布后，多个省份在此前后添设巡警道，作为试点的直隶却迟迟未设，未免难堪，此时，军机处又电催南北洋两督迅速开办。⑤因此，1908 年 9 月，直督杨士骧不得不有所行动，开始推行新官制，拟仿照东三省官制，设左右参赞、民政使、度支使、交涉使、劝业道、巡警道，其中，"民政使派充南北段巡警总局吴筱荪，管理直隶全省巡警事宜，民政使下设置巡警道，管理南北段巡警总局及四郊巡警事宜"，⑥北洋全省巡警总局以保定巡警总局改之。这一计划实与奉天官制有不小的差异。奉天既设民政司又设巡警道，巡警道管理的是全省警务。而直隶所拟办法，民政司管理全省巡警事宜，巡警道属于民政司下设机构，仅管理天津城市及四乡巡警事宜，将巡警道置于民政司之下。不久，又传闻巡警道拟以吴筱荪补授。⑦或因此议与新官制不符，巡警道设置计划再次搁浅。

---

① 《莲帅政见》，《神州日报》1907 年 10 月 10 日。
② 《直隶设巡警道之先声》，《大公报》1907 年 10 月 31 日。
③ 《直省会议官制》，《神州日报》1907 年 10 月 8 日。
④ 《袁宫保电约杨署督三事》，《盛京时报》1907 年 9 月 22 日。
⑤ 《电催直江两督开办新官制》，《大公报》1908 年 4 月 30 日。
⑥ 《新官制与地方自治》，《神州日报》1908 年 9 月 11 日。
⑦ 《直隶新官制将发表》，《神州日报》1908 年 9 月 26 日。

直隶地处京畿，京师所在顺天府独立于直隶管辖之外。顺天知府陈凤石拟"奏请将通永道一缺裁汰，改设顺天巡警道"。① 顺直谘议局成立后，积极参与政治事务，提出了改良顺天警务案。顺天、直隶警务互不统属，而奏定各省官制通则，各省应设巡警道专管全省巡警、消防、户籍、营缮、卫生事务，"现在直隶巡警道未设之先，顺属警务应先由警务处统筹办理"，② 以归划一。此举得到直督与顺天府尹的赞同。虽然直隶官制屡议改革，但杨士骧总督直隶的两年间，直隶巡警道也未能设立。1909 年 6 月，杨士骧因病出缺，直督改由那桐署理。

那桐曾经参与京师工巡总局的创办，兼管京城警务多年，但那桐署理仅月余，直督改由两江总督端方调署。端方接命后，即与枢府往返电商，以"前督杨士骧既已奏设直隶巡警道、劝业道、交涉使等缺"，所有现设之督办警务局及天津道自应裁撤。并于召见时奏请添设巡警劝业两道，保举"保府工巡局总办叶崇质补充劝业道，天津营务处总办徐某补充巡警道"。③ 不久，传闻议定年关内外即当设立巡劝二道，且闻"拟将顺署二十四州县划出另行建设"，又因西北数府实业、警务均未完善，"拟将来该两道即驻扎宣化，以资治理，而俾振兴"，④ 并云京张铁路即将开通，赴津、保办公极为方便。然而，该计划未及实行，11 月端方被革职，直隶总督改由陈夔龙补授。

陈夔龙接任后，以实业关系紧要，"拟在直省先设劝业道一缺，岁给津贴一万两，至巡警道一缺暂从缓设"。⑤ 然而，枢垣不同意只设劝业道、缓设巡警道的策略，认为"该督所拟办法，其言在注重实业，其实在筹款维艰，故有此变通之请"。巡警劝业两

---

① 《拟设顺署巡警道》，《大公报》1908 年 12 月 22 日。
② 《警务处通饬札文》，《大公报》1910 年 3 月 16 日。
③ 《端午帅变通直隶官制》，《申报》1909 年 11 月 4 日。
④ 《议设直省巡警劝业两道办法》，《盛京时报》1909 年 12 月 26 日。
⑤ 《直省拟设劝业道》，《大公报》1910 年 1 月 8 日。

道各省早已设立，直隶为各省之表率，反致阙如，属殊不合用。电商陈督，"无论如何总需速筹的款，将巡警劝业两道一时同设，庶于实业警务两有裨益"。① 陈夔龙只得更改计划，重新筹划，1910年4月，奏请增设直隶巡警劝业道缺，并将该二道治地设于天津，"直隶巡道如通永、清河、天津、大顺广各道，均管河工，守道如口北道，控制边塞，皆未敢轻议裁撤，只可添设一员"。② 清廷遴委舒鸿贻补署巡警道缺，直隶巡警道几经波折终得设立。自外官改制之上谕颁行后，直隶筹划添设巡警道的传闻一直不断，而迟迟未能设立，个中原因，恐怕不能仅用"督臣迭次更动"③ 来解释。在任两年之久的杨士骧敷衍改制、一味延宕是主要原因，而那桐、端方署理直隶总督时，在任时间短，亦未能在直隶官制改革上有所作为。所以，直至陈夔龙督直之后，直隶巡劝二道才得以设立。

江苏也是清廷圈定为改制试点的省份，与直隶类似，在新政初期各方面都在先行之列，却也迟至1910年才添设巡警道缺。江苏官制不同于其他直省，督抚不同城，藩学两司各设二缺，分驻苏宁两地，特殊的行政体制成为改制的障碍。1907年底，外官改制颁布不久，江苏巡抚陈夔龙致电两江总督端方，商讨添设巡劝二道办法，拟仿照藩学二司分设之成规，各设二缺，分驻苏宁，遭到端方的反驳。端方批驳的理由有三层。其一，此时江苏警察仅省城略具规模，乡镇警察尚未开办，各属多虚张声势，此时增设巡警道缺，"于实政未有影响，而立衙署、置曹案先多糜费"。其二，端方揣度朝廷用意，虽然外官改制的上谕已经颁布，却并非要立刻即改。端方的解读是"谕旨重在择地试办，窃意择地二字自当从一州一邑始，而一州一邑之组织又当从地方自治始，俟基础成立试行有

---

① 《电商速设巡警劝业两道》，《申报》1910年1月31日。
② 《直督陈夔龙奏增设直隶巡警道缺遴保二员请旨简放折》，《政治官报》第875号，1910年4月8日，第9—11页。
③ 《议设直省巡警劝业两道办法》，《盛京时报》1909年12月26日。

效，然后推之各属，增设专官，似不失步步为营之法"。其三，在朝廷的态度用心并不十分明朗的情况下，端方所持乃明哲保身的观望态度，不愿首开改制先河。"官制更改之次第，直隶拟如何办法，亦当电询以便参证，容再从容商定。"① 他在观察其他各省尤其是直隶的行动，以便谋定而后动。

苏抚陈夔龙离任后，陈启泰暂为署理。两江总督端方与苏抚陈启泰借口江南库款支绌，应设之巡警劝业两道一切费用不易筹措，会奏请予缓设。然而随着各省巡警道的陆续设立，直隶等省也正在筹划，"江南都会为南数省表率"，端、陈似乎不能无所行动。二人拟即变通江南官制，"将江安督粮道改为劝业道，江南盐巡道改为巡警道，名目既立，款项又无须另筹"，② 实为一举两得之事，并拟保汪瑞闿补授。然而，巡劝二道在苏宁之间驻于何处，始终未能形成定议。因此，与直隶一样，虽经筹划，并未付诸行动。

上海为通商大埠，且上海租界形成最早，范围最广，外国人口最众，华洋杂处，交涉殷繁。"上海各国领事迭次借口警察办理不善，意图将租界扩充"，枢府某相国恐上海警务局不能实力整顿，"致于外人以凭借"，提议将"上海巡警局总办裁撤，另设巡警道一员，以专责成而昭慎重"。③ 清廷所颁新外官制中，每省设巡警道一缺管理全省警务，而在改官制过程中，于一省巡警道之外，屡有请另设巡警道者，如议设铁路巡警道、水上巡警道，顺天拟设顺天巡警道，上海拟设上海巡警道。虽然都未能实行，却也能反映出当时人对官制的某些看法。清朝旧官制中，各省道缺因当地情形与事务需要的不同而酌情设置，多寡不一，既有专管某一事务的事务道，又有分管几个州县的分守分巡道。以上提议反映出原有官制中道的设置对新官制尚存影响。

---

① 《苏省督抚商改外官制情形》，《顺天时报》1907年11月23日。
② 《江督等设巡警劝业两道》，《汇报》1908年3月21日。
③ 《上海有改设巡警道之耗》，《大公报》1909年9月19日。

1909年底，瑞澂任江苏巡抚，鉴于筹设巡警道曲折困难，拟变通办法，暂设巡警总监，统管苏属警务。即将苏省巡警局改为巡警公所，并将巡警局总办改名为总监，"所有苏松常镇太五府州属巡警事宜，由该公所总监主持督率"，①委派留苏补用道汪瑞闿充任。民政部并不认同这一变通办法，认为"自应增设巡警道缺，以专责成"，总监名目与定章不符，"碍难照准"，要求苏省将警务总监名目即行裁撤，"遵照奏定巡警道官制细则所定另行办理，以规划一而免纷起"。②不过，虽经民政部明示办法，并多次督催，但苏省巡警道仍然未能即刻设立。

问题的症结仍在于苏宁两地如何设缺。官制议改中，划分江苏为两省或设两巡抚的讨论引起争议，终于议定仍为一省。关于巡警道，是设立两缺，分驻苏宁，还是设置一缺，驻于何地，均争论不休，以致迟迟不能形成统一意见。1910年，宝棻调署江苏巡抚，与两江总督张人骏商议，拟设巡警道二缺。江苏一省，"宁苏虽不明分疆界，而督抚各驻一城，藩司向划两属，即新设提学司亦为宁苏并设，巡警事务纷繁，本较学务为甚"。苏属方面，上海、苏州等地为通商大埠，交涉事多，而宁属方面，辖地甚广，且又在江北，越江难以兼顾，"是巡警道之不能合而为一，似亦事势使然，易仿藩学二司之例，宁苏分设二缺，方免鞭长莫及之虞"。不过，苏宁两巡警道缺并非同时设立，"拟将苏州巡警道一缺，先行遵设"。而且江苏旧有七道缺中，苏州粮储道为原奏清单注明应留之缺，江安粮道亦难遽裁，其余五巡道也均在应留之列，故"苏州巡警道一缺能增设而不能改设"。③至于巡警道公费巡费，则仿照

---

① 《调署湖广总督江苏巡抚瑞澂奏巡警局改为巡警公所委汪瑞闿充总监片》，《政治官报》第786号，1910年1月2日，第17页。

② 《民政部奏苏省设立警务总监与奏章未符拟请照章办理折》，《政治官报》第820号，1910年2月5日，第12页。

③ 《两广总督张人骏江苏巡抚宝棻奏江苏增设巡警道缺照章请简折》，《政治官报》第926号，1910年5月29日，第9—10页。

浙江巡警道办理，俸银养廉参酌例章，比照现有巡道。将现有省城警务公所之铜元局房屋酌量修改，以为衙署。5月，张人骏此折被清廷批准，但上谕"江苏巡警道员缺着汪瑞闿试署"，①虽然这里用的是"江苏巡警道"而非"苏州巡警道"，其管辖范围却仍照苏宁之分，不及江宁一带。

然而，宁苏分设二缺的提议遭到了江苏士绅的反对，主要理由是财用困难。他们认为，各省巡警道多裁改旧道而设，而江苏七道缺无一议裁，巡劝二道只得增设，如果按照浙江办法，巡劝二道廉俸公费及两公所员薪工食并各项开支，每年需银十万两，现今财力拮据，如此巨款尚难筹措，如果巡劝二道各设二缺，所费又要增加一倍，财力定然难支，"民力竭矣，又安得有此财力乎"。再者，从行政上来说，苏宁并非两省，虽藩学分置，但臬司向仅设一缺，且外省官制奏定章程，巡劝二道统筹全省，自宜遵照通则，"不必各存畛域，转生隔阂"。②因此，苏宁不宜并设二缺，并将誊录折奏请宪政编查馆代为奏达。另外，该省谘议局也建议，财政拮据，巡劝两道无须分设。议员姚文枏认为巡警道督催各地方官办理警政，分设二缺，"则两衙署之硅畛互相牵制而有余，两衙署之开支已较他省而加倍，财政拮据如今日更有何心张此无谓之门面乎"。因此，谘议局决议恳请扩充现设巡警劝业道职权，"俾各以全省为限，而于目前分设之计划声明作罢"。③虽然谘议局的建议未能得到实行，驻扎于苏州的巡警道仅管苏属警务，但是在江苏士绅的强烈反对下，巡警道于宁苏分设二缺的计划也未能实行，直至清廷灭亡，江宁巡警道也没有设立。

福建巡警道于1910年5月设立。福建兴泉永道、丁彰龙道分驻海滨，内治外交均关紧要，延建邵道属地辽远，皆未可议裁。

---

① 《光绪宣统两朝上谕档》第36册，第111页。
② 《前农工商部侍郎唐文治咨请宪政编查馆代奏文》，《国风报》第1卷第23期，1910年9月24日。
③ 《江苏巡劝两道无庸分设之建议》，《申报》1910年11月6日。

"惟粮道分巡福州福宁二府，兼管水利，闽省向不起运，巡道本在新官制应裁之列，该道缺公事轻简，别无属官"，拟将粮道即行裁撤，所有粮储事务归并藩司兼理，与统一财政新章尤为吻合。增设巡警道一员，管理全省警政，其旧有警务总局照章裁改为警务公所，高等巡警学堂亦归并该道经理，以一事权。①

1911年1月，甘肃也奏设巡警道，这是清季各省中最晚设立巡警道缺的省份。甘肃人口相对稀少，已于省城设立巡警总分各局，派委臬司督办，各厅州县亦皆次第举行，"考核分年筹备事宜，本年即系各省巡警一律完备之期"，而且"臬司业经改为提法使，只能守司法独立之权，未便兼管警察应行之政"，应遵章添设巡警道员，专司管理。甘省虽向设道员七缺，但均系分驻要地，或控制边疆，实无可以裁撤之处，故添设巡警道一员，专办全省巡警事宜，巡警总局即归该道管理，设属分科治事。②

1911年3月，民政部再次奏请催设巡警道。因缩短预备立宪，改于宣统五年开设议院，"全国警政为宪政各项基础，必须早筹完备，未设巡警道缺各省万难再缓"。当时，江宁、新疆等处尚未遵章设立巡警道。"江宁巡警事宜，前经该省督抚奏称，宁属地广于苏，越江兼治，统辖为难，易仿藩学二司之例，宁苏分设两缺。"江苏已设巡警道一缺，驻苏州，江宁尚未设立。"新疆巡警由兼提法司衔镇迪道督理，现在司法机关业经独立，未便兼揽行政之权，且新省高等审判庭厅丞检察长现已奉旨简放，警察为执行各项行政机关，尤为切要。"③ 民政部提出江宁、新疆各督抚即应尽速筹划，赶紧奏设，以符定制。但直至清廷覆亡，江宁、新疆也没有设立巡警道。江宁巡警道未设，主要是因为江苏士绅反对宁苏分设二缺，

---

① 《闽浙总督松寿奏裁粮道增设巡警劝业两道缺》，《政治官报》第913号，1910年5月16日，第14—15页。

② 《陕甘总督长庚奏遵设巡警道缺遴员请旨试署折》，《政治官报》第1175号，1911年2月9日，第10—11页。

③ 《奏催设巡警道缺折》，《民政部奏折汇存》，第283—284页。

上文已经叙述。

新疆为边僻之地，人烟稀少，交通不便，地贫民瘠，财赋为难，各项新政皆因陋就简，或迟迟不办。巡警的兴办也较他省大为迟缓。新疆巡抚联魁主政之时，省城迪化已经设立警察，但额数较少，"值班换班不敷轮换"，外府厅州县分为三等，正在推广警学，配置官警，逐渐成立，但是"新省饷需向系仰给邻省，就地筹款实不容易"，①省城及由营队提拨各属警费仍由司库支领，其余则款项为难，因此，新疆警务远远落后于他省。1911年，由于省城巡警总局所辖仅及省会一地，各属巡警次第成立，"应即有总汇机关，方能整理一切"。经巡警总办、署镇迪道兼提法衔杨增新与会办王学曾会商，即将总局改设警务公所，分设四科，统管全省关于警政一切事项。②袁大化抚新之后，以新疆"地瘠人稀，设官分职向从简便"，一切新政只能酌量筹办，即便是应为独立机关的提法使司，仍由镇迪道兼摄，而无力添设专官，提出"全省警政业由警务公所以为总汇"，新省瘠苦无力，巡警道暂从缓议。③

从丁未新外官制公布至清朝灭亡这四年间，清朝22个行省中，先后有19个省设立了巡警道。除吉林、黑龙江二省警务由民政司管理，新疆未设巡警道外，其余各省均有设置。不过，奉天巡警道设立一年后即裁撤，归并民政司经理其事。江苏巡警道管辖范围不及全省，因为苏省长期以来苏宁分治，督抚分驻苏宁，藩司分设二缺，巡警道之设置延续江苏多年的行政习惯，江苏巡警道驻于苏州，管辖苏属警察事务，不及宁属。总体来说，大多数行省都能遵

---

① 《开缺新疆巡抚联魁奏陈筹备第三年第二届宪政成绩折》，《政治官报》第1272号，1911年5月17日，第10页。
② 《联魁奏新疆改设警务公所分科治事折》，《政治官报》第1319号，1911年7月3日，第8页。
③ 《新疆巡抚袁大化奏边省瘠苦请缓设巡警劝业两道片》，《内阁官报》第7号，1911年8月30日，第13页。

照奏定巡警道官制细则，分别设立巡警道，统管该省警务，在新外官制的各项官制改革中，巡警道的推行较为有效。而未设巡警道的各省，皆受地方情形制约。东三省处于特殊地位，实行特别官制，故设民政司。新疆处僻远之地，风气未开，地瘠民贫，地广人稀，政事清简，警务局所开办较晚、规模较小，故而官缺设置因陋就简。江苏则因为苏宁分治还是合一的问题争执不休，影响了江宁巡警道的设置。

外官制改革虽由清政府主导推动，但具体落实还是依赖外省疆吏的执行。巡警道设立之先后，主要受该省督抚政治倾向及对清廷改制意图理解不同的影响。各省设置巡警道的时间顺序分别为：1907年奉天、湖北设置，1908年山东、湖南、安徽、贵州、陕西、云南、广东、四川陆续设置，1909年江西、浙江、广西、山西、河南先后设置，1910年直隶、福建、江苏分别设置，1911年甘肃设置。从时间顺序可以看出，湖南、安徽等部分内陆省份设置时间反而较为靠前。先设立巡警道的省份，并非较早接触西方文化的沿海沿江地区，也不是地形复杂且治安形势险恶的边疆地带，更不是经济较为繁盛、赋税较为充足的江南各省。究其原因，虽各有不同，但大抵与该省督抚相关。奉天巡警道最先设置，乃是因为东三省被清廷视为"龙兴之地"，地位特殊，且正值东三省改设行省之制，试行特别官制，总督徐世昌力倡新官制，并身体力行，于就任之初奏准东三省新官制，大刀阔斧地重构奉天省官僚体系。在清廷要求新外官制由东三省先行时，正值奉天初改行省，配置行省官僚机构。在没有旧制牵绊的情况下，巡警道搭乘奉天设省改制的便车，随其他司道一起设立，故奉天巡警道能最先设立。湖北虽然地处腹地，但因张之洞总督湖广多年，教育、警务、军事等各项新政都走在全国的前列，一直为新政的示范地区。张之洞离任晋京之前，对湖北政局走向做出安排在情理之中。1908年，山东巡抚吴廷斌、湖南巡抚岑春蓂、安徽巡抚冯煦、贵州巡抚庞鸿书、陕督恩寿、云督锡良、广督张人骏、川督赵尔巽先后于该管行省设置了巡警道，相对于当年未设巡警道的各省督抚，如直督杨士骧、江督端方、闽督松寿、苏抚陈启泰、晋抚宝棻、豫抚林绍年、新抚联魁、浙抚增韫、赣抚冯汝骙、桂抚张鸣岐等人，总体来说，政治倾向上更为趋新。

当然，各省警务原有基础、治安形势、经济财赋、社会舆情等方面的状况，对于巡警道的设置也有一定的影响。甘肃、新疆二省，地广人稀，地瘠民贫，政事清简，创办警察甚晚，直省行政机构也受该二省经济社会状况的影响，因陋就简。因此，甘肃巡警道设立最晚，新疆未设巡警道，而以省城警务公所兼管，以节省经费。江宁受到苏宁分治旧制的影响以及该省士绅的反对，未能设立巡警道缺。山东、广东、四川等省，人口较为稠密，巡警创设较早，且已向不少州县推广，具备较好的警察基础，因此，各该省设立巡警道相对较早。

另外，受各省政情影响，巡警道的设置方式也不尽相同。一些行省裁撤事务清简之旧道，腾出经费、衙署，以创办巡警道。而另外部分行省，因辖境当时所存各道缺皆关涉要务，不可轻易裁撤，只得另筹经费，增设巡警道缺。奉天、湖北、湖南、安徽、云南、广东、浙江、广西、直隶、江苏、甘肃等11省巡警道均在无旧道可裁的情况下增设，其他省均就裁缺旧道的经费或衙署兴办改设。山东裁撤督粮道，贵州裁撤分巡贵西兵备道，陕西裁盐巡道，四川裁分巡成绵龙茂道，江西裁督粮道，山西裁雁平道，河南裁粮盐道，福建裁粮道。所裁撤旧道中，有掌管粮、盐等事的事务道，也有分巡某一地区的分巡道。这些道缺因为新式局所或新设官缺的出现，所管事务大多已经转移，如盐巡道等，或者因社会经济发展，已经甚少事务可管，如粮道等。它们本身已经在议裁之列，加之新外官制改革，增改巡警诸司道需要大量经费，故而裁撤无用旧道缺，腾出饷项以资挹注，就成了容易操作的选择。

第二节　分科治事

"警察之职，在于安市廛，平道路，禁游惰，解斗争，防疫瘟于未萌，诘奸宄之时发，与营勇专司捕盗者不同。"① 由于警务繁杂，各省巡警道添设后，首先勘定衙署，设立警务公所，遴委属员，依事别类，分科治事。然而，各省巡警道署建置先后有别，警务繁简不同，其机构与人员设置也不一致。最先设立巡警道的奉天、湖北等省，其巡警道自主组建衙署。直省巡警道官制颁布后，已设各巡警道署遵章调整，随后添设的巡警道皆依据部章建置。不过，一些警务公所的人员配备，根据该省警务实情有所变通，具体状况有着不小的差异。

一　分科规制的形成

巡警道为外官制改革中新设之缺，除品秩与旧道相同外，其道署内部分科办事，与旧道大为不同。道署如何建置，前无成例可循。由于清季兴办警察深受日本影响，因此，日本警制成为重要的参考。而各省已有警察处局尝试分科治事，其分科规制对道署建制有着直接的影响，是道署分科的基础。

清代道的设置，十分复杂。② 清初以布政使左、右参议为守道，按察使副使、佥事为巡道，佐藩臬之治，品秩正五品至从三品不等。乾隆十八年俱定正四品，分守分巡的区别也逐渐缩小，而掌理或兼管河工、督粮、盐茶、关务、驿传等事务道酌情设置。各道署内的佐治杂职，大略有库大使、仓大使、关大使等，俱未入流，

---

① 《程德全奏创办警察设立专局折》，中国社会科学院中国边疆史地研究中心主编：《光绪朝黑龙江将军奏稿》，全国图书馆文献缩微复制中心1993年版，第787页。

② 参见朱东安《关于清代的道和道员》，《近代史研究》1982年第4期。

"皆因地建置，不备设"。① 因佐治人员精简，清代道署雇募各项吏役辅助道员处理公务，如书吏收发管理公文案牍，杂役以供驱使奔走，幕友提供咨询意见，长随经办道员交代的各项杂务，等等。② 然而，巡警道新设官缺，衙署自不能仿旧道署而建，如山东巡警道添设后，明确表示"至司道各署例应有各席幕友及书差杂役名目，巡警道为新增官制，一切屏除"。③

晚清警察创办过程中，各省及巡警部、民政部多次派遣官绅学生前往日本考察日本警务，或留学日本警监学校，以便回国仿办。此外，各地创办的警察学堂及警察局所中，聘用为数不少的日本教员及警官帮同管理，因此，日本警察制度深刻地影响着晚清警察的创办、培训与规制。1906 年，巡警部派遣部员舒鸿仪、雷延寿等人赴日专门考察日本警政，他们写下并出版了考察笔记，加上其他官绅的游历记录、留日学生的切实调查，使日本警察制度为中国人所熟知。

日本全国警察由内务省管理，内务省设神社局、地方局、警保局、土木局、卫生局、宗教局六局，④ 以警保局专管全国警务。警保局下分警保课、保安课、图书课三课，分别管理行政警察、高等警察、图书出版等事项。东京设警视厅，以警视总监管理东京警察消防事务，于厅内分科治事。警视厅分设总监官房、第一部、第二部、第三部，并附设消防本部，其下分课。官房下设文书课、高等课、会计课三课；第一部也下设三课，即警卫、警务、司法；第二部亦设三课，即交通、保安、营业；第三部由医务、卫生二课及卫生检查所、细菌检查所组成。官房下设的三课下又分系，如文书课

---

① 赵尔巽等撰：《清史稿》卷 116《职官志三》。
② 瞿同祖：《清朝地方政府》。
③ 《山东巡警道潘详请抚院暂行变通办法文并批》，《北洋官报》第 1713 册，1908 年 5 月 10 日，第 1066 页。
④ 舒鸿仪：《东瀛警察笔记》，刘雨珍、孙雪梅编：《日本政法考察记》，第 242 页。

下设秘书系、审查系、往复系、电信系四系，高等课下设检阅系、高等系、外事系，会计课下设出纳系、用度系、营缮系，其他三部所设各课皆不设系。① 此为东京警视厅大致的组织。而各府县之中，知事有管辖区域内警察之权，府县官署内皆设第一至第四部，"惟第四部部长专理警察行政"。② 以西京府为例，西京府第四部下设高等课、警务课、保安课、卫生课分别管理西京各类警务，其下于市郡村内设有警察署、分署、派出所、驻在所。③ 由于日本国土面积狭小，与中国复杂的行政区划和行政层级相比，日本行政体制的设置相对简略，以府县直接中央，没有省一级的行政机关，自然也没有与巡警道相对应的官职。因此，各直省很难直接参仿日本警察的成规办理巡警道。不过，晚清一些官绅亲往东京警视厅参观考察，与日本警官交流探讨，所以，其警视厅及府县官署科层制的治理模式，对巡警道署的建置有着不可忽视的影响。

除日本警制外，各省原有警察局对该省巡警道建置的影响更为直接而重要。巡警道设立之前，警察已经创办了五六年之久，兴建了大量警务局所。这些局所内部的组织繁简不同，前后有变，或委员办理，或因事分科，是设置巡警道署的基础，并有着直接的示范意义。

各省警察局在创办初期，事务尚简，职位设置也相对简单。如1902年保定警务局创办之时，局内设"总办一员，刊发关防，兼管学堂事务，提调兼发审一员，文案正副各一员，收支一员，医官正副各一员，考功一员，卫生除秽各一员，书办二名，局役八名"。④ 其他各省警察局初创之时也大致如此，多设督办、总办、

---

① 孟传琴等编：《日本各政治机关参观详记》，刘雨珍、孙雪梅编：《日本政法考察记》，第299—300页。

② 雷延寿：《日本警察调查提纲》，刘雨珍、孙雪梅编：《日本政法考察记》，第261页。

③ 舒鸿仪：《东瀛警察笔记》，刘雨珍、孙雪梅编：《日本政法考察记》，第248页。

④ 《创设保定警务局并添设学堂拟定章程呈览折》，《袁世凯奏议》中册，第607页。

会办、副办、提调、文案、发审、收发、稽查等员分任局务。根据事务繁简，或部分设置以上各员，或一职设多员，或一员兼数差。其中，督办、总办、会办等员，有以臬司兼任者，有以藩司兼办者，有以首府兼差者，有专门委员充任者。

巡警部设立后，于部署内分设警政司、警法司、警保司、警务司、警学司五司，各司之下又分为十六科。① 整顿京师警务，将内外城工巡局改为内外城巡警厅，以厅丞统之，并各设参事官三员辅助，其总务处参事之下设警事股、机要股、文牍股、支应股、统计股，警务处参事之下设护卫股、治安股、交涉股、刑事股、户籍股、营业股、正俗股、交通股、建筑股，卫生处参事之下设清道股、防疫股、医学股、医务股。② 巡警部及两厅依事分类，配置司员，在机构的建立与事务的处理上，开始实行分科治事。

受巡警部及内外城厅官制的影响，江苏变更省城警察总局为巡警总局，管辖全省警务。巡警总局设督办、总办、会办、提调、科员、稽查员、司书生，以藩臬两司为督办，"其总办、会办、提调等员由抚宪遴派"。总局内分设警政科、警法科、警保科、警务科四科，"即承巡警部分设五司之命意"，③ 警学科因有巡警学堂无须另设。四科科员均由总局委任，警政科掌理警政章程、警务经费、警官功过、警兵赏罚、地方风俗、户口人数等一切行政事宜；警法科职掌审理交涉裁判案件、检查报律板律、诘究暴禁邪说等一切司法事宜；警保科掌理救灾防范、清道检疫、查核医学、考察市情、公家建筑工程、民间营造规式等一切保安事宜；警务科管理公牍文件、电报电话并机要等项，以及督饬司书生稽核出入款目，按期造报一切庶务。

---

① 《拟定巡警部及内外城警察厅官制折附单》，徐世昌：《退耕堂政书》，第136页。

② 《拟定巡警部及内外城警察厅官制折附单》，徐世昌：《退耕堂政书》，第146—151页。

③ 《苏州省城巡警试办章程》，《申报》1906年5月14日。

不仅苏州巡警总局开始尝试分科治事,1906年,湖北省城警察局也拟"分别行政、司法、保安、卫生等名目,设立专科"。① 同年,山东巡警总局设置机要科、市政科、会计科、卫生科、警谳所等,"除去从前差使名目,划分权限,分科办事"。② 奉天安东县开办商埠警察局,归东边道节制,也实行分科管理安东警务,"分科为事务、庶务、卫生、工程、裁判、会计、操练,各置正副长办理科务"。③ 可见,在巡警部设立之后,部分省城甚至州县的警察局已经开始尝试分科管理局务,只是因对警务类别的区分不同,所分有四科、五科、七科不等,名目也千差万别。

在巡警道设置之前,直隶警务处作为管理直隶全省警务的专门机构,与巡警道的职掌十分相似。直隶警务处设督办一员,督饬本处职员整理全省警务,掌管各职员进退更换委派;会办一员,协助督办;参事官二员,秉承督办会办,将本处事务分派于各股长;分设五股,分别为行政股、司法股、保安股、会计股、编译股,每股设股长一员,下又分设各所。④

其一,行政股。股长一员,掌订立警政章程。凡考核各府厅州县及各局所人员功过、赏罚、举劾,调查各处民情习俗,文件收发及案卷保存,集议警务,各股公文核定缮签,审定各府厅州县局所学堂、传习所规则等事皆属之。下设四所,即施行所、调查所、审定所、文牍所,各设委员一员处理该所事务。(1) 施行所委员,掌凡保持治安一切实行警察之事饬知各属遵守,兼管理关防、紧要公文、函件、电话、电信接收答复,并考核各属、办理警务人员功过赏罚;(2) 调查所委员,掌采访各处民情、习俗、风尚、地势险易,分记其异同差别之故,以备变通修改各项实行事宜,并考核各府厅州县警官兵目册籍;(3) 审定所委员,掌审定各府厅州县局所学

---

① 《警察将改新章》,《申报》1906年6月10日。
② 《巡警局分科治事》,《时报》1906年10月3日。
③ 《警局归并东边道管辖》,《盛京时报》1907年4月16日。
④ 《直隶警务处试办章程》,甘厚慈辑:《北洋公牍类纂》卷7,第533—536页。

堂、传习所一切章程规则及延定外国教员,选择分派各处局员、教习,并颁发各府厅州县警官兵目章服器械旗帜程式;(4)文牍所委员,掌本处常行公牍函件及核定各区所文件,批发、保存案卷,并掌管各图。

行政股主要针对所属府厅州县,通过指令、审查、考核等方式,了解指挥并推进府厅州县警务。

其二,司法股。股长一员,掌审定警法判断。凡稽查一切违警之事,督捕、追赃、搜查、羁禁裁判责罚,调查寓居各国客商、教士及翻译之事,稽查违律报章、图书之事皆属之。下设二所。(1)判定所委员一员,掌审判违反法律、刑事拘留、责罚及一切违警事宜;(2)交通所委员一员,掌稽查外国寓居客商、教士户口及铁路、电线敷设处所,并查禁新闻、报章、图书违律出版等事。

司法股掌理违警或违法行为发生后的督捕取证及处罚、审判、羁押之事。虽然晚清司法、行政分立的观念正在形成,但新的思想尚未普及官绅商民,更难以促成二者分立即刻在制度上的区分应用,而传统缉捕审判一体化的行政模式却十分成熟。另外,督捕取证与审判羁押本是处理违警违法事件的不同阶段,联系十分紧密,在没有独立专职审判部门的情况下,警务机关全行处理也是自然而然之事。因此直隶警务处兼具部分审判功能。

其三,保安股。股长一员,掌预防危害,宣布应行告诫禁止一切命令及消防、卫生等事。即查禁奸民棍徒、宣示严禁违警、保护人民营业、组织消防、研究有关卫生之事。下设四所。(1)正俗所委员一员,掌应行告诫禁止之一切命令,并监察地方奸民棍徒结会、拜盟、扶乩、符咒等事;(2)营业所委员一员,掌保护街市各行营业及分布市区各项规则;(3)消防所委员一员,掌筹备水火等灾区划、布置、分派事件,及安置消防器械机关,临时一切补救之事;(4)卫生所委员一员,掌监察建造房屋程式,清道除秽及检查各种致疫原因,消杀一切有毒微生物,并考察各种病情及一切疗治之事。

保安股负责防范一切有碍民生、妨害治安之事务,虽有消极之处置，侧重积极之防范。清洁查疫、检查消防、制定营业规则等各项事务，为事发之前的预防之策，以保卫民生。又通过对违章行为的惩戒，约束民众行为。

其四，会计股。股长一员，掌款项出入事宜。包括本处所属警务学堂预算决算，通省警务学堂、传习所经费报告综核，制定各种教育费表簿，本处建筑材料、器具经营修补，本处所管官有财产物品存储之事。下设支应所委员一员，掌本处出入事宜及分类编列刊布、宣告等件，并钩稽各府厅州县警务学堂、传习所款项报销之事。

其五，编译股。股长一员，掌编纂事宜。包括教科书、参考书编辑翻译，高等普通各警务教科书审定，本处公牍翻译，警务杂志之编纂，各学堂讲义集录，图书报章阅览组织。下设三所。（1）总纂所委员一员，掌编辑搜索东西各种警务图书，编成适当教科书，并经理绘图各事宜；（2）分纂所委员一员，掌编辑警务杂志及办有成绩讲义集录之事；（3）考定所委员一员，掌审定高等普通各种教科书，并组织各处警务报章及购备图书、地图以备浏览参考。

由于警察仿西制而立，依新知办新事，时人所面对的是陌生的知识与制度。兴办警察，必须从了解警学、培育警才入手。普及警学，必须依赖警察学理论的书刊、培训警务人员的教材讲义。因此，直隶警务处特设编译股，专门负责翻译审定各级警务教科书讲义等事，对警务初创时期警察知识的传播与警务人才的养成具有重要作用。专门设立一股，负责编审警学图书讲义等事，也是直隶警务处所特有。

由于警察逐渐推广与各项警务日益繁多，为方便处理所管各项事务，直隶警务处根据各项事务的相关性区分警务类别，依类分设各股，又进一步于各股之下划分各所，配置各股长与各所委员，其组织相当完备与精细。由此可见，1906年前后，直隶警务处及部分省城巡警总局、商埠警察局，受巡警部分司设科以及西方和日本警察制度的影响，已经根据事务类别与繁简，对其内部机构进行了或粗略或细致的划分，以管理各项警务。

奉天、湖北等省设立巡警道之后，在原有警务局所的基础上，根据奏准东三省新官制及各省官制通则的精神，对各自的巡警道署进行职责分工，以管理该省警务。

1907年5月，徐世昌拟定东三省职司官制章程，拟于三省设行省公署，合署办公。行省公署内之承宣厅及交涉、民政等七司"均设分科，每科设佥事及一二三等科员佐之"，① 明确指出新设各司分科办事。徐世昌就任东三省总督后，首先组建奉天行省公署，遴委司道。8月，奉省谘议厅会同各司道，依据奏定东三省新官制，公议司道分科职掌章程，以便办公。承宣厅分机要、考绩、文牍、庶务四科，各司道根据所管事务，划分四至六科。其中巡警道以巡警局巡警学堂隶之，分四科"行政科掌调查户口、稽核营业、保安、交通、消防等事，司法科掌搜索、逮捕、解送及检查、违警罪处分等事，卫生科掌防疫、清道、检查饮食物品药料、稽核医院等事，庶务科掌监印收发及不隶于以上各科之事"。②

奉天巡警道设立之前，其警务局已经分科治事，只是在不同时期因事务繁简有着不同的划分。经盛京将军增祺奏准，奉天警察总局于1902年创立，设总办、帮办各一员，总理局务。下设文牍、承审、收支三个处。翌年，在城关内外设置了六个分局。1904年，警察总局改为工巡总局，兼办道路工程，同时设立了警务学堂。1905年6月，奉天工巡总局又改为奉天巡警总局，兼管工程、卫生事宜。仍设总办，裁去帮办，改设提调、总巡各一名。局内改三处为十科，即警务、书记、裁判、卫生、工程、调查、侦探、消防、出纳、庶务等科。仍下辖六分局。1906年，改十科为执行、司法、卫生、教练、工程五科。③ 四年间，奉天警务机构两易其

---

① 《拟定东三省职司官制及督抚办事要纲折附单》，徐世昌：《退耕堂政书》，第452页。
② 《奉天行省公署谘议厅会同各司道公议分科职掌章程》，《盛京时报》1907年8月30日。
③ 辽宁省地方志编纂委员会办公室主编：《辽宁省志·公安志》，辽宁民族出版社2001年版，第12页。

名，三次变更内部组织，这些都源于所掌事务的变化。由于道路工程及卫生事务相继归属警局管理，事务的增加自然带来了机构的扩张。

巡警道署参照奉天巡警总局分科之制，根据职掌的变化，分行政、司法、卫生、庶务四科。与1906年奉天巡警总局五科相比，既有区别，又有联系。其司法、卫生两科的设置重合，而区别亦很明显。由于民政司设有营缮科，掌管道路桥梁土木之事，所以巡警道所管没有道路工程一项，总局原设之工程科相应裁撤。执行、教练两科则归并于道署行政、庶务二科办理。

与直隶警务处下分行政、司法、保安、会计、编译五股相比，奉省巡警道署行政、司法、卫生、庶务四科，不仅级别不同，更重要的是分科及职掌不同。直隶警务处行政股掌理州县警务的审查考核，而奉天巡警道行政科掌查户、稽核营业、保安、交通、消防等事，反而与掌消防营业等事的直隶警务处保安股职掌相似。奉省将管理卫生事务独立为一科，直隶警务处则于保安股下设卫生委员经管其事。直隶警务处特设会计掌管核销各项经费，设编译股翻译审定各种警学书刊教材，为奉巡警道所无。奉巡警道署专设卫生科，则为直隶警务处所无。两者仅司法一项职责类似。

根据各司道分科职掌章程，奉省各司道人员之配置，每科设佥事一员，首科从四品，余均正五品，从五品一等科员一员，正六品二等科员一员，正七品三等科员二员，司书、副司书不限员，事繁之科可添设额外委员，酌给薪水。巡警道别设一等医官、二等医官。① 按照规定，所有五司二道各科员先行试用三个月，然后再为"分别等次，改为署理"，② 故各司道首先区分科室，委派试办科员。1907年10月，巡警道各科佥事与科员配置完备。巡警道署所分四科，

---

① 《奉天行省公署谘议厅会同各司道公议分科职掌章程》，《盛京时报》1907年8月30日。

② 《各司道之科员未宣布之原因》，《盛京时报》1907年12月19日。

每科各置佥事一人，掌理该科事务，下各设试办科员三至四员。①

奉天社会经济文化较为发达，所以东三省官制改革以奉天为先导，此次变革关乎朝野中外视听，清廷极为重视。在东三省总督徐世昌的推动下，奉天新官制较为趋新，政府机构变革的制度设计比较成熟。巡警道衙门与其他司道一样，在合署办公的新官制框架下分科治事。而与奉天同时设立巡警道的湖北，对新设官缺却没有这么充足的事前准备，其巡警道署的设置不如奉天迅速，其内部机构与奉天也不大一样。

湖广总督张之洞对编制局拟定的外官改制方案一直持批评态度，直至新外官制颁布前夕，仍坚持改革当自下而上，"拟鄂省改官制从州县办起"，② 司道的裁并当俟州县办有成效之后。湖北对遵行新外官制的准备不如奉天充分，而湖北巡警道冯启钧又因张之洞奉调晋京随节前往，在京盘旋月余始回鄂，至1907年11月15日方才接印。继任鄂督赵尔巽以现有警察总局甚为宽阔，即"改为巡警道，暂设办事所，以便办公"。③ 又电商张之洞及民政部，"筹划该二道行政权限及常年经费"。④ 冯启钧视事后，即筹备建设衙署。不久，接张之洞电，谓湖北巡警道奏设时曾声明为试办，"俟有成效，再行定实，该道议建衙署之处，应饬缓议"。⑤

如何分门别类组建道署，1908年2月，警道冯启均拟对道署实行分科办事，"分行政、司法、文牍、会计四科，共附属十三股，每科正副科长各一人，附设各股，每股股长或一人或二三人，视其事之繁简为定，均以留学毕业警察员分任"。⑥ 又拟"将警察局改为巡警总厅，各分局改为巡警分厅，并详订办事规则，就总厅

---

① 《巡警道职员录》，《神州日报》1907年10月7日。
② 《鄂督拟改官制之计划》，《新闻报》1907年7月5日。
③ 《巡警道暂设办事所》，《时报》1907年11月11日。
④ 《电商巡警劝业二道事宜》，《时报》1907年10月29日。
⑤ 《张军机电饬巡警道暂不建署》，《时报》1907年12月11日。
⑥ 《巡警道署分科治事》，《新闻报》1908年2月26日。

分设建筑、消防、卫生、司法、行政、教练等类十余科"。① 次月，冯启钧又拟"仿日本警视厅分科治事之规则，在署内附设警察公所"，令本署办公人员分别掌事，② 以清权限。湖北巡警道在奏设之后的半年间，由于警道冯启钧接印视事较晚，且事前并无准备，添设巡警道缺之后，如何筹建衙署，尚在摸索筹议之中。

　　山东省城巡警总局开办时设总办、会办、帮办、文案、收支、发审等员。1906年参考京津及各省巡警办法，筹定新章，设会办四员，分掌银款、学堂、裁判、弁兵各事宜，并分设机要、文牍、会计、法政、市政、卫生六科，消防、警谳二所。其中，机要科设科长、科副、科员各一人，文牍科、会计科、市政科分别设科长、科副各一人，法政科设科长、科员各一人，卫生科设科长、科副、医官各一人，警谳所设所长、所副各一人。③ 1908年1月，山东奏设巡警道之时，民政部尚未拟定通行章程，山东巡警道潘延祖"拟仿提学司学务公所体制，改巡警总局名曰巡警公所"。改设后的巡警公所，以省城巡警总局所分各科尚称妥洽，"现拟仍旧分科，遵照权限办事，各专责成，仍俟部颁通行定章再行遵办"。④ 即仍分设机要、文牍、会计、法政、市政、卫生六科，另附警谳所、拘留所、探访队，各置科长、科员、所员，皆因仍巡警总局旧制。道署例设之幕友及各项吏役均摈弃不置。

　　各省警察局在创办初期，其职务划分比较笼统。随着警察的兴办，因所管事务的增多，受巡警部及日本警视厅分科治事的影响，警察局逐步根据事务的类别，分别职掌，分科治事。虽然各省警务局处的分科尚不一致，繁简不同，名目纷杂，却标志着新制度的萌

---

① 《巡警改良办法详纪》，《时报》1908年2月27日。
② 《巡警道署设所分科办事》，《新闻报》1908年3月22日。
③ 山东清理财政局编：《山东全省财政说明书·岁出部·民政部》，北京经济学会1915年版，第4—6页。
④ 《山东巡警道潘详请抚院暂行变通办法文并批》，《北洋官报》第1713册，1908年5月10日，第1066页。

发。率先设置的奉、鄂等省巡警道，在原有警务局的基础上，也实行了分科治事。如奉天巡警道署分四科，湖北巡警道署设警务公所，山东仿照学务公所之例与巡警总局原有分科，改设巡警公所，仍置六科。奉、鄂、鲁三省巡警道参酌以往该省警务局原有内部分科机构，并根据丁未新外官制对巡警道职掌的有关规定，于道署内划分了四科、六科，名目不一，所管事务也不相同。鉴于自主组建的巡警道署章则不一，为防止各省巡警道添设后规制混乱，民政部着手厘定巡警道官制章程，以划一警制。

各省官制通则内第十五等条规定，巡警劝业两道"各应酌设属员，分科治事，其细则由农工商、民政、邮传等部订之"。① 直省巡警道陆续奏设，而巡警道衙署如何设置机构、如何配置属员、如何管理警务等问题尚无通行规程。民政部管理全国警务，负责巡警道官制的制定。1908年4月，民政部拟订了各省巡警道官制并分科办事细则，对于巡警道建置做出具体的规定。其中，细则第八条明确规定，"巡警道应就所治地方设立警务公所，并分四科"。其一，总务科，掌公所总汇之事，凡考订章程、承办机要、考核属员、分配官警、编存文牍、收发经费、统计报告及警学各事项皆属之；其二，行政科，掌行政警察、高等警察、国际警察之事，凡整顿风俗、保护治安、调查户口、稽核工程及消防警察各事项皆属之；其三，司法科，掌司法警察之事，凡预审探访、督捕拘押及违警罪各事项皆属之；其四，卫生科，掌卫生警察之事，凡清道防疫、检查食物屠宰、检验医物医科及官立医院各事项皆属之。②

警务公所属员配置为，"每科设科长一员，副科长一员，其科员额缺由巡警道酌量事务繁简定之。但每科至多不得多三员"。各属员的品秩分别为，"科长秩视五品，副科长秩视六品，科员秩视

---

① 《总核官制大臣庆亲王等奏改订外省官制折》，《东方杂志》第4年第8期，1907年10月2日，第407页。

② 《民政部拟订各省巡警道官制并分科办事细则》，《盛京时报》1908年4月16日。

七品"。遴委属员必须符合一定的资格,各科长、科员"均以毕业之巡警学生,曾经办理警务得力人员,由巡警道禀准本省督抚按章任用,仍将各该员履历申报民政部存案"。至于原有管理全省警务的巡警总局如何与新设巡警道衔接,则规定"各省俟巡警道简放到任后,所有原设之总理警巡事务等局,与巡警道职掌重复者,应即一律裁撤"。①

民政部所拟警务公所四科,参照了京师内外城巡警总厅的机构划分。1907年5月,时任民政部尚书的徐世昌改良内外城巡警总厅官制。原设内外城厅各分总务、警务、卫生三处,因民刑事诉讼归并大理院办理,内外城预审厅将裁并,"所有搜查逮捕护送罪人及处置违警罪等事,拟添设司法处以分理之",又警务处名称混乱不清,"拟改为行政处,以专办行政警察事务",② 即改设总务、行政、司法、卫生四处。民政部拟定的巡警道官制中,也将警务公所划分为总务、行政、司法、卫生四科。

民政部所拟各省巡警道官制并分科办事细则,清廷交由宪政编查馆审核。1908年5月25日,宪政编查馆审查完毕,并做出一些修改,上呈清廷,得到批准通行。奏定后的直省巡警道官制细则与民政部原拟章程相比,在警务公所机构设置上认可所分四科,但是对科长、科员品秩做了一些调整。民政部拟由科长秩视五品、副科长秩视六品,宪政编查馆认为中央各部院分司俱以郎中领职,各省提学司、提法司所属各课课长亦均以五品为限,"警务公所既为道属品秩,自应略降,拟请改为课长秩视六品,副课长课员以〔依〕次递减,俾示区别"。③ 并把所设四科改为四课,科长改为课长,原奏每科科员至多不得超过三人,宪政编查馆改为"每课至多不得过三四员",课员人数限制有所放宽。宪政编查馆将警务公所分

---

① 《民政部拟订各省巡警道官制并分科办事细则》,《盛京时报》1908年4月16日。
② 《酌改内外城巡警厅官制章程清单》,林开明等编辑:《北洋军阀史料·徐世昌卷》,第635页。
③ 《宪政编查馆奏考核直省巡警道官制细则折》,《盛京时报》1908年6月3日。

科改为分课，但通行未久，旋又改回。在考核直省劝业道官制细则时奏称，"惟课字不若科字通行明晰，故此次改作分科，其提学巡警两官制及此外章程有用分课字样者应即一律照改，以规划一"。①

奏定各省巡警道官制规定，巡警道于署内设警务公所，分别四科，配置科长、科员，辅助巡警道处理各类警务。可见，巡警道署与旧有守巡各道署的建制完全不同，也与日本警制不相吻合，但其分科治事的精神是一致的。警务公所四科是在警察所管事务范围的基础上，参考内外城巡警总厅、直省警察局处所及已设巡警道署内的分科，根据各项警务的相关性而分门别类设置的。

警务公所四科与原有直省警察处局及已设巡警道署的分科既有明显的继承性，又有一定的差异。警务公所总务科掌公所总汇之事，与直隶警务处行政股、奉天巡警道署庶务科职掌相似。警务公所行政科掌行政警察、高等警察、国际警察之事，与直隶警务处保安股、奉天巡警道署行政科所管事务范围基本相同，由于行政警察所管警务涵盖高等警察、保安警察、国际警察所管警务，而保安警察则不能涵盖其他警察所管事务，故以行政科命名，将各类警务整合于一科办理。司法科则警察处局及巡警道署皆设，掌理缉捕侦探等辅助司法之事，并处理违警事件。关于卫生事项，奉天巡警道署、山东省城巡警总局专设卫生科，直隶警务处则将其归并于保安股下，设卫生所委员一员专理。由于卫生事务涉及清道、防疫、检验食物、检查医院等诸多事项，故专设一科。而其他警察处局原设之文牍、会计、机要等科股，在警务公所内不再独立设置，而是归并于总务科管理。

民政部所拟定的各省巡警道官制，参照京师警厅及已设巡警道署、警务处局的分科办法，规定巡警道署内设警务公所，分为总务、行政、司法、卫生四科，并分别各科职掌。该官制经宪政编查

---

① 《奏为考核直省劝业道官制细则酌加增改》，清宪政编查馆编：《清宪政编查馆奏稿汇订》，全国图书馆文献缩微复制中心2004年版，第172—180页。

馆审核，并得到清廷批准，标志着警务公所分科规制的确立，对现有名目繁多的警察机构进行规范与划一。此后，各省建置警务公所有章可依，而已设巡警道须遵章进行机构调整。

二　遵章建署及异同

首先，湖北、奉天等省已经设立巡警道署，根据新颁巡警道官制，对道署各科进行归并调整。

湖北初设巡警道之时未建衙署，在武汉巡警总局暂设办事所，以为巡警道办公之地。民政部所拟定的巡警道官制发布后，湖北依据部定章程进行了改组。1908年4月，巡警道冯启钧将鄂省警察总局改为警务公所，分为总务、文牍、会计、司法、行政、卫生、教练七科，下设二十二股。① 但是，其所分之科与民政部所拟定的巡警道官制也并不一致，在总务、行政、司法、卫生四科之外，又增加了文牍、会计、教练三科。另外，汉口警察总局也在此时改为警务公所，分为总务、行政、司法三科。直至1909年2月，金鼎署理湖北巡警道时，以警务公所自奉部设立后，虽然分科办事，但设置七科，致使冗员过多，而近来经费支绌，故"特禀准督院，酌留总务、卫生、司法、行政四科，其余会计、文牍、教练等三科一律归并总务科兼办，以示撙节"。② 如此裁并三科，既节约了经费，又与部定章程一致。

奉天巡警道所设四科，分别为行政科、司法科、卫生科、庶务科。民政部厘定的巡警道官制中警务公所所分四科与之相仿，只是将总务科代替庶务科，并以总务科为各科之首。1908年10月，根据部定章程，奉天巡警道改定官制，将庶务科改为总务科，改列首科，并各科二、三等科员分别派署，而"各科一等人员，

---

① 《湖北通信》，《时报》1908年4月27日。
② 《警务公所归并三科》，《北洋官报》第1990册，1909年2月24日，第1312页。

暂不委署，留作二、三等升阶，以资鼓励"。① 不久，奉天巡警道被裁撤，归并于民政司，于司署内添设警政一科，以督率全省警务。民政司警政科置科员四人，仿照警务公所四科之划分，"分四股，总务、行政、司法、卫生，均按照警章而设，其四股公事即以四科员分任"。② 另外，奉天巡警总局改为全省巡警总局，"以民政司张司使为总办，添设坐办一员"。不久，又将全省巡警总局改为警务公所，不设坐办，而设所长一员，"由民政司札委前乡镇巡警总办忠芳任之"，③ 并将所内提调裁去，另委各科科长股员。

各省巡警道官制并分科办事细则奏准颁布后，湖北、奉天等已设巡警道的省份，根据部章，对巡警道署内的机构设置进行了相应的调整。而随后陆续添设的各省巡警道遵照定章，在原有省城警务总局的基础上，于道署设警务公所，划分四科，分科治事。但因各省情形不同，亦有所变通。不过，又根据不同情况，逐步调整，最终多能与部章保持一致。

1908年5月，按照丁未新外官制，安徽改前游击衙门为巡警道署，并遵部章在署内建立警务公所，分科办事，明定责成，以为全省警务之总枢。其巡官、巡警分驻之处，则名为警务分所，各认地段，执行其巡警之职务。④ 10月，皖省巡警道警务公所因"分科办事尚乏专门之选，暂不建设实官"，⑤ 先遴委各员试署，以资办公。警务公所初设总务、行政、司法三科，1909年增设卫生科。⑥ 安徽警务公所四科分别置科长一员、副科长一员。四科之下，根据事务类别，分置各类科员。⑦ 其中，科长官六品，

---

① 《奉天巡警道派署科员》，《现世史》1908年10月29日。
② 《民政司警政科之内容》，《大公报》1909年7月4日。
③ 《警局内容变更之确耗》，《盛京时报》1909年7月6日。
④ 冯煦主修，陈师礼总纂：《皖政辑要》，黄山书社2005年版，第111页。
⑤ 《护理安徽巡抚沈曾植奏新设巡警劝业两道酌给养廉等折》，《政治官报》第361号，1908年10月27日，第5—6页。
⑥ 《安徽省志·公安志》，第5页。
⑦ 冯煦主修，陈师礼总纂：《皖政辑要》，第112页。

副科长七品，各科员八品。另外，警务公所所辖消防队、清道队、警卫队，各队设队官一人，巡警和夫役二十至五十人不等。同时，省城安庆城内外的巡警正、副局分别改称警务分所和警务副分所。①

云南巡警道初设时，也与部定警务公所四科之制不同，后才调整。1908年10月，云南巡警道于报国街后麒麟寺设立衙署，改云南通省警察总局为警务公所，直隶于巡警道，管理全省警政，兼理省会警务，下属机构照旧。1909年3月，警务公所七课增设正副课长及课员，负责内勤，委任正副总稽查各两人，分赴省会各区考察警务，并将巡警道署迁至粮道街原云贵督标中军副将署内。12月，警务公所新址在巡警道署侧落成并迁入，于是按照民政部警政司颁发的各省巡警道官制并分科办事细则，重新组织警务公所。所内设总务、行政、司法、卫生四科。总务科设警士、统计、会计、文书四股，行政科设户籍、治安、正俗、交通、营业五股，司法科设预审、违警、刑事、侦探四股，卫生科设医务、医学、清洁三股。每科设科长一人，事务繁杂之科增设副科长一人；每股设科员一人，事务繁杂之股增设学习员一人。②

江西则遵章建置警务公所四科。1909年1月，赣抚冯汝骙"参仿部颁警察章程"，照章设巡警道。先在省城总局设立警务公所，分总务、行政、司法、卫生四科，以资董理。另设发审处、稽查处、教练所、拘留所、习艺所、差遣队、探防队、消防队、备差队、卫生公所、巡警学堂。其中，发审处裁判违警诉讼，稽查处考核员司长警之优劣勤惰，教练所调练长警之礼节操法，拘留所、习艺所教养羁押人犯，差遣队调派各处执法，探防队以广侦缉，消防队以弭火灾，备差队以供警卫，卫生公所防疫清道，巡警学堂以养

---

① 《安徽省志·公安志》，第5页。
② 云南省地方志编纂委员会编：《云南省志·公安志》，云南人民出版社1995年版，第63页。

成备补长警之资格。① 其他各省先后设立巡警道，并于道署内置警务公所，分科办事，不一一列举。

由上述事例可知，各省巡警道官制并分科办事细则颁布后，已设巡警道署遵照部章，对原有机构进行整合，与部章保持一致，以符合划一警制的规定。此后陆续添设的各省巡警道，虽然建署之初或有变通部章之处，但随后亦据章调整，多数皆能遵照已颁章程，筹设警务公所，分设四科，配置职员，最终基本实现了巡警道规制的划一。

然而，由于各省警务繁简不同，各省警务公所于四科之下，又根据该省警务状况进一步细分为股，因此其股别与属员的配备均有不小的差别。不过，也有警务公所如安徽、浙江，则因为奏定巡警道官制细则没有股员之名，只是在各科之下派委各类科员，按类分职办事。虽未有股员名目，但与设股分职办事的实质是一致的。下面以广东、广西、四川、云南等省警务公所为例，对四科下各股的异同及科员配置、附设机构做一比较，以观察警务公所的地域性差异。

第一，总务科。

据奏定直省巡警道官制细则的规定，总务科"掌公所总汇之事，凡承办机要、议订章程、考核属员、分配官警、编存文牍、收发经费、统计报告及巡警学堂各事项皆属之"。② 各省警务公所总务科遵照该官制细则，掌管各项警务，但是，具体如何管理这些事务，各省警务公所有着不同的方式。

1910年广东警务公所分科办事细则规定，广东警务公所总务科下设警事股、机要股、文牍股、支应股、统计股、庶务股等六股，其职掌分别为：（1）警事股，考核通省禀办巡警、属官赏罚、巡警学堂及教练所、各项章程规则，调查、改良、督催、兴办巡

---

① 《宣统政纪》卷5，光绪三十四年十二月辛巳。
② 《宪政编查馆奏定直省巡警道官制细则》，《盛京时报》1908年6月2日。

警，分划警区，及不属他科他股之事；（2）机要股，委派裁撤官警，管理印信，拟撰秘密重要文报电报，临时传谕通饬及因公会议的记录，发给各属巡警关防钤记；（3）文牍股，收受发送文书，编存保管卷宗，编撰巡警法令章程表册告示；（4）支应股，保管收支各项钱银，调查统计各类警费；（5）统计股，拟订统计表式，分类统计各科、各属及附属各处所警务；（6）庶务股，保管赃物、遗失物，检查给换枪械衣服，购置办公物品等一切供应杂项。①

广西警务公所分科治事章程则规定，该省警务公所总务科设科长一员、副科长一员、科员三员，内设警事、支应、文牍、统计四股。各股职掌为：（1）警事股，考核各属禀办巡警及巡警学堂、教练所，编订各种施行细则，准驳民间建造，派差进退、稽查训练官警；（2）支应股，收发款项及薪饷物品；（3）文牍股，缮写、收发、编存、核校各项文牍；（4）统计股，分类统计全省警务，制造表册。②

1910年四川改订警务公所四科职掌细则，其警务公所总务科置六股，分别为考绩股、机要股、筹备股、文牍股、会计股、庶务股，其职掌分别为：（1）考绩股，考核各属办理巡警成绩及各项章程规则，稽查考核并赏罚进退员司官警；（2）机要股，管理撰拟秘密重要的文件电报、会议记录、钤记印信；（3）筹备股，筹备改良、督催兴办通省巡警，分划区域，撰拟紧要章程文牍；（4）文牍股，收受发送文书，编存卷宗；（5）会计股，考核度支，保管收支各项银钱，调查分类各项警费；（6）庶务股，保管、给换枪械、物品、军装，印刷图表册籍。③

---

① 《广东警务公所更定分科办事细则》，《广东警务官报》第1期，1910年8月5日，第49—67页。

② 《广西警务公所分科治事章程》，《广西官报》第27期，1909年8月8日，第9426页。

③ 《督宪批巡警道详改订警务公所四科职掌细则及办公规则文并原详》，《四川官报》第26册，1910年11月，第28265—28270页。

比较各省警务公所的总务科，广东下设警事股、机要股、文牍股、支应股、统计股、庶务股六股，广西设警事股、支应股、文牍股、统计股四股，四川设考绩股、机要股、筹备股、文牍股、会计股、庶务股六股，数量不同，名目不一。而其他各省也各不相同，如云南设警士、统计、会计、文书四股，浙江设机要科员、文牍科员、会计科员、统计科员，安徽设文牍科员、会计科员、机要科员、统计科员各一员。浙江、安徽虽然没有各股名目，但所设科员以类相分，与分股名异实同。从以上六省来看，各省警务公所总务科的设置各有不同，多分四股或六股。其中，会计股与文牍股的设置最为普遍，几乎各省皆设。如广东、广西、四川、浙江、安徽皆设有文牍股，云南虽然没有文牍股名目，但设文书一股，与文牍股职掌相似。会计股也普遍设置，如四川、安徽、云南、浙江皆设有会计股，而广东、广西设支应股，职掌与会计相同。设置统计股者占据多数，有广东、广西、云南、浙江、安徽等五省。设机要股者也比较多，有广东、四川、浙江、安徽四省。另外，庶务股、警事股比较少见，设庶务股者有广东、四川，设警事股者有广东、广西，皆为数不多。四川另设有考绩股、筹备股，此二股其他各省未见独立设置者。

不仅各省所设各股名目不一，而且同一名称的股，其职掌虽然大体一致，但也不尽相同。如文牍股皆掌理收受发送文书、编存卷宗、保管图书等事，但除此之外，广东警务公所文牍股尚需对巡警法令、章程、表册、告示进行分类编撰，广西警务公所文牍股又掌管各项文牍核校及监用关防等事项。又如机要股，四川警务公所机要股管理撰拟秘密重要的文件电报、会议记录、钤记印信及一切机要报告。而广东警务公所机要股除以上各项事务外，还主管巡警官吏之委用、派差、请假、撤退。

由于各省警务公所总务科之下所设之股名目不同，故而同一事务在不同的省份可能分属不同的股经办。例如，所属巡警官吏的遴委派差、赏罚进退，在广东警务公所内由总务科之机要股负责，在广西由总务科之警事股经办，而在四川则由总务科之考绩股主管。又如，全省警务的分类统计事项，广东、广西以统计股办理，而四川则由筹备股办理。

各省警务公所总务科所设之股不同，其属员的配置也有比较大的差异。广东警务公所"每科设科长副科长各一员，总务行政两科各设科员五员，司法卫生两科各设三员，四科均计每科不得过四员。如科务繁重，酌设学习科员，较简者得以一员兼任二股"。① 实际上，广东警务公所总务科除科长、副科长外，每股分别设科员一员，学习科员二员。广西警务公所也设科长、副科长各一员，科员三员，并且明确规定警事股暂以副科长为主任，增置学习科员一员协助。支应、文牍、统计股各设科员一员，另外文牍股添设学习科员一员。② 四川总务科的属员配置较为复杂，设科长、副科长各一人，科员六人，其中一等科员四人，二等科员一人，三等科员一人。另外设司事八人，其中一等司事五人，二等司事三人。考绩股、机要股分别以科长、副科长为主任，三等科员一人、二等司事一人为之补助。筹备股事务繁重，以一等科员二人为主任，以学习员补助之。文牍股以二等科员一人为主任，一等司事、二等司事各一人为之补助。会计股以一等科员一人为主任，一等司事四人为之补助。庶务股以一等科员一人为主任，二等司事一人为之补助。③ 统计上述各省警务公所总务科职员，广东共有二十人，广西六人，四川十六人，人员的多寡差距较大。这主要是根据该省警务的繁难程度而设，各省警务公所内正式科员的数目差别不大，多是每股设一员，但因事务繁简及经费多寡不同，所设的学习科员或司事等补助人员的数量明显不同。

---

① 《广东警务公所更定分科办事细则》，《广东警务官报》第 1 期，1910 年 8 月 5 日，第 49—67 页。

② 《广西警务公所分科治事章程》，《广西官报》第 27 期，1909 年 8 月 8 日，第 9426 页。

③ 《督宪批巡警道详改订警务公所四科职掌细则及办公规则文并原详》，《四川官报》第 26 册，1910 年 11 月，第 28269 页。

第二，行政科。

奏定直省巡警道官制细则规定行政科"掌行政警察、高等警察、国际警察之事，凡整饬风俗、保护治安、调查户口籍贯、稽核道路工程及消防警察各事项皆属之"。①

关于行政科所管各事，广东警务公所行政科设治安股、户籍股、营业股、正俗股、交通股、建筑股等六股分别掌理之。各股具体职掌分别为：（1）治安股，检阅出版，监察集会结社，取缔枪炮火药，查核消防；（2）户籍股，户口调查、分类及异动统计，发给门牌；（3）营业股，检查度量衡，保护商标版权，取缔当押、茶楼、酒馆、客栈、工厂，规划菜市；（4）正俗股，取缔戏园、迎神赛会，查究娼赌、淫书淫画及演唱淫词小曲；（5）交通股，查察道路河渠，保护电杆、电线，管理轿夫、马车、人力车等，清除有碍道路的招牌、栅架、摊位，设置路灯；（6）建筑股，检查审核各项公私建筑。②

广西警务公所行政科内设户籍、治安、正俗、营业、交通五股，各股职掌分别与广东警务公所行政科各股职掌相同。

四川警务公所行政科置七股，即防卫股、治安股、户籍股、正俗股、营业股、交通股、工筑股，其中，防卫股掌管救护省区火灾，考察各属火灾救护，本公所和省区警卫及特别警卫事项，骑马巡查事项，谘议局开会派往守卫官警事项。其余治安、户籍、正俗、营业、交通各股与广东警务公所行政科相应之股职掌相似，其工筑股与广东警务公所行政科建筑股职掌相同。

与总务科类似，各省警务公所行政科之下分设之股亦各不相同。广东警务公所行政科下设六股，四川置七股，广西则分五股。另外，安徽行政科设保安科员、交通科员、警务科员各一员，浙江设保安、交通、户籍、建筑四科员，云南设户籍、治安、正俗、交

---

① 《宪政编查馆奏定直省巡警道官制细则》，《盛京时报》1908年6月2日。
② 《广东警务公所更定分科办事细则》，《广东警务官报》第1期，1910年8月5日，第49—67页。

通、营业五股。从这几个省来看，警务公所行政科普遍设置治安、户籍、交通等股。如设治安股者有广东、四川、广西、云南，另外安徽、浙江设保安股，名虽不同，实则一致。该六省皆设有交通股，而户籍股仅安徽未设。营业、正俗二股的设置也比较常见，如广东、四川、广西、云南四省皆置二股。另外，分股较多者常把建筑股独立为一股，如广东、浙江，四川设工筑股，其含义与建筑股同。此外，四川另设防卫股，安徽置警务科员。

从广东、广西、四川三省警务公所行政科各股具体的职掌来看，普遍设置的治安、户籍、交通、营业、正俗等股，其所管范围各省大体一致。治安股掌理高等警察之事，主要负责监控社会团体及社会言论，预防重大社会事故，维护政府统治与政治稳定，在部分省份，如广东、四川，还管理国际警察事务；户籍股办理户籍调查统计之事，交通股主管交通及通信设施的保护，交通工具及从业人员的管理；营业股监督市场中各类商店及摊贩；正俗股管理各项宗教神祀活动，查禁娼赌及售卖不良书画等有碍社会良好风尚的行为。建筑股检查公共场所建筑的安全，考核审批各类商业建筑及民居的规划。另外，四川设防卫股，主要用于特殊场所的防卫工作，而其他各省对于这类事务，多临时调派人员，不单列设股。另外，四川防卫股尚需负责省城火灾救护及稽查各属相关工作，但其他各省消防事务多由治安股查核办理。总体言之，各省行政科下设治安、户籍、交通、营业、正俗、建筑等股，管辖范围相当宽泛，涉及政治性活动、户口、风俗及各类市政事务的查禁、规范与管理。如此诸多且繁杂的警务，使得行政科事务繁重，因此，行政科的分股及所配属员在各该省警务公所中皆最为复杂繁多。不过，各省警务公所之间还是有着一定的差异，机构较简并属员较少者，则可能在繁重的科务下顾此失彼，甚至将部分事务弃之不顾，如部分警务公所未设建筑股、营业股及正俗股，也未见有其他各股兼管此类事务。

据《广东警务官报》所载，1910 年，广东警务公所行政科设科长、副科长，以科长兼任副科长，六股共设科员四员，其中治安、户籍股各设科员一员，营业、正俗以科员一员兼管，交通、建筑亦共设一名科员。此外，治安、交通、建筑各设学习科员一员，户籍股设学习科员二员。① 广东警务公所行政科共有职员十人，设科长、副科长。其中，户籍股设科员一员、学习科员二员；治安股设科员一员，并兼充正俗股科员；营业股设科员一员，并兼充交通股科员。四川1910年所制定的警务公所四科职掌细则规定，行政科设科长一人，副科长一人，一等科员一人，二等科员一人，三等科员三人，二等司事一人。其中，防卫股以一等科员一人任之，治安股以科长、副科长任之，户籍股以二等科员一人、三等科员一人任之，二等司事一人为之补助。正俗股、营业股与治安股以科长、副科长为主任，设三等科员一人补助。交通、工筑二股以三等科员一人任之。② 可见，各省警务公所行政科职员的配置也是根据该省警务的繁简及经费状况，因而人员多寡不一。此外，一省警务公所行政科内部，有一科员专任一股者，有一科员兼任两股者，有一科设学习科员或司事一至二员者，有不设者。并且，各股有以科长为主任者，有以副科长为主任者，也有以科员为主任者。通常所管事务较为重要、比较受重视之股，以品阶较高之科长、科副为主任。

第三，司法科。

由于警察职务与司法机关关系密切，为司法机关之补助机关，故于警务公所特设立司法科专以辅助司法，"掌司法警察之事，凡预审、探访、督捕、拘押及处理违警罪各事项皆属之"。③

广东警务公所司法科设科长、副科长各一员，下设刑事、侦查、违警三股，每股各设科员一员、学习科员一员。该三股所管事务如

---

① 《广东全省警务公所职员表》，《广东警务官报》第1期，1910年8月5日。
② 《督宪批巡警道详改订警务公所四科职掌细则及办公规则文并原详》，《四川官报》第26册，1910年11月，第28266页。
③ 《宪政编查馆奏定考核直省巡警道官制细则》，《盛京时报》1908年6月3日。

下。(1) 刑事股，刑事上之预审，检收犯罪人物证据，管理考核拘留所、待质所，核释拘留限满人犯，督捕、关提、看守、押送罪犯，发给传拘票、搜查票，查验死伤，处置弃儿迷儿；(2) 侦查股，访查罪犯踪迹及证据、秘密运动，刑事上之调查，无业游民及不良子弟之调查，探访巡警之支配及临时指挥监督；(3) 违警股，处分违警罪之审核，省城各区禀解违警罪不服处分之送审，违警罪之分类按月统计。①

广西警务公所司法科设科长一员、副科长一员、科员一员，内设预审、侦探、刑事三股，各股职掌如下。(1) 预审股，复核各区刑事罪人之假预审及违反警律者之审问判决等事项，以副科长为主任；(2) 侦探股，督捕罪犯、搜查证凭、探访秘密运动等，科员一员；(3) 刑事股，掌管犯证之看守押送，及拘留所、待质所、习艺所之稽查管理，设科员一员，暂以科长兼充。②

四川警务公所司法科亦置三股，即刑事股、侦缉股、违警股，其职掌与广东警务公所司法科相应之股相似。该科设科长一人，一等科员二人，二等科员二人，三等科员一人。刑事股以一等科员一人、二等科员一人为主任；侦缉股以一等科员一人任之；违警股以二等科员一人、三等科员一人为主任，外设一等司事一人管理拘留所之事。③

除粤、桂、川外，安徽司法科设裁判科员、侦探科员各一员；云南司法科设预审、违警、刑事、侦探四股；浙江司法科设审律科员、提讯科员、探访科员；湖北司法科分两股，第一股掌探访、督捕及监视，第二股掌警法及拘留。与总务科、行政科相比，各省警务公所司法科明显精简，通常分为二至四股，普遍设刑事股、违警股、侦缉股。

---

① 《广东警务公所更定分科办事细则》，《广东警务官报》第1期，1910年8月5日，第49—67页。
② 《广西警务公所分科治事章程》，《广西官报》第27期，1909年8月8日，第9426页。
③ 《督宪批巡警道详改订警务公所四科职掌细则及办公规则文并原详》，《四川官报》第26册，1910年11月，第28266页。

各省多将侦缉罪犯、搜查证据、访查秘密运动、监视游民等事专设一股负责，广东为侦查股，广西曰侦探股，四川称侦缉股，浙江为探访股，名称有所不同，所管事务相近。刑事股掌理预审及拘留、习艺等所，并负责押送、核释人犯等事，违警股审核统计省内外违警处分事项，该二股在各省警务公所司法科中皆比较常见。

不过，部分司法警察事务在各省警务公所司法科中分属不同的股管理。如关于刑事上的预审，广东、四川由刑事股管辖，而广西、云南特设预审股负责，浙江则设提讯科员专管。也就是说，广东、四川刑事股负责预审及管理拘留、习艺等所，而广西则由预审股与刑事股分管。

第四，卫生科。

各省警务公所卫生科"掌卫生警察之事，凡清道、防疫、检查食物屠宰、考验医务医科及官立医院各事项皆属之"。①

广东、四川警务公所卫生科下设保健股、医务股、清洁股。广西卫生科下设清洁、医务、医学三股。另外，安徽卫生科设卫生科员、医务科员各一员。云南卫生科设医务、医学、清洁三股。浙江卫生科设清道科员、防疫科员、医务科员。湖北卫生科分三股，第一股掌清洁保健，第二股掌医务化验及戒烟，第三股掌检查防疫。

与以上三科相似，各省警务公所卫生科的内部机构也不一致，以设三股者为多，但名目及职掌略有差异。其中，以保健股、医务股、清洁股的设置最为普遍，分别掌管下列各事：（1）保健股，主要掌理检查饮食物料器具，检查各种病情之发生及检索微菌，查禁制售烟具私膏及无牌私吸烟土，调查省区吸烟人数，稽查商场、戏园等公共场所卫生；（2）医务股，掌管检查公私医院、医生、稳婆及药店、种痘等一切医疗营业，考察井水沟水，检验巡警体格，诊断精神病患者，预防各种传染病、兽疫，对娼妓进行身体检查、健

---

① 《宪政编查馆奏定直省巡警道官制细则》，《盛京时报》1908 年 6 月 2 日。

康诊断;(3)清洁股,雇用支配清道夫,修治打扫道路、沟渠、厕所,取缔倾泼秽物污水、省区停柩不殡及墓地埋葬。①

不过,因各省警务公所卫生科下设各股并不一致,各股职掌亦有区别。如广西清洁股除掌管清理道路沟渠、修建菜市厕所等事项外,还负责传染病预防及检查饮食物品器具;而四川虽设有清洁股,但检查饮食则由保健股掌理。又如,广西以医务股掌管检验巡警体格、诊察疾病等事,以医学股掌管检查医院、验查各种病情;而四川仅设医务股,其所管范围包括广西医务、医学两股之事;浙江则特设一股专掌防疫之事。

各省警务公所卫生科的职员配置也较为精简。广东设科长、副科长各一人,每股各设科员一人,另设学习科员一人,共六人。广西设科长、副科长、科员各一员,以副科长掌管清洁股,而以科员兼管医务、医学二股。四川设科长一人,二等科员一人,中西医师各一人,二等司事一人,保健股、医务股、清洁股三股以二等科员一人为主任,以中西医师各一人、二等司事一人补助之。②

第五,附设机构及人员。

虽然各科内部机构并不一致,但各省警务公所皆设有总务、行政、司法、卫生四科。不过,各省警务公所于四科之外,多附设各种警务机构,这些附设机构及人员在各省存在比较大的差异。

广东警务公所附设高等巡警学堂、巡警教练所、预审处、警捐所、消防所、广东警务官报处、探访队、留医院、测绘所、游民习艺所、天桥勇队。③ 广西警务公所别设消防所,置所长一员,掌理本省垣消防事宜,受总务、行政两科科长之监督指挥,另设议事

---

① 《督宪批巡警道详改订警务公所四科职掌细则及办公规则文并原详》,《四川官报》第 26 册,1910 年 11 月,第 28270 页。
② 《督宪批巡警道详改订警务公所四科职掌细则及办公规则文并原详》,《四川官报》第 26 册,1910 年 11 月,第 28267 页。
③ 《警务公所及附属各局所组织权限一览表》,《广东警务公所第二次统计书》,第 3 页。

会、警务研究所，以备改良警务、培养人才之用。① 四川警务公所附设统计处，掌理本公所各科及各属警务之分类统计报告，附属本公所之堂院厂所事务之分类统计报告。统计处为独立之机关，不隶属于任何一科，得直接秉承巡警道及会商总务科办理所管一切事务，设科员二人、司事一人、司书生三人。② 安徽警务公所所辖消防队、清道队、警卫队，各队设队官一人，巡警和夫役二十至五十名不等。湖北警务公所附设内勤所与外勤所，内勤所职务为庶务、收发、守卫、军装，外勤所的职务为巡查、侦探、拘押、清道。

各省警务公所附设局所各有不同，其额外职员的配置也不一致。广西各科所分各股，如因事务过繁，可增置学习科员协助，其事务较简者，可暂以一员兼任二股或数股。此类学习科员又被称为额外科员。四川警务公所除四科科员之外，又设司书长一人、一等司书生八人、二等司书生十二人，听候四科指挥，专司本公所文牍表册之缮写。此外另设学习员、差遣员无定额，以便分派到各科学习及供差遣之用，学习员月给津贴银十元，差遣员无薪，每月由巡警道量其所办之多寡得力与否，酌给奖金。③ 浙江另外尚有消防管理员、教练管理员及视察员。广东警务公所设差遣队员八十名，以队长一员领之，以供驱使；设司书长一名，司书生无定额。④ 河南警务公所四科共设科长、科员十八人，副科长暂不设置，"下设司书生十六名，另设警卫长一名，警卫队十六名，探访队十名，以资守卫公所及侦探案件之用"。⑤

---

① 《广西警务公所分科治事章程》，《广西官报》第27期，1909年8月8日，第9426—9427页。
② 《督宪批巡警道详改订警务公所四科职掌细则及办公规则文》，《四川官报》第26册，1910年11月，第28269—28270页。
③ 《督宪批巡警道详改订警务公所四科职掌细则及办公规则文并原详》，《四川官报》第26册，1910年11月，第28265—28270页。
④ 《广东警务公所更定分科办事细则》，《广东警务官报》第1期，1910年8月5日，第49—67页。
⑤ 《中州警务编制大改革》，《申报》1910年6月5日。

警务公所分科治事，职责明晰，遇有公务，自有科长、科员等各依职掌，分负责任，辅助办公，显示出新官制与旧官署截然不同的办公方式。然而，旧官署在警务公所机构及人员设置上并非全无影响，一些巡警道署仍有沾染旧官署的痕迹。如广东巡警道添设后，应支俸廉役食比照原设之督粮道缺。粤省原有督粮道署内额设门子四名，皂隶十二名，轿伞扇夫七名，铺兵二名，快手十二名，每人每年工食银6两，共银222两，巡警道亦比照支发。① 江西巡警道各役工食亦照原有盐道衙门役食之例，每年支银二百三十两一钱。② "其役食一项，鄂赣多寡悬殊"，浙江巡警劝业两道新设衙门事同草创，一切均须改良，"拟比照杭巡道役食加一倍，常年各支银四百六十八两"。③ 福建巡警道署"执事夫役年支工食银一千二百两，在于司库地丁项下动支"。④ 仅广西明确表示"不设养廉役食"。⑤ 由以上巡警道署役食银两来看，不少巡警道署仍设有各项杂役。另外，江西巡警道署设有幕友，这在他省巡警道署并未见到。媒体多次披露，江西巡警道张检宠信幕友陈安，用人、行政皆听命于陈。其幕友门丁与部分官警皆为奥援，互相联络，纳资受贿，买卖差缺，肆行无忌。⑥

除各省警务公所分科有着不小的差异外，一省警务公所内部机构设置随着时间变化也略有调整。如广东警务公所总务科下最初设综核股，不久易名曰警事股。云南警务公所组建时，总务科内设警

---

① 《两广总督张人骏奏粤省新设道缺酌议应支俸廉役食公费银两并建设衙署请颁关防折》，《京报》1908年11月28日。

② 《江西巡抚冯汝骙奏裁撤粮道筹议巡警劝业各道事宜折》，《政治官报》第540号，1909年5月1日，第15页。

③ 《藩司颜会详议复新设巡警劝业两道请定养廉等费文》，《浙江官报》第10期，1909年11月2日，第94页。

④ 《闽浙总督松寿奏筹拨巡警劝业两道廉俸役食等款片》，《政治官报》第1358号，1911年8月11日，第9—10页。

⑤ 《广西巡抚张鸣岐奏酌定巡警道公费折》，《政治官报》第661号，1909年8月30日，第7页。

⑥ 《赣省政界种种》，《时报》1909年9月21日。

士、统计、会计、文书四股,行政科设户籍、治安、正俗、交通、营业五股,司法科设预审、违警、刑事、侦探四股,卫生科设医务、医学、清洁三股。每科设科长一人,事繁者增设副科长,每股设科员一人,事繁则设学习员补充。① 但至 1910 年云南清理财政之时,云南警务公所内部机构及属员配置已经缩减不少,其中,总务科设文书股、会计股、统计股三股,置科长一人,各股设科员一人,文书股设帮办文书科员一人。行政科设科长、副科长各一人,原设五股,现仅存户籍、交通二股,各设科员一人。司法科未设科长,仅设科员二人,并检录股科员一人。卫生科设科长、副科长各一人,及清道股科员一人,而将医务、医学两股裁撤。② 不仅云南警务公所的机构缩编,连向来经费较为充足的湖北也于 1911 年 5 月因预算案裁减巡警经费,不敷支用,署巡警道黄祖徽将警务公所总务科下的庶务股裁并,归会计股管理,其余各科股亦大加裁并。③

经费充裕是警务公所机构设置的重要基础,经费的缩减是造成公所裁并科股的重要原因。此外尚有因警务发展而调整公所机构的。如四川添设巡警道时,道员高增爵于警务公所内设总务、行政、司法三课,后改课为科,并增设卫生科。至 1910 年底,周肇祥继任四川巡警道缺后,认为"警务公所初设之时,照章分科置员,因事实尚未发生,职掌不免悬拟",随着各项警察的兴办与推广,"逮后事务日多,而职额有定,随时添派,愈出愈歧,乙科之员办甲科之事,名实不副,权限混淆,能者事兼数人,庸者安坐而食"。④ 而原定巡警公所规章实行已逾两载,所以重新调整警务公所科股之设置,厘定各科分股职掌,分明责任。

---

① 《云南省志·公安志》,第 63 页。
② 《云南全省财政说明书·岁出部·民政费》,第 1—2 页。
③ 《巡警道之消极政策》,《申报》1911 年 5 月 7 日。
④ 《督宪批巡警道详改订警务公所四科职掌细则及办公规则文并原详》,《四川官报》第 26 册,1910 年 11 月,第 28265—28270 页。

另外，也有因民政部的指令或纠正进行的机构调整。如1911年初，民政部在广西所呈报的宣统元年警务公所统计书中发现，广西警务公所存在与部定章程不相符之处，认为股员名称未合，应改为科员，学习科员、坐探为奏章所无，应裁撤；消防事宜应隶属行政科管理，毋庸另派所长，左右队长名称未合，应改为巡官；总务科人员有九员之多，核与巡警道官制第九条不合，应照章裁减。故而通令广西巡警道照章更正。

对于民政部的纠正，广西多数接受遵从，也有部分因地方实际情况，申请变通办理。"部文饬令照章裁减科员额缺，每科至多不得过三四员，当经遵札办理，将警务公所四科，除正副科长外，共改为暂设科员一十三人"，将各股员改为科员，并将学习科员于宣统二年年底分别裁汰，其应留者亦一律改为科员。坐探已一律裁撤。将书识改为司书生，以一、二、三等分级，消防手改为消防巡警。文案、支应、帮支应悉行裁撤，改为庶务委员，其监学即由教员兼充。对于民政部认为"消防事宜应隶属行政科管理，毋庸另派所长，左右队长名称未合，应改为巡官"，广西声称，桂垣板屋云连，往年火警动辄延烧多家，自设立消防所以来，添置水龙及消防器械，集结消防巡警多名，随时操练，职道复饬各消防巡警携带水枪四出巡逻，以故去冬火警绝少，偶有失慎均能应时扑灭，实已著成效，消防事宜虽应隶属行政科管理，"惟该科公事殷繁，势难完全兼顾，且消防巡警有八十名之多，救火器具不少，又须设立望楼警钟楼，警务公所地方狭小，实不能容，故各前道特设专所，另派所长，以专责成"，应请变通，将该所所长改为消防一等巡官，左右队长均改为二等巡长。① 既有更改，又有变通。

从上述各省警务公所分科设股的情况可以看出，各省警务公所皆能遵照奏定巡警道官制及分科办事细则的规定，分设总务、

---

① 《抚部院批巡警道详复遵饬更正巡警官制请核咨备案缘由文》，《广西官报》第103期，1911年3月19日，第12604—12606页。

行政、司法、卫生四科。但四科之下，如何分配事务、设置科员，各省四科分股有着不小的差异。并且，各省警务公所配置人员的实际情况又与其最初的设想和章程有着一定的差异。因此，不仅各省警务公所内部机构在规制上并不一致，在实际的设置上更有差距。

各省警务公所分科设股存在差异，在一定程度上是因为各省原有警察处局机构设置各自为政，而警务公所与该省原有警察总局或警务处等在机构设置上存在一定的承继性。如1908年浙江全省警务处分科治事，其中行政科下设考核所、保安所、交通所、水巡所、测绘所各科员，司法科下置审律所、提讯所，教练科下设总纂所、编译所、考验所，文牍科下设收发所、核对所、存卷所，会计科设科员二员。① 浙江巡警道设立后，警务公所司法科也设有审律科员、提讯科员，可见是承继了全省警务处司法科的固有分职，而审律、提讯科员在其他警务公所皆无此名目。

从职员配置上看，浙江、安徽警务公所每科设科长、副科长各一员，河南则仅设科长一员，四川则于事务较为繁杂的总务、行政二科设科长、副科长各一员，相对清闲的司法、卫生两科只设科长一员，也有警务公所在事务清简的卫生科不设科长，而以科员代行科长之责。根据事务繁简，各科配置的科员也不一样。一般每股设科员一人，事务繁忙者可添设学习员一人，清简者可一人兼任二股到三股之事。除此四科中的职员外，一些警务公所或另设有司书生、差遣队员，或设消防管理员、视察员，或设中医官、西医官等，酌情而定，不一而足，以备差遣。

三　属员权责及办事规则

警务公所以巡警道为长官，秉承该省总督巡抚之命令，在各科属员的辅助下，办理全省警察事务。警务公所是巡警道统管全省警

---

① 《浙江全省警务处章程》，《浙江日报》1908年10月29日。

务的办事机关，各科科长、科员等分清权限，分工合作，以资佐治。其职员权限、责任各有不同，具体权责关系如下。

综合考察广东、湖北、四川警务公所各科办事章程，① 警务公所内的各类属员权责大体一致。第一，各科科长承巡警道命令，有会商副科长，督同本科各股科员，经理本管事务之责。其中，总务科科长于四科中地位最尊，其他三科有协商辅助之责。第二，各科副科长承巡警道命令，有协助本科科长及监同科员，裁决本科应办事宜，经理本管事务之责。第三，各科科员承本科科长指派，协同副科长，办理所管各股事务，或由巡警道面令办理之事务。

不过，比较上述三省警务公所，虽然四科设置及职掌权责大致类似，但在具体处理各项警务中，各类职员权限还是有并不算细微的差异。其一，各省警务公所总务科皆为四科之首，广东警务公所总务科对他科有稽核拨正之权，其科长、副科长有参议机要之责。湖北如果巡警道不在公所，遇事则由总务科科长代办。四川警务公所总务科科长有核阅各科员所拟稿件、参与各科应办事务，并稽查纠正各科文件之权。其二，各科科长皆承巡警道命令，经理该科事务，但湖北警务公所明确指出，有定章成案或无关准驳的寻常事件，各科可直接与辖下各区局所来往公文。其三，各科副科长皆承巡警道命令，协助本科科长及监同科员，经理本管事务，但广东、四川须兼主任本科重要之股，湖北则没有这样的规定。其四，广东警务公所各科设有学习科员，襄同科员办理所管股内各事。湖北无此项人员。四川设司事，受本股科员之委托，帮同办理应办事项。其学习员检查本所日行档册和帮同核对文件，派在某科练习者，即帮助办理某科应办事务。

---

① 《广东警务公所更定分科办事细则》，《广东警务官报》第1期，1910年8月5日，第49—67页；《湖北警务公所各科办事章程》，《湖北官报》第132册，1910年8月20日，第15654—15655页；《督宪批巡警道详改订警务公所四科职掌细则及办公规则文并原详》，《四川官报》第26册，1910年11月，第28268—28269页。

警务公所接到应办公务，该由谁来处理，如何处理，各科股如何协调？为了使公务处理有条不紊地进行，一些警务公所详细制定了内部的办公规则，形成了制度化的办事程序。警务公所处理公务的流程，是了解警务公所运作的基础，也是观察公所各科股关系的最佳途径。

综合观察广东、湖北、四川警务公所的办公规则，① 各公所处理公文及办事的程序大略一致，只是具体内容有一些细微的差别。一般而言，处理一件公文大致分几个步骤，即收发、撰稿、审核、处理等。

警务公所接到公文后，由总务科文牍股分科分股盖章，并摘录文件缘由登记在簿，呈巡警道画阅后，再分送各科办理。但机密文书、紧急文书、亲启公函等文件不在此限。各类公文根据紧要程度确定等级，广东加盖最要件、要件、常件戳记，四川则加盖紧要、次要、普通戳记。湖北又具体规定，凡公所各项文书的收发及分送，由总务科文牍股主任科员管理，而公所内各科文书的收发及分送，由各该科派员管理。

公文发交各科后，由各该管科员登记，呈由该科科长批注办法，分派各科员承办，撰拟处理意见。凡关系重要且需急办者，即由科长、副科长撰拟。如遇有疑难不能裁决之件，由各科长、副科长随时禀陈巡警道核示办理。凡文牍事涉两科以上者，应查明以何科关系最要，即径交该科，由该科主稿，会同他科商办或抄送分办。此外，湖北还规定，各科接受文书后，除有例定及酌定期限外，其余均限三日内具稿呈阅，若期限内难以处理，则须申请展限，但紧要事件仍须即时办理。

文牍经科员撰拟处理意见后，送交本管科长、副科长核夺，再

---

① 《广东警务公所更定分科办事细则》，《广东警务官报》第1期，1910年8月5日，第49—67页；《湖北警务公所各科办事章程》，《湖北官报》第132册，1910年8月20日，第15654—15655页；《督宪批巡警道详改订警务公所四科职掌细则及办公规则文并原详》，《四川官报》第26册，1910年11月，第28268—28269页。

汇送总务科科长核阅，最后呈由巡警道核定。由科长、副科长撰拟之件，也须呈巡警道审核。

稿件经巡警道核定后，仍发还文牍股，即分交承办员校对送印，再行登簿封发，然后将稿件归档。若公所设有机要股者，如广东警务公所，稿件由文牍股核对后，还须送交机要股盖印列号，交收发处对读封发，将印稿送于会观稿件处公阅，分别送交掌卷处归档。唯秘密要件不送会观，即提交总务科科长收藏。另外，如有法令章程、表册告示等件必须广布者，交印刷处刊发。凡存案不办之件，由各科科长加盖存案二字戳记，交主任员阅看，最后送文牍股归档。

各科各股所办事件，每月应分类列表，送总务科汇办统计。四川警务公所附设统计处，即送交统计处汇办。凡公所事件未经宣布，各员有应守秘密之责，所管各件不得携出公所及私给他人阅看或誊写。

各职员必须按照规定钟点到厅办事。广东与湖北警务公所规定每日办公六小时，上午八点至十一点，下午两点至五点。四川警务公所办事时间，春冬两季，上午九点至十一点，下午一点至三点；夏秋两季，上午八点至十一点，下午两点至四点。如遇酷暑之日，可由巡警道酌量变通。凡办事时间，非公事不得外出，不得任便会客。每日上厅下厅，均以摇铃为号，上厅至迟不得逾十五分钟。办事厅置考勤簿一本，每日本人于上厅下厅项下注明时刻，如有事缺勤者，须将事由一并注明。遇有紧急事务，不拘时刻，均得传集办理，或指派办理。

除白天办公外，夜晚须留员值宿。广东警务公所各科自科长以下，均须一人轮流在所值宿，以备非常勤务。四川警务公所值宿办法与广东不同，因总务、行政两科设有副科长，无论昼夜每日必有一人在公所值宿，以便办理速要事务；司法科科长有刑事预审之责，应与刑事股科员轮值；其余各科，每科夜间必有一员值宿，由各科科长分派。

第三节　经费来源与筹措

办事必先筹款。充足的经费，是警务开展的基础。巡警道及属员的廉俸薪饷等常年款项，以及购办器材、警服、办公用具等临时开支，各项用度加在一起就是一笔巨额开支。各省经济状况不同，捐税财赋收入盈绌有别，因此，各省巡警道薪俸养廉及公费数额相差甚远，其经费来源也大不一样，而各省警务公所公费也存在较大的差别。随后，因清理财政，施行预决算制度，各省巡警道公费受此影响，被迫缩减。

一　道署经费

巡警道署所用经费分为两种，一为巡警道员的廉俸公费，一为警务公所属员薪俸及办公用费。各省巡警道的廉俸公费及警务公所经费，因各省财赋收入存在差别，警务繁简亦有不同，其额数相差不小，而经费的筹集与来源也不一致。

（一）廉俸公费

各省巡警道的创办方式，对其廉俸公费的来源有着直接的影响。部分省份裁撤原有道缺，腾出经费，改作新设巡警道缺的廉俸公费。"各省新设巡警劝业两道开支俸廉公费役食等项，或将裁去道缺之款腾出开支，或酌给津贴，大都就近筹拨。"① 山东、贵州、陕西、四川、江西、山西、河南、福建八省皆在裁撤旧道的基础上添设巡警道缺，经费比较易于筹集。

山东增设巡警劝业两道的同时，裁撤了督粮道。山东督粮道除廉俸外，每年公费银 1 万两，粮道衙门书吏纸张工食银 1800 两，

---

① 《度支部会奏核复赣抚奏裁撤粮道筹议巡警劝业两道及盐法道移驻萍乡事宜等折》，《政治官报》第 723 号，1909 年 10 月 31 日，第 6—8 页。

巡勇口粮饷硝盘费等项银 4200 两，粮道库大使公费银 2000 两，共计银 18000 两。此外，每年尚有各州县解费、倾镕、补平等项银 22000 两，以上公费等项每年约银 4 万两，"尽数提存，作为东省增设巡警劝业两道缺经费"。① 裁撤督粮道所省各项经费，正好移作巡警劝业两道之用。至于如何分配，1908 年 10 月，山东巡抚袁树勋奏称，援照督粮道旧例，发给巡警劝业两道廉俸公费。山东督粮道额设养廉银 4000 两，除去减平，实支银 2406 两，额设俸银 105 两，内除减平等项，实支银 47 两，"今新设巡警劝业两道养廉银均拟照粮道例支之数给发，仍照向章核扣减平等项"。另外，巡劝二道各给公费银 11000 两，执事夫役工食银 3000 两。"以上各款均在裁撤粮道腾出经费项下动支，遇闰并不加增。"② 裁撤督粮道共节省银约 4 万两，划给巡劝二道尚有盈余。

江西巡警道衙门以旧有粮道衙署修葺添改，公费即由裁缺粮道公费拨充。粮道每年公费共 32000 两，分发给巡劝二道及由盐道改设之巡道，每年各拨公费银 1 万两。③ 道员系正四品官，照例每年应支俸银 150 两。道署设门子四人、听事吏二人、快手十二人、皂隶十二人、轿伞扇夫七人、铺兵二人，各役工食亦照盐道衙门役食之例，每年支银 230 两。"查粮道俸薪役食例在丰城县地丁银内坐支，与巡警道应支俸银及各役工食数目相符"，拟即将原丰城粮道俸银役食拨归巡警道支给。而该两道养廉银照盐法道之例，每年支银 3000 两，"由司库在于各属解到地丁耗羡银内动支"。④ 江西巡警劝业两道公费等项办法，经度支部复核，除"四品官员例支俸

---

① 《署山东巡抚吴廷斌奏裁撤山东督粮道增设巡警劝业两道折》，《光绪朝朱批奏折》第 24 辑，第 193—194 页。
② 《山东巡抚袁树勋奏加给巡警劝业两道公费片》，《政治官报》第 340 号，1908 年 10 月 6 日，第 15 页。
③ 《核定道署之公费》，《汇报》1909 年 5 月 1 日，第 392 页。
④ 《江西巡抚冯汝骙奏裁撤粮道筹议巡警劝业各道事宜折》，《政治官报》第 540 号，1909 年 5 月 1 日，第 13—15 页。

银一百零五两"，而江西支给150两，与例章不符，应改正之外，"其余所开应支各款，核与粮道支数相符，应并照准"。① 可见，巡警道署各项用度均参照道员旧例酌定，此衙门内各项用费，不是统一调度，而是在不同的赋税收入项下指拨。

河南、贵州、山西等省，也腾挪裁缺旧道经费，以为巡警道廉俸公费。河南巡警道署就巡警局略改形式，暂为办公之所。所需费用由裁撤粮盐道及各局旧有公费改拨，"如再不敷，仍由豫省筹拨"。② 具体开支为"新设巡警劝业两道，拟照例每年各支俸银一百零五两，养廉银各三千五百两，公费银各一万两"。因农工商部支给劝业道调查费2000两，巡警道亦须出巡考查各属警务，也支给巡费2000两，由河南筹拨。两道廉俸公费、津贴巡费共银31210两，而所裁缺之粮盐道廉俸公费各项节省出银16060两，拨归巡警劝业两道分别支用，"共计尚短银一万三千一百五十两，应由司库在于正杂款内动支，作正开销"。③ 不过，额定之数不等于实支之数，廉俸中向有支扣各款，现设两道缺内照例扣除。贵州裁撤贵西道，"腾出每年养廉银二千两，津贴银六千两，书吏纸张工食等项，充作巡警道署经费"。④ 山西将雁平道裁撤，"所有雁平道向支养廉、津贴、俸薪、役食及各属公费等项，均拨归巡警道，以资办公"。⑤

不过，裁撤各道原有经费多寡不一，山东裁撤督粮道所省之费拨给巡劝二道尚有余款；江西则巡劝二道公费、俸银、各役工食由

---

① 《度支部会奏核复赣抚奏裁撤粮道筹议巡警劝业两道及盐法道移驻萍乡事宜等折》，《政治官报》第723号，1909年10月31日，第6—8页。
② 《河南巡抚吴重熹奏拟裁粮盐道增设巡警劝业两道折》，《政治官报》第667号，1909年9月5日，第11页。
③ 《豫巡吴重熹奏筹定巡警劝业两道廉俸公费折》，《政治官报》第741号，1909年11月18日，第13—14页。
④ 《贵州巡抚庞鸿书奏为遵照新定官制拟请将贵州粮储道及分巡贵西兵备道缺裁撤改设巡警劝业两道以专责成折》，《京报》1908年5月21日。
⑤ 《山西巡抚宝棻奏改设巡警道遴员请简折》，《政治官报》第550号，1909年5月11日，第21—22页。

裁撤粮道旧款指拨，而养廉银由司库另行发给；河南裁缺粮盐道节省经费亦不敷巡劝二道之用，所短之数，亦由司库筹拨。其他湖北、安徽、广东等省在没有裁撤旧道的情况下，巡警道廉俸公费数额，或查照新设提学司成例酌量核减，或参酌该省现有道缺酌定，多向藩司司库、善后局等处请领。

1908年1月，湖广总督赵尔巽奏称，湖北新设巡劝二道缺，参照前督张之洞新设施鹤道成例，酌定额数，"拟各定为岁支俸银四十二两，养廉银四千两，所有该二道衙门吏役工食，亦请各照施鹤道衙门吏役工食按数发给"。① 2月，奉省各官养廉公费奏定，奉天巡警道养廉银3000两，公费银每月800两，与劝业道同。② 9月，安徽巡警劝业两道"所有养廉银两拟请从优酌给"，每员岁给养廉银3000两、公费银4000两，以资办公，"此款即由司库支领，作正开销"。③ 不过，养廉银并不足额支给，护皖抚沈曾植于次月奏称，新设巡警劝业两道养廉公费，"援案皖省改设提学使之例，酌量核减"，养廉3000两，"照章八成给发"，④ 公费银4000两则实数给发。

1908年11月，两广总督张人骏奏称，广东新设劝业巡警二道的廉俸役食，拟比照原设之督粮道缺开支。养廉银3400两，折给八成，俸银130两，除去荒滩银、额扣充饷银外，实际支银101两。每年公费银1万两，丁随小费银1000两，由善后局按月给发。巡警道署所需房舍较多，若另行建置，工费浩繁。省城巡警局由裁缺督粮道旧署改设，该局裁并，即改为巡警道衙门。⑤

---

① 《湖广总督赵尔巽奏新设劝业巡警两道援案支给廉俸折》，《政治官报》第89号，1908年1月22日，第10—11页。
② 刘锦藻撰：《清朝续文献通考》卷142《职官考二十八》。
③ 《优给巡警劝业两道廉俸》，《申报》1908年9月7日。
④ 《护理安徽巡抚沈曾植奏新设巡警劝业两道酌给养廉等折》，《政治官报》第361号，1908年10月27日，第6页。
⑤ 《两广总督张人骏奏新设巡警劝业二道酌议奉廉公费等折》，《京报》1908年11月28日；《奏定劝业巡警两道廉俸公费》，《申报》1908年12月17日。

同时，湖南巡抚岑春煊奏称，酌给巡警劝业两道廉俸，亦援照裁缺粮道廉俸银数，每年各额支养廉银4000两，俸银105两，"养廉银两即于耗羡项下动支，俸银即于司库地丁项下动支，仍照章应扣减平"。至于该道所需公费，比照提学使之例，酌量减少，"每年由厘金项下各支给银六千两，遇闰不加"。① 此外，尚有役食银305两，巡警道署未建，现租民房办公，年支租费1140两，遇闰照加，均由善后局筹给。②

1909年7月，广西署布政使、按察使、派办政事处司道会同筹议，拟定新设巡警道公费，查照新设提学司及各道支领公费成案，每年额支公费银8000两，遇闰均摊，"由本派办处筹备，不再另支养廉，其道署役食等项，仍仿照新设之提学司成案，概行停支"。③ 至该道衙署及警务公所拟就省城留恩书院旧址改建，以期节省。广西巡警道不给养廉银，为清季道缺的特例，并且停支役食。

1909年10月，浙江布政使颜钟骥会同各司道及厘饷局筹议巡警道廉俸等费。巡警道秩四品，"照例岁支俸银一百五两，请于各属所扣旷俸银项下扣减"，核实支销；"养廉一项，仿照杭巡首道之例"，每年支银3500两；公费银则"并请援照鄂赣两省成案"，每年支银1万两；巡警道出巡费"请照部定劝业道调查之数，每年支给巡费二千两"。以上各银均不加闰。至于役食一项，鄂赣多寡悬殊，浙省杭巡道衙门役食，按名核计，各给6两，尚需扣减，本属过于菲薄。巡警道新设衙门，不宜仍循旧时名额，"拟比照杭巡道役食加一倍"，由该衙门自定名额募充，详咨立案。以上各项，常年共需银16000余两，"均请于地丁项下，作正开支，养廉役食

---

① 《湖南巡抚岑春煊奏酌给巡警劝业两道廉俸公费片》，《政治官报》第394号，1908年11月29日，第7页；《申报》1908年12月9日。
② 湖南清理财政局编：《湖南全省财政说明书·岁出部·民政费》，第1页。
③ 《抚部院批司处会详拟定新设巡警道公费银两缘由文》，《广西官报》第25期，1909年7月25日，第9338页。

循章扣减，公费巡费并免扣平，以资办公"。① 不过，度支部议复，准暂照所拟办理，唯"所请役食量加一倍之处，应毋庸议"。②

由于没有可裁旧道，添设之巡警道廉俸公费只得另行筹拨。藩司掌管一省财政之事，即由藩司援照旧例，酌量变通，核定该道应支俸银、养廉、公费等项额数，在司库地丁、耗羡、厘金等项下按数拨给。俸银、养廉仍照例扣减，公费则照额支给。一些省份又从善后局、官钱局等处筹拨部分经费，多方筹拨，以资应用。

各省巡警道廉俸公费数额多寡不一。由于巡警道秩四品，俸银遵照道缺成例，多额支 105 两，唯有广东巡警道给俸银 130 两。不过，扣平之后实支俸银额数为 42—101 两不等。养廉银也有比较大的差异，额支 2000—4000 两不等，实支也相应不一，广西则没有养廉银。多寡最为悬殊的是公费银，少者仅 2000 两，多者则达 16000 余两。此外，巡警道署内有仍照旧道署支给役食者，有以新设道署不设丁役，停支役食者。河南、浙江等省仿劝业道调查费之例，每年支给巡警道巡费 2000 两，而其他省份则没有此项经费。

(二) 警务公所经费

巡警道于署内设警务公所，酌设属员，每日定时入所办事。警务公所各科职员薪俸及公所办公所需经费，须事先筹集妥当。

山东警务公所，"名目虽系新设，事实仍属接管"，故所需经费由原藩库及各州县认筹的巡警总局和铁路巡警局经费如数拨解。其中以藩库解款为数较巨。此项解款，有专为办理巡警而认筹者，有原解保甲局经费而改解者，有他局库应拨经费而请由藩库垫发者。其中，裁兵节饷项下每年实解湘平银 116900 两，百货厘金项

---

① 《浙江巡抚奏新设巡警劝业二道酌议应支廉俸等银两折》，《政治官报》第 722 号，1909 年 12 月 19 日，第 12—13 页；《藩司颜会详议复新设巡警劝业两道请定养廉等费文》，《浙江官报》第 10 期，1909 年 11 月 2 日，第 94—95 页。

② 《度支部奏议复浙抚奏新设巡警劝业二道应支廉俸公费及设立公所等项银两折》，《政治官报》第 762 号，1909 年 12 月 9 日，第 7 页。

下筹拨的铁路巡警经费，全年共湘平银56682两，是为办巡警而专门筹拨的。原办保甲费、栅栏更夫费等2000余两改解为巡警经费。另外，原本造币分厂余利项下及官膏局每年认筹经费数万两，因铜元停铸，官膏局亦无款可解，由藩库先行垫拨3.5万两。以上各款共银21万余两。此外，各州县认解8000余两。总计每年收款湘平银近22万两。① 这一款项供警务公所及巡警道直辖的省城警区和铁路巡警等官警薪饷及公费之用。

安徽初设巡警公所之时，"分科办事尚乏专门之选，暂不建设实官"，遴委各员应支薪水等项，即在原有巡警局所经费项下酌量统筹均拨。② 不过，新设官署较原有局所用费较繁，用度极为拮据。巡警道卞绪昌莅任以后，筹办皖省巡警，添置一切器具，"虽经奉饬拨有专款，惟以需用较繁，核计不敷尚巨"，恐难资应付，贻误要公，故将为难情形禀知皖抚，请札饬官钱局，"凡警务公所遇有请领活支款项，暂由该局随时通融借拨，以济急需"。③ 1909年1月，卞绪昌以设立巡警道警务公所半载以来，省城警察范围虽日渐扩张，规模终不能完备，实因财政异常支绌，"求之公家藩库，各局所罗掘已空，实属无从恒注。求之地方行政费，地瘠民贫，筹措颇难"。统计旧有不敷及此次推广经费，"每年非添银七万两上下，安省警察不能起色"。呈请皖抚，请饬藩司、厘金局、官钱局、支应局、筹议公所，通力合筹，作为每年定额，随时拨用。不过，皖抚以值此库储奇绌、难以设措为由，将此议驳回。④

湖北警务公所经费左支右绌，以借贷度日，省城各局区经费

---

① 《山东全省财政说明书·岁出部·民政费》，第2页。
② 《护理安徽巡抚沈曾植奏新设巡警劝业两道酌给养廉等折》，《政治官报》第361号，1908年10月27日，第6页。
③ 《筹划经费》，《大公报》1908年10月18日。
④ 《安徽巡警道禀请推广警务筹拨警费文并批》，《北洋官报》第1984册，1909年2月18日，第1280—1281页；《皖抚批驳自伐其功之警道》，《申报》1909年1月11日。

更是为难。鄂省警察总局自改为警务公所后，每月经费需多用银5000元，并未指拨专款，均由巡警道冯启钧挪借济用。举办冬防之际，每月又增经费2000元，代理巡警道金鼎禀准鄂督，饬由官钱局按月暂拨银，俟冬防事竣再行停拨。① 警务公所与省城巡警七局，每年总计需银17万余元，府州县认解之警捐是其收入来源之一。由于各属开办警察亦需用钱，"相继将从前认解省城各项警捐截留"，受此影响，省城局所经费异常支绌，"致冬月份应发薪饷竟然无着，闻系在善后、官钱两局借洋六千元权作支持"。②

1905年，河南省城裁保甲局，设巡警总局，巡警经费本就为"原有保甲用款，由支应局外销平余项下开支"，③ 后来开郑铁路通车，于南关车站处增设巡警，共至600名，用度日繁。1909年河南添设巡警道后，省城巡警总局改为警务公所，原定省垣城关五区及防护铁路各巡警薪饷制造等巡警经费，在裁兵节饷及漕折留备本省军需项下，常年拨银95292两，由巡警总局按月咨领，又由造币厂、厘税局每年分拨银4000两为探访队经费。"嗣后由厘税项下每年拨调查户口临时费用银五百两，并自周家口巡警分局就地筹捐款内每年节省银一千一百一十八两，悉数提解来省，借以补助，合计全年共银十万九百一十两。"而警务公所额设员司及城关五区并铁路巡警之薪饷，常年共需银约104400两，两项相比，不敷3000余两，"除将原筹各款仍照旧案拨用外，所有不敷之数，拟在外销扣平项下每年拨银三千四百八十两，以资应用"。④ 并且声明，巡警总局用款截止停支，警务公所经费以及城关五区并防护铁路官警薪饷均自宣统元年九月初一日始另行照章起支。

---

① 《警务经费支绌情形》，《申报》1908年12月6日。
② 《巡警经费之支绌》，《大公报》1908年12月23日。
③ 河南清理财政局编：《河南全省财政说明书·地方行政经费》，第4页。
④ 《河南巡抚吴重熹奏添拨巡警公所经费片》，《政治官报》第791号，1910年1月7日，第12页。

浙江巡警公所科员额支薪水及活支房租杂用等项，预计每年需银41622两，在司库地丁项下照数支给，按年由巡警道衙门径行报告，并另造全年分款四柱清册移送藩司，附入地丁案内奏销。警务公所开办费，巡警道杨士燮于裁撤警务处移交存项内动用，不另请款。此外，创办警察各项用项，向以保甲经费改拨，现正改良办法，推广警政，设立学堂，造就人才，创办水巡，严缉匪类，用项时有更张，未能据为定额，应请仍由厘饷项下，各归各案，实用实销，免与公所支款牵混。①

云南省城警察总局开办之时，将省城团保局改设，就原设街保城门章程酌量变通，以裁节绿营弁兵及保甲城门各款作为经费，年需薪饷及一切局用开支从实核定，共应需银27485两。1908年裁并局区，实行新章，改用警士，每年薪饷杂支及军装等项所用银两大增，共需银7万余两。巡警道杨福璋到任后，原设警察总局改为警务公所，在巡警道署左侧办公。此外，稽查、印刷、测绘等处，以及消防队、警卫队、六城九区高等巡警学堂、教练、自新各所，"皆以公所为总机关"，每年薪饷等款共需银72210余两，军装等费每年需银6410余两。②

江西警务公所及警卫、鼓号、消防、探访各队所需经费，核计经常、临时两门，1909年支银57069两，办理宣统三年预算时，因员警各项经费均需加增，计划需银97270余两，奉度支部电核减，故修正预算数，减去1万多两，年需银85835两，在统税项下动放。③ 此外，江西省城各区巡警经费，预算本需银93900余两，后核减修改为80121两。④

---

① 《浙江巡抚奏新设巡警劝业二道酌议应支廉俸等银两折》，《政治官报》第722号，1909年10月30日，第12—13页；《藩司颜会详议复新设巡警劝业两道请定养廉等费文》，《浙江官报》第10期，1909年11月2日，第94—95页。
② 《云南全省财政说明书·岁出部·民政费》，第1—2页。
③ 江西清理财政局编：《江西全省财政说明书·岁出部·民政费》，第1页。
④ 《江西全省财政说明书·岁出部·民政费》，第4页。

各省巡警道的廉俸公费，多依据该省旧有道缺的规制酌给，或参照新设提学司成例酌减，但因各省财赋有盈有绌，因此廉俸公费的额数相差不小。而巡警道或添设，或裁改旧有无用道缺而设，其创办方式直接影响道员廉俸公费的来源。有道缺可裁者，即腾挪旧道经费，而无缺可裁者，只得另筹经费。另外，警务公所各科属员的薪俸及办公用费以及直辖的省城警区经费，则需由巡警道筹措。通常由省城原设警局经费挪用，但因警务公所用度较前繁多，不敷之数，各省巡警道多商请藩司、善后等局筹拨。

二 清理财政与警费调整

晚清财用本甚拮据，又有大宗对外赔款，且晚清新政涉及官制、学务、练兵、警务、司法等诸多方面，各项新政皆需巨额经费，财用收支时常失衡，入不敷出成为常态。警务经费亦是如此，时而东挪西借，常苦无款接济。解决财用困难，一为开源，增收各项捐税；二为节流，缩减各项开支。清廷为化解财政危机，借鉴西方财政税收制度，开办预算决算，划分国税地税，以清理财政，平衡收支。1909 年，中央于度支部下设清理财政处，各省设清理财政局，以藩司或度支司为总办，调查该省财政沿革利弊，核定各项收入用项。后又向各省派出财政监理官，协助清理财政。

关于警务公所经费之性质，浙江清理财政局认为，"巡警为保全地方治安，其经费原应属之地方行政，然巡警道实管辖全省警务之上级机关，警务公所则上级机关之枢纽，学堂更为上级机关陶铸警务人才之冶炉，凡上级机关固可不问其所处理之何事，而决其为国家行政机关也。以国家行政机关所支出之经费，自当仍属之国家行政经费"。[①] 但省城及府厅州县巡警经费的性质则与之不同，属地方行政经费。山东巡警道也认为省城巡警"系由国家筹备经费

---

① 浙江清理财政局编：《浙江全省财政说明书·岁出部·支款·民政费》，第 49 页。

项下"开支，省城外各属巡警由"地方经费项下"筹备。① 但事实上，清季国税地税并未划分清楚，巡警道署各项经费仍由各省预算筹集。

度支部奏定清理财政章程第二十七条规定，在官俸章程未经奏定之先，各省除督抚公费由会议政务处议筹外，"其余文武大小各属及局所等处，应由清理财政局调查各处情形，一面禀承督抚及臣部酌定公费，一面提出各项规费，除津贴各属公费外，概归入该省正项收款"。② 度支部希冀通过酌提陋规，并明定公费，调查各官府灰色收入的多寡，摸清地方财政收入实况，并去规费、定公费，将官署收入化暗为明、化私为公。各省清理财政局首先将该省司道公费陆续核定呈报。受此影响，各省巡警道廉俸公费重新厘定，多有增减。

1909年10月，云南藩司叶尔恺遵照清理财政章程，拟定司道各衙门公费，其中，巡警道新设衙门向无陋规，养廉之外，已定公费。年支养廉银4720两，公费银2000两，"应请照旧办理，毋庸更张"。另外，"巡警道事务甚繁，现正开办铁路警察，应随时亲往阿迷河口各车站酌筹办理，拟照劝业道年加津贴备供夫马银二千两"。③ 护滇沈秉堃复核后上奏时，将津贴银改换为公费银，巡警道原案每年支公费银2000两，拟再加支2000两，年支4000两。均自宣统元年七月初一日起由善后局分别支发，作正报销。④ 又因清理财政，善后等局裁撤，"以上巡警道衙门经费各银照案改赴财政公所具领"。⑤

---

① 《抚部院批巡警道详确定分年筹备经费数目由》，《山东官报》第24期，1910年8月14日，第10—11页。
② 《宣统政纪》卷5，光绪三十四年十二月辛未。
③ 《藩司叶拟定司道各衙门公费详请护督宪沈查核奏咨立案文》，《云南政治官报》第553号，1909年10月，第32532页。
④ 《护理云贵总督沈秉堃奏酌定司道各官公费折》，《申报》1909年12月18日。
⑤ 《云南全省财政说明书·岁出部·民政费》，第1页。

1910年3月，山西巡抚丁宝铨奏核定司道各官公费，裁提规费，酌定公费。经署布政使汪贻书与清理财政局司道会商核议，各司道原有各种经费中，"除养廉照额另支外，余均一律扫提归公"，另外照章酌定公费，以资办公。其中，巡警道原本每年实支养廉银2768两，津贴银2800余两。清理财政局诸司道认为"巡警道原支津贴两千八百余两，实不敷用，拟每年改支公费银八千两"。① 均自宣统二年正月初一日起由司库分别支发，作正开销。

云南、山西等省，巡警道养廉银照额不变，原有公费为数甚少，不敷使用，此次核定司道公费时，各给追加公费，只是增加数额大小不一。不过，广东巡警道原有公费1万两，此次亦大幅增加，"巡警劝业两道各支银一万六千两"，② 增加6000两之巨。湖南巡警道原支公费银6000两，核定公费原拟增至1万两，经度支部核减一成，公费年支9000两。③ 而安徽、河南等省，原有公费虽不充足，但亦敷用，重新核定之后，公费基本与前持平。

1910年10月，安徽酌筹各司道公费，其中，巡警、劝业二道每年实支公费银各4000两，公费拟仍照原数。其警务劝业两公所亦仍循其旧，岁各支银3600两。该两公所与学务公所领款向系月支，拟改为年支，遇闰均摊。至该两公所每年另由民政部领巡费、农工商部领调查费各2000两，仍请照旧一并支发。④ 河南酌定文职各官公费，"巡警道每月公费银八百六十两，每年共银一万三百二十两"。⑤ 较之巡警道原有公费1万两稍有增加。不过，将年支公费改为月支。

---

① 《山西巡抚丁宝铨奏酌定司道各官公费折》，《政治官报》第851号，1910年3月15日，第8—9页；《晋抚丁奏酌定司道各官公费折》，《甘肃官报》第14册，1910年4月，第4426页。

② 《度部核复粤省总督司道公费》，《申报》1910年9月7日。

③ 湖南清理财政局编：《湖南全省财政说明书·岁出部·民政费》，第1页。

④ 《安徽巡抚朱家宝奏酌拟皖省各司道公费折（续）》，《申报》1910年10月31日。

⑤ 《河南巡抚宝棻奏酌定文职各官公费折》，《政治官报》第993号，1910年8月4日，第9—13页。

江西亦是如此，核定司道公费后，巡警道月支实银900两。① 常年支银10800两，较之原本公费1万两多出800两，也是稍有增加。

不过，清廷清理财政，原以缩减开支为目的，此次核定，部分巡警道经费遭到削减。浙江巡抚增韫以"直省官俸为国家岁出大宗"，各衙门办公所需若不早为核实，则试办预算无从着手，故会商财政监理官，召集各司道，共同参酌，核定司道公费。提学、交涉、巡警、劝业等司道衙门均系新设，只有原拨公费，其中巡警道12200余两，而无规费可提。经过核议，"粮道、巡警道、劝业道各拟给公费银一万两"。② 巡警道公费较之以前减少2000余两。

1910年11月，陕西巡抚恩寿酌定文职各官公费，司道以次，廉俸均请照旧，其公费布政司每年拟支银2万两，提学司11000两，提法司14000两，巡警道8000两，劝业道7000两。陕省官缺本多瘠苦，唯藩司节省较多，臬司次之，巡警、劝业二道亦较原有稍减，余皆不足，现拟之数，每年可共余银两万数千两，提归正项收储，以备公用。③

山东整顿财政，除岁领官俸养廉及例支役食一律照旧外，其余津贴公费量为减少。其中，"巡警劝业两道各月支实银一千两"，鲁抚孙宝琦奏称"比较原领公费每年各节省三千余两"。④ 不过，每月支银1000两，即便常年无闰，一年共支银12000两，较之原案年支11000两，实际多支1000两。陕西、山东虽然奏称现定公费较前各有节省，但比较先前奏定之巡警道公费，实际上有所增多。

奉天改建行省后，督抚司道均系新设官缺，各衙署并无丝毫规费，与内省情形有别。原定巡警道每月支公费800两，民政司月支1000两。此外尚有津贴，民政使每年2000两。1910年7月，锡良奏称，民政使

---

① 《赣省规定巡抚司道公费一斑》，《申报》1910年12月8日。
② 《浙江巡抚增韫奏遵章拟定各司道公费折》，《政治官报》第969号，1910年7月11日，第8—10页。
③ 《陕西巡抚恩寿奏酌定文职各官公费折》，《申报》1910年11月15日。
④ 《山东巡抚孙宝琦奏酌议司道各府公费折》，《政治官报》第960号，1910年7月2日，第7—9页；《鲁省行政官酌定公费》，《申报》1910年7月7日。

一缺，原本事务清简，自裁撤奉天左右参赞及巡警道缺，"改升该司为从二品，兼管吏政及巡警事宜，职务即繁，其体制亦略如内地藩司，为各司道之领袖"。而原定公费、养廉甚少，拟改为额支养廉银8000两，公费银每月1200两，遇闰照加。其余各司道公费均仍其旧。①

检阅奏定清理财政章程，因规费盈余须一律开报，而官俸未经议定，暂给公费，以资津贴。1910年7月，直隶总督陈夔龙以"公费二字解释范围宜求明确"，电询度支部。度支部电复曰："以公费二字本兼有办公经费各义，惟近来京外应支官员公费多与养廉津贴无殊，向不造报。现在官俸章程尚未颁行，骤议正名恐多窒碍，至因公费用范围甚廓，令分别据实开列，俟查明各项规费，由局酌定。"陈夔龙接电后，将各项费用分为两项："一公费，凡本官服食仆从车马及一切私用应酬杂支属之。一经费，凡该衙门因公费用与署内幕僚员司弁勇夫役修理房屋等项皆属之。"就事务繁简，酌予增减，明定数目等差，化私为公。此时，直隶巡警劝业两道刚刚奏设，"拟各给公费银一万六千八百两，警务公所系就天津南北段及保定警务处归并设立，岁需经费银九万九千九百六十两，劝业公所岁需经费银六万五千五百二十两，遇闰加增，均饬于裁并之巡警工艺各局所原有款项内动支"。② 至巡警道应支廉俸，"自应比照直隶各道俸廉银数酌定"。俸银按正四品官支食，"每年各支银一百五两，内除扣六分部平外，各实支银九十八两七钱"，于司库地粮银内动拨。养廉银亦照各项廉银数目支给，每年支银2000两，"内除扣二成军饷三成票银六分部平外，各实支银一千五十二两八钱"，③ 于司库耗羡银内动拨。

---

① 《陈明奉省总督司道原定公费数目并请酌加民政使廉费折》，锡良：《锡清弼制军奏稿》，第1169—1170页。

② 《直隶总督陈夔龙奏酌定司道以下各官公费等折》，《政治官报》第979号，1910年7月21日，第9—11页。

③ 《直隶总督陈夔龙奏酌定巡警劝业道俸廉银数折》，《政治官报》第995号，1910年8月6日，第5页。

从以上所述及表2-1可见，比较酌定司道公费前后各省巡警道公费之变化，有公费增加者，有仍照旧额者，也有削减支给者。一些省份巡警道添设较晚，如直隶、福建等省，在清理财政之前尚未设立。正值会订司道公费之际，这些道署的廉俸公费，亦与其他司道一同核定。

表2-1 巡警道署廉俸公费

单位：两

省份	原有廉俸公费						清理财政之后的廉俸公费					1911年公费
	俸银		养廉银		公费	役食	俸银		养廉银		公费	
	额支	实支	额支	实支			额支	实支	额支	实支		
山东	105	47	4000	2406	11000	3000					12000	12000
江西	105		3000		10000	230	105			3500	10800	10000
河南	105		3500		10000						10320	10320
贵州			2000		6000							6000
湖北		42		4000		照例						14000
奉天			3000		9600							
安徽			3000	2400	4000				3000		4000	7600
广东	130	101	3400	2720	10000	1000					16000	16000
湖南	105		4000		6000		105			3200	9000	10000
广西			无		8000							8000
浙江	105		3500		12200	照例					10000	10000
云南			5900	4720	2000	168			4720		4000	4000
山西				2768	2800					2768	8000	8000
直隶							105	98	2000	1052	16800	16800
福建	105		2000		9600	1200						9600
陕西			2000		6000						8000	5400
四川												12000

资料来源：《政治官报》《申报》《大公报》《宣统政纪》《甘肃官报》《云南政治官报》《浙江官报》《时事新报》等。

宣统三年，度支部公布了各省督抚司道公费的统计数据（见表2-1），①山东、河南、贵州、广东、广西、浙江、云南、山西、直隶、福建等省巡警道署公费与该省清理财政局核定之公费一致。江西巡警道公费1万两，比上年核定少800两，反与新设道署时相等。安徽原拟仅给公费4000两，增至7600两。陕西巡警道本拟支公费8000两，减至5400两。

奏定巡警道官制细则规定，各省举办巡警需用款项，由巡警道随时禀请筹拨应用，按年照例奏销。但该道应支俸银、养廉银以及所属科员如何明定公费，均无应支数目可考。巡警道设立之后，各省督抚藩司援照该省道署旧例，参酌新设衙署规制，酌定巡警道俸银、养廉、公费及役食，但各省巡警道署开支多寡各有不同。1909年办理清理财政以来，各省督抚会同司道，调查各司道衙署规费开支，酌提规费，核定各署应需公费，巡警道署公费重加核实，量为增减，再由度支部复核奏准。至1911年，各省督抚司道公费核定公布，巡警道署公费亦于此确定数额。

在1907年7月新外官制方案公布后，奉天、湖北、安徽等省督抚迅速遵照上谕与各省官制通则，添设巡警道缺。其他各省在巡警道官制颁布后，或裁撤旧道改设巡警道，或添设道缺，陆续筹设。但清廷谕令作为外官改制试点的直隶、江苏却屡次空言筹议而迟迟未设，落后于他省。直至清廷多次督催，才最终添设。地处边僻的甘肃因财用为难，警务清简，迟至1911年才筹设，为清末最后一个添设巡警道的省份。新疆因人烟稀少、地瘠民贫而奏请缓设；江宁因该省士绅反对苏宁分设二缺，也没有设立。至清朝覆亡，二十二个行省中，除东三省特殊官制以民政司兼管警务外，仅新疆、江宁未设巡警道缺。

各省巡警道缺添设后，所需经费或由裁缺旧道腾挪支用，或由藩司、善后等局筹拨。巡警道员俸银、养廉及公费，参照原有道缺

---

① 《各省督抚司道公费表》，《时事新报》1911年7月7—8日。

及新设提学司规制，酌量增减，确定数额，并在清理财政的过程中再次审核调整。另外，警务涉及范围甚广，而各省巡警道履任后，为方便统管各类警政，于警务公所内分科治事。率先设立的奉天、湖北、山东等省巡警道，根据该省原有警局的机构设置及各省官制通则于衙署内分科办事的要求，于道署内分别划分四科、六科等，虽名目不一，但都是依据警务事类分科办事。后民政部奏定巡警道官制细则对警务公所的机构设置进行了调整，统一划分为总务、行政、司法、卫生四科。此后，各省巡警道署内皆遵章调整为四科之制。不过，因各省警务繁简不同，各省警务公所四科之下又分别划分不同的股，并根据警务繁简配备数额不等的属员。因此，从整体上看，各省警务公所虽然被规范为四科，但其各科之下具体的股别及属员配置仍然有比较大的差别。

第 三 章
选任与考核

一省警务的管理与推行状况，与巡警道及其属员的行政能力息息相关。遴委适合人选充任警职，是促进该省警务发展的关键。选任的资格与方式，决定了何项人员能够补署，而考核与赏罚，则对促使各员实心任事具有激励作用。因此，选任与考核对维系各省警务的良性运作具有重要意义。

受咸同以来铨选制度变化的影响，各省巡警道添设之初，由督抚奏保能员补署。经民政部力争部选，后来基本形成了一次外补、一次内简轮流补署的选任规制。而巡警道属员的选任资格与考试办法也勒以定章，逐步规范。

在选任与考核等规制变革的博弈过程中，清廷、民政部、督抚等各方的意见，既有出于自身利益的衡量，又有对办理警务新政实际需要的考虑，且受到社会中人才储备状况的现实制约，其间的复杂纠葛，反映出清季社会政情对新政事务和官制改革的多重影响。

第一节 选任规制的形成

清朝任命文官，主要有特旨授、开列、题授、拣授、推授、考授、选授等几种形式。而清朝文官任用权分两个层次，第一层次由皇帝掌握，通过特旨授与开列两种形式，控制着大学士、尚书、督抚、布按等内外高品级官员的任用权；第二层次则由吏部与京内堂官、外省督抚分享，负责其他官员的选授。外官中的道府州县各缺，则分别由督抚与吏部题授和选授。至于何缺由督抚题授，何缺由吏部选授，则有明确而严格的规定。根据员缺的紧要与繁简，要缺、繁缺为题缺，其余则为选缺。在道府州县的选任上，因督抚熟悉属下才干与地方情形，清廷赋予督抚较大的选任权，但同时设法限制，严禁督抚擅自将选缺变为题缺，并且给予吏部对题授的驳议权。此外，督抚题授即是在本省内拣选人员，题咨吏部查复后自行引见补授，又主要分为留授和调授两种形式，留授可由应升人员升补，调授只能在品级相当的人员内拣选。①

道咸之后，内忧外患深重，且有不断加剧的趋势，社会动乱频仍。一方面，固有官僚体系无力处理军务以及与之相应的筹饷、善后等政务，也没有相应机构应对新增对外交涉事务及随之而来的商务、新学等问题，于是，在清朝固有官僚体制之外，各式各样新式局所大量涌现，涉及善后、厘金、捐务、商务、学务、兵工、警务等诸多方面，类型多样，名目繁多，且长期存在。名目繁多的局所因非正式机构，用人无章可循，委员多由督抚奏调。另一方面，面对瞬息万变的战争局势和陌生艰难的对外交涉及各类洋务，正途出身的文官往往畏难趋避，不足以承其乏而任其职，因此，督抚大员等破格保举、奏调、奏补各项能员，清朝原有铨选制度不断地被突破，督抚用人权逐步扩张。同时，选才观念也发生变化，更加注重专门与新学。督抚保举人员，定额及次数本有严格规定，但咸同军兴以来，督抚不拘常格，保举人员，次数增多，且保举官阶品秩提高，并能指缺奏保。②

---

① 参见艾永明《清朝文官制度》，商务印书馆2003年版，第73—86页。
② 有关晚清铨选制度的变迁问题，参见张季《清季铨选制度流变》，世界图书出版社2015年版。

不过，此类局所办事人员，因为是督抚委任，不是正式官缺，属差遣性质，故而升转困难。官场中人虽多以得差为荣，但因升转问题，难期安任，多以差务为跳板，以求晋身之阶。警务局所也面临着这样的困境，"差局每同传舍，各员亦鲜固志"。① 故建官设署，化差为缺，将之纳入官僚体制，是解决这一问题的关键。

时局的持续恶化，选才观念的转变，以及各类局所突破固有职官体系的既成事实，共同促发了清末新政中的官制改革。1906—1907 年，内外官制改革方案相继颁布，清朝职官体系发生根本性的变动，铨选制度也随之变更。清末新政时期的官制变革与铨法变动，是在道咸以来职官与铨法不断逾制的趋势下，对既有变革的制度性认可，也蕴含着进一步清理和规范的意图。而因外官改制得以添设的巡警道，其选任的方式也在晚清以来选才观念转换的思想基础上，上承铨法变更的成例，与清朝中前期道员的铨选既有相通之处，又存在巨大的差异。

一　督抚奏请补署

清朝中前期各省道员因所管事务与所辖地域不同，分守道、巡道、事务道，本为差遣性质，于乾隆年间改为实官。道员官秩正四品，"由六科掌印给事中、给事中、各道监察御史中外转者补"，或由"各省知府升任"。② 根据各道事务繁简冲要，清朝将各道缺详细划分为最要缺、要缺、中缺、简缺，具体规定了各道员缺铨选的方式，分为请旨缺、题缺、选缺、拣补缺、开列缺等。③ 但清季外官制改革中，巡警道员缺的选任方式却与前极为不同，尤其在外官改制初期，针对新设道缺的铨法未及制定，各省添设巡警道缺

---

① 《贵州巡抚庞鸿书奏为遵照新定官制拟请将贵州粮储道及分巡贵西兵备道缺裁撤改设巡警劝业两道以专责成折》，《京报》1908 年 5 月 21 日。
② 《清代各部院则例·钦定吏部则例》，蝠池书院出版有限公司 2004 年版，第 48 页。
③ 请旨缺即缺出后，由军机处以奉旨记名之员进单请旨；题补即坐缺推荐，缺出后由督抚就本省应升应调之员拣选具题请补。

时，督抚几乎掌握了巡警道的选任权。

较早设立巡警道缺的各直省，巡警道员多由督抚从本省实缺或候补道府班内遴选，指名请为试署。湖北首任巡警道员冯启钧，本任夏口厅同知，为候补知府，是年 38 岁，广东南海县人，在湖北为官多年，有丰富的缉捕经验。1907 年 8 月，湖广总督张之洞以其"办理巡警缉捕将及十年，凡城厢内外、长江一带、襄河以上，无不声息灵通"，是办理警务的合适人选，故遴选冯启钧出任湖北巡警道员。唯以知府署道员，"于例虽稍所未符"，但因巡警为新政中关系极重之端，况且巡警道为新设之缺，又屡奉明昭破格用人，"自未便拘泥旧例"，故而变通成例，以冯试署湖北巡警道，"俟一年后查看成绩可观，再行奏请实授"。① 奉天巡警道则是以裁缺奉天府知府邓嘉缜署理。邓嘉缜，字季垂，江宁人，"邓廷桢之孙"，② 光绪元年举人，工于诗文，心怀时局，曾经"专著于捕务"。③ 湖北、奉天都以知府升署巡警道缺，一为候补知府，有丰富的办警经验，一为实缺知府，但所署之缺被裁。

1908 年 1 月，山东添设巡警道缺时，护抚吴廷斌认为此新设道缺，必须遴选人地相宜之员，应"不拘常格，奏请简补一次，以后出缺，再遵部章办理"。④ 于通省道员中遴选出存记候补道潘延祖，其"经办警务多年，熟悉地方利弊"，⑤ 现署济东泰武临道，兼办巡警局洋务局事务，奏请以之补巡警道缺。与湖北奉天由知府试署巡警道缺不同，山东新设巡警道员缺在通省道员中拣选，

---

① 《张之洞奏为新设巡警道缺遴员奏请试署及早开办以卫民生而靖地方》，《京报（邸报）》第 153 册，第 327—328 页。

② 严迪昌编著：《近现代词纪事会评》，黄山书社 1995 年版，第 271 页。

③ 《复邓季垂》，胡传：《台湾日记与禀启》，台北，文海出版社 1981 年版，第 110 页。

④ 《署山东巡抚吴廷斌奏裁撤山东督粮道增设巡警劝业两道折》，《政治官报》第 87 号，1908 年 1 月 20 日，第 11—14 页。

⑤ 《山东吴廷斌新设巡警道缺遴员请补以专责成而重警政》，《光绪朝朱批奏折》第 26 辑《内政·保警》，第 704—705 页。

且为补署。潘延祖得署巡警道缺,除在山东为官多年,对山东当地社会政情比较了解,历办要差,熟悉新政事务之外,与巡抚的私人情谊也十分重要。吴廷斌离任之时,潘延祖为报其补缺之恩,"在巡警公费中由善后局提银八万五千两",送于吴廷斌,"由公费项下报销"。①

3月,湖南巡警道添设时,巡抚岑春蓂于"候补道员中详加遴选",得"仕湘三十余年",于地方情形极为熟悉的补用道赖承裕,奏请以之试署巡警道缺,也提出"俟一年以后察看成绩可观,再行奏请实授",并俟奏请实授时再行送部引见,"以符定例"。② 赖承裕时年已64岁,监生出身,同治年间就已到任湖南,曾历任岳州府、南洲直隶厅通判,浏阳、长沙、邵阳等县知县,署理南洲厅、长沙府知府,后因办理洋务出力,保以道员留省补用,长期的州县官宦经历,使赖承裕对湖南各地甚为熟悉。

4月,安徽巡抚冯煦援照湖北山东等省成案,"于通省道员中"遴选出军机处存记试用道卞绪昌,署臬司时兼办巡警,且"于新政亦多研究",以之试署巡警道。又因"由存记道员请署道员,衔缺相当,毋庸送部引见"。③

5月,贵州巡抚庞鸿书援湖北成例,添设巡警道员缺,"由外择人地相宜之员"。截取知府贺国昌"娴习法政,于警章尤有心得",曾于1904年被派赴日本留习法律、政治,卒业回湘后,办理警察学堂,颇著成效。1906年,因熟谙警务,被巡警部调取入京襄办部务,次年3月补授外城右分厅知事,9月捐俸呈请截取,分发指捐贵州。1908年2月到省,派充调查局总办兼巡警局提调。贺国昌办警经验丰富,故到省三月后,即被贵抚庞鸿书委以试署巡

---

① 《济南通信》,《时报》1908年6月9日。
② 《湖南巡抚岑春蓂奏增设巡警道缺遴员陈请试署以资治理而卫民生》,《光绪朝朱批奏折》第26辑《内政·保警》,第706—707页。
③ 《安徽巡抚冯煦奏请以卞绪昌试署巡警道折》,《政治官报》第183号,1908年5月2日,第10—11页。

警道缺。"惟截取知府贺国昌试署道缺,于例稍有未符",①请援照湖北补用知府冯启钧试署巡警道成案,俟一年后查看成绩,再请实授。

陕西裁改盐巡道为巡警道,盐法道张嘉猷"系实缺道员",②即以之改补巡警道缺。

在较早设置巡警道的各省,巡警道员缺的遴选皆不拘常格,由在任督抚在通省道员或知府中遴选,指名奏请试署或请补。其间,有以候补知府试署者,有以实缺知府试署者,有以各类候补道员补署者,也有以实缺道员改补者。因巡警道为新设之缺,又为外官改制中较早实行革新举措的,为朝野观瞻所系,故而各省督抚在遴选之时,较为注重该员办警的经历与成效。如湖北、山东、贵州等省所遴选出的巡警道员,都有丰富的办警经验,反映出部分督抚在开办新式政务时注意选用专业人才。这上承咸同以来选才观念日益注重专门的思想余绪,也表明选官的专业化逐渐成为不可逆转的趋势。另外,也有部分督抚仍然遵循成规,注重传统资历,如湖南以"老州县"赖承裕署任;还有为安抚裁缺道员,如陕西以原盐法道改补。

二 民政部力争部选

督抚独揽巡警道的选任,引起民政部的不满。虽然清朝中前期,因各直省政府机构中并不存在与中央六部相对应的职官,所以各部堂官的选任权仅限于对本部司员的题调。但是清季官制改革注重内外官制贯通,中央设立十一部后,在随之进行的外官制改革中,直省司道的设置力求与中央部院对应,如提学司对应学部,巡警道对应民政部,劝业道对应农工商部等。中央部院与其相应的省级职能部门,政务上有着直接的关联。官制体系的变化,奠定了铨

---

① 《贵州巡抚庞鸿书奏请以贺国昌试署巡警道严隽熙调补劝业道折》,《政治官报》第198号,1908年5月17日,第10—11页。
② 《陕西巡抚恩寿片》,《京报》1908年5月30日。

选制度调整的基础。中央各部院争取分享对这些司道员缺的选任权，以更便捷地指导监督所管部务在各省的执行。民政部力争奏保巡警道员，就是其中典型的事例。

1907年10月，民政部就以各省巡警道将次奏设，亟须筹议巡警道员缺的拣员之法，提议饬各省督抚保荐胜任人员先行报部，"经部查其确可胜任，即由部按照所保人员开单奏呈请旨简放"。① 民政部在外官制颁布不久即提出此议，可见其对各省巡警道的用人权极为敏感。

吏部为铨选各级官吏的中央部门，清朝原有道缺中有一些部选之缺，由吏部铨选补授，只是所占比例不大。吏部对于督抚自行拣员奏补巡警道员缺颇不认可。在山东添设巡警道缺时，吏部以巡警劝业两道章程，现正会商民政、农工商两部妥订，"俟议定后始能具奏颁行，所拟简员奏补之处，应暂从缓"。② 但未能阻止山东巡警道缺由该省巡抚奏保。清季官制变革中，新设部院与督抚的用人权扩张，不断侵夺吏部的铨选权力，吏部在自保无力、自顾不暇之时，对于新设巡警道缺的选任仅是偶尔提出异议，通常则是听之任之，无暇顾及。所以，与督抚争夺巡警道缺的选任权上，吏部并无实际行动，主要是民政部积极争取。

巡警为防患保安之要务，"为民政之大纲"，是民政部最为重要的职责。民政部认为警务的顺利推行必须依赖警察官制的完善及其管理的统一，"非有指臂相使之用，不能收整齐划一之功"。所以，"为整理警务统一规制起见"，③ 民政部尚书肃亲王善耆与左右堂按照奏定外省官制内关涉警政事项的规定，并参酌学部奏定各省学务详细官制章程，妥慎厘定，拟成巡警道官制及分科办事细则，于1908年4月出奏。

---

① 《议定简放巡警道之办法》，《大公报》1907年10月16日。
② 《巡警劝业道缺须从缓补员》，《盛京时报》1908年2月11日。
③ 《民政部奏拟订直省巡警道官制并分科办事细则折》，《申报》1908年4月14日。

民政部力争从人事上掌控各省警道，提议"各省巡警道以后均由民政部请简，其外省奏保者亦应由民政部核议"。① 这一理念贯彻在民政部所拟定的各省巡警道官制并分科办事细则中。细则第二条规定，"各省巡警道员缺，由民政部遴选相当人员开单，分别奏请简放或试署"。各省如有办警得力人员，"准由各该省督抚开单出具切实考语，咨送民政部，由民政部按照本条第一项办理"。② 不管是民政部所选，还是督抚所保各员，皆须由民政部开单，请旨办理。这表明民政部试图将巡警道缺的选任权置于其掌控之下，虽然不能完全否定督抚的权力，但也努力将之纳入其监管之下。因此，朝野猜测，民政部此举，揽权是其目的，"不过为大臣私人之位置"。③ 自改官制后，"凡关涉各部有权可缆者，无不预为地步"，此次所定巡警道章程，"民政部亦可预保，其明证也"。④ 当然，民政部希望通过由部请简巡警道缺，为部厅司员谋取升转出路。自巡警道章程入奏后，"该部各司郎中及丞参上行走人员纷纷运动，谋放巡警道缺不遗余力"。⑤ 但不可否认的是，民政部希望掌控巡警道的选任，通过人事变更影响各省警务的进展，促进部令的贯彻执行。

巡警道的选任关系新外官制的成效，清廷对此甚为关注。中央各枢臣也提出了自己的意见，"政府议各省巡警道由督抚预保三人，由军机开单请简"，⑥ 并禁止"巡警劝业两道遇事不禀由该省所辖督抚转咨，遽行直接该部"，⑦ 否认对督抚权力的逾越。而又

---

① 《各省警道归部核议》，《时报》1908年4月13日。
② 《民政部拟订各省巡警道官制并分科办事细则》，《盛京时报》1908年4月16日。
③ 《论警官冗滥疏》，赵炳麟：《赵伯严集》，《伯严文存》，台北，文海出版社1969年版，第1024页。
④ 《陈尚书商改巡警劝业两道官制》，《申报》1908年6月9日。
⑤ 《民政部会议巡警章程》，《神州日报》1908年5月25日。
⑥ 《神州日报》1908年4月26日。
⑦ 《专电》，《时报》1908年5月29日。

召开会议议定，民政部实缺郎中"如有请保记名巡警道者，拟照考试御史章程一律办理"。① 会议政务处则认为，以后巡警道员缺不能由督抚外补，"须由民政部与督抚预保数人，由军机处开单，请旨简放"，② 以杜徇用私人之弊。中央枢臣在巡警道员缺的选任权上，意见摇摆不定，或拟由督抚预保三人，或拟由民政部与督抚共同预保数人。与民政部不同的是，枢府各员认识到督抚的奏保权难以取消，不同意将选任权侧重于民政部，而由军机处统筹民政部与督抚的意见，开单请旨简放。

民政部拟定的巡警道官制出奏后，并未立即得到清廷批准。为慎重新官制起见，交由宪政编查馆复核。经过月余的审核，宪政编查馆驳回了民政部关于拣选巡警道员的设想。宪政编查馆认为，"员缺首贵得人，而官属必期当秩"，"各部丞参不准指名保授"已经屡奉明旨，民政部开单请简与谕令不符，应当免议。③ 原章程关于道缺选任的部分，宪政编查馆做出了重要的修改，规定"各省巡警道员必须谙习警务，并熟习地方情形，遇有新设此项道员，或原有巡警道出缺，应由该省督抚在实缺道府及本省候补道员内遴保二三员，出具切实考语，奏请简放，或先行试署，民政部亦可就所知堪胜此项人员胪列事实预保存记，遇有缺出，由军机处开单一并进呈恭候简用"。④

修订之后的官制细则中，巡警道员主要具备两项资格：第一，强调巡警道员必须谙习警务，体现了新官制注重专门的趋势；第二，由于警务的执行与当地民众关系极为密切，所以警官必须熟悉地方情形，即须遴选人地相宜之员，以便平息纷争，处理警务。而在巡警道员的铨选上，此细则表明了清廷对铨选的态度。第一，对督抚指名试署既成事实予以追认与肯定，督抚可就堪胜人员遴员先

---

① 《考试巡警道办法》，《大公报》1908 年 5 月 25 日。
② 《神州日报》1908 年 5 月 17 日。
③ 《宪政编查馆奏定直省巡警道官制细则》，《盛京时报》1908 年 6 月 2 日。
④ 《宪政编查馆奏定直省巡警道官制细则》，《盛京时报》1908 年 6 月 2 日。

行试署。第二，对督抚奏保做出了一定的限制。督抚应当从实缺道府或本省候补道员内遴选，候补知府不在此列。而且应遴保二三员，出具切实考语，由军机处开单请简。第三，肯定了作为中央部院的民政部参与拣选巡警道的权力，民政部可以预保存记。第四，强调了军机处在人事上的特权。督抚与民政部所保各员一并汇总到军机处，由军机处开单，奏请简用。

1908年5月25日，巡警道官制细则颁布，在巡警道选任问题上，虽然未能完全达到民政部的期望，但也给予了民政部一定的支持，由此，民政部分享巡警道的选任权有了制度保障。

三　官制细则出台后的变化

直省巡警道官制细则出台后，各省巡警道的添设与遴选有了法定的依据。此后新设巡警道员缺及出缺待补的任用，大致在这一官制细则所规定的范围内进行，或督抚由外请补，或民政部由内请简。不过，在相当长的一段时间内，巡警道员仍由督抚由外请补，只是外补方式发生了一些变化。

1908年7月，陕西巡警道张嘉猷因强行戒烟，病故出缺。① 此时正值奏定巡警道官制细则颁行到陕，根据新颁章程，原有巡警道出缺，可由该省督抚"遴保二三员，出具切实考语，奏请简放或先行试署"。陕西巡抚恩寿于陕省实缺道府及候补道员内，遴选军机处存记候补道张藻、候补道张守正及在任候补道西安府知府光昭等三人，电达军机处代奏，请旨简用。② 7月8日，"奉上谕陕西巡警道员缺着张藻补授"。③ 这是在巡警道员的选任上由督抚遴保多员请简的首例，反映了巡警道选任方式的变迁。

8月，广东巡警道缺添设时，粤督张人骏也遵照新颁巡警道官

---

① 《陕西巡警道病故原因》，《神州日报》第545号，1908年7月31日。
② 《收陕西巡抚致军机处请代奏电》，中国第一历史档案馆编：《清代军机处电报档汇编》第32册，中国人民大学出版社2005年版，第42页。
③ 《光绪宣统两朝上谕档》第34册，第140页。

制，甄择该省实缺道府与候补道员，以实缺道府中"非现居要缺，即人地未宜"，无可调任者，故而在候补道员中遴选二人，即试用道李哲浚，历办善后、制造军械各局厂，候补道王秉必，历办善后、厘务各局，"现办巡警局，悉心整顿，措置得益"，① 奏请清廷简放。清廷因王秉必熟悉警务，故谕令王秉必补授广东巡警道缺。

1909年5月，广西添设巡警道员缺，巡抚张鸣岐从通省候补实缺道府中详加甄别，遴选三人，加注评语，请旨简放。三人中，广西候补道刘永滇"为原任云贵督臣刘长佑之嫡孙"，经张鸣岐奏调管理全省水陆营务处，"现充全省巡警局总办"。② 另有二人为广西候补道沈赞清、在任候补道思恩府知府欧阳中鹄。三人中，刘列于首，且有办警经验，被谕旨圈出，"广西巡警道员缺着刘永滇补授"。③

同时，山西巡抚宝棻也"谨遵定章，于道府两项内详加遴选"，选出四人，山西试用道张详会"历年会同臬司志森办理警务"，补用道王为干"近委办各项新政，均能措置裕如"，④ 另两人为太原府知府杨树、大同府知府翁斌孙，请旨从中简放一员。所列四人中，前两人为候补道，后两人为实缺知府，位列第一者曾办警务，陪列诸人皆无此项专门经验。但最终，清廷却选中了位列第二的候补道员王为干。王为干，汪康年表弟，光绪十五年举人，初官任浙江黄岩县教谕，指分山西后，任霍州知州，⑤ 曾办理铁路交涉等新政事务。议改官制之时，王为干就四处探听消息，

---

① 《两广总督张人骏奏请简巡警道折》，公安部公安史资料征集研究领导小组办公室编《公安史资料》1990年第3期，第47—49页。
② 《广西巡抚张鸣岐奏添设巡警道员缺请简折》，《政治官报》第545号，1909年5月6日，第21—22页。
③ 《光绪宣统两朝上谕档》第35册，第159页。
④ 《山西巡抚宝棻奏改设巡警道遴员请简折》，《政治官报》第550号，1909年5月11日，第21—22页。
⑤ 《汪康年师友各家小传》，上海图书馆编：《汪康年师友书札》第4册，上海古籍出版社1986年版，第4008页。

"改官新制,亦愿闻之","比闻枢府电各省保荐人才,将作何用?"① 果如愿得缺。

不过,虽然新颁巡警道官制不准督抚再行指名奏补,但是云南、四川、江西、浙江等省督抚在奏设巡警道缺时,仍旧指名请补。1908年8月,云贵总督锡良指名奏保杨福璋试署云南巡警道缺。在引用奏定直省巡警道官制时,曰:"各省新设此项员缺,应由督抚遴保堪胜此任人员,奏请简放,或先行试署。"如此援引,有意忽略了遴保二三员的字句。杨福璋,二品衔,奏留云南补用道,时年50岁,浙江会稽县人,曾参与剿平热河建昌股匪、四川巴塘夷匪。1907年,由锡良奏调云南差遣委用,先后两次密保,奉旨交军机处存记,又奏留云南补用。杨与总督锡良相知已久,乃是故交,锡良自称"历任热河都统及四川、云贵各总督,均奏调该员随行",并声称杨"平日于东、西洋及各省警察章程,尤能悉心推究,洞明原委"。故遴委杨试署云南巡警道。②

10月,四川添设巡警道缺,总督赵尔巽奏请由道员高增爵"先行试署,俟一年期满确有成绩,再行请补"。高增爵,进士出身,曾任成都府知府,现为盐运使衔升补建昌道。③ 但1909年2月的上谕,却是"四川巡警道员缺着高增爵补授"。④ 川督奏请试署,谕旨却准予补授。

1909年1月,江西添设巡警道缺。赣抚冯汝骙奏保张之洞的子侄、江西存记巡警道张检,在饶州府任内办理警务、学务、禁烟等事不遗余力,现调署南昌府,兼充调查局总办,"锐意新政,百

---

① 《汪康年师友书札》第1册,第101—103页。
② 《增设巡警道以杨道福璋试署折》,锡良:《锡清弼制军奏稿》,第807—808页。
③ 《四川总督赵尔巽请以高增爵试署巡警道周善培试署劝业道折》,《政治官报》第358号,1908年10月24日,第10—11页。
④ 《光绪宣统两朝上谕档》第35册,第40页。

废俱兴，与地方司法行政措置裕如，舆论翕服"。① 不久，奉旨江西巡警道员缺着张检补授。②

4月，浙江巡抚增韫援引丁未外官改制的上谕，"各省增设巡警劝业道缺，准由该督抚酌量变通，奏明请旨"，③ 指名奏保杨士燮试署新设浙江巡警道缺。杨士燮，年52岁，安徽泗州人，军机处存记道，甲午恩科进士，直隶总督杨士骧之兄，1898年被派赴日考察学务，先后署理山西平阳府知府、杭州府知府，现任嘉兴府知府。增韫由直隶藩司升任浙抚，与直督杨士骧交谊甚厚，故对杨士燮另眼相看，礼遇有加，④ 因此奏保道缺。

9月，河南添设巡警道，豫抚吴重熹奏请以蒋楙熙试署。蒋楙熙，二品衔特用道，以知府到豫，委署禹州，因首先禁净烟苗，保加二品衔，历充要差，"且前曾随使日东，于彼邦法政及地方巡警事宜研究有素，以之试署巡警道，必能于警政有裨"。⑤ 河南巡抚遴选巡警道，只保荐一人，使之先行试署。

奏定直省巡警道官制颁行后，陕西、广东立即遵照办理，在巡警道出缺时，遴选三员，请旨简放，反映出巡警道选任制度的变化由规定立即进入实际操作层面。但是这并不普遍。各省新添巡警道缺时，不少督抚仍旧指名奏保，请旨补署，只有广西、山西两省遴选三四员，请旨简放。

遴保巡警道员时，各督抚多强调所保之员曾悉心研究警务，而事实上，除广西巡警道刘永滇时任全省巡警局总办，正在办理警政外，其他各员虽然为办事能员，却均未有实际办警经验。另外，这些新添

---

① 《赣抚奏保道员》，《申报》第534号，1909年2月18日。
② 《光绪宣统两朝上谕档》第35册，第379页。
③ 《浙江巡抚增韫奏增设巡警道请以杨士燮试署折》，《政治官报》第534号，1909年4月25日，第10页。
④ 《沾了弟弟的光》，陈灝一：《新语林》第7卷，上海书店出版社1997年版。
⑤ 《河南巡抚吴重熹奏请以特用道蒋楙熙等试署巡警劝业两道折》，《政治官报》第667号，1909年9月5日，第12页。

的巡警道员中，除四川巡警道高增爵为实缺道员外，其余均为各项候补道员。巡警道官制细则规定巡警道从实缺道府及候补道员内遴保，但事实上补署巡警道缺者多为候补道员。这是由于自咸同以来，铨法壅滞，候补道员增多，久候补缺，巡警道缺与之品秩相当，故添设时各候补道员争相谋取此缺，以慰官场困顿之苦。

在巡警道官制颁布后的一段时间内，巡警道缺选任时仍然由各该督抚请旨补署，只是外补的方式发生了一定的变化，由该督抚指名奏保，遴员请简与指名奏保并行，但指名奏保仍是主要的形式，而内简尚未实行，原因如下。第一，巡警道是外官制改革中新设之缺，规制尚未详定，无成案可循，非平庸之辈可以胜任，需要具有专门学识之员。巡警新设初期，尚少警务专门人才可资委用，只得退而求其次，由识通达变且熟悉地方情形的干练之才综理是事。而督抚了解属员才干，较能选出合适的人才。第二，各省新设官缺由各该督抚筹备创设，曾经"准由该督抚酌量变通"，① 且先设各省由督抚指名奏保。各督抚有成案与上谕可以援引，自然不愿放弃唾手可得的用人权，故仍奏保请旨补署。第三，虽然奏定巡警道官制细则给予内简制度上的肯定，但是新设官缺的内简与清朝固有的铨选制度不同，需要民政部预保堪胜新官制人员，其预备工作尚未完成。

四　内简与外补的争执

直省巡警道官制细则规定民政部可以预保巡警道员，交军机处存记，遇有缺出，由军机处开单请简。奏定官制经由宪政编查馆修订，与民政部的原意颇有差距。不过，民政部插手巡警道缺的选任总算有了制度上的依据。随后，民政部不断尝试突破这一规定，同时着手物色堪胜巡警道人员，多次预保，为内简巡警道缺做准备。

---

① 《浙江巡抚增韫奏增设巡警道请以杨士燮试署折》，《政治官报》第534号，1909年4月25日，第9—11页。

民政部借助奏定直省巡警道官制对"各省巡警道员必须谙习警务"的强调,① 以各省巡警道为全省巡警之枢纽,非素谙警察人员不足以胜其任,"拟奏明将此项道缺专为民政部郎中升阶,嗣后各省不得率以候补道请补"。② 并谴责各省督抚添设巡警道时,"多以裁缺道员充补",恐难胜任,"拟请各省督抚慎简曾办警务人员充补,以符原奏而免贻误"。③

同时,民政部积极预备,对本部品秩相当人员随时进行考查,如果办事干练,堪膺重任,"即行奏请以巡警道记名,遇有出缺再行开单请简"。民政部以为此举可以一石二鸟,"一以疏通部员出路,一以慎重各省警察事宜"。④ 1908年11月,民政部奏请本部郎中、佥事"祝书元、熙栋、舒鸿仪、王守恂、陆宗舆以巡警道记名"。⑤ 另外,民政部对其所直辖的京师内外城巡警厅中相当人员,也请以巡警道存记。如内外厅总佥事,从四品,在设置时曾声明,"为厅丞属官领袖,不得比照京堂"。⑥ 因五品以下京员例得截取保送,此项总佥事"既非京堂之比,又无截取保送之例",无一定升转之途。民政部拟内外厅总佥事三年俸满后,"将衔名咨送军机处,遇有各省巡警道缺出,与预保人员一体开单请简",⑦ 以为出路。

1909年9月,民政部继续争取,尚书善耆"拟奏请嗣后简放巡警道,应由部中主持开单请简",⑧ 以绕过军机处,撇开各督抚,

---

① 《宪政编查馆奏定直省巡警道官制细则》,《盛京时报》1908年6月2日。
② 《巡警道由民政部简放》,《时报》1908年7月12日。
③ 《慎简巡警道员》,《大公报》1908年8月2日。
④ 《民政部预备警才》,《大公报》1908年9月30日。
⑤ 《神州日报》1908年11月5日。
⑥ 刘锦藻撰:《清朝续文献通考》卷119《又奏内外厅总佥事俸满开单请简巡警道缺片》。
⑦ 刘锦藻撰:《清朝续文献通考》卷119《又奏内外厅总佥事俸满开单请简巡警道缺片》。
⑧ 《巡警道拟由民政部请简》,《大公报》第688号,1909年9月20日。

独揽选任大权。此议在晚清皇权独尊与督抚实力增强的局势下，无疑是痴人说梦。摄政王监国后，中央集权的步伐加快，在对用人权的控制上表现尤为明显。摄政王以巡警道系新设之官，"各省候补府道中绝无此项专门人才，已设巡警道之省份多由该督抚于候补人员中奏保，虽系干员，然不谙警察学，是以成效罕见"，① 故发布谕旨，"着民政部保举熟悉警务应放道员数员开单交军机处存记"。② 又传言摄政王拟"以后各省巡警道缺均归民政部奏请简放，以期学归所用"。③

1909 年 9 月 24 日，民政部在该部及两厅京察记名各员内遴选，保举连印、全兴、舒鸿贻、王守恂、桂龄五员。次日，连印补授山西巡警道。原山西巡警道王为干，因"办理地方警务迄无起色，难胜监司之任"，④ 根据吏部则例的规定，各省道府内有不能胜任者，该省督抚应题奏改补，或宜调简，或应勒令休致，"其才具平常而年力未衰者，或以同知降补"，⑤ 故晋抚宝棻先行将王为干撤任，请旨将其开缺，以同知通判降选，暂以臬司志森兼署警篆。宦海沉浮，以才不胜任见斥乃官场常有之事，但王为干被参，其参揭之人系以前保荐之人，实为少见，因此引起诸多猜测。由于晋抚宝棻揭参其自荐之员，自认无知人之明，故而声称"晋省现无此项相当人员，拟恳请旨简放"。⑥ 山西巡警道缺出，连印得放山西巡警道，一是因为宝棻检举所荐之员，请旨另行简放，给内简提供了一个难得的机会；一是因民政部尚书善耆的推荐，连印"系善耆力保"。⑦ 连印之外放，"自各省设立巡警道

---

① 《各省巡警道将次更换》，《神州日报》1909 年 10 月 7 日。
② 《交旨》，《申报》1909 年 10 月 1 日。
③ 《各省巡警道将次更换》，《神州日报》1909 年 10 月 7 日。
④ 《光绪宣统两朝上谕档》第 35 册，第 355 页。
⑤ 《清代各部院则例·钦定吏部则例》，第 201 页。
⑥ 《山西巡抚宝棻奏参巡警道王为干折》，《政治官报》第 688 号，1909 年 9 月 26 日，第 8—9 页。
⑦ 《神州日报》1909 年 10 月 3 日。

后，由民政部奏保简放者此次系第一次"。① 此后，遇有新设巡警道缺或巡警道出缺，外补与内简轮换。但是，如何协调两者的关系，清廷枢臣部臣与各督抚及其他朝臣之间的意见经历了曲折磨合的过程。

1909年12月，御史麦秩严奏参各省警察腐败，"能筹款而不能用人"，有碍宪政，"请饬民政部援照法学两部成案，切实保荐，并将民政司巡警道选任章程，妥速编定"。如果各省"果有历办警务成绩卓著之员，准由该督抚送部考验，毋庸由督抚奏保，以示统一"。② 麦秩严痛斥各省警务不修之现状，谴责各省警官用人不公，"且力陈各省巡警道缺各督抚保奏私人之弊"，③ 请以后均由民政部奏保，开单请简。此折奉谕旨"着民政部议奏"。④

麦折指陈督抚奏保巡警道缺之弊，请将选任权收归民政部，正中民政部下怀。然而，事隔数月，1910年3月，御史胡思敬封奏严斥新设各官，如"各省劝业道巡警道之用非其人"，各属丞参上行走人太多等，"以致新职几同虚设"，⑤ 奏请厘定新设各官任用章程。胡思敬激烈批评丙午改制后用人权分散于各部，对各部奏调部员及奏保各省司道，如学部之保提学使、民政部之保巡警道之类，认为"利禄所在，谁不争趋"，难保尽出于公。即使尽出于公，"以朝廷用人大柄尽诿诸臣下之手，尾大不掉"，⑥ 亦非防微杜渐之道。如此部院"各安置私人"，攫取部分地方之事，内外直达，"欲堕坏行省规制"。⑦ 若放任此举，不免党附攀援，"百僚济济，尽成私室家臣"。再者，各直省之中，度支、提学、提法三司，巡警、劝业两道，各树一

---

① 《善耆训连印之言》，《神州日报》1909年10月14日。
② 《宣统政纪》卷26，宣统元年十一月乙丑。
③ 《京师近信》，《时报》1910年1月13日。
④ 《光绪宣统两朝上谕档》第35册，第477页。
⑤ 《京师近闻片片》，《时报》1910年3月20日。
⑥ 《力陈官制淆乱请厘定任用章程严杜倖进折》，胡思敬：《退庐全集》，台北，文海出版社1970年版，第830页。
⑦ 《劾度支部尚书载泽把持盐政折》，胡思敬：《退庐全集》，第850页。

帜，内倚部臣为援，不向统辖，"上之则督抚号令不行，下之则州县疲于奔命"。一省之中，已成乖离破碎之相。如此政出多门，为害滋甚。拟请议定提学使资格，提法使照按察使例请简，而"劝业巡警二道，一次归外拣补，一次请旨简放"。① 此折谴责各部任用私人，朋比为奸，侵夺君上大权，遣词用意皆极为严厉。意在限制各部调用司曹，规复铨选旧制，规范新设各官之选任。

麦、胡之折所持观点截然不同，引起民政部的重视。左参议汪荣宝认为麦折中巡警道员毋庸再由督抚奏保，限制太严，"请仍准督抚预保，惟需先行咨部核准再奏"。林绍年则认为如此"则部有考核之虚名，而负保荐之责任，力持不可"。② 1910年4月，民政部呈递由汪荣宝拟订，经尚书善耆及左右二堂阅定的议复麦秩严折，奉旨依议。麦折请援照学法等部成案，概由民政部保荐，本甚合民政部私意，然而胡思敬对各部用人提出的尖锐批评，其严参官制淆乱之折近在眼前，另外，督抚的实力亦不能无所顾忌。故民政部审时度势，并未附和麦折所言，而曰"各省督抚身任地方，见闻较广，果有堪胜此项员缺人员，亦不妨酌量奏保"，③ 以资任使。当然，民政部也不愿放弃这一扩张权限的难得机遇，提出折中的办法，即嗣后各省巡警道员由民政部就熟悉警务、应放道员人员内预保存记，遇有缺出，由军机处开单请简。其各省督抚如有合格人员，须一面开列该员姓名事实，出具考语，咨送臣部考核，一面仍由督抚预保存记，遇有缺出，一并开单。民政部这一选任办法与奏定巡警道官制细则相比，虽然都肯定了督抚与民政部皆有奏保巡警道员的权力，但不同之处在于：第一，奏定巡警道官制细则强调督抚的奏保权，而以民政部预保为补充，

---

① 《力陈官制淆乱请厘定任用章程严杜倖进折》，胡思敬：《退庐全集》，第832页。
② 《汪荣宝日记》，台北，文海出版社1991年版，第361页。
③ 《民政部奏议复御史麦秩严奏各省警察腐败有碍宪政饬速定民政司巡警道选任章程折》，《盛京时报》1910年4月23日。

民政部现拟办法将民政部预保置于主导地位，兼而顾及督抚之权。第二，奏定巡警道官制细则规定，督抚添补道员时可遴保二三员，出具切实考语，奏请简放，或先行试署，无须预保。而民政部现拟办法，督抚则须将合格人员先行咨送民政部考核，一面预保交军机处存记，而不能临事奏保。第三，督抚不得指名奏保。若督抚"违章奏保或临时指名请简者，准由臣部随时奏请更正"。①

另外，麦折指责民政司巡警道等官，"学问既不出于专门，得缺补官徒凭督抚保奏"，要求速定民政司巡警道选任章程。民政部认为一时难以办到，以现在办理新政，悬缺待人，不得不降格以求。只是声明巡警"关系专门学术"，亦当郑重其选，以免滥竽倖进。各省巡警道员目前选任办法"虽不能遽执一格，以相绳要"，但选任之员"亦必学识相当"，以免用非所学。但对各省巡警道"委任员弁皆听命于督抚，所用者皆不习警务之人"②的现象，拟仿照奏定各省提法司属官考用章程，制定巡警道属官任用章程，严定资格，一体考试，非经考试及格不得率请补用。

巡警道选任办法再次从规制上进行了调整，对督抚奏保巡警道员进一步做出限制。此后，不仅新设巡警道遴员委任，而且已设巡警道出缺后补署，内简都成为主要的方式。

正值民政部筹商巡警道选任办法，直隶、福建、江苏陆续奏设巡警道缺。1910年4月，直隶总督陈夔龙奏请增设直隶巡警道缺，遵照奏定巡警道官制细则，于直隶候补道员中遴保二员，请旨简放。其一，存记候补道叶崇质，曾总办山东全省巡警局、直隶全省警务处、保定工巡局。杨士骧总督直隶，商筹直隶新官制之时，即已多次传出由叶充任巡警道缺的消息。1907年10月，杨士骧与民

---

① 《民政部奏议复御史麦秩严奏各省警察腐败有碍宪政恳饬速定民政司巡警道选任章程折》，《盛京时报》第926号，1910年4月23日。

② 《民政部奏议复御史麦秩严奏各省警察腐败有碍宪政恳饬速定民政司巡警道选任章程折》，《盛京时报》1910年4月23日。

政部相商,"拟以叶观察崇质补授直隶巡警道缺"。① 1909年6月,"直隶巡警道缺直督已决以叶崇质请补,即入奏"。② 1909年11月,端方总督直隶,于召见时奏请添设巡警劝业两道,"以保府工巡局总办叶崇质补充劝业道"。③ 叶崇质在直隶办理警政多年,于地方情形尤为熟悉,为历任直隶总督所倚重。其二,候补道陈燮年,历经委办巡警学堂及保定工巡局事宜,现充总办直隶高等巡警学堂,兼坐局会办工巡局差,于警学颇多研究。④ 陈夔龙所保堪当巡警道任之叶崇质、陈燮年,皆有在直隶办理警务多年的实践经验,符合奏定章程"谙习警务,熟悉地方情形"的要求。但监国颇不以叶、陈二道为然,简放时"询军机有无别人可用,军机举二人以对,监国不许,监国乃自举二人以问,军机谓不可,乃命查取记名单,监国遂特点出舒鸿贻"。⑤ 清廷舍弃直督奏保人员,却从民政部预保交由军机处存记单中遴委舒鸿贻补署巡警道缺。在直隶巡警道员的选任上,监国载沣将直督奏保请简之员弃之不用,而是亲自过问,由内简放。可见,宣统继位,摄政王监国后,清廷中央集权的步伐明显加快,用人权向上收缩。

1910年5月,两江总督张人骏、江苏巡抚宝棻奏江苏增设巡警道缺,但未奏保道员补署,而是"相应请旨迅赐简放"。⑥ 各省巡警道缺添设时,首任巡警道员皆由该督抚奏保,而江苏却请旨简放,为唯一之特例。不久,"奉上谕江苏巡警道员缺着汪瑞闿试署"。⑦ 汪瑞闿为留苏补用道,在江苏办理警务有年,曾任上海巡

---

① 《直隶设巡警道之先声》,《大公报》1907年10月31日。
② 《神州日报》1909年6月15日。
③ 《端午帅变通直隶官制》,《申报》1909年11月4日。
④ 《直隶总督陈夔龙奏增设直隶巡警道缺遴保二员请旨简放折》,《大公报》1910年4月13日。
⑤ 《京师近信》,《时报》1910年4月22日。
⑥ 《两江总督张人骏江苏巡抚宝棻奏江苏增设巡警道缺照章请简折》,《政治官报》第926号,1910年5月29日,第10页。
⑦ 《光绪宣统两朝上谕档》第36册,第111页。

警总办。瑞澂抚苏时，将苏州巡警局改为江苏巡警公所，调委汪瑞闿充巡警总监，并兼办上海巡警。江苏筹设巡警道时，历任督抚皆计划以汪瑞闿署理此缺。如 1908 年，苏抚陈启泰奏保上海巡警总办汪瑞闿等四员履历政绩，咨部请奖。① 瑞澂也曾力保汪瑞闿才识明通，奏请量才擢用，奉朱批仍交军机处存记。② 监国对补选巡警员缺非常关注，"为简派汪瑞闿试署江苏巡警道一缺"③ 及查办某事，特谕召善耆由西陵回京。简放之时，与枢臣再三斟酌，并谕"嗣后此两项道缺，如遇犯有私罪不能称职者，无论枢臣、部臣、疆臣之所奏保，均须担任处分"，④ 以为蒙混滥保者戒。

同时，闽浙总督松寿奏请添设福建巡警道。"前准宪政编查馆咨送官制细则内开，各省巡警劝业道由各该督抚在实缺道府或候补道员内遴保请简，或先行试署。"花翎二品衔、军机处存记、留闽补用道吕承瀚，进士出身，历署繁缺，曾创办安徽芜湖巡警，主持修建马路市亭工程，"其时各省巡警多未举办"，为开风气之先。⑤ 后奏调福建，派充闽海关总务处总办，现充总督署综核新政文案，并经奏准留于福建补用，请以之试署福建巡警道。吕承瀚既有办警经验，又与总督松寿相从甚密，深得信任，松寿指名请简，吕遂得署道缺。

直隶、江苏奏设巡警道缺，遴选道员之时，摄政王载沣亲自过问，否决了督抚荐举之员，召集军机大臣及民政部尚书商讨人选，足见对巡警道的重视与遴委员缺的慎重。而湖北、湖南、安徽、河南等省首任巡警道员因故出缺，随后的补署则由清廷从民政部预保

---

① 《保荐巡警道员》，《新闻报》1908 年 7 月 16 日。
② 《又奏江苏候补道汪瑞闿请量材擢用片》，《政治官报》第 786 号，1910 年 1 月 2 日，第 17—18 页。
③ 《谕招善耆回京之又一说》，《大公报》1910 年 6 月 1 日。
④ 《奏保巡警劝业两道者须知》，《大公报》1910 年 6 月 1 日。
⑤ 《闽浙总督松寿奏又奏遴员试署巡警劝业两道折》，《政治官报》第 913 号，1910 年 5 月 16 日，第 16 页。

存记名单中遴选。

1910年5月，湖广总督瑞澂奏参湖北巡警道冯启钧溺职殃民，将冯启钧革职后，清廷从民政部所预保记名巡警道名单中遴选，以全兴补授。同时，湖南发生长沙抢米风潮，"巡警道赖承裕身受重伤，自请开缺，所遗巡警道一缺例由内放"，但湘抚岑春蓂以湘省现值痞匪滋事，关系重大，首在得人，拟电达军机，"请将湘巡警道暂免简放，仍援前例，由现署该道之候补道张鸿年试署一年，期满考核，如果办理合法，确有成绩，再行照例奏请补授"。① 然而，清廷以湘省乱事中，地方文武办理不善，巡抚岑春蓂交部议处，巡警道赖承裕操切偏执，肇衅酿患，② 革职。并且于民政部预保之员中遴选桂龄，补授湖南巡警道缺。③

山西、湖北、湖南巡警道出缺后，皆由摄政王从民政部预保存记名单内遴员补缺。民政部尚书善耆与枢府会商，"拟将本部保奏记名各员一律查清注册，遇缺简补"，④ 倘不胜任，另行更调。民政部前所预保六员，"已经蒙简其三，拟再保四五员"。⑤ 经民政部各堂会商，再次奏保记名巡警道达十员之多，"候补厅丞陆钟岱、吴篯孙，本部谘议官王治馨、杨以德，丞参延鸿、祝书元、刘道仁、陈剑秋、春寿、张抑"均在其列，⑥ 以为巡警道缺储备可选之才，又趁机为部员谋求出路。1910年11月，安徽巡警道卞绪昌忽患急病，逝世出缺，该抚"特委候补道顾观察赐书暂署"。⑦ 不久，清廷从民政部预保存记之员中遴选出王履康，补授安徽巡警道缺。12月，河南巡警道蒋楸熙因办理警务不力，开缺另补，同时，奉

---

① 《湘省民变善后事宜十一纪》，《时报》1910年5月6日。
② 《宣统政纪》卷35，宣统二年四月壬辰。
③ 《光绪宣统两朝上谕档》第36册，第117页。
④ 《民政部注重警道》，《顺天时报》1910年5月28日。
⑤ 《将有记名巡警道出现》，《神州日报》1910年6月6日。
⑥ 《奏保警道人才》，《盛京时报》1910年6月19日。
⑦ 《安徽巡道出缺》，《新闻报》1910年11月30日。

上谕，该遗之缺由民政部所预保的王守恂补授。①

而遇有原为内简的巡警道出缺，则由各该督抚奏保请补。如直隶巡警道添设时，摄政王载沣遴选舒鸿贻出任，但因人地不宜，于 1911 年 7 月开缺，遗缺由叶崇质试署，② 随后正式补授。叶崇质在直隶经办警务多年，曾被历任直督多次奏保，也被直督陈夔龙委任署理直隶巡警道缺。1911 年 12 月，豫省陆军和巡警屡有冲突，警道王守恂事处两难，自请开缺，该抚委候补道邹道沂署理。"警道定例系内放请简互相递嬗，本届应由外请简。"③ 不久，"内阁请另简补河南巡警道等缺，据齐耀琳电奏，河南巡警道王守恂……请假离省，均着开缺，河南巡警道员缺着邹道沂补授"。④ 直隶、河南内简的巡警道缺出后，即由该省督抚奏保委任。一次外补、一次内简轮换的选任办法大致形成。

不过，一次外补、一次内简轮换的铨选规制尚在形成过程中，连续两次由外请补的情况不止一例。如 1910 年 7 月，四川巡警道高增爵因生母病故丁忧，川督赵尔巽暂委试用道王桢代理遗篆。同时，因民政部议复麦秩严折内声明，嗣后各省巡警道员，"各督抚如有合格人员预保存记，遇有缺出，一体开单"，不得指名请简，所以当四川巡警道出缺之时，川督委员署理该缺，并奏保留川补用道周肇祥平日究心法政，于警务素有心得，堪胜巡警道员之选。⑤ 两月后，四川巡警道员缺着周肇祥补授。⑥ "周肇祥为制军特调之人"，⑦ 赵尔巽调离四川出任东三省总督后，周肇祥奉赵召唤，请假赴东，并被奏留，故 1911 年 7 月四川巡警道周肇祥着开缺，遗缺亦由该督赵尔丰

---

① 《光绪宣统两朝上谕档》第 36 册，第 466 页。
② 《光绪宣统两朝上谕档》第 37 册，第 159 页。
③ 《警道更易纪事》，《顺天时报》1911 年 12 月 5 日。
④ 《光绪宣统两朝上谕档》第 37 册，第 343 页。
⑤ 《赵尔巽奏保周肇祥堪胜巡警道片》，《政治官报》第 998 号，1910 年 8 月 9 日，第 13 页。
⑥ 《光绪宣统两朝上谕档》第 36 册，第 294 页。
⑦ 《巡警道之易人》，《蜀报》第 1 年第 3 期，1910 年 9 月 18 日，第 71 页。

委任，以徐樾补授。① 四川三任巡警道员，皆由川督奏保请补。

最后添设巡警道缺的是甘肃。1911 年 1 月，甘肃奏设巡警道。陕甘总督长庚遴选三人。第一，甘肃平庆径固化道熙麟，内务府正白旗汉军人，进士，由编修历任御史，转给事中，1906 年选授平庆径固化道，办理地方警务井井有条。第二，在任候补道宁夏府知府赵惟熙，进士，由编修历任陕西、贵州学政，1906 年补授宁夏府知府，办理宁夏警政成绩颇著。第三，现署兰州府、平凉府张炳华，由附生投效军营，存保知府，历署陕西眉县、扶风县知县，甘肃凉州府知府，1908 年补授平凉府知府，前在宁夏、平凉创办巡警，颇有成效。请旨从中简放一员，试署巡警道缺，俟一年期满，查其实有政绩可观，再行请旨实授。② 清廷从中选出赵惟熙，1 月 29 日，奉上谕甘肃巡警道员缺着赵惟熙试署。③

各省添设巡警道缺之时，因事属初创，督抚以选择熟悉地方情形之员为由，请不拘常格，酌量变通。又因巡警道系新设官缺，初创之际，新官制尚未定出细则，给了督抚酌情办理的空间。所以，新设巡警道缺的选任多以督抚指名奏保为主，在晚清新设的十九个巡警道缺中，内简者仅有二员。各省巡警道缺设置后，所出之缺的补署，内简与外补轮换。内简即从民政部预保交军机处记名的名单中，遇有缺出，由军机处开单请旨简放；外补则由督抚遴员补署。在武昌起义爆发之前，各省巡警道缺中，因为湖北冯启钧、湖南赖承裕、河南蒋楸熙、山西王为干被革，陕西张嘉猷、安徽卞绪昌病故，四川高增爵丁忧、周肇祥留东补用，直隶舒鸿贻开缺，广东王秉恩升任而出缺，共十缺，其继任者中陕西张藻、四川周肇祥、直隶叶崇质、四川徐樾四人由外补得缺，而湖北全兴、湖南桂龄、河南王守恂、山西连印、安徽王履康、广东刘道仁等六人因内简得以

---

① 《光绪宣统两朝上谕档》第 37 册，第 161 页。
② 《陕甘总督长庚奏遵设巡警道缺遴员请旨试署折》，《政治官报》第 1175 号，1911 年 2 月 9 日，第 10—11 页。
③ 《光绪宣统两朝上谕档》第 36 册，第 560 页。

补署。陕西张嘉猷于1908年7月病故出缺，此时巡警道官制甫经制定，继任者张藻由陕抚遴员请旨补授。此后，即1910年之后，各巡警道出缺后基本形成了一次外补、一次内简轮换的规制。但也有例外，如四川巡警道缺均由川督奏保。由于基本形成了内简与外补轮换的规制，且巡警道缺新设之时多由督抚奏保，所以清末巡警道因故出缺后的补署以内简为多。

五　小结

综观清末巡警道员（参见附录表一各省巡警道职官表），现可查者57人，因全兴、王履康、王秉必、刘永滇四人曾分别先后任两省的巡警道，故共有61人次。其中，辛亥革命中补换者11人，暂行代理或署理17人。所以在武昌起义之前，共19个直省设置了巡警道缺（奉天先设后裁），正任巡警道员29人，33人次。其中内简7人（内简共8人，广东刘道仁1911年10月补，不计），外补22人。外补中，指名奏保者17人，遴员请旨简放者5人。与清朝中前期各省道缺以请旨缺及选缺为主、督抚题调之缺仅及一成相比，清末巡警道员的选任方式发生了很大的变化。主要有以下几点。

第一，外补成为最主要的方式，尤其在外官制改革初期，各省添设的巡警道缺几乎由督抚奏保补署。这与清朝中前期道府缺出由以请旨遴选和吏部部选为主的铨选方式相比，无疑是巨大的改变。乾隆至同治年间，清廷曾多次下达谕令，"道府请旨部选各缺不准改题调缺"，[①] 以限制督抚对道府的选任，维护朝廷用人大权。而面对警务等各项新政的推行，清廷无力应对，只得依赖较有经验的督抚，不得不下放相关事务的用人权限。

第二，外补不拘常格。清朝中前期各督抚保题各缺，"只准以应升之缺具题，不得越级保题"。[②] 但添设巡警道缺时，各督抚奏保

[①] 昆冈等撰：《钦定大清会典事例》卷63。
[②] 《清代各部院则例·钦定吏部则例》，第234页。

干练之员，以候补知府试署巡警道缺者不乏其例。督抚如此超擢提拔干员能吏，委以重任，也是督抚突破旧有成规，用人权扩张的表现之一。

第三，外补的方式变化，清朝中前期的题补道缺由该督抚拣选具题请补，清末巡警道缺外补时，有督抚指名奏保者，有遴选二三员请旨简放者，有先行试署者，有奏请补授者，不一而足。

第四，与清朝中前期根据该缺冲繁疲难程度来划分道缺等级，并严格固定道缺铨选的方式不同，清末巡警道的选任，基本形成了一次外补、一次内简轮流补署的规制，内简与外补交替使用。

第五，更为重要的是，内简方式发生了前所未有的变化。内简之时，均是先由民政部预保记名，再由军机处开单请旨简放。而吏部却退出了铨选巡警道员的权力主体的行列，巡警道缺中没有部选之缺。作为中央部院的民政部介入巡警道缺铨选的程序之中，这是清季铨选制度的重大变革。自唐代中央六部之制形成以来，一直由吏部铨衡全国官吏，其他部院没有参与外官选任的职权。而清季官制改革，民政部可预保巡警道员，农工商部可预保劝业道员，中央部院皆分享了与其政务对应的地方官员的人事权，从而削弱了吏部的权力，动摇了吏部存在的必要性。这是促使辛亥年间成立责任内阁的又一次官制改革中，吏部被裁撤的因素之一。部院直接参与地方官员的人事管理，也反映了清季官制体系与设官理念的变化，从内外相维、互相制衡到上下有序，更为注重政务处理的顺畅，而不是以权力的平衡制约为出发点的方向转化。不过这种转变只是稍显端倪，并未彻底完成。

第六，注重专门。民政部所保之记名巡警道，均曾经办理警务，具有一定的警察学识。与清朝中前期以六科掌印给事中、各道监察御史中外转者请补相比，更加注重警务专业学识与经验。各督抚奏保巡警道员时，也比较注重该员的办警经历或警察学识。

巡警道员主管一省警务，其学养才干关系着该省警务新政的进展。道缺添设之初，多由该督抚奏保能员试署或补授。这既是晚清以来督抚用人权扩张的继续，又因督抚熟谙该省吏治实情，其遴委的干员能吏较能胜任巡警道缺，在警务专门人才尚属匮乏之时，不失为应急之良策。民政部为集权中央，便于部令贯彻执行，并为部员谋求升转出路，力争分享对巡警道的选任权，最终基本形成了内简与外补互相轮替的规制。这既反映出晚清社会变迁对人才需求的变化，也是集权与分权拉锯纷争的结果，是清季以来铨选制度变化的延续。

巡警道的选任，不仅成为清季铨选制度变革的内容，也昭示着晚清政治格局复杂而微妙的变化。督抚势力的坐大已经是不容忽视的事实，督抚的用人权在筹办警务等各项新政的过程中得到进一步扩张，既有内重外轻的传统格局已发生变化。清廷试图纠正与调整，民政部争取到奏保巡警道员的权力，就是在清廷加强中央集权的背景下实现的。

然而，在挽救统治危机的新政中，清廷内外官员不仅未能和衷共济，同心同德，共赴时艰，而是精于算计，各怀鬼胎，在变革中力求保持并寻求扩张自己的权势地位，互相争夺而互不相让。其后果是权力虽然进一步集中于朝廷与贵族，但是引起了具有实力的督抚的不满，加剧了督抚与朝廷的疏离。这时期督抚影响朝政的实力不容小觑，打压与削弱均会造成众督抚的联合抗争，以及与清廷的离心离德，从而加速清廷的瓦解。这在随后再议官制与辛亥变局中有所体现。

第二节　人事纠葛：以湖北为例

督抚、民政部及枢府等相互之间的权力争夺与纠缠，不仅影响着巡警道选任规制的形成，更是影响各省巡警道员补署调黜的重要因素。本节通过湖北巡警道员补署调黜的个案，分析具体的人事关系对巡警道员选任的制约、选任规制的落实状况，以及其间所反映出的清季政情。

1907年9月，鄂督张之洞奏设湖北巡警道，并奏保候补知府冯启钧试署巡警道缺。冯启钧于汉口创办警察时任总办，① 后又调任武昌警察局总办，② 深为张之洞所重用。③ 张调入军机，冯随节晋京，俟张安置周妥后始返鄂赴任。张入主枢府后，仍对湖北巡警道事进行遥控。如1907年12月，张电饬冯启钧，以湖北巡警道为试办，指示"该道议建衙署之处"应缓办。④ 1908年5月，汉口摊商因"巡警道令整顿清道，禁止沿街设摊"，⑤ 聚众罢市，捣毁警局。冯自请开缺，以避锋芒，"并电达张中堂请示继任之人"，⑥ 张复电云现署武昌府知府黄以霖可以胜任。后摊商罢市风潮平息，冯仍回原任。湖北政事的处理与人事的安排始终未能摆脱前鄂督张之洞的影子。也正是这一缘故，冯启钧作为"张文襄提携之人"，⑦ 历经1908年汉口摊商罢市风潮、1909年因秋操"名列弹章"，⑧ 均能屹立不倒。并且1908年5月，在试署尚未期满的情况下，即将离任的鄂督赵尔巽奏请实授。继任鄂督陈夔龙又以冯启钧"任事最勇，长于缉捕"，布置秋操，妥筹赈灾，"实为应变之才"，⑨ 奏请保奖。

　　冯启钧一直以能员干吏著称，参与创办汉口警察，仿照北洋办法，整顿武昌巡警。署理湖北巡警道之后，从提高警察素质、改良警务机构、推广州县巡警、筹集警务经费等几个方面促进湖北警务的发展。第一，警察更用学生。警察学堂学生毕业，分派各局，先

---

① 《警察述闻》，《申报》1903年10月11日。
② 《湖北警察将仿北洋办法》，《申报》1905年12月16日。
③ 《张之洞重用冯启钧》，徐凌霄、徐一士：《凌霄一士随笔》，山西古籍出版社1996年版，第408页。
④ 《张军机电饬巡警道暂不建署》，《时报》1907年12月11日。
⑤ 《汉口小贸聚众万人捣毁警局抢劫粮店》，《顺天时报》1908年5月22日。
⑥ 《武昌府调署巡警道》，《时报》1908年6月19日。
⑦ 《湖北之来鸿去雁》，《时报》1909年11月12日。
⑧ 《京师近信》，《时报》1909年2月3日。
⑨ 《保奖巡警道冯启钧等片》，陈夔龙：《庸庵尚书奏议》，第1339页。

充巡士，再择优擢升。冯"亲率警察毕业生"试行站岗，① 以破除其学生习气。第二，改良警务机构。将警察局改为巡警总厅，各分局改为巡警分厅，并详订办事规则。② 分七科二十二股，分任其事。③ 第三，筹设州县警察。分派警察学堂毕业生前往各州县，随同地方官兴办警察。④ 第四，筹措警务经费。冯东挪西借，使警务得以维持。冯以此非长久之计，请仿照上海巡警拨关税成例，由江汉关拨款协助。⑤ 为湖北警务争取到由司关两库拨济的常年经费。⑥ 另外，冯还主持修筑马路，创办水上警察，创设市政研究所，改良省城客栈，约束警士不得盛气凌人，率领兵舰巡江等，使得湖北警务有所改观。

冯启钧得到重用，除巡警道本任外，又被派充各种差务。鄂督赵尔巽以巡警道缉匪安民，关系全省巡防警察要政，"必须假以兵权"，⑦ 委巡警道冯启钧节制全鄂水陆防营（1908年1月辞去）。1908年鄂军赴皖，举行秋操，冯启钧被湖广总督陈夔龙派往综理军需事宜，遗缺以候补道金鼎暂为代理。⑧

历任鄂督对冯启钧信任有加。直至1909年10月张之洞去世，鄂省政界发生微妙的变化，冯之处境大不如前。冯本拟往京亲奠，但张之辞世使鄂政界局面与从前不同，"凡昔日恃文襄为奥援者，均自危"，冯亦感受到今不如昔，只得谨慎从事，免遭因私废公之讥，"故不敢请假，遽离职守"，⑨ 只得委派警务公所司法科科长何

---

① 《警察全体更用学生之实行》，《时报》1907年12月18日。
② 《巡警改良办法详纪》，《时报》1908年2月27日。
③ 《湖北通信》，《时报》1908年4月27日。
④ 《通饬整顿警察》，《时报》1909年4月17日。
⑤ 《请拨关税助充警费》，《新闻报》1909年7月26日。
⑥ 《省城警费不敷恳由司关两库拨济折》，陈夔龙：《庸庵尚书奏议》，第1265—1269页。
⑦ 《札委鄂省防营管带》，《申报》1907年11月26日。
⑧ 《又奏委候补道金鼎代理巡警道片》，《政治官报》第370号，1908年11月5日，第15页。
⑨ 《湖北之来鸿去雁》，《时报》1909年11月12日。

锡蕃晋京代奠。

瑞澂总督湖广后，冯启钧的处境急转直下。瑞澂到任之前，即闻"某御史参鄂巡警道冯启钧八款"，① 对冯印象不佳。1910年4月，瑞澂下车伊始，以湖北巡警最为腐败，徒存虚名，对冯"冷嘲热讽"。② 冯被"严加申斥"。③ 5月，瑞澂派卫队将水陆巡缉营千总徐升及其弟徐盛、其子徐花子拘获，发交首县收押审讯。水陆巡缉营为巡警道冯启钧所辖，徐升素为冯启钧所倚重。瑞澂派"素有酷吏之名"的知县夏绍范会审，④ 又"添委候补道王士卫"督同审讯。⑤

瑞澂派多员会同审理徐升，目标不仅仅是徐升父子。徐案尚未审结，瑞澂便上折奏参冯启钧。参折所列冯启钧劣迹大致有以下几点。第一，"巡警章制毫不讲求"。巡警创办之后，原有缉捕营队当应取消。而武昌却设缉捕营一营，"且不归镇协巡防营管辖，专属于巡警道，纷乱军制，为患尤深"。认为警道兼统缉捕营队与警制不符。第二，"信用私人"。该道所委员弁警士，大多不是学堂出身，"非候补之牧令，即绿营之旧弁，下至游民劣役"，均厕身其中，又不加意教练，以致警政不修，诸多废弛。第三，"纵容劣弁"。该道所统缉捕营管带徐升，本系已革捕役，该道倚若腹心，遂致该弁借势怙恶，肆意横行，"积案累累，从未惩办，实皆有该道袒庇，而养成之"。第四，"循例忘义，厚自封殖"。综以上各款，瑞澂认为"湖北吏治积痼甚深，而以该道之溺职殃民为最著"，请将该道"即行革职，永不叙用"。⑥ 同时，提出委湖北候补

---

① 《神州日报》1910年3月13日。
② 《瑞新督下车政见种种》，《时报》1910年4月11日。
③ 《鄂省道员之恐慌》，《神州日报》1910年4月10日。
④ 《鄂省审讯缉捕劣弁情形续纪》，《时报》1910年5月17日。
⑤ 《鄂督严惩著名劣弁四志》，《时报》1910年5月20日。
⑥ 《署理湖广总督瑞澂奏参巡警道冯启钧溺职殃民折》，《政治官报》第917号，1910年5月20日，第10—11页。

道黄祖徽暂时署理巡警道缺。

据当时媒体报道，冯启钧触怒瑞澂之因，有几种不同的说法。其一，瑞澂上任之前，在上海养病时，冯启钧曾前去谒见。瑞澂询问此来是否奉有公事，冯答未奉，瑞即心生恶感，斥其擅离职守，冯乃败兴而返。瑞到任后，见武昌警政废弛，遂愈恶其为人。① 其二，柯逢时与冯启钧交恶后，为了报复，极力在瑞澂面前诋毁冯启钧。于是，瑞澂震怒，故有此疾风迅雷之举。② 其三，冯包庇徐升，扰害良民，徐升被拘后，冯启钧"代徐升运动京中大老，冀图开脱"，事为瑞所闻，大怒，遂列款密参。③

1910年5月20日，瑞澂参折上达后，清廷立即批示："湖北巡警道冯启钧循例忘义，警政废弛，纵容劣弁，扰害商民，着即行革职，永不叙用。"④ 又因瑞澂对湖北巡警道所出之缺请"饬下民政部择保明悉警政之员，请旨简放该缺"。⑤ 在将冯启钧革职的同时，发布另一道上谕，"湖北巡警道员缺着全兴补授"。⑥

冯启钧任巡警道时因警务经费支绌，东挪西借，亏累甚巨，达60余万之多。⑦ 其中"亏欠最多者为官钱善后两局及汉口中外各银行及票庄钱庄，综计欠数有五十余万金"。⑧ 革职后被勒令缴银赔补。湖北谘议局以该革道亏空公款，私置产业，呈请鄂督，提议将所置地皮查明充公，让冯另筹抵补。⑨ 但地皮是冯与开缺藩司李岷琛、现署藩司高凌尉、劝业道高松如等著名官商合资所购，牵涉之

---

① 《鄂督参革巡警道冯启钧原因》，《时报》1910年5月23日。
② 《京师近信》，《时报》1910年6月24日。
③ 《鄂督严参巡警道之影响》，《申报》1910年5月23日。
④ 《光绪宣统两朝上谕档》第36册，第95页。
⑤ 《署理湖广总督瑞澂奏参巡警道冯启钧溺职殃民折》，《政治官报》第917号，1910年5月20日，第10—11页。
⑥ 《光绪宣统两朝上谕档》第36册，第95页。
⑦ 《参冯启钧吓走伍铨萃》，《申报》1910年5月24日。
⑧ 《冯启钧之狼狈》，《时报》1910年5月27日。
⑨ 《冯启钧押卖地皮与洋商之骇闻》，《时报》1910年5月31日。

人太多，故瑞澂颇费踌躇，不欲深究。① 但谘议局所请，碍难搁置不究，因此冯札饬藩、学、臬三司及劝业、盐法、江汉关三道，会同确查。② 然而，该项地皮在武昌者押抵于湖北官钱局，在汉口者抵押于汉口交通、大清两银行，瑞以既已抵押，不便再为充公，令官钱局总办署劝业道高松如拍卖还款。③ 湖北谘议局认为，私在服官省份购置地皮，当照律入官，而瑞督准于变价抵偿亏空，有欠允妥，拟第二届谘议局开幕时提作正式议案，仍呈请瑞督实行。④ 但直至1911年3月，冯启钧任巡警道时亏累之款尚未还清。⑤

1910年7月，全兴抵鄂，在警务公所接篆。⑥ 全兴，年39岁，镶黄旗满洲松立佐领下人，拔贡出身，1901年10月由外务部派往日本留学警察，1904年9月毕业回国，充工巡总局委员，随后先后派署内城中分厅、左分厅知事，1907年5月调署民政部警政司员外郎，兼消防队统带，8月派充警政司行政警务科主稿，1908年9月补授营缮司员外郎，1909年京察经民政部保送一等。⑦ 全兴系民政部预保人员，其得简巡警道，实因民政部尚书善耆"再三密保该员才堪大用，为警务中不可多得之员"，⑧ 故蒙监国圈出。

民政部尚书善耆对湖北巡警极为关注，电饬全兴极力整顿，随时改良，不得再蹈覆辙。⑨ 然而，1910年8月，全兴甫经上任，瑞督以其人地不宜，调委全兴署理盐法武昌道篆，巡警道则仍由湖北候补道黄祖徽接署。⑩ 瑞澂曾屡电全兴，促其速来，却在全兴任事

---

① 《请看贩卖地皮之官场》，《时报》1910年6月1日。
② 《清查冯革道地产》，《新闻报》1910年6月5日。
③ 《官钱局拍卖冯革道地产》，《时报》1910年6月28日。
④ 《湖北谘议局二届开幕预备一斑》，《时报》1910年8月14日。
⑤ 《冯启钧欠款未清》，《新闻报》1911年3月18日。
⑥ 《新任巡警道抵鄂》，《新闻报》1910年7月9日。
⑦ 秦国经主编：《清代官员履历档案全编》第8册，华东师范大学出版社1997年版，第316—317页。
⑧ 《全兴简放巡警道之原因》，《大公报》1910年5月21日。
⑨ 《善耆注意湖北巡警》，《大公报》1910年8月6日。
⑩ 《鄂省政界近闻录》，《时报》1910年8月22日。

仅月余之际即将其调离,其原因有二。其一,瑞澂对全兴的第一印象不佳。全兴抵鄂之初谒见瑞督时,递交京中枢要的信函,瑞督以全兴为民政部特保人员,必能办事,却持函游说,与俗吏何异。全兴告辞后,瑞督令人将此函贴于客厅墙上,以供众览。① 其二,全兴赴任时于京津随调警员多名,安置于武汉各警区及警务公所,一时旧日警员撤换殆尽。不料新来各员多与本地人言语不通,于情形不熟,虽服务甚勤,但偷窃拦抢各案反较从前为多。② 再者,全兴虽系警生出身,却并不善于管理警务,办事不力,③ 故而旋被调任。但民政部却将此视为权力争夺之兆,如部员岳嗣彝奉部命赴安徽等省考察,途经湖北,向民政部尚书汇报,"闻黄祖徽与瑞莘儒制军通谱至交,此所以全道由京带去之人无论能否,皆以一滚字了之"。④ 言下之意,瑞澂任用私人,将民政部所保之员弃之不用。

10月,黄祖徽奉旨简授盐法武昌道,瑞督却以巡警需人管理为由,不令到任,仍命其署理巡警道缺。直至1911年4月,黄祖徽以警务已渐收效,央求准令履新,瑞督只得应允。而时署盐道全兴趁此机会,亦在京中运动,得枢部信函游说瑞澂,饬回巡警道本任。全兴回任后,瑞督告诫全兴"务守萧规曹随之训,不得妄动黄署道所用之人",⑤ 以维持湖北警务。即便如此,瑞澂仍不放心,认为全兴才具平庸,断难胜任,但又不宜直接将全兴撤任。故另谋办法,电商枢部,拟援江苏成例而变通之,于武汉特设警务总监一员。⑥ 警务总监虽然名为警道次官,"实则分权而治",以警务总监专管武汉警务,巡警道仍掌全省巡警之事,⑦ 并拟以湖北候补道祝

---

① 《湖北官事汇志》,《时报》1910年7月16日。
② 《正署两警道政见之比较观》,《申报》1910年9月6日。
③ 《湖北道员界之一面观》,《时报》1910年10月7日。
④ 丁进军编选:《清末江苏等省民政调查史料》,《历史档案》1988年第4期,第62页。
⑤ 《全警道得回本任原因》,《新闻报》1911年4月8日。
⑥ 《苦哉全警道》,《申报》1911年5月3日。
⑦ 《鄂省官场之五光十色》,《时报》1911年5月4日。

书远任警务总监。祝书远,顺天人,曾任民政部外城总厅佥事,民政部高等巡警学堂提调,历保道员,交由军机处存记,于去岁分发湖北,尚未到省。瑞澂电致京师,催促其赶紧前来。

1911年5月,祝书远到鄂。全兴之处境极为尴尬,力求部中奏请调任。① 早在全兴被撤任改署盐道之时,民政部各司员闻之引为大辱,认为瑞澂有意与民政部开衅。此刻,瑞澂又拟设警务总监,显然是排挤全兴。民政部以巡警道与总监权限难分,未便援宁苏分省之例,一省而有两巡警道员,故坚决不同意这一办法。但民政部无法缓解鄂督与巡警道的紧张关系,只得另想办法,奏请将全兴与安徽巡警道王履康对调。不久,奉上谕"全兴着调补安徽巡警道,湖北巡警道着王履康调补"。② 时人认为,此次鄂皖两巡警道对调,乃是"民政部调和之力,保全部中用人特权,不令督抚进退也"。③

奉到调任上谕,全兴即刻交卸,瑞澂委祝书远暂署警道。7月,王履康抵鄂接篆。王履康曾游学东洋研究警政,历任民政部参议、宪政编查馆科员、京师高等巡警学堂提调等职。④ 而祝书远系瑞督特调来办巡警者,不料民政部将前巡警道全兴与皖警道王履康对调。瑞督以王履康在部中办警学有年,未便再以待全兴之手段待之,所以急为祝道谋退路,委其署理盐道。⑤ 此后不久,辛亥革命爆发,湖北地方官望风逃窜,巡警道王履康亦微服出城,清廷谕令"着段芝贵确切查明",一律查办。⑥

冯启钧被革职后,一直寻求东山再起的机会,屡赴京沪秘密行动。赵尔巽总督湖广时对冯启钧较为倚重,冯闻赵将调任东三省总

---

① 《巡警道更动》,《新闻报》1911年5月21日。
② 《光绪宣统两朝上谕档》第37册,第99页。
③ 《全兴调补安徽巡警道之原因》,《时报》1911年5月22日。
④ 《鄂省巡警道交替纪事》,《申报》1911年7月5日。
⑤ 《鄂省司道之大更动》,《时报》1911年8月31日。
⑥ 《宣统政纪》卷64,宣统三年九月庚寅。

督,求其设法,并进京斡旋,以求开复。① 1912 年 2 月 3 日,内阁代递民政大臣赵秉钧奏,已革湖北巡警道冯启钧等被参冤抑,请予昭雪,② 得到批准,冯启钧终在清廷覆亡前夕恢复官身。

表 3-1　湖北巡警道员任职概况

巡警道员	在任时间	选任方式	原官衔	在任鄂督
冯启钧	1907 年 9 月至 1908 年 5 月	鄂督奏保,试署	候补知府	张之洞
冯启钧	1908 年 5 月至 1910 年 5 月	鄂督奏保,实授		赵尔巽
金鼎	1909 年秋	鄂督指名,代理	候补道	陈夔龙
黄祖徽	1910 年 5 月至 1910 年 7 月	鄂督指名,署理	候补道	瑞澂
全兴	1910 年 7 月至 1910 年 8 月	民部预保,监国简放,补授	员外郎	瑞澂
黄祖徽	1910 年 8 月至 1911 年 4 月	鄂督指名,署理		瑞澂
全兴	1911 年 4 月至 1911 年 5 月	回任		瑞澂
祝书远	1911 年 6 月	鄂督指名,署理	候补道	瑞澂
王履康	1911 年 7 月至 1911 年 10 月	民部奏请,调补	实缺道	瑞澂

湖北巡警道从设立至清廷覆灭,历时四年有余,先后六人任巡警道员,其中冯启钧、全兴、王履康等三人为本任,金鼎、黄祖徽、祝书远等三人为暂时署理。六员中,以冯启钧任期最长,将近三年。全、王二人虽为本任,但全兴因才具平庸被迅速调离,王履康接任时已临近武昌起义,在职时间均只有数月。黄祖徽虽为署理,却在巡警道任上将近一年。六任巡警道员中,除三名署理者皆为鄂督委派外,首任湖北巡警道冯启钧是鄂督在奏设巡警道缺时指名奏保,全兴由民政部预保请旨简放,王履康也是在民政部的斡旋下由安徽巡警道调任,且王补安徽巡警道任时亦是由民政部预保单内圈出。可见,巡警道员缺的补署,从初创之时不拘常格由外请

---

① 《冯启钧运动出山》,《新闻报》1911 年 5 月 7 日。
② 《宣统政纪》卷 70,宣统三年十二月己酉。

补，尝试转向遵循一次外补、一次内简轮流补署的规制。

从这短暂的几年看，湖北巡警道员的补署与督抚的好恶有着极大的关系。冯启钧之得署巡警道缺，系因追随鄂督张之洞多年，深为张所赏识。湖北奏设巡警道缺后，张虽然离任，身在京师枢府，却依然对湖北政界有着影响力，再加上冯启钧又取得了继任鄂督赵尔巽的信任，在赵去任前夕，冯试署尚未期满，就奏请对冯实授巡警道缺。陈夔龙接任鄂督后，承继前任所为，冯启钧也安居其位。而1909年底张之洞辞世对湖北政界产生了较大的影响，冯启钧等由张之洞提携之人顿失依傍。随后，瑞澂出任湖广总督，大刀阔斧地整顿湖北吏治，雷厉风行地刷新人事，冯正触其锋芒，立遭革职。湖北巡警道缺出，因民政部尚书善耆力荐，监国从民政部预保名单中遴选全兴继任。全兴初见瑞督即因行为不端引起不满，甫经任事月余，即以人地不宜调离，另委派署盐道，而以黄祖徽署巡警道。嗣后因黄坚决请赴新任，全兴趁机运动枢府得回巡警道本任。瑞澂对全兴甚为轻视，不惜变通警制，在武汉设警务总监，以分全兴警道之权，被民政部制止。而全兴难安其位，经民政部斡旋，与安徽巡警道互调，得以保全颜面。民政部以为瑞督故意与中央为难，设法维护全兴的同时，也是在维护民政部的面子与用人权。由湖北巡警道的补署调黜可见，清季督抚实力确有扩张，在该省道员的任用上具有重要的影响力。不过，督抚权力的膨胀也不能过分夸大，清廷及中央部院仍然具备约束督抚的权力，并且通过官制改革，将督抚的用人权进行了一定的回收。

在巡警道员的选任上，民政部与督抚之间确实存在竞争，且以督抚的影响占据优势。但督抚之任用巡警道却并非如民政部所认为的那般任人唯亲。各督抚遴委用人之际，既有位置私人的考虑，也较为注重选择能员干吏，以办理新政。如瑞澂总督湖广的一年半时间里，湖北共经历了五位巡警道员。瑞澂除对冯启钧早就心存恶感，与黄祖徽素有私谊外，对其他各员并无成见。虽然全兴在鄂遭受冷遇，但简放之初瑞澂曾多次催其来鄂接任，可见殷切之情。因全兴到任之后举措不当始遭瑞督讥笑。后瑞澂虽拟设警务总监，但所调人员乃是曾经在民政部任职，又曾被民政部预保记名巡警道，分发湖北尚未到任的候补道祝书远。而后王履康调任湖北巡警道，瑞澂待之以理，并无为难。可见，瑞澂并非故意与民政部为敌，其撤全兴之任，拟设警务总监，皆有整顿湖北警政、办理新政要务的考虑，而非仅为意气之争、权力之争。

清末新政后期的官制改革，是清廷为挽救统治危机而推行的。由湖北巡警道员的选任可见，在推进官制改革的过程中，内外官员未能和衷共济，而是力求扩大自身的权力，以致互相猜忌，从而影响了改革的进展与成效。

第三节　考核与升转

考核与升转是激励官员勤俭奉公、实心任事的重要行政手段。清朝对官员的考绩，分京察、大计两种，"大计三年一次，吏部于举行之年具题请旨，通行各省督抚府尹等遵照办理"。[①] 考核之后，道府官员如何升转，清代官则官规中有明确而详细的规定。据清朝吏部则例，道府办事勤慎、考核优异者，"升太常寺少卿、鸿胪寺卿、太仆寺少卿、通政使司参议、光禄寺少卿、各省按察使"，[②] 以为激励。若不能胜任，则据情惩戒，或贬斥，或罢黜。

警务为新办之事，警官为新委之职，其升转问题亦为举办警务者所重视。创办警务之初，警官皆差委，遇有升转仍照原衔原职，"勤者不调剂则鼓励无资，调剂则不能久任"。1902年，岑春煊建议于京师设警务部，各省设警署，厘定警官等级，建立自下而上的

[①] 《清代各部院则例·钦定吏部则例》，第98页。
[②] 《清代各部院则例·钦定吏部则例》，第48页。

警察系统，使警官在警察体系内升转，"俾得久于其事"。① 不过，警察初创，这一建议很难落到实处。即使巡警部、民政部成立后，从其他部院奏调的司员，也暂未开去原有各衙门差缺，"遇有升转，仍因其旧"。② 巡警道缺设置之后，端方"条陈将来巡警劝业两道升转之法"。③ 随后，军机处拟将"各部院及新设衙门升转章程重加厘定"，④ 交政务处会同宪政编查馆会商办法，但未能拿出方案。至辛亥年间，巡警道之升转尚未确定规制。

然而，由于巡警道在内外官制整体变动中设置，设官意图与选官标准皆与前不同。中央部院的调整改变了固有六部格局，省级官制的变革力图与新立中央部院相对应，以期各类政务能够上下衔接。政事以类相分，各专责成，顺利运行，是此次官制改革的目的之一。在官制改革中，巡警道与以往道府相比，选任的方式与资格皆有不同，而巡警道的考核，受已经变化了的职官体系与选才观念的影响，与以往道府的考核也不同。

民政部作为与巡警道对应的中央部院，试图掌握对巡警道的考核与升转之权。从民政部所拟的直省巡警道官制及分科办事细则，可以清楚地看出民政部的这一意图。该细则第三条至第七条规定如下：

> 第三条，巡警道自到任之日起，每届三年作为俸满，届时各该省督抚将该员平日所办事宜有无成效，详细咨明民政部，由部查核与平日考验成绩是否相符，胪列奏闻，或留任，或升擢，或调他省，或调本部，请旨遵行。
>
> 第四条，巡警道除受各该省督抚节制考核外，仍由民政部

---

① 《川督岑春煊设立警务学堂折》，《光绪朝朱批奏折》第 26 辑《内政·保警》，第 553 页。

② 《大理院续调司员》，《大公报》1907 年 3 月 26 日。

③ 《巡警劝业两道升转章程》，《大公报》1908 年 7 月 29 日。

④ 《会商升转章程》，《时报》1909 年 3 月 28 日。

随时考查，不得力者即行奏请撤换。

第五条，巡警道举办一切事宜随时申报该省督抚外，仍于年终汇齐造册列表申报民政部查核，如遇重要事件，准一面申报该省督抚，一面报部。

第六条，巡警道应督饬各厅州县按照奏定各省官制通则，举办巡警，并得禀明督抚，随时亲履查看或派员视察，完竣时除禀复本省督抚外，仍将详细情形申报民政部。

第七条，各省举办巡警需要款项，均由巡警道随时禀请督抚筹拨应用，所用各款除禀由督抚照例奏销外，仍由该道按年汇造清册，申报民政部查核备案。①

民政部所拟考核办法，分为俸满考核、年终汇报与平时考查三种，由督抚与民政部共同负责。俸满考核即清朝固有的报满制度，官员三年俸满后，由该省督抚出具考语，报民政部查核，参考平时的考绩，分出优劣，列单请旨。年终汇报即巡警道一年内所办各事及所用款项，须于年终之时造列清册，汇报于民政部。此外，民政部可随时考查各巡警道办事成绩。

宪政编查馆审核该官制细则，对于巡警道员的考核，基本肯定了民政部的意见。不过，在考核之后的处理上，对民政部原定条款做出了一些调整。奏定巡警道官制细则第三条，去掉"或留任，或升擢，或调他省，或调本部"，意味着民政部在考核时只能考查巡警道员的成绩，而不能给出具体的处理意见，只需将各巡警道员成绩"胪列奏闻"，至于升转撤留的人事任免，则属于"君上大权"。第四条的修改与第三条相似，将"即行奏请撤换"改为"即行据实奏参"，②同样否决了民政部关于巡警道员的直接任免之权。

---

① 《民政部拟订各省巡警道官制并分科办事细则》，《盛京时报》1908年4月16日。
② 《宪政编查馆奏定直省巡警道官制细则》，《盛京时报》1908年6月2日。

从奏定巡警道官制细则可见，对于巡警道员的考核，主要由督抚、民政部及皇帝三方参与。督抚是省级官员的最高长官，身处地方，最能了解巡警道员的政绩得失，因此在考核中，首先由督抚对该员进行考查，将其政绩具实呈报民政部。民政部复核督抚所列政绩，再上呈皇帝，据情奖惩。在这一过程中，疆臣、部臣与皇帝之间的权限既有清晰的界限，又互相影响。

摄政王当权后，以各省司道大员责任重大，用非其才贻误不浅，与枢臣商议，拟"嗣后司道大员政绩如何，应饬各督抚随时考察，每半年入奏一次"。① 民政部拟定逐年筹备未尽事宜清单，要求各省民政司巡警道遵照清单认真筹备，并将筹办成绩按期呈报。此章程经民政部于1909年9月奏定通行，各省民政司巡警道办事成绩及所属各员，每六个月造册列表，出具考语，申报一次。1910年4月，民政部再次强调每届六个月分类申报，"如有逾期不报者，即有臣部指名究参，以儆玩忽"。②

麦秩严奏参警务腐败之后，枢府草议甄别巡警劝业两道办法，"即系会同民政、农工商两部，详细查核各道自到任以后所有政绩，分别留任、实授、降调三项办法"，③ 并饬令民政部，"将各省巡警道民政使严加查核，如有任意敷衍贻误要政者，即行具折奏参"。④ 民政部尚书善耆对于此事极为重视，拟于考核时，最注意两事：第一，各该省警察要政进行之迟速；第二，地方自治办法之优劣。所有各巡警道之甄别去留即以此为依据。⑤ 此外，麦秩严奏请参酌日本办法，详定警察巡阅规则，每年由民政部派员分赴各省巡视一次。根据此提议，1910年3月，民政部奏定巡视各省民政

---

① 《改定考查司道大员办法》，《申报》1909年5月8日。
② 《民政部奏议复御史麦秩严奏各省警察腐败有碍宪政恳饬速定民政司巡警道选任章程折》，《盛京时报》1910年4月23日。
③ 《决定甄别巡警劝业两道》，《大公报》1910年1月1日。
④ 《巡警道与民政部》，《大公报》1910年1月28日。
⑤ 《巡警道考绩之实行》，《大公报》1910年5月10日。

章程，民政部分年逐次派员巡视，凡各省禁烟、地方自治、户籍、巡警等项，及其他本部所管一切事务，均详细调查，造具报告。随后，民政部密遣部员，分往两江两广等处巡视。①

而后因湖北巡警道冯启钧被参革职，引起朝野注意，巡警道的甄别问题显得更为迫切。摄政王载沣闻讯震怒，"立即亲笔自草谕旨，交军机照发"，②斥责各省添设巡警劝业道员时，或将裁缺人员改授，或于候补班中按资请补，"名为公道，而人不称职，则事多废弛"，以致闾阎难安，实业无望。谕各督抚对现任巡警劝业两道悉心考核，"如其不能胜任，或于此缺不宜，即行奏明开缺另补"，不得回护瞻徇，"总期为缺择人，不为人择缺"。③此谕严厉批评由外请补巡劝各员不称其职，对督抚奏保之员表现出极大的不满与不信任。

这一严谕由冯启钧参案所引发，然起因绝非如此简单。一方面，各督抚所保巡劝二道，"大概非取之于首道，即取之于各阔候补道，其中非专门人才者十有八九"。④巡劝二道请补时"多以初次设缺，不必循例"，督抚借机位置私人。此外，"每易一督抚，又将前补之员奏参"，如湖南劝业道沈祖燕降为通判，山西巡警道王为干降为同知，湖北巡警道冯启钧被革职，四川劝业道周善培被参劾，导致二道更换频繁，政事不顺。为此，军机大臣吴郁生密奏各省督抚往往不顾大局，私心用事，"每择缺分之肥瘠，以为调剂私人之地步"，摄政王颇为所动，所以在整顿巡劝二道明谕中"有为缺择人，不得为人择缺之二语"。⑤另一方面，新设巡警劝业两道各缺，由外请补为多，部中大吏多不满于此，"此严厉之谕旨，

---

① 《民政部奏议复御史麦秩严奏各省警察腐败有碍宪政恳饬速定民政司巡警道选任章程折》，《盛京时报》1910年4月23日。
② 《严谕甄别巡劝两道之原因》，《申报》1910年5月28日。
③ 《光绪宣统两朝上谕档》第36册，第98页。
④ 《京师近信》，《时报》1910年6月11日。
⑤ 《初十日上谕之又一原因》，《大公报》1910年5月25日。

或即胚胎于此"。① 巡劝二道有渎职之处，自当获谴，而朝廷及部院力图中央集权也是导致此举不可忽略的因素。

针对这一问题，政务处召开会议，提出虽奉谕通饬各省甄别巡劝二道，然日久不免成为具文，要求民政部、农工商部"核定巡警劝业两道应有之资格，由政务处详加复核，奏请颁行"，② 以定规制，而易遵行。传言枢府严行考查，拟将巡警劝业两道大加更动，"闻有山东、湖南、四川、甘肃四省巡警道，又甘肃、四川、云南三省劝业道，均系不知振作，成绩毫无"，③ 大约将被淘汰。不久，诸军机复行会议，推翻前番设想，以此项员缺紧要，"未便遽易生手，自应暂仍其旧"，但须再电各省恪遵甄别巡劝之谕旨，随时考查，如有不能胜任之人，即行奏明办理，不得敷衍迁就。④ 但经过数月之久，"各督抚尚未复奏"，枢垣以"其中难免有敷衍蒙蔽之处"，⑤ 片交民政部、农工商部，即由两部另行设法甄查。事到最后，如同舆论所预料的那样，"表面言之，则此严厉之谕旨，未必无所影响，而就实事上言之，则窃恐考核托之空言，不称职者仍如故"。⑥ 造成如此之结果，乃因甄别者犹是应加甄别之人，"盖天下事，变甲而不变乙，则其改革也为无效"。⑦

1910年为大计之年，根据清朝固有职官考绩规制，大计之时，道府各官由藩臬注考，汇于督抚。督抚核其事状，注考缮册，送部复核。一省各官，"该督抚将应举应劾之员分为二本，先由通政司送内阁具题，奉旨后吏部会同都察院吏科、京畿道考核题复，奉旨将应行引见之员行文调取"。⑧ 巡警道等新设之缺，大计之时，如

---

① 《论谕考复巡警劝业两道事》，《盛京时报》1910年5月24日。
② 《拟定巡警劝业两道之资格》，《大公报》1910年5月22日。
③ 《巡警劝业两道尚须更动》，《大公报》1910年5月25日。
④ 《巡警劝业两道暂仍其旧》，《大公报》1910年5月29日。
⑤ 《议设法甄查巡警劝业两道》，《大公报》1910年9月5日。
⑥ 《论谕考复巡警劝业两道事》，《盛京时报》1910年5月24日。
⑦ 《论谕考复巡警劝业两道事》，《盛京时报》1910年5月24日。
⑧ 《清代各部院则例·钦定吏部则例》，第98页。

何对其考核，尚无成例。川督为此致电吏部，询问本届地方官员大计之法，"藩学法应否与运警会衔，巡警道应否与运司一律，不归三司注考"，向吏部请示办法。吏部复川督电曰，本届大计，地方各官照旧办理，"巡警道仍归藩学法注考"。① 吏部是主持大计的中央机构，主张对巡警道的考绩仍由藩、学、法三司评定，而将民政部排除在外。

不过，民政部并不认同吏部之意见。巡警道所属各官多未奏补，已补署各员上任未久，尚不到俸满时间。民政部尚书善耆以本届大计，巡警官吏须暂缓，俟警官任用章程奏定后再办。不过，对巡警道的考核，民政部拟定的大计办法，与吏部的主张不同，各省巡警道"由各该省督抚注考"，② 出具考语，而非仍归藩、学、法三司注考，注考后送交民政部，由民政部考核殿最，分别奏闻，而不是吏部会同都察院吏科、京畿道复核。民政部所拟办法奉旨允准，通行各省督抚遵行，最终否决了吏部遵照旧有规制的办法，突破了大计旧时定规。也说明了在新官制改革下，巡警道等新设官缺截然不同于旧有官僚体系，不再注重通才，选官标准、考核方式及升转途径随之转变，逐渐走向专业化的道路。

1911年7月，民政部奏本届各省巡警道计典，遵照奏定巡警官吏大计办法，除奉天、吉林、黑龙江等省经奏准展至下届办理，广东奏明展限三个月，江宁、新疆尚未设置道缺外，直隶巡警道因时已交卸未据该督出考，河南、安徽、甘肃三省新任巡警道均未到任，例不出考，其余江苏、山东、山西、陕西、浙江、福建、湖北、湖南、四川、广西、云南、贵州等省由各该督抚出具考语，胪列事实，造具清册，先后咨送民政部。民政部复查原册所开考语事实及各该员等历俸年限，均系不入举劾人员。③ 此次大计，各巡警

---

① 《吏部复川督电》，《政治官报》第1098号，1910年11月17日，第4页。
② 《宣统政纪》卷49，宣统三年二月丙戌。
③ 《民政部奏本届各省巡警道计典折》，《政治官报》第1325号，1911年7月9日，第3页。

道员任职多未满三年，经各督抚注考并汇总于民政部，未保举一人，也未弹劾一人。

自丁未新外官制颁布，至辛亥年间，仅有三四年，巡警道尚处于创办阶段，因此，考核巡警道员的方式与途径也处于初步探索及逐渐形成时期。由于新官制仿照立宪国设官原则，注重专门，强调同一政务体系内上下贯通。选官须有专业资格，考核亦须由相应部门主持。因此，作为主管警务的中央部院民政部，主动承担起查考巡警道员的责任。巡警道逢半年、年终须将筹办各事及应用款项汇报于民政部，并须随时接受民政部的考查。大计之时，破除旧规，巡警道员由各该督抚注考后，汇于民政部综核优劣，再行上奏。

虽然清廷枢臣与民政部多次试图对在任巡警道员进行考核甄别，却往往但闻响雷，不见滴雨，最后不了了之。而督抚驻守外省，与司道政务往来及日常接触密切，对司道平日为政态度与政务处理了解较多，因此对于巡警道的考核甄别与升转降黜，督抚须承担更多的责任，其意见也较为准确。清末各省巡警道存在时日不多，长则四五年，短则一两年，大计仅有一次，俸满考核几乎没有，因此，能够影响巡警道升转降黜的考核甄别，仅有督抚为之。

各督抚奏设巡警道缺之时，声称先行遴员试署者颇多。各该巡警道员试署一年期满，皆由各该督抚考核一年办事实绩，如若胜任，即奏请实授斯缺。如湖北巡警道为张之洞督鄂时奏设，委冯启钧试署，1908年5月，冯启钧试署尚未一年，湖广总督赵尔巽即将去任，"于交卸时专折奏保冯道精晓警务，并谙交涉"，① 请实授斯缺。又如浙江巡警道杨士燮于1909年5月接篆试署，次年6月，浙抚增韫奏巡警道杨士燮等期满，请实授，6月4日，杨士燮补授巡警道缺。② 四川巡警道高增爵、云南巡警道杨福璋、安徽巡警道

---

① 《武昌通信》，《时报》1908年5月16日。
② 《光绪宣统两朝上谕档》第36册，第125页。

卞绪昌，也分别于试署期满后实授该缺。

巡警道受该省督抚之指挥监督，与该督抚齐心合力、精诚合作、共赴时艰，是推广警务的关键。晚清各省督抚更换频繁。疆臣变动之时，通常是甄别与调整司道之际。巡警道与继任督抚往往需要一段时间的磨合，才能协作共事。如山东巡劝二道，于吴廷斌护理鲁抚时奏保潘延祖、萧绍庭补授。潘、萧两人为报吴廷斌奏保补缺之恩，在吴离任之时赠银十几万两。此事被新任鲁抚袁树勋查出，甚不满意。潘自知不妥，心中惶恐，借养病之名久未敢谒见新抚，并"禀请削去洋务局善后局两总办兼差"，以自行退让为保全避祸之策。袁树勋果然不再追究，准其将善后局差卸去，以"洋务亦巡警道应管之事，不准销差"。① 潘延祖的巡警道之位复又安稳。

每当督抚更迭之后，巡警道与新任督抚通常需要磨合。山东如此，河南亦如是。河南巡警道于1909年9月吴重熹抚豫时添设，以蒋楙熙试署。蒋为吴重熹抚署总文案，深得吴之青睐。1910年4月，吴重熹被召进京，豫抚由宝棻调任。蒋楙熙与新抚宝棻的关系经历了一段波折期才走向和睦。蒋楙熙为汴抚总文案期间，倚势凌人，"汴省府厅州县几惟蒋道一人是命，官界幕界无不恨之"。② 对于商界，蒋勒令索捐，异常苛派，故蒋在豫省声誉不佳。汴绅曾联名呈院奏参，吴重熹念及私情，留中未发。宝棻抵任后，蒋楙熙三次求见，均未得见。宝棻对人曰，汴中现有三疟症，以汴省巡警最为腐败。③ 蒋楙熙以知府指分河南，善于投机钻营，不过数年，即补道缺。宝棻到任后，议劾去之。蒋私自入京运动，得某军机尺牍说项，故复安然无事。④ 后蒋取得了巡抚宝棻的谅解，并逐渐赢得了宝棻的好感。1910年12月蒋楙熙试署期满，宝棻奏"该道年力正强，才具敏捷，所办省城巡警规模整肃，布置有方，如修筑马

---

① 《济南通信》，《时报》1908年6月15日。
② 《汴抚总文案之狼狈》，《新闻报》1910年5月12日。
③ 《新汴抚下车之言》，《新闻报》1910年6月10日。
④ 《河南政界现象》，《神州日报》1910年9月25日。

路、筹备市场、讲求卫生等事，无不尽力图维，日有进步，各属警务亦颇认真督饬"，① 请实授巡警道缺。

然而，巧合的是，宪政编查馆选派馆员分赴各省考察新政成绩，各员先后察竣回京，将考察实际情形逐一呈报，以蒋楙熙办理不善毫无成绩而弹劾之。宪政编查馆参折与宝棻奏保之折同一天到达，摄政王载沣览两折截然不同，面谕枢臣，"各督抚未免徇私，举核属员恐多不实，可拟旨通谕各省督抚，嗣后举劾属员务须切实，倘经查出徇私，原办大臣是问"。② 面对两种完全相反的意见，载沣信任中央派遣之员，而对督抚存有猜疑之心。故蒋楙熙开缺另补。

开缺原因，有两种截然不同的说法。其一，蒋楙熙本为豫抚吴重熹之总文案，不知警学，试署巡警道之后，于警务并无丝毫整顿。宝棻到任后，该道又施其运动手段，大得宝抚欢心。蒋试署期满之际，求宝棻奏保补实。但宪政编查馆派员查办各省新政成绩，查出该道劣迹甚多，上章弹劾，奉明谕开缺。其二，蒋于警务颇有能力，力求兴革。但巡警道一职与民交涉之事最多，事繁责重，而警章又为数千年所未有，不解之人在所难免，执行警务容易遭人猜疑。再者，蒋为吴重熹所倚重，升迁太快，不免为同僚所妒。所以宪政编查馆所派调查宪政之员来豫时，蒋未获美评，故而获谴。③

蒋楙熙奉旨开缺后，宝棻却以该道办理警务日有进步，业已奏请实授，虽然同日奉宪政编查馆奏参开缺，但近来省垣警务吃紧，所请委署又难得其人，应俟新任到时再行交卸。④ 可见，宝棻对蒋仍然信任，蒋奉旨开缺，还予以挽留，不令立即交卸。1911年3月，宝、蒋二人因伶人演戏发生冲突，蒋称病请假，并送交印信，决意请去。宝棻委开封府知府袁暂时护理巡警道缺。此事被各大报

---

① 《河南巡抚宝棻奏巡警道蒋楙熙才堪胜任签恳实授片》，《政治官报》第1129号，1910年12月18日，第12—13页。
② 《滥保警道之结果如是》，《新闻报》1911年11月28日。
③ 《警道开缺原因》，《顺天时报》1910年12月24日。
④ 《警道请卸不准》，《时报》1911年1月8日。

纸连续报道，闹得沸沸扬扬，亦被清廷枢府耳闻。经载泽提议，枢府为此廷寄各督抚谕旨，"现在国家多故，正赖大小臣工和衷共济，以支危局，近闻各省督抚与司道各员每因细故即互生意见，以致各项新政多有延缓不办，此等恶习万不可长"。① 拟将意见不合者量为更迭，或参处一二，以儆效尤。

宣统三年新内阁成立后，民政大臣改由桂春署理。桂春接任后，召集民部司员，详问各警道政绩之优劣，并拟定考核各省巡警道政绩条规十则："警察进行之状况，乡镇市警察是否照本年规制扩充，任用警察官长人数（须注明出身），巡警人数（须注明区岗），划分区所数目（须注明地址），巡警之操法，地方自治是否完全成立，民教是否相安及匪类情形，户口调查之详细情形，禁烟之进步。"② 交承政厅札文分饬各省巡警道详复。

晚清各省巡警道员的变动比较频繁，在武昌起义之前，除陕西巡警道张嘉猷、安徽巡警道卞绪昌病故，四川巡警道高增爵丁忧之外，湖北巡警道冯启钧、湖南巡警道赖承裕、山西巡警道王为干、河南巡警道蒋楙熙、直隶巡警道舒鸿贻被革职开缺。各省巡警道虽然设立时间不长，但被革职开缺的竟有五位之多。这固然是由于巡警道员贪渎枉法、处事不力，系咎由自取，但其中并不乏能员干吏，他们在巡警道任上不能全身而退，除上述个人原因外，乃是由于当时社会矛盾激化，警察为亲民之职，与民接触最多，处在矛盾的焦点位置，故而遇有突发事故，巡警道首当其冲，在清廷与民众之间难以调和的矛盾冲突中被两面夹击。如湖南巡警道赖承裕在长沙抢米风潮中处理不当，无法化解危机而进退失据，只有被革职的命运。

巡警道被革职开缺者多，因政绩卓著而被提拔升署缺者少，仅有江西巡警道张检暂署臬司，云南巡警道杨福璋升署提法司。江西

---

① 《更迭督抚司道之机兆》，《神州日报》1911年4月27日。
② 《查考各省巡警道之条件》，《时事新报》1911年8月31日。

巡警道张检,"为人最重面情",① 凡警务上大小事件,如果警务公所科长求情通融,无不立即给予解决。藩司因财政紧张主张裁冗员、减薪水,"张道为见好属吏,拟不裁员不减薪",② 而是谕令各区裁减巡警十名,以裁饷抵减薪。张检驭下甚宽,以致各委员肆无忌惮。候补道施之瀚呈请冯抚饬令整顿,然"冯抚与张道相厚",未予允准。不过,张检操守甚谨,"公帑罚项一介毫不私取,其廉洁为赣省大吏中所仅见"。③ 1910 年 8 月,江西臬司病故出缺,巡抚冯汝骙委张检暂为署理臬篆,所遗巡警道缺以抚署总文案陆长佑暂署。适逢江西改设提法司,张检遂改署法司,望得补此缺。张检为晚清重臣张之洞子侄,又是大军机鹿传霖的亲戚,京中大老对其颇多照顾。虽然"宦囊甚为虚涩",但出仕多年,官路尚属顺畅。张之洞病逝后,张检失去一大靠山。此时鹿传霖又病笃,"其旧交不及金钱运动之灵妙",张遂失败。④ 不过,直至 1911 年 9 月,赣省提法司张学华始到任,署法司张检须仍回巡警道本任。但随着辛亥革命的爆发,事实上张尚未回任,江西即宣布独立。杨福璋在云南巡警道任上三年之久,1911 年 9 月,署理提法司缺。⑤ 另有甘肃巡警道赵惟熙升署提法司,但当时已是 1911 年 11 月,清朝已经身处革命洪流的冲击之下了。

巡警道升署者为数不多,但调动较为常见。湖北巡警道全兴因人地不宜与安徽巡警道王履康互调,四川巡警道周肇祥调任奉天巡警总局总办,上已有述。广东巡警道王秉必,其兄王秉恩本为督办粤汉铁路分局总办,补授高雷阳道后,兄弟同省为官,与例不合,粤督照例咨询吏部是否回避。⑥ 不久奉上谕王秉必与广西巡警道刘

---

① 《赣省官界之大概》,《汇报》1909 年 7 月 24 日。
② 《赣省政界种种》,《时报》1909 年 9 月 21 日。
③ 《赣省警界之种种》,《时报》1910 年 8 月 21 日。
④ 《赣省政界近事种种》,《时报》1910 年 9 月 10 日。
⑤ 《提法警道另调人员》,《时报》1911 年 9 月 1 日。
⑥ 《护理两广总督胡湘林奏道员王秉恩王秉必同官一省应否回避片》,《政治官报》第 689 号,1909 年 9 月 26 日,第 14 页。

永滇互调。广西巡警道刘永滇甫过而立之年，即署道缺。"少年喜事，颇欲振兴"，① 重任学生，警务公所各区局所之科长科员、区官巡官巡弁等差，学生占十之七八，候补员占十之一二。刘调任广东巡警道，交卸之际，"张抚委候补道彭、沈、黄、何、刘等"，② 皆不愿署理巡警道缺。盖因警道属官中学生居多，而学生甚为团结，"自警道以下各官，非挟制抵抗即排挤"，故不敢接任，后由桂林府知府欧阳中鹄署理。刘永滇为名家子弟，"刚介连俗"，调任广东巡警道后，因年轻敢于任事，又与同寅不和，"督臣听细说"，③ 即将刘调任琼崖道，而以王秉恩替之。

巡警道调动，以各省巡警道缺之间的平行调动为多。可见，各级警官需要具备专业学识及经验，警官之升转应当在本系统内进行，以保证用得其学，已经渐为时人所认知。除各省巡警道之间的平行互调外，江苏巡警道汪瑞闿调任湖南盐法长宝道，遗缺由湖南关道吴肇邦调补，属于不同省份道缺之间的平级调动。此外，还有一省内部的互调，如1911年4月直隶署通永道叶崇质与直隶巡警道舒鸿贻互相调署，1911年11月浙江巡警道杨士燮与温处道郭啸麓互调，这些同省之内的平行调动均由该省督抚主持。

由于清季巡警道存在时间短暂，且处于内外官制全面变动之时，旧有道缺的考核与升转规制已经不能适应新设巡警道缺，而新的办法正在形成之中，因此，对巡警道的考核主要依据奏定巡警道官制细则，由督抚定期向民政部汇报巡警道任事成绩，或由民政部派遣部员前往各省实地考察，但这些考核并未产生实际的约束力。并且，由于各省巡警道任职时间不长，三年俸满考核制度实际上也未能实行。而大计之年的查核，虽经民政部变通大计旧规，由督抚注考，交由民政部汇总举劾，但也未举一员，未劾一员。

---

① 《桂省警界一斑》，《神州日报》1909年8月1日。
② 《广西巡警道得人之难》，《神州日报》1909年10月17日。
③ 叶玉麟：《清故广西巡警道刘君家传》，《青鹤》第7期，1934年，第3页。

事实上，清季巡警道的考查，主要在督抚交替之时进行，继任督抚出于各种原因，对现有巡警道进行甄别。而清廷与民政部下令督抚甄别巡警道员，却多被敷衍而不了了之。另外，巡警道的调任和升转也与旧有道缺不同，调任以各省巡警道缺之间的平行对调为主，而遇有升转，多升署该省与警察职掌关系密切的提法司。由此亦可见清季官制改革后官员选任升调专业化的趋向。

第四节　遴委属官

警务公所属员的年龄、籍贯、出身及教育背景、从业经历等综合素质，影响着该警务公所的行政效率。各省巡警道对属员的选任，经历了由自主遴委到选任资格逐步规范的过程。在这一过程中，清廷自上而下的规范起到主要的推动作用，而各省巡警道员的贯彻力度以及社会上相关人才的储备状况，都影响着警务公所属员的整体面貌。

巡警道添设后，首要事务是配置警务公所各科职员，以便执行各项警察事务。1907年9月，奉天巡警道邓嘉缜派委道署内四科佥事及试办科员，以王治馨为行政科佥事，陈友璋为司法科佥事，忠芳为卫生科佥事，四科试办科员亦委员派充。在所派委诸人中，候选道员王治馨曾任巡警部稽查处委员、天津巡警局提调、奉天巡警总局总办，经办警务多年，具有丰富的警务阅历。陈友璋亦在警察局从业多年，曾任京师外郊巡警总办。忠芳曾任奉天省城巡警教练所学务长、巡警学堂总办，具有较深厚的警学知识。可见，奉天巡警道署所配置的四科佥事皆有丰富的办警经验，熟悉警务。而且，王治馨为候选道员，充任行政科佥事乃是以大员补小缺。而山东巡警道衙署创建之时，巡警道潘延祖"深恐书差恶习久必舞弊，所以设官之初慎之又慎"，各项差役一概裁撤不用，"一切办公委员居多"。① 从奉鲁二省巡警道署的委员来看，新建的巡警道署在用人上力图与旧官署相区分，委员不拘常格，注重任用具有办警经验者，以焕发生机。

1908年6月，巡警道官制奏定颁行，该官制规定了警务公所课长、课员的品阶，以及委任资格与办法，即"课长秩视六品，副课长秩视七品，课员视八品，均以中外警务学堂毕业之学生及曾办警务得力人员，由巡警道禀准督抚分别任用，但开办之初得以不拘原官品级，酌量差委，仍将各该员履历申报督抚，咨明民政部备案"。② 后又改课为科。根据该章程，警务公所各员应由巡警道自行遴选，禀准督抚任用，然后呈报民政部备案即可。公所用人委员由该省巡警道掌理，各该督抚对此有较大影响，民政部无权置喙。不过，民政部尚书善耆以各省遴委之员"恐非警察出身，办理究有不善"，通饬各省，"除巡警道一缺遵照定章办理外，其余警务各员仍应由部尽先派遣分往各省，再由各该督抚派委，并应将各该省所有中外学堂警务毕业人员一律咨部，以凭选派"。③ 民政部此举乃是希望将各省警官的选任权掌握在手中，从人事的控制上加强对各省警务的发言权，从而影响各省警务的进程。

但民政部这一计划仅止于设想，遭到各省巡警道的漠视与抵制。不仅如此，奏定巡警道官制细则中关于所用警员须"于警政警学研求有素"的规定也难于彻底落实。如湖南巡警道赖承裕接印后，裁撤原警务总局总办、会办，各委员遵照新章改立名目，加札派委，警务公所属员尽为原警务总局各项委员。"警察毕业员绅皆赋闲，巡警道赖子佩所委办理警察各员并非学堂毕业"，④ 以致赖承裕遭到警察学生的京控。因此，民政部调查各省警官出身，咨

---

① 《力除旧弊》，《大公报》1908年3月18日。
② 《宪政编查馆奏定直省巡警道官制细则》，《盛京时报》1908年6月2日。
③ 《各省警务人员拟先由部奏派》，《盛京时报》1908年6月10日。
④ 《湘省警察学生之京控》，《神州日报》1908年6月23日。

行各省督抚将"各处巡警局总办及各科员是否均系警学毕业生出身",① 查造清册送部,以了解警员整体素质,以便统筹提高办法。

无奈晚清官场候补官员众多,仕途壅滞,新官制改革又裁撤归并部分旧衙门,裁缺人员更是加剧了这一问题。为了顺利裁并旧署,须对裁缺人员妥善安置。善后之法,无非是为他们提供相当的职位,而只有新设官署中尚有职位缺口。虽然改制之初,清廷极力强调必须慎重新官缺的选任资格,但是安置旧人的压力使执行中不得不暂为变通。为了安置旧人,枢府议定补充新章,拟将"所有各省巡警、劝业两道属下之科长、科员,先尽各该本省裁缺人员补用"。② 具体办法为,各省巡劝二道所设科长、科员,应由本省裁缺各员派充,"知府以下各官充补科长,县丞以下各官派充科员,通饬各省按此班次量才派充,随时造册报部核办"。③ 用警察职位安置裁缺或候补之员,则必然挤占警察学生的出路。福建警察毕业生即因派差问题与督办不睦。该省警务学堂学生毕业,原拟章程最优者派课长,优等派课员,其次派巡士。当时闽臬为巡警总局督办,以毕业生不敷分派为借口,另派佐贰班充数。由于佐贰之员先行札委,而各生之札尚未发放,以致诸生群情激愤,"赴督院禀求派差",④ 险酿风波。

虽然存在位置私人或裁缺人员的现象,但各省警务公所派委属员之时,还是比较重视警学资格及办警经验。如广东警务公所分科办事细则规定,属员的任用必须"以中外法政警务学堂毕业学生及曾办警务得力人员充之"。另外,卫生科人员"以通晓化学医术、谙习卫生行政者充之"。⑤ 四川警务公所任用人员"不拘官绅,

---

① 《民政部注意警察》,《新闻报》1908年9月12日。
② 《专电》,《时报》1908年10月10日。
③ 《充补巡警劝业道属员办法》,《浙江日报》1908年10月17日。
④ 《警察毕业生与警察督办之冲突》,《申报》1909年3月20日。
⑤ 《广东警务公所更定分科办事细则》,《广东警务官报》第1期,1910年8月5日,第49—67页。

但以中外警察学堂及法政学堂毕业，或曾办警察成绩卓著者为合格"。无论官绅，一经委用，即是属官，指挥调度，无稍区别。而且各员职司繁要，必须专任是职，"非得巡警道允许，无论何处差使不得兼充"。其警务公所补助之员，如司事、司书长、司书生，也必须"以文理通顺，字体端整，缮写敏捷，或曾在法政学堂、警察学堂、教练所、各研究所卒业者充之"。① 警务公所职员的遴选，各省皆以警学毕业生及有办警经验者为主，注重专门，并严格限制兼任他差，可见警务人员具有明显的专业化趋势，这也是咸同以来铨选制度变化的方向之一。

本省警察毕业生及曾办警察者，是警务公所属员的重要来源。各省皆设有警务学堂，最初多为速成班，学期短，程度浅。巡警道添设后，各省陆续改设高等巡警学堂，以培养警官。1908年，山西警务学堂高等学生毕业时，山西巡抚恩寿奏请给予考列最优者奖励出身。民政部议复，以警务体系"职制既定，阶级略备"，可予以适当奖励。"嗣后凡各省高等警务学堂毕业生考列最优等者以巡警道署副课长，或州县警务长记名候补，考列优等者以巡警道署课员或各区区官记名候补。"② 即奖给相应的警职资格，但未议及出身。不久，民政部又在各省巡警学堂章程中正式规定，高等巡警学堂及简易科学生毕业后，可充任各省巡警道属官、各地方警务长及各区区官。巡警教练所学生毕业后专做地方巡警，其成绩最优者可派充巡长。③

不过，由于各省警察学堂及警务发展状况存在差距，为快速推动地方警政建设，一些地区从警学较为先进的地方调取能员干员，充任警务公所属员，弥补本地警务人才的不足。京师警察学堂开办

---

① 《督宪批巡警道详改订警务公所四科职掌细则及办公规则文并原详》，《四川官报》第26册，1910年11月，第28265页。
② 《本部奏遵议山西警务学堂高等学生毕业请奖折》，《民政部奏折汇存》，第215—216页。
③ 《民政部奏拟各省巡警学堂章程折》，《政治官报》第356号，1908年10月22日，第5—8页。

最早，聘请多名日本教习任教，招考警察学生多期，因此，京师警察毕业生众多，且警学程度较高。保定巡警学堂也是中国最早的警察学堂之一。直隶警察的推行力度与规模皆位居全国首列，为各省办警之楷模。因此，各省多从京师、直隶调取人才，充实该省警务官警。如1909年江苏巡抚瑞澂从直隶调取警务毕业生12员，委陆荣钱任警务公所总务科科长，原有科长陈某改为副科长。① 民政部郎中全兴外放湖北巡警道后，即由民政部及内外城巡警厅调派警官巡官近20人随节赴鄂。② 此外，全兴又从直隶、江苏两省调来警官数十名，安插到警务公所及省城警区之中。

除受该省警务人才的限制外，警务公所属员的选任罢黜与该省巡警道员的变动也有着密切的关系。江西巡警道张检与原警察局总办崔某素来不睦，"接篆后即将崔所用之警务公所各员大为整顿，所有巡官一律降为巡弁"。③ 浙江巡警道杨士燮与杭州卓知府常起争执，杨士燮因兄丧请假，卓知府暂行接篆护理，杨回任后，"将卓所委之员撤换"。④ 湖北巡警道冯启钧开缺后，继任巡警道全兴从民政部及直隶、江苏调来警官有五六十员之多，武汉警界人心惶惶，以致纷纷自行辞差。⑤ 全兴到任后，将警务公所各科长、股员及各区区长、巡官大加撤换。可见，警务公所属员的任免与该省巡警道员关系匪浅，人脉因素的影响至为重要，巡警道员去留之际时常会造成一批属员随之变动，可谓一朝天子一朝臣。

不过，巡警道升调变动也并非一定带来属员的变换。如湖南巡警道赖承裕因长沙抢米风潮被罢黜后，清廷由民政部预保人员中圈出桂龄接任。桂龄莅任之时，"并未带一随员"。⑥ 影响警务状况最

---

① 《警务公所添委科长》，《时报》1909年10月24日。
② 《警官调鄂差遣名单》，《新闻报》1910年7月18日。
③ 《赣省巡警道之新政》，《时报》1910年4月6日。
④ 《巡警道与杭州府之暗潮》，《时报》1909年8月13日。
⑤ 《几乎全体辞职》，《新闻报》1910年7月23日。
⑥ 《湘省警务谈屑》，《神州日报》1910年8月31日。

重要的因素仍是当地警务从业人员的素质。

然而，在清末新政移植警察制度之前，虽然西方警察观念已经传入中国，但毕竟仅有少数趋新人士对此认识较为深入，其警学思想基础尚不深厚，警务专门人才严重匮乏。于是，警察的创办与警务学堂的兴办同步进行，但是警察学堂规模小、程度浅，远远滞后于开办警察的实际需要，因此只得调用他项能员干吏或候补官员办理警务。这些能员干吏在推动警察的创办上起了重要的作用，但难免有庸员滥竽其间，造成警务腐败。1908 年 10 月，民政部为推广与发展警务，拟定《各省巡警学堂章程》，要求各省须于省城设高等巡警学堂一处，各府厅州县须设巡警教练所一处，并且拟以此项毕业生充任各省巡警道属官、各地方警务长及各区区官。[①] 遵照部章，直隶、云南、广东等已设巡警学堂者遵章改组，其他未设者亦陆续设立，各府厅州县巡警教练所也大多照章开办，或根据当地实情变通办理。巡警学堂及教练所容纳的学生大幅增多，为警务公所属官及各属官警准备了后备专门人才，也为民政部限制各省警务官警的选任资格提供了人才基础。

为限制警官资格，规范警官任用，1910 年 6 月，民政部拟定《巡警道属官任用章程》，"仿照奏定各省提法司属官考用章程，严定资格，一体考试，非经考试及格不得率请补用"。[②] 该章程首先界定了巡警道属官的范围，凡警务公所科长、副科长及科员，各厅州县警务长及各分区区官，皆为该省巡警道之属官。巡警道属官以考试合格者分别奏咨补用。属官考试分为两种。其一为高等考试。高等考试合格者，可由巡警道按照成绩及原有官阶出身，详请督抚，分别派署警务公所科长、副科长，或厅州县警务长，俟一年期满，再由巡警道出具切实考语，详请督抚奏补，并将履历咨行民政

---

① 《民政部奏拟各省巡警学堂章程折》，《政治官报》第 356 号，1908 年 10 月 22 日，第 5—8 页。
② 《民政部奏酌拟巡警道属官任用章程折》，《政治官报》第 935 号，1910 年 6 月 7 日，第 4—6 页。

部存案。若合格人员逾定额，则由巡警道详请督抚分别以科员或警务长记名，俟有缺出，再行派署。经奏补属官后，仍留原官原衔，三年俸满，由巡警道查验该员办事成绩，出具切实考语，详请督抚奏请分别升黜，并咨行民政部存案。若办事不得力，巡警道可随时详请督抚撤换另补。高等考试由巡警道主试，凡在高等巡警或法政法律学堂三年以上毕业得文凭者，及曾办警务三年以上并著有成绩者可以应考。在京师法科大学法政学堂正科或高等巡警学堂正科毕业，或在外国法政大学或法政专门学堂毕业，经学部考试给予出身者，得免其考试，视与高等考试合格者同。其二为区官考试。区官考试由巡警道率同各科长或派员会同警务长举行，考查科目有本国法制大意、大清违警律及警察要旨。凡在高等巡警学堂附设简易科或中学堂以上毕业得文凭者，或派充巡长在任一年以上者皆可应试。区官考试合格后，巡警道按照考试成绩及原有官阶出身，详请督抚，分别派署区官，满一年且称职者即行补实，并将履历咨送民政部存案。若合格人员逾定额，以区官记名。区官补缺后，仍留原官原衔，每届三年甄别一次。① 民政部所拟巡警道属官任用章程上奏后，清廷交由宪政编查馆复核。宪政编查馆认为区官管辖全区，责任颇重，巡长应区官考试尚显资望不足，"拟请改为现任巡官"，而"其余各条均尚周妥"，② 于字句稍加修正后颁行。

《巡警道属官任用章程》明确而详细地规定了各类警官的选任资格及考试办法，但现任各类警官是否须照章审核考试，章程并未论及。在宪政编查馆复核之时，外界传言纷纷，"所有该道现任各项属官均须年内照章考试，并将成绩详细呈报民政部，以备核办"。③ 此类消息传出，各省警界闻讯大为惶恐。江苏警界盛传，"凡警官及科长科员均须由巡警道考试"。④ 由于该章程规定科长、科员均以高等

---

① 《民政部酌拟巡警道属官任用章程》，《申报》1910年6月14日。
② 《宪政编查馆奏考核巡警道属官任用章程折》，《申报》1910年12月30日。
③ 《通饬实行考试警员》，《大公报》1910年6月10日。
④ 《苏州警界之大恐慌》，《神州日报》1910年6月30日。

巡警、法政学堂学生或留学东西洋警察法律专科者为合格，"一时警务人员自问多速成警察毕业，与考试资格不合"，① 多惴惴不安。

而此时民政部指责各省警政多无成绩，认为此乃所用警官多非警察毕业导致，拟即详细核查，"其非有警察毕业者即行开除，再由本部调员接办，以资整顿"，② 借机争取警官的任用权。不过，各省对此并不理会，而是以警学人才不足，符合资格者过少，警务需人为由，变通定章，应对属官考试与选任。

1911 年，浙江、湖北、四川、广西、安徽等省先后遵章举行属官考试，但报名合格者寥寥。安徽举行属官高等考试时，提学司移送怀宁、桐城中学堂学生十数名，安徽第二法政学堂监督咨送法律学堂学生 28 名，安徽教育总会咨送高等学堂学生一名，但诸生毕业文凭尚未颁发，请先行应考。巡警道王履康以定章"考试资格均以各学堂毕业得有文凭者为限"，③ 诸生尚未领文凭，不准应试。然而，由于符合考试资格者为数不多，湖北、四川等省在考试时不得不变通办理，放宽资格。如巡警道属官任用章程中，游学日本警察学生不在应试资格之列，各该省咨行民政部，以需才孔急，请将留日警察生有毕业文凭者暂准应高等考试。民政部允准，并于 1911 年 6 月奏请酌改巡警道属官考试资格，嗣后游学日本警察学生于每年 8 月到民政部呈验文凭，由民政部定期按照警察应习科目分门考试，"凡二年以上得有毕业文凭考验及格者，准应高等考试。一年以上得有文凭考验合格者，准应区官考试"。考试后添给分数凭照，分别咨回原籍，于各省举行任用巡警道属官考试时呈验凭照，准其应试。此外，民政部再次声明，自巡警道属官任用章程颁行后，"所有各省办理警务人员，自应照章一律考试，与考试合格后分别派署，俟一年期满，再行出具考语，详请奏补"。④

---

① 《苏州警界之大恐慌》，《大公报》1910 年 7 月 11 日。
② 《警官亦须由部放》，《大公报》1910 年 7 月 26 日。
③ 《考试属官之慎重》，《新闻报》第 40 号，1911 年 6 月 2 日，第 4 页。
④ 《奏酌增巡警道属官考试任用办法折》，《民政部奏折汇存》，第 273—275 页。

虽然民政部于属官考试资格内增添留日警察生，但各省警务毕业生及他项人才储备仍然并不充足，各省遵照定章进行属官考试时，只得变通定章，迁就现状。浙江初次进行属官考试时，以"浙省高等巡警学堂长期班及法政学堂别科现未毕业，不得已通融办法"，咨行民政部变通资格，凡办理警务二年以上现任差使者准其一律应考，民政部姑准变通，但仅限一次，不得任意援引。湖南巡警道桂龄在考试时现任命各巡官，凡"一年以上毕业之警务学生得应区官考试，二年以上毕业者得应高等考试"，①也将高等考试的资格变通放宽。直至辛亥革命前夕，各省巡警道所有属官与任用章程未能吻合者尚多，民政部仍在催促各省巡警道"迅即遵守定章切实改正"，②并拟订巡警道属官考试简明登记表式，通饬各省照式填写，"以便考核"。③但已经没有继续调整的时间了。

虽然警务公所的职员配置存在诸多问题，但正在向着专业化的道路前进。以广东警务公所为例，④1909年广东警务公所4名科长中，二人进士出身，一人监生出身，分别曾官任知县、知州、知府，另一人为留日警察毕业生，平均年龄41岁。4名副科长中，二人为监生，分别为试用通判、候选县丞衔，一人为举人，又为留日警察毕业生，拣选知县衔，另一人为荫生，博济医院毕业，试用知县，平均年龄42岁。15名科员中，举人3人，附贡生2人，监生5人，警察毕业生6人。而且警察毕业生同时拥有举人、优廪生、附生等旧学头衔，占40%，平均年龄40岁。20名额外科员中，警察毕业生9人，占45%，其他为监生、附贡生等。检查员12名，全部为警察简易科毕业生。以上统计数字表明，1909年广东警务公所职员中，职位越低，警察毕业生比例越高。

---

① 《遵饬考试巡官》，《时事新报》1911年8月18日。
② 《通饬慎用巡警道属官》，《大公报》1911年9月25日。
③ 《民政部通咨各直省拟定巡警道属官考试表式转饬遵办文》，《内阁官报》第40号，1911年10月2日，第4页。
④ 《广东警务公所第二次统计书》。

而 1910 年广东警务公所职员，4 名科长中，总务科科长为京师大学理科师范生，广东法政学堂特别科毕业，举人；行政科科长乃留日法政大学毕业，廪贡生；司法科科长是留日警察毕业生；卫生科科长为普济医院毕业，司法研究馆优等毕业，荫生。4 名科长全部为新式学堂毕业又兼具旧学功名者。3 名副科长中，总务科副科长留日警监毕业，附贡生；司法科副科长为广东法政学堂及司法研究馆最优等毕业生，举人；卫生科副科长曾任御前医官。18 名科员中，警察、法政、医学等新式学堂毕业者 11 人，占 61%；监生等 7 人，占 39%。22 名学习科员中，警察或医学、师范毕业者 15 人，占 68%；监生、附生等 7 人，占 32%。据统计，警务公所各职员的籍贯，湖南籍 13 人，广东籍 13 人，广西籍 5 人，浙江籍 5 人，江苏籍 2 人，四川籍 2 人，福建籍 2 人，山东籍 1 人，山西籍 1 人，湖北籍 1 人，顺天籍 1 人。职员中本省广东籍及邻省湖南籍人数最多，各占 28%。与 1909 年广东警务公所相比较，1910 年广东警务公所职员中，警察等新式学堂毕业生所占比例明显增大。①

1910 年四川警务公所，6 名科长、副科长中，3 人警务学堂毕业，1 人法律学堂毕业，1 人为法政科举人，1 人为进士。17 名科员医官中，8 名警务学堂毕业，5 名法政或医学出身，其余 4 名为优贡生。整体上，四川警务公所职员中，警学毕业生占据 48%，法政等新式学堂类出身者占据 30%，旧学功名者占据 22%，接受过专门警学教育者占据多数。而该所职员的籍贯，四川籍 9 人，浙江籍 4 人，云南籍 3 人，贵州籍 2 人，山东籍 1 人，甘肃籍 1 人，陕西籍 2 人，荆口驻防 1 人。职员中本省人员最多，占 39%，平均年龄为 33 岁。②

由广东、四川等省警务公所的统计可以看出，各该所职员中，警察学堂出身者占据首位，其中有留学日本警务学堂毕业者，有国内各省警察学堂所设高等、简易等科毕业者，警学毕业生多同时拥

---

① 《报告》，《广东警务官报》第 1 期，1910 年 8 月 5 日。
② 《警务公所职员一览表》，《四川警务官报》第 1 年第 1 册，1911 年 2 月，第 30353 页。

有旧学功名。法政学堂或医学等其他新式学堂毕业者也占有相当大的比例。而仅有旧学功名或他项出身者人数最少。可见，虽然受警务专门人才匮乏的限制，警务公所职员中尚存在部分他项人员，但警务专门人才已经占据主导地位；年龄亦多为三四十岁，正值年富力强之时；籍贯则以本省人员居多。

不过，由于中国幅员辽阔，各省社会经济状况存在较大差异，警务公所属员的情况也参差不齐。比较宣统三年各省警务公所官吏（参见附表二宣统三年各省警务公所官吏），直隶警务公所属员中以警学毕业生居多，占一半以上，且科长科副几乎皆为警学毕业生。属员共 25 人，安徽籍 8 人，河南籍 6 人，其他几省各少许。由于巡警道叶崇质为安徽人，故警务公所职员以安徽人为最多，且总务、行政、卫生三科科长及司法科副科长皆为安徽人，占据权势中心位置。苏州警务公所中，巡警道吴肇邦举人出身，属员中毕业生很少，几为旧学出身。属员共 17 人，其中江苏籍 5 人，浙江籍 6 人，本省及邻省人居多。安徽、山东警务公所中，毕业生占绝大多数。湖南、四川警务公所属员也以毕业生占绝对优势。山西巡警道连印为汉军旗人，警务公所属员中汉军旗人较他省为多，且旧学出身者占优势，多为科长、科副，科员则多为毕业生。河南、陕西亦旧学出身者占优势。陕西巡警道张藻为湖北籍，该所 21 名属员中，以湖北籍最多，有 7 人。福建警务公所内科长科副均旧学出身，科员多毕业生出身，其 18 名属员中，福建籍 9 人，浙江籍 7 人，本省及邻省人占多数。江西警务公所中科长科副以旧学出身为主，科员则以毕业生为主。广东、四川警务公所中本省人约占三分之一。广东、广西警务公所属员旧学出身者为多，但拥有旧学功名者多又兼习警学。总结各省警务公所的属员状况，从出身及教育背景来看，有以毕业生占据绝对优势者，有以旧学出身为主导者，还有不少警务公所中品阶较高的科长、科副多旧学出身，科员却多为毕业生。不过，不少旧学出身者或曾经办警务多年，或曾接受短期警务培训，具备一定的警务学识。整体来说，虽然警务公所属员的来源比较芜杂，但日益强调任用专门，资格限制愈加严格，重视对警务专门人才的选拔。另外，从籍贯来看，有以本省人占优势者，有属员籍贯分布均匀不集中者，有以该巡警道同乡占主导地位者，地缘与乡谊关系在一些警务公所中表现较为明显。

受人才储备与巡警道个人因素的影响，各省警务公所属员的整体素质参差不齐。奉省督抚特别重视新官制的推行，因此，巡警道属官注重选用具有丰富办警经验的能员干吏，而直隶警务学堂开办较早，培育警学人才甚众，该省警务公所中也以警学专门人才为主。山东等省巡警道也注重选用警学毕业人才，而部分省份因警学人才不足，或巡警道较为守旧，警务公所属员中旧学出身者占多数。不过，民政部制定章程，规范巡警道属员的选任资格与考试办法，并一再督促强调任用专门人才。然而，由于警学等新学教育尚欠发展，社会中符合资格者为数不多，各省巡警道奉命考核属员时，不得不变通部章，放宽条件限制，以致规章制度与实际操作存在不小的距离。

由于清季直省行政体制的变动正在进行，铨选制度尚未针对新设道缺进行相应调整，因此，巡警道缺添设之时，各该督抚权宜行事，奏保能员署理道缺，而道署属员也由巡警道承督抚之命，自行遴委。随着各省巡警道陆续设置，清廷开始对巡警道缺及其属员的选任进行规范和调整，民政部积极争取巡警道及其属员的选任权，强调任用警学专门人才，以集权于中央。最终，巡警道员的选任基本形成外补与内简交替使用的规制，而巡警道属员的遴选也被重新规范。尽管章程的执行并不彻底，但从整体上来看，巡警道及其属员的选任注重专门的倾向已经十分明显，其考核甄别的办法也相应随之调整，督抚与民政部均发挥了重要的作用，而吏部则退出了巡警道的选任与考核，表明清季铨选已有较大变化。

巡警道及其属员的选任、考核及甄别，既受到警才储备不足与官场壅滞等制约，同时也反映出各省督抚、民政部、清廷等各方力量的相互博弈。

第 四 章
与各方关系

清末巡警道设立之时，内外官制全面变动，司法、行政渐趋分离，谘议局等准立法机关相继成立。在筹备立宪与官制改革之下，巡警道与上下左右各方的关系经历了一个逐渐调整与厘清的过程。

巡警道受该省督抚与民政部的双重节制，但三方关系不断有争议。随着司法独立的推行，巡警道与提法司在行政、司法权限方面逐渐划分清楚，并各就主管事务分工合作，且时常与同省其他司道协作。在此背景下，巡警道督饬所属府厅州县及省城区局，培育警才，建构城乡警察体系。同时，巡警道施行各项行政及经费收支，不仅受到该省谘议局的审核与监督，而且须遵照谘议局议决的警务案，改良整顿该省警务。这一新的权力格局与错综复杂的关系，是仿行立宪的结果，也是清末政体变动的必然反映。

第一节　节制与协作：与督抚部院及司道之关系

巡警道与民政部及督抚的行政联系最为密切。民政部是与巡警道对应的中央部门；督抚是直省最高行政长官，巡警道的直属上司；在警务的处理上，巡警道需要时常向督抚与民政部汇报请示，并且接受两者的监督与考核。此外，度支部、学部等其他中央部院也在审核警务经费、奖励巡警学生等方面监督巡警道。而藩臬等其他司道则在厘清行政司法权限、筹措巡警经费等方面，与巡警道存在分工或协作的关系。

一　督抚与部院的双重节制

督抚为一省最高行政长官，督率司道各员，掌理全省政教民生等各项事务。巡警道"归本省督抚统属"，"受各该省督抚节制考核"，① 是督抚的下级部门，专管该省巡警市政事宜。巡警道与督抚在政务上的关联主要有两种形式。第一，奉天实行新官制改革后，采取合省司道分科治事、同署办公的官制组织形式。以警务为例，具体办公程序为，各属上呈警务公事，径送行省公署，只需一份，毋庸分申督抚，亦毋庸再呈巡警道。文件由承宣厅文牍科收发处收齐登记，送交左参赞阅后，转送巡警道。巡警道拟订办法呈督抚阅定，即交回巡警衙门局所承办。如需巡警道主稿之件，则由巡警道及参赞依次核画，再呈督抚阅画。一稿画齐，由承宣厅用省印发行。京外警务文件亦同此办理。② 第二，其他各直省在外官制改革中，督抚衙门设幕职并分科治事，③ 统一建制为十科，以与新设中央部院相对应，其中之一为民政科。督抚与各司道各立衙署，中央有关警务公事咨行督抚衙门，由民政科阅后，以督抚名义转咨巡警道衙门查知经办。各属上呈警务事件，或呈交督抚批示，或分呈巡警道衙门核办，不一而足。巡警道举办一切事宜，如分划区域、举办巡警、派员视察，需随时申报该省督抚。

---

① 《宪政编查馆奏直省巡警道官制细则折并单》，《民政部奏折汇存》，第183—189页。

② 《奉省新设官制办法》，《盛京时报》1907年8月22日。

③ 参见关晓红《从幕府到职官：清季外官制改革中的幕职分科治事》，《历史研究》2006年第5期。

巡警道办理各项警政时，均需随时呈报督抚，受到督抚的直接监督。各省新设巡警道缺，或遇有缺出，"应由督抚遴保堪胜此任人员奏请简放或先行试署"。① 综计清末巡警道员，由督抚奏保者居多数。各省举办巡警需要款项，由巡警道随时禀请督抚筹拨应用，按年所用各款由督抚照例奏销。巡警道所委警务公所各科科长科员以及警区区官等员，须将各该员履历申报督抚。巡警道所拟各项办事细则，得禀准督抚施行。巡警道如遇事须禀明民政部，不能直接上呈，必须由该督抚转咨。

民政部"管理地方行政、地方自治、户口、保息、拯救、警察、疆理、营缮、卫生、寺庙方外等事务"，② 下设民治司、警政司、方舆司、营缮司、卫生司等五司，为各省民政司、巡警道的直属上级中央机构。因此，民政部对各省巡警道具有业务上的指导监督之权。具体表现在以下几点。

其一，督催各省添设巡警道缺。外官制颁布后，除个别督抚较为积极筹办外，大多数督抚采取观望态度，并未立即行动。尤其是直隶、江苏等省为奉谕先行试办之地，却筹而不设，民政部多次咨催。如1910年初，片奏请旨督催尚未设立巡警道省份之各督抚赶紧筹设。③ 1911年，尚有个别省份未能添设，民政部又专折奏请催促，以"全国警政为宪政各项基础，必须早筹完备，未设巡警道缺各省万难再缓"，④ 要求江宁、新疆等赶紧筹设，以免耽误宪政进程。

其二，预保巡警道员，通过对人事的控制权影响直省巡警事务的推进。由于各省在添设巡警道缺时多由该督抚奏保遴委，民政部

---

① 《宪政编查馆奏直省巡警道官制细则折并单》，《民政部奏折汇存》，第183—189页。

② 《民政部官制清单》，《大公报》1906年11月15日。

③ 《又奏请催各省速设巡警道并裁并原设巡警等局片》，《政治官报》第885号，1910年4月18日，第8页。

④ 《奏催设巡警道缺折》，《民政部奏折汇存》，第183页。

以其所选之员多为候补道员，非警察出身，缺乏警务学识，力争由部派员担任巡警道缺。奏定巡警道官制细则颁布后，民政部先后预保本部任职人员数十名为记名巡警道，其中有多名被简放为巡警道员。由民政部预保得以简放的巡警道员，多能较为认真地贯彻民政部所颁各项部令。

其三，制定巡警道官制细则等各项警察官制章程及多种警务法规。除从人事上影响各省警务外，民政部还通过制定各项章程，对各省巡警道及警务进行整体性与制度性的规划。如民政部所拟定的直省巡警道官制并分科办事细则、考核巡警官吏章程、巡警道属官任用章程、考试警察毕业生章程、各省巡警学堂通行章程、调查户口章程等，是各省巡警道办事所需遵守的重要文件，指明了各省警察行政系统建立的范围与方向，及其内部机构的具体设置，使各省警制整齐划一，且使各省在筹办警务时有章可依。

其四，调查各省警务状况。民政部成立不久，即拟调查各省警务，要求各省将各项警政造册报部，以了解警务现状，规划下一阶段警务发展的进程与目标。1908年，民政部设立统计处，专门负责各项民政事务的统计调查工作。令各省巡警道兼任本部议员，以便调查户口，编订户籍。① 1910年，民政部简派专员分赴各省调查警政，先派出五人，分赴江宁、广东、贵州、湖北、东三省等省份，调查巡官长警勤怠成绩、各警局拘留人犯规则、清查户口办理情形等事项。②

其五，指导各省警务进展与推行的具体办法。民政部是各省巡警道直属的上级政府机构，所以各省巡警道所办各项警政，如划分警察区域、改良巡警规则等重要警务事件，需要向民政部汇报备案。民政部也应根据当地情况，对相关事务进行认可或指导。对不符合定章的各省警务官制，民政部应饬令更正。如安徽巡警道拟由

---

① 《民政部拟设谘议员》，《大公报》1908年9月2日。
② 《派员调查各省民政》，《国风报》第1卷第16期，1910年7月17日。

芜湖道就近监督芜湖巡警局，因民政部不准，只得作罢。① 苏省所设之警察总监，也因民政部驳斥"不准于定章外擅增种种名目"而短暂存在，不久即废。②

其六，监督考核各省巡警道及警务人员的任职成绩。民政部可以随时考查各省巡警道员，"不得力者即行奏请撤换"。巡警道举办一切事宜，须于年终汇齐造册列表申报民政部查核。其举办巡警需要款项，亦须按年汇造清册，申报民政部查核备案。③ 在大计之年，民政部奏定巡警官吏大计办法，④ 以期计典中对警务人员的考查能够顺利切实。

民政部是与巡警道对应的中央部门，但民政部发布各项部令需要咨行各省督抚，由督抚转饬巡警道承办。因此，巡警道直接受该省督抚的节制，而间接受民政部监督。民政部及中央枢臣屡次提议改变这一行政关系，由民政部就主管事务直接咨行各省巡警道，以便减少公文流转的环节，提高部令的执行效率，并且削弱督抚权力，集权于中央。如1910年3月，宪政编查馆、会议政务处会订外官制，"决计自督抚以下皆直接隶于该管各部，如按察使专理刑事，直隶于法部，布政司专理财政，直隶于度支部，提学司直隶于学部，巡警道直隶于民政部，凡有何种奏折及何事商办皆直接达于所管该部，不必向本省督抚禀商，而督抚亦不得从中干预"。⑤ 如果司道不经督抚，直接受中央部院管辖，则督抚将被架空。不过，朝中大臣意见并不统一，不赞成此议者亦为数不少。

随后，宪政编查馆公布提调李家驹所拟的行政纲目，将行政机

---

① 《改编巡警官制》，《申报》1909年3月18日。
② 《民政部划一警察制度》，《大公报》1910年3月1日。
③ 《民政部拟订各省巡警道官制并分科办事细则》，《盛京时报》1908年4月16日。
④ 《民政部奏酌定巡警官吏大计办法折》，《政治官报》第1172号，1911年2月6日，第6—7页。
⑤ 《会议中央集权之办法》，《大公报》1910年3月11日。

关分为直接官治、间接官治、地方官治及地方自治四级。有关警务权，拟以司法警察与高等警察为直接官治，核筹行政警察与教练警察各事分别归于直接官治与地方官治，而核办防疫、卫生检查、医务救治、医院各事项，则直接官治、地方官治及地方自治并行。① 行政纲目的出台，针对内外权限的纷争，拟对内外官制进行统一调整，但仅具纲目，尚未具体规划各级政府部门的政务管辖范围。

此外，内外官员中屡有提议将巡警道改成民政司，提高品秩，扩充权限，以与民政部对应。不过，这些调整京部与督抚司道关系的议论，随着清朝的覆灭并未形成定议，也未对民政部、督抚与巡警道之间的权限关系造成实际的影响。

除民政部与督抚节制指挥巡警道，有着密切的行政关系外，其他中央部院也在一些行政事务上与巡警道产生关联。吏部掌管全国中下层文职官员的铨选任免，"制定京内外各衙门文职官名额"，② 及文职官员的议叙处分、守制终养等事。因此，一方面，虽然各督抚自行奏保堪胜人员补署巡警道缺，但部分督抚仍沿用旧规，向吏部申明查照。张之洞在奏设湖北巡警道之时，奏保冯启钧试署该省巡警道缺，即"将该员履历咨送吏部"。③ 另一方面，晚清以来督抚用人权扩张以及新设各部自主用人，吏部的用人权被迫紧缩，但仍然努力守卫自身的传统权力，对内外官员的补署劝惩积极参与。署鲁抚吴廷燮在奏补山东巡警劝业二道员缺时，吏部堂官以巡警劝业两道官制章程正在厘定，"俟议定后始能具奏颁行，所拟简员奏补之处，应暂从缓"。④ 民政部所用的各级警官皆由部调取的内外实缺候补官员及毕业学生充任，吏部以其"资俸太浅"，奏请除

---

① 《宪政编查馆草定行政纲目》，《新闻报》1910年5月27日。
② 张德泽：《清代国家机关考略》，学苑出版社2001年版，第39页。
③ 《张之洞奏为新设巡警道缺遴员奏请试署及早开办以卫民生而靖地方》，《京报（邸报）》第153册，第327—328页。
④ 《巡警劝业道缺须从缓补员》，《盛京时报》1908年2月11日。

"由进士分部主事及实缺小京官调用者"可按照例章保送截取外,①其他各项出身者必须试俸历俸五六年,方能保送。可见,吏部对内外警官之铨选议叙,皆试图插手。但是,民政部以警察新政所需人员必须具备警务专门学识为由,认为吏部的铨选方式无法适应新政需求,极力将吏部排斥在警官选任之外,力图独揽警官用人权。1908年6月,民政部咨行各省,"此后派委各项警官等差一律咨行民政部注册,不得再咨吏部,以清界线"。②

再者,吏部有议叙考核外官之权,大计之年,地方各级官吏的考核,由吏部主持。各省巡警、劝业两道自奉为缺择人、不为人择缺之谕旨后,吏部对此事十分关注,通咨各省考察现任巡警劝业两道是否称职,并将该两道履任后事实成绩造具清册,会同藩学臬三司详加复验再行出具切实考语,报部查核。③ 不过,实际上吏部在警官任免上作用极为有限。

在一些警务问题上,吏部与民政部也有协商合作之处。如安徽裁改原有道缺,增设巡警劝业二道,即由吏部、民政部共同会商核议。④ 另外,各州县开办警察时,因警官与州县官事权不一,动启争端,民政部"拟与吏部堂宪会议,划定州县警察权限,以免纷争"。⑤

学部是统管全国各类学校的中央教育行政部门,但各类警务学堂及短期培训性质的教练所皆由民政部制定章程,归属民政部管理。不过,学部的教育政策与措施对警学也有一定的影响。1908年,因学部奏请停止派遣出洋学习各种速成科学生,民政部受其影响,咨行各省,以留学日本学习警察者已不下千人,现在京师高等

---

① 《吏部奏酌拟警官保送截取限制折》,《政治官报》第6号,1907年10月31日,第4—5页。
② 《划分警政权限》,《大公报》1908年6月11日。
③ 《吏部确查巡警劝业道是否称职》,《新闻报》1910年6月12日。
④ 《吏部等会奏议复安徽道缺分别裁改折》,《陕西官报》第6期,1908年7月,第22168页。
⑤ 《拟定州县警察权》,《大公报》1908年8月28日。

巡警学堂已经设立，各省警察学堂正在筹设，毋庸再行遣派出洋。① 粤省遵照民政部咨送奏定《各省巡警学堂章程》，将原设省城巡警学堂章程、学科遵章更正，"并参以学部所订高等学堂规制分别厘定"，② 改为高等巡警学堂。

在警察毕业生的奖励办法上，学部与民政部协商进行。毕业后的奖励与出路是激励学生向学的动力，各类警务学堂毕业生出身奖励一事，奉旨交学部会同民政部核议。③ 1909年，受清廷给予新学出身奖励的影响，京师高等巡警学堂正科学生群起要求毕业后给予警科举人奖励。④ 不久，御史刘显曾奏请给予警务学堂毕业人员出身奖励。1910年初，经民政部与学部多次共同筹议，参照奏定学堂奖励章程，该项毕业生，其原有官阶高于本学堂奖励者，"以原官原班用，不再给予官阶奖励"。关于出身，"原系中学堂毕业者，于奖给官阶外，并奖以举人出身，原系高等小学堂毕业者，于奖给官阶外，按照等第，分别给予优拔岁贡生出身"。⑤ 此后，各省高等巡警学堂学生毕业，即照该办法区分等级，奖给官阶，由巡警道酌量委用。

除学堂教育上的联系外，学部还要求巡警道配合对各类学生进行管理。如学部饬各督抚转咨该省巡警道，协助学校禁止中小学堂学生吸食烟草。⑥ 学部若发现应行禁止发行之图书报纸，应咨行民政部禁其出版，转咨各巡警道查禁。⑦

内官改制后的礼部掌管各项典礼事务。各省巡警道员缺设置

---

① 《民政部拟禁止出洋学习警察》，《盛京时报》1908年4月7日。
② 《两广总督张人骏奏遵设省城高等巡警学堂陈明办法折》，《学部官报》第84期，1909年4月20日，第328页。
③ 《核议警生出身》，《大公报》1909年5月29日。
④ 《巡警学堂之风潮》，《大公报》1909年5月9日。
⑤ 《民政部会奏议复御史刘显曾请妥议警务学堂毕业给予出身折》，《政治官报》第827号，1910年2月19日，第14—15页。
⑥ 《督宪札巡警道准学部咨禁中小学堂吸食烟草文》，《四川官报》第31册，1907年12月，第27027页。
⑦ 《护院魏准民政部咨嗣后报纸如有违背报律应由本部核办严禁缘由分行司道查找文》，《广西官报》第80期，1910年9月9日，第11698页。

后，因多为试署，尚未实授，故多由该省督抚先行刊刻木质关防，交由巡警道以资应用。而在该省巡警道缺奏补实授时皆须向朝廷奏请，饬下礼部铸造关防印信。关防印信为各级官员发布命令、处理政务的凭证，清廷对印信的管理与使用极为慎重。礼部遵守既定程序，掌管巡警道印信的铸造。如 1908 年陕西裁盐巡道，改为巡警道，仍兼盐法水利事，新关防则先由礼部"行文吏部，撰拟陕西巡警道兼管盐法水利之关防字样"，吏部撰拟后送还礼部，礼部将吏部所撰字样"缮具黄模，恭呈御览"奉批后，即行依据各省守巡道关防旧例铸造颁发，其原有旧关防照例送礼部销毁。添设巡警道，意味着警官由差改缺，正式纳入官僚行政体系。而由礼部颁发巡警道印信，是皇权在用人权上的体现。

度支部负责筹划全国财政收支，巡警道衙署的常年及临时经费、巡警道员的廉俸公费、各州县开办警务局所所需各项经费等，皆在度支部的审核范围内。经费为开展警务之基础，因此巡警道与度支部的关系不可忽视。各省添设巡警道所需各项费用，需要经过度支部的核准。如浙江、广东、江西等省新设巡警劝业二道，其应支俸廉役食公费及设立公所应需额支活支等项银两，皆由度支部审核议复。各省开办巡警道的经费来源支出，也应于每年年终向度支部造册汇报。1909 年后，度支部为了清理各省财政，划分中央与地方税收。警察应划归国家行政还是地方行政，关系到警察经费的来源与保障。度支部提议各省警察经费概由地方筹款拨充，广东"按度支部章程，巡警为地方经费，与学务劝业同，则是以地方之财，办地方之事"。[①] 在办理预算决算时，度支部以国用困难、财用不足为由，极力缩减行政经费，各省所报预算，经度支部核议后皆大幅收缩，其中各省巡警道及省城州县警务经费也同样被压缩。

---

① 《禀请将广东巡防队改编巡警永拨为巡警经费奏定立案文》，《广东警务官报》第 1 期，1910 年 8 月 5 日，第 29—34 页。

度支部提出全国财政的预算案后，又经资政院派员审查，"各省巡警道核定岁费五千两，警务公所三万两"。①

二 分工与协作：与同省司道之关系

清季外官改制，涉及直省中司法、财政、警务、学务等各类行政体制，省级行政机构全面变动。不仅司法独立，与行政分离，使中国行省官制大为改观，而且财政机构的整合及管理，交通、工商、行政机构的建立等方面的调整，也预示着行省官制的巨大变化。在省级行政机构的变动与重组过程中，各方面的职掌权限重新分割。然而，各项官制的调整并非一步到位，巡警道与省城司道之间的权限划分也是逐步进行的。此外，在一些政务的处理上，需要多部门的合作。因此，巡警道与同省各司道之间，既有分工，也有协作。

（一）行政与司法分离：与臬司及提法司的关系

臬司掌一省刑名按劾之事，与警察职务最为接近，因此各省警察创办之初，多由臬司督办其事。如广东臬司吴引荪兼任巡警局总办，江西警察由署臬司瑞澂创办，安徽臬司濮紫泉为巡警局督办，闽省兴办警察亦由臬宪主持。随着巡警向州县的推广，州县警务也由臬司兼理。即便苏州于省城设立巡警总局，统管该省警务，直隶于保定设立直隶警务处，专管直隶警务，此类局处也由该省臬司督理。在巡警道添设之前，各省警务是由臬司兼理的。

长期以来，中国行政审判集于一体，受这种传统观念与体制的影响，巡警创办初期，各地巡警局具有一定的司法权限。如天津办警之初，不仅设有发审处，而且巡警"各局区与天津县同担地方义务，虽分门别户，事权究合而不分，以致户婚田产口角案件，民

---

① 《预算股员审查后之报告》，《国风报》第 1 卷第 31 期，1910 年 12 月 12 日。

间随处皆可控告，县与局区随时皆可判结"。① 保定、武昌、芜湖巡警局创办时，于总局设发审委员，此后江西、湖南等其他各地创设的警察局亦仿照设立，处理口角斗殴及审理拿获罪犯等各类案件。

不过，从近代中国警察观念及早期创办的警察局的设置来看，警察的"发审"之权，与三权分立中"司法权"的含义不同，多指的是对触犯警察职权行为的限制、搜捕与处理。但由于创办初期警察职权的范围比较模糊，尚未厘定，因此各地警察局中发审委员的职务范围也不相同。如天津创办四乡巡警，区分巡警与地方官的司法裁判之权。"开办之初，先从清查户口入手，酌定禁令，务去民害。犯者名曰违警，由巡官受理，即警察应有之司法权也。此外，命、盗、户婚、田土等案，仍归地方官管理，即地方官固有之裁判权也。"② 并在章程中专列权限一条，规定"凡有妨害治安干犯违警者，警官可以讯办"。命、盗、户、婚、田土归地方官管理，"如事出仓卒，迫不及待时，若捕凶拿贼搜赃检证之类，警官亦应力任其责，以补助地方官之不及"。③ 因此，天津四乡巡警的司法权就局限在违警案件的处理上，而不涉及民刑词讼。检阅1907年4月天津南段巡警一局一区行政司法成绩汇报，"拘获窃犯二十起，拘获拐带一起，拘获讹索一起，拘获赌徒一起，拘获霸占他人财产一起"，④ 可以看出，拘捕为司法警察的重要任务。

但是，警局兼有民刑审理之责者不在少数。如直隶沙河县拟于警务局中设民事裁判所，虽然"依法学正理，警察与裁判划分二事，行政与司法又划分二事"，但是，"惟现在官制未改，权限未

---

① 《南段巡警局会同天津府县详拟定局厅划分权限暨试办违警罪目文并批》，甘厚慈编：《北洋公牍类纂》卷9，第627页。
② 《拟定天津四乡巡警章程折》，《袁世凯奏议》下册，第1171页。
③ 《拟定天津四乡巡警章程折》，《袁世凯奏议》下册，第1176页。
④ 《照录巡警成绩》，《北洋官报》第1576册，1907年12月16日，第724页。

清",① 获得直隶总督批准。也就是说,沙河县警察局具有民事审判的权限。可见各地警察局所实际拥有的司法权范围大为不同,虽然警察与地方官在违警及民刑词讼上的裁判权有分离的趋势,但大多仍权限不清,混为一体,警局兼有裁判职责。京师亦是如此,"内城工巡局向设有发审处,办理词讼,外城系沿五城理讼之例,亦办审判"。巡警部成立后,于警法司下设司法科,裁撤旧设发审处,设立预审厅,"除犯寻常违警罪可由各分厅讯结外,其刑事诉讼之案皆归讯断,如遇徒流以上重大之件,须先由预审厅讯明情由,再分别奏咨送交刑部"。② 预审厅直隶于民政部,审判仍然未能摆脱对行政的依附,且职掌范围有扩大的趋势。

新外官制颁布后,各省臬司酌改为提法司,"专管司法之行政,监督各级审判"。③ 因司法独立,行政与司法分离,原臬司所管警察等事务移交巡警道掌理,提法司"只能守司法独立之权,未便兼管警察应行之政"。④ 不过,因各省提法司、巡警道设立时间不一,即使同一省内设置时间也不一致,所以各省之中,二者在警务移交、权限清理上情况复杂、差别显著。以保甲、城守等事务为例,虽然各省城警察创办时以取代保甲的姿态出现,但事实上,不仅各省保甲多仍然存在,且不归巡警道管理者为数不少。浙江臬司于 1909 年底以"保甲之兴废应归巡警道核办",⑤ 臬司事权不属,不便继续兼任是差,移交巡警道管理。苏省六城门看守文员向归臬司委派,守门武弁则归城守中军委派,1910 年,苏省巡警道

---

① 《沙河县拟就警务局设立民事裁判所以为地方自治基础禀并批》,《北洋官报》第 964 册,1906 年 4 月 3 日,第 653 页。
② 《巡警部奏酌拟本部官制并变通工巡局旧章改设实缺折》,《四川官报》第 6 册,1906 年 4 月,第 25308—25310 页。
③ 《庆邸孙相奏改订外省官制折》,《申报》1907 年 7 月 16 日。
④ 《陕甘总督长庚奏遵设巡警道缺遴员请旨试署折》,《政治官报》第 1175 号,1911 年 2 月 9 日,第 10 页。
⑤ 《臬司李详请将牙帖保甲例差分别归劝业巡警两道管理文》,《浙江官报》第 18 期,1909 年 12 月 20 日,第 140 页。

汪观察以巡警有保守地方之责，此项守门文武员弁自应改归本道管理，以期事权划一，分移提法司、城守中军，提议接收。① 广东省城设团保总局，原本"专任联络各属城乡，整顿团练保甲事务"，②因府厅州县巡警定限一律完备，各属即将普设巡警，自不应更有团练保甲等名，团保总局无可办之事。1910 年，粤督行藩司会同臬司巡警道核议裁撤办法。

警察行政之权转归巡警道掌管，而巡警局所掌的裁判司法权限也需要进一步划清。法部、大理院设立，专管司法、行政及审判事宜，各省亦筹办检察厅、审判厅。审判将独立于行政体系之外，体现了三权分立的近代政治体制在中国试行。故而，检察厅、审判厅和警局的权限与协作关系亟待划清厘定。1908 年，民政部拟定的违警律颁行，对警局与审判厅的权限进行初步划分。"审判厅有审理案件之权，而民刑诉讼归之，但不能因此而理及违警。巡警局有拿禁人犯之权，而违警治罪归之，亦不能因此而预及诉讼。"③ 法部也拟定检察厅调度司法警察章程，规定巡警逮捕拿获的现行犯，带交该管长官先行讯问，除违警犯外，应由警署备文录供，派遣巡警送交检察厅办理。1908 年内外城地方审判厅成立后，民政部即将所辖的预审厅裁撤，民刑案件转交审判厅审理，寻常违警案件罪犯则由巡警各分厅讯结。

各省亦遵照警律及各省官制通则，厘清行政与司法权限。1908 年，四川警察局详定州县司法办事简章十则，也规定"责任各有攸归，权限不容侵越"，巡警司法之责仅在处理街面违警事件，户婚田土等归地方官办理。④ 各省司法独立首先在直隶试办。天津审

---

① 《守城员弁改隶警道管辖》，《申报》1910 年 10 月 14 日。
② 《咨回臬司会同详办裁撤团练保甲文》，《广东警务官报》第 3 期，1910 年 9 月 4 日，第 9—10 页。
③ 《南段巡警局会同天津府县详拟定局厅划分权限暨试办违警罪目文并批》，甘厚慈编《北洋公牍类纂》卷 9，第 628 页。
④ 《四川警察局详定司法办事权限简章请通饬各属照办文》，《甘肃官报》第 47 册，1908 年 10 月，第 3891 页。

判厅成立后,与巡警局划分权限。巡警以维持秩序、保护安宁为宗旨,有判禁捕拿之权和违警轻罪惩戒之权,概不受理户婚、田债、词讼。如违警情罪较重,或因户婚、田债殴打成伤,应由该管局区拘送地方审判厅讯办。① 湖北筹备省城商埠各级审判厅之际,鄂提法司与巡警道协商,"查照审判厅试办章程及检察厅调度司法警察章程",凡审判厅管辖区域内,除违警罪照章应由巡警官署办理外,其余一律移送检察厅收受办理。② 然而,违警律与现行律部分条款互相冲突,处罚轻重不一。1910年,法部与民政部会商办法,进一步厘定处理办法。如法部以"骂殴以下罪名归警察官署管理",系专指违警律内殴未成伤者而言,"成伤各案仍交审判厅讯办"。③ 违警律等新律例的修订颁布,为巡警行政与司法的划分提供了依据。

不过,各省巡警道添设时,该省各级检察厅、审判厅正在筹办,尚未设立,如江西、广东、浙江等省。因此,该省仍于巡警道署内设立发审、预审等处,但与此前相比,职能范围缩减,性质亦有所变化。如江西警务公所设发审处,"以裁判违警之诉讼",④ 即管理违警之处理,而不再受理有关民刑词讼之事。广东则于警务公所内附设预审处。此外,各省警务公所司法科中,广西设有预审股,安徽设裁判科员,浙江设审律科员、提讯科员,以便处理违警案件,及对巡警拿获罪犯进行预审。

广东警务公所在司法科之外另设预审处,《广东警务公所第二次统计书》例言中这样解释:"巡警于司法一部只有假预审及处分违警罪犯之权,因各级审判厅尚未成立,故警务公所向设审判课,

---

① 《审判厅权限简章》,《汇报》1908年6月6日。
② 《督部堂瑞札北巡警道遵照北法司详划分民刑案件及违警罪管理权限一案文》,《湖北官报》第162册,1911年1月6日,第15821—15822页。
③ 《巡警道杨奉抚宪札通饬各属巡警总局殴未成伤各案概归警察官署管理文》,《浙江官报》第20期,1910年1月3日,第125页。
④ 《宣统政纪》卷5,光绪三十四年十二月辛巳。

及十二月改章，虽将审判课裁撤，仍暂设预审处，以审理捕获之刑事罪犯，及受理之民刑事案件，体察情形，或即予判决，或发交该管州县办理。"① 从预审处设置的目的来看，它超越了巡警应有的司法权限，但不是常设机构，而是在审判厅未立之前暂时审理民刑案件的机构。另外，在实际事务处理上，公所附设预审处，"以执行假预审及处分违警罪犯，兼理控诉案件，其情节较重之案件及罪犯均发县办理"。② 也就是说，公所并没有完全的审判权，州县官的审判职能仍然保留。

该预审处设正审官一人，副审官四人，书记官二人，掌管审理巡警发现及告诉、告发之民刑案件。由警务公所的统计来看，预审处所处理的省城刑事罪犯类别主要有强盗、窃盗、摸窃、窃盗再犯、迭窃、拿获逃犯、诱拐、诈欺取财、谋害人命、斗殴、买卖违禁赃物、伪造纸币金银银元及使用、犯奸、背夫逃走、赌博、买休卖休、妾婢私逃、卖良为娼、私带军装火药、杂犯等。宣统元年六月至十二月，省城刑事案件共有1211起。③ 其中，窃盗、摸窃为数最多，其次为斗殴、诈欺取财、诱拐。刑罚处理以杖罪、徒罪为最，杖罪多以罚工执行，极少用罚金。此外，预审厅亦审理投递之民事词讼，但比刑事案件少得多，宣统元年下半年共计144起，主要是屋宅、钱债案件，以及田土、婚姻及其他案件。

1910年，广东在省城文华客栈一案后，裁撤预审处。因广州文华客栈寓客犯事，署警道高守交由承审吴鸿飞提讯，将该客栈查封。原业主陆芝远不服判决，呈请新任巡警道刘永滇，乞将试馆撤封给还。刘查核案情，认为"承审吴鸿飞实属裁判糊涂"，残忍贪苛，不仅将所封各物发还原主，并对承审吴鸿飞记过，停委三年。通过此事，巡警道刘永滇认识到"职署本非理刑衙门，从前受理

---

① 《广东警务公所第二次统计书》，例言。
② 《省城刑事罪犯定拟罪名月别表》，《广东警务公所第二次统计书》，第432页。
③ 《省城刑事罪犯定拟罪名人数细别表》，《广东警务公所第二次统计书》，第429页。

民刑事件，越限侵权，不免妄作威福"，现在裁判厅即将成立，自应划清权限，各专责成，"拟即一律裁撤，嗣后预审事件，即由司法科办理"。① 粤督袁树勋批示许可，预审处旋即裁撤，预审之事归并警务公所司法科办理。

预审处裁撤后，预审案件转由司法科刑事股处理，而审判厅尚未设立，民刑词讼只得仍交知县衙门审理。"凡一切民刑诉讼，不属于巡警范围者，经预审后即分别发交南番两县讯断。"② 从胡叶青案的具体事例可以看出警务公所与地方官在司法上的权限划分和职务协作。胡叶青嫁于杨文昭为妾，婚后次日下身流血不止，男家杨文昭聘请军医学堂总教习郑豪诊断为小产所致。五六天后，女家胡岑氏聘请西医李巴诊断称流血并非小产。双方争讼不止。巡警道认为此案当别两层：一是医学之争执，该道特聘请香港医生赵叶纯等前往验明；一是婚姻之争执，"属民事诉讼范围，应由地方官讯断，以清权限"，③ 发县讯结。由此案可见，警务公所谨守预审之责，涉及民事审判即移交地方官署处理。

但是，粤巡警道很快发现，州县衙门积习仍旧，痼疾难除，"凡有案到，官吏任意搁置，不即提讯，衙役需索诸多留难，甚至不分原被告，一并收羁"，致使警务公所收到的呈词发交两首县后，"以未奉传讯请为札催者有之，以久经延押呈恳提回者有之，以争端未弥复行扭缠来署者亦有之"。④ 虽然两首县设立帮审多员，但仍然未能及时讯结应理词讼，不顾民艰，延讼滋累。然而巡警道专司警政，权限所在，不能越俎代庖，故只得呈请粤督，严饬南番

---

① 《详请平反南海县职员陆芝远等呈请给还文华客栈一案并请裁撤预审处以清权限文》，《广东警务官报》第 1 期，1910 年 8 月 5 日，第 41—44 页。
② 《禀请督宪严饬南番两县将发下案件从速讯结文》，《广东警务官报》第 1 期，1910 年 8 月 5 日，第 44—45 页。
③ 《札饬番禺县将胡岑氏扭控杨文钊诬捏胡叶青不贞一案妥为了结文》，《广东警务官报》第 6 期，1910 年 10 月 17 日，第 63 页。
④ 《禀请督宪严饬南番两县将发下案件从速讯结文》，《广东警务官报》第 1 期，1910 年 8 月 5 日，第 44—45 页。

两县从速讯结。

1911年，广东省城及各商埠检察厅、审判厅陆续筹备开厅，粤巡警道发布告示，"本道系行政官厅，从前司法未经独立，为便民起见，一切诉讼暂权受理"，审判厅开庭之后，"除违警及关于警务事宜并本署所定行政处分各项呈词仍准照旧递诉，其一切民刑诉讼呈词应前往各检察厅呈控"。① 并且通饬各区，"速将部章奏定检察厅调度司法警察章程逐一详加讨论"，② 以便辅助司法机关。

不过，警务公所虽然多次声明不再过问民刑诉讼，但遇事亦有自食其言，不按章程办理之处。如宣统三年广东省城乱事之后，巡警道加紧对舆论的控制，《天民报》因发表革命言论被勒令停刊。《天民报》停刊后，报界公会提出异议，认为巡警道"不经审判厅审判遽勒令停版，有违报律"，③ 决议致电民政部代为申诉。迫于压力，粤督只得将此案札行检察厅主持，传该报发行兼编辑到案听讯。

当然，由于缉捕、取证等各类警务与诉讼、审判等司法事务关系密切，因此，巡警道与提法司在诸多事务上需要协作。晚清有司法警察之名，此司法警察并非在行政警察系统之外另设一支，"巡警性质本系行政官吏，所谓司法巡警者，即巡警受司法行政官之命令，为司法之补助机关，曰司法警察，曰行政警察，皆系巡警之作用，分为司法及行政两面，非别于行政巡警之外，又有司法巡警也"。④ 即警察在执行检察、审判官厅命令任务时就为司法警察。而警察归属巡警道管理，在审判官厅需要时又须兼任司法警察，"忽膺此行政司法两面之责任，自不免稍涉繁难，且警察之从事于

---

① 《牌示民刑诉讼呈词赴检查各厅投递文》，《广东警务杂志》第2期，1911年，第23页。
② 《警道对于审判厅之政见》，《广东警务杂志》第2期，1911年，第59页。
③ 《粤吏封禁天民报之详情》，《大公报》1911年7月11日。
④ 《臬司李批义乌县禀请加收讼费及试办司法巡警由》，《浙江官报》第17期，1909年12月13日，第151页。

司法事务者又不能仅以具有行政上之知识为足"。① 如何同舟共济，应付自如，浙江巡警道会同臬司协同筹划，筹设司法警察教练所，② 由省城总局选送"省城教练所巡警领有毕业或修业文凭者"③ 六十名，五个月毕业，以备任使。贵州筹办省城各级审判厅时，其司法警察亦由巡警道招募训练。④ 江西审判厅需用司法警察，亦由陶臬商之署警道陆长佑由巡警中挑选四十名，附设于巡警教练所内，另行研究司法警察之学。⑤ 河南省城筹设审判厅，高级、地方、初级各厅内，所需司法警察共百名，豫省按察司咨商巡警道，即在巡警学堂中添设一班，"就现充省城五区官长巡警中，挑选曾在巡警学堂或各属教练所毕业者一百名"，教以司法上必要之学识，学满五月后，"仍归该区，专管司法警察职务"。⑥

不过，各地司法警察归属提法司还是巡警道管理，最初存在争议。如奉天提法使移知巡警总局，请其在分局官长中择送一百名归提法司，学习司法警察知识一月，以备差遣。⑦ 后又因用费太繁，"拟并入巡警道管辖，以期撙节而一事权"。⑧ 从机构上而言，各省巡警道衙门之警务公所皆下设司法科，关于司法警察事项，由司法科负责协调。如遇寻常事件，审判检察厅可以牒由移咨巡警道，转饬司法科办理。若有紧要事件发生，"得随时发布命令直接调度"，为方便指挥起见，杭州地方检察厅详请宪台转饬巡警道，将隶属杭

---

① 《审判厅筹办处移请巡警道应否派员会商办理司法警察文》，《浙江官报》第11期，1909年11月1日，第104—105页。
② 《巡警道杨移请设立司法警察研究所并于巡警学堂内附设四班研究所文》，《浙江官报》第18期，1909年12月20日，第169页。
③ 《巡警道杨札省城总局选送学习司法警察人员以便示期考验文》，《浙江官报》第18期，1909年12月20日，第179页。
④ 《宣统政纪》卷29，宣统二年正月庚申。
⑤ 《赣臬筹办审判厅纪闻》，《时报》1910年8月3日。
⑥ 《巡警道咨按察司拟定司法巡警教练所章程并预算经费数目文》，《河南官报》第21期，1909年5月。
⑦ 《司法独立之基础》，《盛京时报》1907年11月22日。
⑧ 《归并司法警察》，《盛京时报》1909年2月7日。

府之各警务长区官姓名及各区探访人员姓名抄录一份，以便必要时调度之用。①

清末正处于引进西式的警察与审判知识，以及移植该项制度的转型时期，由于知识观念的中国式解读与变异，以及制度移植的不同步，因此警察创办之初兼具裁判功能，而各省警务由臬司兼理。各省巡警道添设后，警察行政专归巡警道掌理，从臬司兼理下分离出来。但是各省检察审判厅的设立相对巡警道较晚，因此各省官制通则确定了司法独立的方向后，各省巡警道多自动清理巡警的裁判权限，将违警之外的民刑诉讼案件先行转交地方官审理。而检察、审判二厅成立之后，即转交该二厅处理。另外，巡警道与臬司及提法司也在缉捕、查证等各项事务中互通声气，既有分工，又有协作。

（二）与其他司道的关系

藩司管理一省户口、疆理、财赋并考核官员之事。新设巡警道缺所支廉俸及公费各银，由何处指拨，多由藩司筹划核定。如山东布政使朱其煊筹划，鲁省巡劝二道养廉银均拟照粮道例支之数给发，各加给公费银11000两，执事夫役工食银3000两，以上各款均在裁撤粮道腾出经费项下动支。② 关于州县警察经费的筹集与审核，多由巡警道会同布政司共同核议。如广西宜山县拟将绿营废地变卖，以充巡警开办经费，桂抚即将此事交给巡警道布政司核议。③ 四川布政使认为渝城警察不敷之款，新厘既难再拨，自应就地筹议，或酌加肉厘，以资补助。④ 河南省城巡警学堂，由豫省警道更订一切办

---

① 《杭州地方检察厅详请将警务人员及探访队人员姓名抄录一份以便直接调度文》，《浙江官报》第27期，1911年6月25日，第120页。
② 《山东巡抚袁树勋奏加给巡警劝业两道公费片》，《政治官报》第340号，1908年10月6日，第15页。
③ 《抚部院批宜山修令禀报第一届筹办宪政成绩并拟变卖营地拨充警费缘由文》，《广西官报》第28期，1909年8月15日，第348—351页。
④ 《督宪批布政司详遵札议复渝城警款不敷之数另筹接济文（并原详）》，《四川官报》第27册，1910年11月，第28291页。

法章程，而由布政使增筹经费，以资整理。① 警务各项薪饷及公费多由藩库支拨，故巡警道与布政司主要在财政事务上往来商办。

晚清各省除布政司掌理一省财赋之外，尚有各类局所，如财政总局、善后局、厘捐局、关税局等，握有财用大权。所以，巡警道除依赖各布政司的财政支持外，尚求助于财政总局之类的局所。如陕西财政总局系裁并善后、厘税、粮务三局而改设，"为全省出纳总汇之区"，② 陕西巡警道从财政总局按月请领所需经费，如有临时需款或建筑用款，也移请财政总局设法筹垫。广东劝业巡警二道，应支廉俸役食由司库支给，而每缺每年公费银各1万两，丁随小费银各1000两，则由善后局按月给发。③ 湖北巡警经费时常支绌，鄂巡警道冯启钧则常向善后、官钱两局借垫。④ 由于常年经费不敷之银八九万两，冯道禀请鄂督指拨江汉关税款，因江汉关余款无多，鄂督饬藩司、汉关道、盐法道、善后局通力合筹。⑤ 云南巡警道每年公费银2000两，由善后局筹给，该局被裁撤后，改赴财政公所请领。⑥ 在警察经费问题上，巡警道与掌管财用的布政司及各局所通筹办法，为维持警务奠定了基础。

劝业道专管全省农工商各项交通事务，为1907年新外官制中，与巡警道同时新增之道缺。"劝业有保商之责，巡警为安民之官"，⑦ 劝巡二道在晚清时期常被联系在一起提及。两者主要在保护工商、与商民协商、市政等问题上进行合作。如在征收警费上，

---

① 《宣统政纪》卷29，宣统二年正月己酉。
② 《财政总局移巡警道请将月需经费凡关本局领款者应妥议章程详请咨部立案文》，《陕西官报》第10期，1908年9月，第22214页。
③ 《两广总督张人骏奏粤省新设道缺酌议应支俸廉役食公费银两并建设衙署请颁关防折》，《京报》1908年11月28日。
④ 《巡警经费之支绌》，《大公报》1908年12月23日。
⑤ 《司道合筹巡警经费》，《申报》1909年8月28日。
⑥ 《新纂云南通志》，云南人民出版社2007年版，第382页。
⑦ 《徐世昌唐绍仪奏为请派署司道各缺并遵旨增改官缺以资治理》，《京报（邸报）》第153册，第193—194页。

劝巡二道多共同协商，通过商会等组织动员商民积极纳税。晚清十年，因征收警捐，多次引发商民的不满，甚至发生商民罢市、警商冲突等激烈事件。对于这类事件的善后，劝业道往往不可或缺，因为劝业道通过各类商会在沟通官商方面起到协调作用。如湖北巡警道冯启钧推行警章，设立菜市，驱逐摊商，引起摊商罢市。湖北劝业道在劝谕商民恢复正常营业上做了不少的工作。广东创办市场，粤督委巡警劝业二道充任总办，经理其事。① 在卫生上，山东巡警道潘延祖以省城大街小巷设有便桶，若无宽僻场地，恐有碍卫生，移商劝业道勘定地址，以便饬夫拾运。② 在通信事务上，四川劝业、巡警二道会详上禀川督，请拨官款，试办电话。③ 在慈善领域，广东巡警道会同劝业道发起，联合各界团体，合力倡办广东公立教养院，以巡警劝业两道充任总理，收养无业壮丁、失教童稚等贫民入院。④

不过，二道也有摩擦之时。四川简州于1906年设乞丐工厂，抽取便民押当捐作为经费，由警员管理。1909年，知州吕鸿文将乞丐工厂正名为教养工厂。次年，简州劝业员禀请劝业道，将简州教养工厂责成劝业员兼管，用此人工办理畜牧。劝业道允准，简州即将该厂划归劝业员管理，另设游民习艺所，以收养游民。四川巡警道认为习艺所与教养工厂性质相同，"均属巡警范围，均应由警员管理"，劝业员如需人工，可向该厂商议雇用，但不能代行管理之权，故移商劝业道，将简州教养工厂仍归警员管理，并饬令简州，不必另有习艺所之名，仍以教养工厂扩充名额。⑤

---

① 《督宪张札道筹建新市文》，《广东警务杂志》第1期，1911年，第40—41页。
② 《注意卫生兼及农业》，《大公报》1908年11月9日。
③ 《督宪批劝业巡警道会详请拨官款试办电话文》，《四川官报》第30册，1910年11月，第27594—27595页。
④ 《广东筹办教养院简章》，《广东警务官报》第3期，1910年9月4日，第89—94页。
⑤ 《巡警道移布政司核明简州禀设游民习艺所改定质常捐办法文》，《巡警道移商劝业道简州教养工厂应仍归警员管理文》，《四川警务官报》第1年第2册，1911年3月，第30373页。

清朝绿营兵勇驻扎各地，分别由各该营务处统属。晚清建警的一个重要思路就是化兵为警，以兵勇制军汰弱留强，用节省饷项来创办警察，巡警官长亦多由军营官弁转化而来。因此，晚清巡警与制兵存在千丝万缕的联系。个别地区，如吉林巡警创办之初隶于营务处，后始设巡警总局统辖全省警政。①

在维持当地治安上，巡警道与营务处各司其职，互相合作。如四川江河纵横，水上治安亦极重要，候补道王棪拟定川江干河水道巡警办法简章，被委以总办水道警察，一切事宜会同巡警道、营务处逐项妥议。②湖北巡警道冯启钧会同营务处、善后局司道会商，将水陆巡缉营按照警章改编，将水队改为水面警察，陆队改隶武昌巡警，驻探及行缉线勇两队改为侦探队。③

清末兵勇在街面违犯警律，巡警干涉，兵勇不服，以致军警冲突的事件层出不穷。如1911年，福州有炮兵开设赌场，因警局巡士禁赌，殴打巡士。④安徽大通水师兵勇在娼家滋闹，因不服巡警管束，约集全营兵勇大闹警局。⑤镇江、江宁、惠州等地亦有军警发生冲突。此类兵勇与警士冲突事件层见叠出，综合分析，原因在于权限未清。"征兵不遵军律，每故犯巡警之定章，巡警究非宪兵，偏干涉征兵之滋事，于是征兵即逾越其限，而不服巡警，巡警又滥用其权，而妄拿征兵，两项冲突之恶果，实生于两侵权限之恶因。"⑥由于兵警同为地方守卫，时常冲突，影响地方安定，陆军部、民政部会议，各饬所属严加约束。⑦征兵照章归宪兵管辖，不

---

① 《警务直接司署》，《大公报》1908年7月19日。
② 《川督赵札饬设立川江水道巡警文》，《甘肃官报》第63册，1909年11月，第4370页。
③ 《水陆巡缉营按照警章编改片》，陈夔龙：《庸庵尚书奏议》，第1353—1354页。
④ 《军士警察……打》，《时报》1911年2月28日。
⑤ 《大通水师与巡警之大冲突》，《时报》1911年3月10日。
⑥ 水心：《论征巡冲突之总原因》，《汇报》1908年6月3日。
⑦ 《严戒兵警交哄》，《大公报》1908年6月13日。

令巡士干涉。① 江苏巡警道则会同巡防营务处，议定军界违警裁判章程，如有军警争闹，由巡警道会同协统、营务处，委派人员查核裁判。并由巡警道会同协统、营务处，订立军人违警专条，凡军人违警，即由陆军警察查办，巡警有协查之责，以明确军警权限，避免再次冲突。②

巡警道建立之时，正处于内外官制整体性变革之中，各级政府部门之间的权限与行政关系也处在不断的调整之中。大体而言，巡警道直接受该省督抚节制，并受民政部的指挥，而且在一些事务上受到度支部、学部、礼部等中央部院的监督。虽然民政部力争与巡警道直接联系并未得到认可，巡警道上行下达各事仍须经由督抚转呈下发，但是，各省督抚与民政部在对巡警道的行政关系上，一直存在争议，互不相让。而与该省司道的行政关系上，巡警道与臬司及提法司的政务联系最为密切，其权限关系也最为纠葛，随着司法独立的推行，警察所有的裁判权限被限定在违警处理及假预审的范围内，民刑词讼案件逐渐转由检察、审判二厅处理。另外，巡警道与藩司、劝业道、营务处及其他局所，在警费筹集、协调官商军警关系等问题上，互相协商会办。

第二节　监督与应对：与谘议局的关系

清季预备立宪中，尝试引进三权分立的政治模式，其中谘议局为各省"采取舆论之所，俾其指陈通省利弊，筹计地方治安"，③具有议决本省应兴应革、岁出入预决算、税法及公债、担任义务之增加、单行章程规则之增删修改等事件之权力。④

---

① 《兵警冲突后之调和办法》，《中外日报》1909 年 5 月 16 日。
② 《议定军界违警裁判章程》，《新闻报》1910 年 12 月 8 日。
③ 《着各省速设谘议局谕》，《清末筹备立宪档案史料》下册，第 667 页。
④ 《各省谘议局章程》，《清末筹备立宪档案史料》下册，第 676 页。

谘议局不仅对巡警道有监督之权，且在巡警经费筹集方面，谘议局的决议关乎征捐收税的合法性。各省谘议局通常以商民代表的身份审视督抚提交的警务提案，提案多有驳回修正。谘议局议员提出关于警务改良方面的议案，督促警务的整顿，并监督巡警道行政，甚至个别省份谘议局的监督影响到巡警道员的任免。

谘议局议案中，各省督抚关于警务的提案多为筹款之事，利用作为民意代表的谘议局，来达到加征捐税的计划。1909 年，河南谘议局第一次常会上，豫抚提出筹集州县巡警经费案，该案中预计州县巡警每年每处约需银万元，除已筹定之款外，不敷之数即由地亩捐、房捐、自费及加增已抽各捐等四项中筹定划一办法，酌定筹收税率。① 1910 年，山东巡抚于谘议局开会前召集司道局处大员，各将专管事宜条议，发交会议厅审核编订，形成议案，提交谘议局审议。其关于警务事项，因省城巡警创办时经费由国库支出，但库帑支绌，筹拨不敷。巡警保卫地方，应当"以本地之财作本地之用，官绅合力"，② 拟仿照天津、保定办法，抽收车捐、房捐，借地方税以资挹注，故提出酌定省城巡警捐的提案。江西巡抚发交谘议局议案中，也提出统筹全省巡警经费的办法。宣统三年须筹办乡镇巡警，提出按户认捐与按粮带收两种办法。即仿照奉直等省办法，"按五十户出一巡警经费"，巡警月饷四两，每户出八分。或者按照地丁一两带收串捐八十文，粮米一石带收串捐一百二十文。另外，各县有户甲长册书里书各费，出于各粮户捐助，近于陋规，可改充巡警经费。③ 其他浙江、四川、广西、湖北等省督抚也提出关于巡警经费筹集的议案，交由谘议局议决。

谘议局并不甘心仅备咨询，为督抚筹款，而是站在民众的立

---

① 《汴省谘议局纪事》，《新闻报》1909 年 11 月 21 日。
② 《抚部院札谘议局发交议案法案及咨询事件文》，《山东官报》第 28 期，1910 年 9 月 11 日，第 7 页。
③ 《赣抚冯中丞发交谘议局提议案》，《北京日报》1910 年 9 月 20 日。

场上，审视筹款利弊，因此，对督抚提案多为驳斥。河南谘议局议员经过讨论，认为各州县盛衰不同，办法不能划一，各处办理新政不只巡警一项，不能偏重于警务，各处已抽捐款轻重不等，难以统一增收。现在百物腾贵，民生凋敝，已抽各捐不能再加，所以抚署所提的筹集州县警费的办法不可行。在否定提案之后，谘议局议定另筹办法，绿营奉文裁撤，其所有官地收入拨作巡警之用，各县民壮裁撤，其工食也改归巡警，各处地保与差役狼狈为奸，亦属无用，应提取该项规费补贴巡警，另外举办戏捐，以为弥补。各议员认为如此办理，方能"无损于民，有利于国"。① 浙江谘议局第一次常会上，议员们批评浙抚提交的巡警经费案只有预算，没有办法，提议将赔款内房捐一项截留，暂作本省巡警经费之用，并且将历年裁撤绿营饷项一款清算，尽数拨作本省巡警经费。②

湖北谘议局第二次常会上，湖广总督瑞澂提交一份警务议案，主要涉及筹办水警、乡镇巡警及整顿汉口警捐，在副议长张国溶看来，其"不外筹款二字"。③ 故湖北谘议局要求鄂督先将预算发交，方可讨论。并向代表总督陈述提案的陈树屏质询，汉口警察如何改良，声称改良不能空言，必须有切实可行的方法，明确说明，民间才肯出钱，警捐才能整顿。山东谘议局以济南商业萧条，商号倒闭者时有所闻，小民生计更为艰难，开征车捐、房捐"似可稍缓时日"，④ 而否决了鲁抚所提开征巡警捐的议案。广西巡警道酌拟抽收房捐详细章程，专为筹办巡警之用，不另设专局，由

---

① 《汴省谘议局纪事》，《新闻报》1909年11月21日。
② 《移房捐及裁撤绿营饷项，改充全省巡警经费议案》，《浙江谘议局资料选辑》，章开沅、罗福惠、严昌洪主编：《辛亥革命史资料新编》第4卷，湖北人民出版社2006年版，第211—212页。
③ 吴剑杰主编：《湖北谘议局文献资料汇编》，武汉大学出版社1991年版，第376—377页。
④ 《抚部院札复谘议局呈复抽收省城巡警捐一案文》，《山东官报》第40期，1910年12月4日，第21—22页。

巡警道督饬地方官及区巡各官会同团绅办理，呈请桂抚交由谘议局议决。广西谘议局以"本省当兵灾之余，物力凋敝，房捐未便遽行"①为由否决了这一议案。江西巡警道张检以赣省财政困难，警费缺口巨大，拟筹妓捐以为补助，并拟定了抽捐办法，却也因谘议局反对而停办。②

而议员等提出关于警务的提案，则多是关于警务的改良整顿。顺直谘议局提议整顿巡警案，以划一收款、酌并区域为办法。直隶州县将警款定为随粮带征，使有粮之地独任纳款，而中旗屯等地可以幸免，输纳不均，此非善策，应令各分区按照现种地亩抽收。再者，一些州县警区过多，虚糜经费，亦酌定区域之数，为五区至十二区，由地方官委令自治预备会酌量本地情形详细筹划，局所设于适中之地，区董须用公举之法。③不久，顺直谘议局又提出数条改良警务办法。如禁止赌博，本由巡警办理，成效显著，后规定抓赌须由地方官派差持票会同捕拿。由于州县衙署班捕差役与赌盗相通，放纵包庇，赌风又炽，故禁赌之事仍宜照章责成巡警，不必待禀请派差持票，以防流弊。巡逻站岗规则宜限期严扎实行，巡警人数宜按照各区巡逻道里之远近酌定确数，警务上职务权限宜严饬遵照颁定规则实行等。④

吉林谘议局议员提议改良乡巡案，各府厅州县城内皆设有巡警总局，四乡巡警按区设一分局，每局设两分所，归城内总局节制。各区依照地势险夷、区域广狭，或全用马巡，或全用步巡，或马步并置。每区警官"均用本地人，由公正绅民公举"。⑤福建谘议局

---

① 《抚部院据谘议局呈本局否决试办房捐拨充警费议案缘由行司遵照文》，《广西官报》第42期，1909年11月21日，第339页。
② 《警道办妓捐舆情梗阻》，《申报》1910年7月27日。
③ 《顺直谘议局申复整顿巡警案》，《大公报》1910年1月15日。
④ 《议决改良警务案》，《大公报》1910年1月15日。
⑤ 《谘议局呈请改良乡巡办法一案文章程并批》，《吉林官报》第33期，1909年12月23日，第19747页。

议员黄乃裳提议兴办水巡警,① 山西谘议局提议筹设补助乡巡。② 湖北谘议局议员刘寅熙提出筹办各厅州县巡警,巡警教练所不得缩短学期课程,巡警学生录用宜限定资格,不得滥为收容。③

谘议局对该省各项庶政之应兴应革之事有决议之权,可就该省行政事务提出质问。山东谘议局以各州县巡警"糜款甚巨,病民者多,利民者少",质问有无整顿之法。鲁抚答复,整顿办法在于慎选警务长,将各州县巡警教练所逐渐推广,令各长警普受教育。④ 浙江谘议局质问巡警道违背民政部定章,于巡警道属官考试时任意放宽应考资格。⑤

警务议案经过谘议局投票决议通过,即交给巡警道执行。湖北谘议局议复鄂督交议的警务各案中,责成董事会襄办巡警,其效在祛隔阂,但权限不明易起争执,应由巡警道妥订官董执行细则,交谘议局议决公布。巡警须先教后用,饬巡警道各教练所学生若干,财力如何,兼将教务认真厘整。水面警察议从调查航路、编查船号户册入手,当由巡警道分饬编查。⑥ 山东谘议局议决整顿巡警办法等议案,巡警道依案遵办,刊布违警律,派遣警察毕业生分赴各州县调查,将烟台警务长改委,违章长警亦分别裁汰。另外,碍于财力有限,筹设水上巡警等仅拟具章程,俟筹得的款后再行开办。⑦

谘议局开会期间的秩序与安全需要巡警道派员守卫。民政部电各省督抚,谘议局开会期间,酌派守卫巡查。广西巡警道派遣谘议

---

① 《兴办水巡警》,《新闻报》1910年9月10日。

② 《山西谘议局提议筹设补助乡巡案》,《北京日报》1911年5月15日。

③ 吴剑杰主编:《湖北谘议局文献资料汇编》,第405—409页。

④ 《抚部院札复谘议局呈质问巡警案件文》,《山东官报》第35期,1910年10月30日,第8—10页。

⑤ 《谘议局质问警道违背民部定章》,《顺天时报》1911年9月21日。

⑥ 《督部堂瑞答北谘议局议复关于巡警各案并札行北巡警道文》,《湖北官报》第155册,1910年12月12日,第15797页。

⑦ 《抚部批巡警道详遵办核准上年谘议局提议各案情形由》,《山东官报》第29期,1910年9月20日,第9—13页。

局特务巡警30名，于谘议局遇有常年会期、延长会期、临时会期时守卫。其特务巡警分为两种，一为通年守卫，9名，于谘议局门头内及议员室外设置岗位；一为会期守卫，21名，于谘议局开会期间加派站岗巡逻。①

谘议局为一省舆论民意汇总之地，遇有官员贪赃枉法等不法行径，可据实纠举。"本省官绅如有纳贿及违法等事，谘议局得指名确据，呈候督抚查办。"② 因此，谘议局具有监督巡警道及警官的权限，影响巡警道及警官的任免。长春警务局自陈友璋充任警务长以来，"不惟糜款甚巨，而警务日见废弛"，③ 长春诸绅以款项维艰，而巡警局局长靡费太重，日后将难以为继，报告谘议局，据实禀明督抚，撙节警款，勿使重累小民。陈屡被指控，只得辞去差事。奉省本溪绅民以警务长刁某"办事溺职，并有长盗殃民情事"，④ 向谘议局呈递请议书，代呈督宪，民政司即以该警务长不洽舆论，难孚众望，将其撤差。

1910年11月，四川谘议局纠举巡警道周肇祥违律扰民，呈督院查办。谘议局认为，巡警为消极行政之一种，以干涉为手段，但当限制在不得已之范围以内，"过则伤国本而损民气"。四川巡警道周肇祥自到任以来，"寻隙苛罚，滥使权力"，如以修理街道为名，偶有触犯，辄罚石板数十百块不等，又以拿赌为名，肆意搜括，省垣商民岌岌不安。⑤ 但四川谘议局之纠举未能对周肇祥造成严重影响，周仍安居其位。

顺直谘议局与直隶巡警道舒鸿贻之间的纠葛，是展现谘议局监督官员的一个典型事例。1909年10月，直隶谘议局（因顺天、热

---

① 《抚部院据巡警道详酌定分派谘议局守卫巡警名额薪饷缘由答局查照文》，《广西官报》第46期，1909年12月19日，第563页。
② 《各省谘议局章程》，《清末筹备立宪档案史料》下册，第678页。
③ 《警务长有另委消息》，《盛京时报》1910年1月11日。
④ 《撤换警务长之原因》，《盛京时报》1910年7月20日。
⑤ 《纠举巡警道周肇祥违法案》，《蜀报》第1年第6期，1910年11月2日，第92页。

河加入其中，后改称顺直谘议局）成立。顺直谘议局存在期间，共召开了两届常会、两届临时会，以积极的姿态主动参与直隶各项地方事务。警政关涉地方治安，是清末新政的一项重要内容，自然也吸引了顺直谘议局的关注。在首次常会上，顺直谘议局提出改良警务的提案，对直隶警务的发展与整顿发表自己的看法，投入极大的热情。

1910年4月，直隶巡警道缺添设，直督陈夔龙遴保叶崇质、陈燮年二员请旨简放。4月5日，清廷谕令直隶巡警道员缺着舒鸿贻补授。① 清廷否决了直督的奏保，而另从民政部预保单中简出舒鸿贻，出人意料，也无前例。舒鸿贻，年41岁，安徽怀宁县人，进士。1905年10月经巡警部奏调差委，1906年4月补警政司员外郎，是年派赴日本考察警察事宜，1907年3月补民治司郎中，1908年10月在参议上行走。1909年京察经民政部保送一等，奉旨着交军机处记名，以道府用，9月经民政部尚书善耆等奏保堪胜巡警道之任。② 舒鸿贻奉命赴日游历期间，悉心考察，勤于笔录，所著《东瀛警察笔记》于1906年刊行，是当时为数不多的警察相关著作。从履历上看，舒鸿贻具备一定的警察学识，且有从事警政的经验。

由舒鸿贻出任直隶巡警道，这在津保各界引起了强烈的反响。直隶筹设巡警道期间，曾多次拟以全省警务处兼保定工巡局总办叶崇质当任，可谓众望所归，且业经直督陈夔龙奏保，"不料竟为某大力者暗中所夺，保定各界闻之不胜惊异"，拟号召全省各界开会筹商对策，谘议局议长阎凤阁亦为此事谒见藩司。③ 可见直省人士愤愤不平之态，谘议局尤其关注此事进展，积极奔走。

虽然直隶人士有异议，但舒鸿贻仍为他的新任积极准备。上任之前，先赴天津、保定调查警务，并与现任警察主管人员会商警政

---

① 《光绪宣统两朝上谕档》第36册，第49页。
② 秦国经主编：《清代官员履历档案全编》第8册，华东师范大学出版社1997年版，第343页。
③ 《挽留巡警道》，《大公报》1910年4月14日。

改良办法，①又晋京谒见民政部各堂，禀商办法。② 1910 年 5 月，舒鸿贻赴任，随即竭力整顿警务。第一，整合警务机构。直隶全省警务原由设于保定的直隶警务处负责管理，巡警道设立后，裁撤直隶警务处，其所管事务移交天津的巡警道衙门处理。第二，强化治安执行力度。对各局区中出现的斗殴、偷窃等治安问题加强防御与管理，对抓获盗贼等方面效果显著者给予奖励，以利进行。第三，在各州县继续推广教练所，提高警务人员素质。第四，认真推行违警律。在该署门首悬挂木牌，上列违警律，使民众知法，以遏制违法事件的发生。第五，组织警察研究所，以研究警务。研究所于宣统二年八月初五日开学，"凡公所员司及各区长官等均须入所肄习，此外各厅州县警务人员亦须领取讲义自行研究，以广教育而宏造就"。③

巡警道舒鸿贻自任命之初，就引起了直隶各界的关注，谘议局自认是民意的代表机构，更是密切关注着其上任之后的表现。舒鸿贻走马上任，颇思有一番作为，锐意革新，振兴警务。谘议局却认为舒鸿贻更张全省警务旧规多不相宜，"至用人一切尤多乖舛"，④拟调查详情，提出质问。正副议长谒见直督时谈及此事，陈夔龙谓民政部已委人前来调查，而舒鸿贻得此消息，特赴谘议局拜会商谈。舒计划推广州县警务，于各州县增设警务长一名，"大县月薪一百金，中县六十金，小县四十金"。但谘议局认为各州县小民担负太重，颇有不支之势，倘再加一警务长，"月薪如此之多，小民益加负累"，⑤故陈请督宪，说明理由，反对此

---

① 《先事调查》，《大公报》1910 年 4 月 15 日；《津保警务之归并》，《大公报》1910 年 5 月 17 日。
② 《巡警道由省晋京》，《大公报》1910 年 5 月 17 日。
③ 《研究警务》，《大公报》1910 年 9 月 15 日。
④ 《官绅对于警察之谈判》，《顺天时报》1910 年 7 月 10 日。
⑤ 《添官作罢》，《大公报》1910 年 7 月 22 日；《各州县添派警务长之议作罢》，《申报》1910 年 8 月 1 日。

议，并由议长谒商巡警道宪，此事只好作罢。舒鸿贻上任不久就与谘议局发生了摩擦，不过双方尚能尝试进行沟通，交换意见。

顺直谘议局一直保持对警务积极参与的兴趣。兴办警察需要大量经费，清政府财政竭蹶，无力负担，只得任由各地自行筹款，以济要需。各地谘议局设立之后，"议决本省税法及公债事件，议决本省担任义务之增加事件"，① 是谘议局的重要职权之一。筹备预备立宪清单中，宣统三年为筹办乡镇巡警之期，"所有需用经费自应先事妥筹，免致临时无着"，② 民政部通行各督抚，将此问题札交谘议局妥议办法，俟决定后咨送本部备核。顺直谘议局公布"顺直谘议局议决警务长薪俸仍应归国家经费以便行政而图改良案"，③ 以及议决关于顺天警务侵夺权限呈请更正案。④

1910年12月，直隶巡警道舒鸿贻禀准直督，改正全省警务区域，每县划分五区，县城为中区，东、西、南、北四乡分为四区。谘议局认为，根据谘议局章程，谘议局有权"议决本省单行章程规则之增删修改事件"，⑤ 此为单行规则，应交该局议决，然后施行。但巡警道并未交议，而是任意施行，故谘议局据章质问。巡警道答复，"警务为国家行政，地方议会不应干预"。谘议局"以警费出自民间，确是地方行政"，⑥ 当经公议，认为巡警道违背定章，侵越权限。

谘议局章程第二十八条规定，"本省官绅如有纳贿及违法等事，谘议局得指明确证，呈候督抚查办"。⑦ 顺直谘议局通过调查

---

① 《各省谘议局章程》，《清末筹备立宪档案史料》下册，第676页。
② 《通饬预筹警务经费》，《大公报》1910年9月15日。
③ 《顺直谘议局文件公布》，《大公报》1910年11月8日。
④ 《顺直谘议局文件公布》，《大公报》1910年12月3日。
⑤ 《各省谘议局章程》，《清末筹备立宪档案史料》下册，第676页。
⑥ 《侵权被劾》，《大公报》1910年12月3日。
⑦ 《各省谘议局章程》，《清末筹备立宪档案史料》下册，第676页。

列举舒鸿贻劣迹四条，上呈督宪弹劾。第一，侵冒公款以济私。警务公所常年经费4万余两，该道眷属居住所内，一切用度公私混淆，财政总汇处查其报销浮冒不实之款至5.6万两。第二，滥用私人以利己。舒鸿贻胞弟舒继元为一等委员，遇事勒索，物议沸腾，又改姓为汪氏，仍居津要。其堂弟舒焘、表内弟汪毓麟结党营私。第三，漠视警章以酿乱。易州广昌乡民聚众砸毁警局，波及学堂自治；滦州遵化人民亦因警务腐败，聚众不纳警费。第四，违背定章以任性。定章警务公所科员至多不过三四员，该道每科任用十六七员之多，并设有秘书房，有在该书房行走或学习行走名称，唯上书房军机处有之，妄自尊大。① 谘议局提出议案，交法律、审查两部详加审查，经会场通过，呈请总督查核。陈夔龙将此案交给藩司及提法司查办。

不久，警务公所致书谘议局，逐条反驳，力辩其诬，并将之刊布于报章，以洗刷恶名。第一，以眷属居住所内，即以为公私混淆，此乃没有证据的推测。财政处核减预算案中公所经费5万多两，而非报销案。第二，公所委员姓名有案可查，官册及报销册从无舒继元、汪继元、舒焘之名，即未用其人，而曰遇事勒索，仍居津要，可谓无的放矢。第三，易州毁警事件发生在夏间，舒鸿贻刚刚上任，何能即酿乱端；乡民聚众，系因执行管理办理不善所致，巡警道对于地方不过居于监督地位，完全归咎于巡警道于理不合。第四，公所分科办事，科长、科员均按部章规定，额外委员系仿照内外厅及各省警务公所定额，共计24员，详院有案。原案谓每科用十六七员，系传闻之误，亦无秘书之设。②

虽然舒鸿贻对顺直谘议局弹劾案各款进行了有力的反驳，但谘议局的反对让他心生倦意。此时又逢天津学界请愿国会风潮，时人

---

① 《被劾劣迹》，《大公报》1910年12月5日。
② 《警务公所致谘议局书》，《大公报》1910年12月12日。

谓"巡警道有管理地方之责，不应任学生集众开会"，① 舒鸿贻因此被陈督严谴，更加心灰意懒，退志甚坚。所以借口回乡修墓，请假三月，交卸去任。遗缺由直督陈夔龙札委通永镇田文烈代理。②民政部对此大为不满，以"各省巡警道员缺定章半由部放，半由各省指明请简"，然而部放之巡警道，湖北全兴以人地不宜已经瑞督改调他任，此次舒鸿贻又以"不洽舆论"被迫请假回籍，民政部中人"谓各省督抚有意与中央反对，全道则以不熟情形不令到任，今舒道又以不洽舆论劝令他去"，③ 将来各省再有缺出，部中何敢再行派员。

舒鸿贻请假后，先进京拜会民政部尚书善耆，④ 然后回安徽原籍。1911年3月，舒假满回到天津。上年顺直谘议局禀揭舒违法之事，经藩法两司查复，"并无违法确据"，陈督即以此答复谘议局。但谘议局并不满意这一结果，以藩法两司所查办"各种违法事件尚多遗漏，并有含糊错误之处"，⑤ 再次呈请督宪查办。谘议局旧案重提，舒难回本任。

4月，直督陈夔龙以叶崇质调署巡警道缺，叶所遗通永道缺，"本任巡警道舒鸿贻假满回津，堪以派委署理"。⑥ 正任巡警道舒本拟仍归原任，因"复有二次之弹劾"，故陈督将其与通永道叶崇质互调，"虽是调停办法，可谓极为巧滑，盖决不肯使谘议局议长有完全之效果也"。⑦ 虽然未达目的，但谘议局也有所收获，"自谘议局弹劾巡警道后，官府知地方机关可畏，近来一般司道对于该局议

---

① 《闲评》，《大公报》1910年12月27日。
② 《请假邀准》，《大公报》1910年12月27日。
③ 《部简警道外省无权撤换耶》，《申报》1911年1月12日。
④ 《警道来京请假修墓》，《顺天时报》1911年1月13日。
⑤ 《禀揭无效》，《大公报》1911年3月30日。
⑥ 《直隶总督陈夔龙奏委叶崇质等署巡警道各缺片》，《政治官报》第1240号，1911年4月15日，第18页。
⑦ 《弹劾无效》，《大公报》1911年4月12日。

案无不异常恭顺"。①

二次弹劾案由陈督批交藩法两司会同现署巡警道叶崇质确查。藩法两司及叶道聚议数次，"谓此案如仍前含糊敷衍，谘议局必不能容，若果认真查办，不但有碍同庚情面，且恐遭官场恶感"，②甚觉为难，踌躇多日，仍未入手查核。谘议局以其"意在延宕"，③会议筹商对待此事办法。日久督宪尚无答复，公决再行照章质问。④ 7月8日，"直隶巡警道舒鸿贻着开缺，留于直隶，遇有相当缺出请旨简放，所遗直隶巡警道员缺着叶崇质试署"。⑤

对这一处置，民政部诸人愤恨难平。民政大臣善耆与左右堂及丞参商议，各省巡警道由民政部预保简放者，各督抚动辄以人地不宜为辞，奏请开缺，另补本省人员，"殊属侵夺本部特权，若不严行抵制，恐各省效尤，将来本部奏章尽归无效"。拟具奏请旨再行严饬各督抚仍遵前旨，"凡本部奏请简放之员非有特别事故及大计之年，不得擅请开缺并随意调换"。⑥ 但民政部事后激烈之情绪，并未能阻止此类事件的发生。

顺直谘议局在直隶地方事务中一直相当活跃，在巡警道弹劾案中，虽然官厅最终也没有对提案各款进行仔细调查与明确答复，但在整个事件中，谘议局一直锲而不舍地追究，一再提出弹劾，使巡警道舒鸿贻难安其位。在陈督将其与叶崇质互调之后，仍然继续追究，要求切实查核舒鸿贻违法之事。虽然直督有意调和化解，但谘议局极为坚持，最后以舒鸿贻开缺告终。舒鸿贻是否违法，限于现存资料，我们无法得知，但谘议局的坚持对于舒鸿贻的开缺毫无疑问地起到了决定性的作用。在这一事件中，直隶总督陈夔龙以注重

---

① 《弹劾无效》，《大公报》1911年4月12日。
② 《两面为难》，《大公报》1911年4月28日。
③ 《弹劾案重提》，《大公报》1911年5月18日。
④ 《公决质问》，《大公报》1911年6月22日。
⑤ 《光绪宣统两朝上谕档》第37册，第159页。
⑥ 《民政部要闻二则》，《时事新报》1911年7月21日。

舆论的姿态出现，而民政部对最终的处理结果极为不满，却无可奈何。

清季各省谘议局作为准立法机关，各议员以监督政府为己任，并以议决案的形式催促该省行政的整顿改良。各省谘议局开会期间，有关警务的议案比较常见。各省督抚交议各案多以筹集警务经费为目的，而各议员提交的议案则多关于各项警务的改良。由此可见，绅商与官府对待谘议局作用的看法并不一致，官府以谘议局备咨询、助官力，而绅商代表则借此参政议政，监督官府。在谘议局的舆论压力与监督审查下，各省巡警道对各项警务进行了一定的改良，甚至个别省份的巡警道员受到该省谘议局的弹劾。

第三节　统筹与整顿：与府厅州县的关系

清季内外官员视巡警为"辅助地方行政之机关"、①"预备立宪之基础"、②"内治枢纽"，③兴办警察俨然为"新政要务"。④ 因此，各省巡警道最重要的职责，就是遵照逐年筹备宪政清单，督促所属府厅州县各级地方官，从培育警学人才入手，分步骤地逐步整顿与推广该省警务，以建构与完善城乡巡警体系，使之成为清廷各级行政与宪政的基础。

一　培育警才

中国最早的警察学堂出现在京师，于 1901 年开始酝酿，聘请日本人川岛浪速为学堂监督，并由川岛聘请日本教习，1902 年正

---

① 《禀陈警务改良》，《申报》1908 年 12 月 24 日。
② 《新抚接篆后之政声》，《大公报》1910 年 3 月 11 日。
③ 《四川总督赵尔巽奏遵设高等巡警学堂折》，《学部官报》第 88 期，1909 年 5 月 29 日，第 399 页。
④ 《警察局议设巡捕房》，《申报》1906 年 3 月 13 日。

式开办。① 直隶紧随其后，在保定创办警务学堂。② 不久，四川也成立了警察学堂，延定周善培为教习。③ 之后，江西、山西等省也陆续设立了警察学堂。清末发展警务之初，就注意到警察人才的重要性，各地创办巡警之时，不约而同地创办警务学堂，以培育警才。至1908年，全国"设立学堂者计有二十余处"。④ 另外，各省府州县及乡镇地方举办警察，"有循保甲之规制而变其名者，有以团营巡勇乡勇改者，有以绿兵改者，有以乡镇原有之巡夫人等改者，有专用巡警者"。⑤ 警察来源复杂，且多未受过专门训练，兵役习气难除，造成警务腐败。所以，除程度不一的巡警学堂外，各省还兴办了名目不同的巡警传习所、补习所、教练所、讲习所，以及在巡警学堂附设速成科，学制几个月不等，或抽调现任巡警分班训练，以培养巡警学识、提高巡警素质，或者招考学生，教以浅近警务知识，毕业后充任巡警。但是，姑且不论这些巡警学堂传习所等培训警务学生的程度，其设置也并不普遍，培训的警生远远不能满足警务发展的需要。

  1908年8月27日，宪政编查馆及资政院共同议定了逐年筹备宪政事宜清单，经清廷批准，成为指导中央及地方政府分阶段筹备宪政的总纲。随后，民政部根据逐年筹备事宜清单，制订了本部门的分年筹备计划，计划于此后几年间将城乡巡警一律设置完备。⑥

---

  ① 《警察事汇志》，《选报》第8期，1902年2月28日，第11页。
  ② 《直督袁又奏拟定警务学堂章程》，《谕折汇存》第44册，第5785—5814页。
  ③ 《川督岑春煊奏设立警务学堂拟试办章程课程》，《光绪朝朱批奏折》第26辑《内政·保警》，第553—554页。
  ④ 《民政部奏定各省巡警学堂章程》，《申报》1908年10月29日。
  ⑤ 朱寿朋编：《光绪朝东华录》，第5663页。
  ⑥ 民政部分年筹备计划中，有关警务的年度具体任务为：1909年，督催各省照章设立省城高等巡警学堂及各厅州县巡警教练所，督催各省将该省省会及外府所属各首县并商埠地方巡警一律办齐。次年督催各省将上年未经办之各厅州县一律办齐。1911年，考核各厅州县巡警办理成绩，指定各省繁盛市镇地方，督催筹办该镇巡警事宜。至1914年，城乡巡警一律完备。参见《宣统政纪》卷10，宣统元年闰二月癸卯。

推广巡警，必须先有办警之人，如此迅速而全面地兴办巡警，必然需要大量的警务人员。然而，社会中警务专门人才相对不足，如若不加限制地任意委员办理，势必使警察新政的作用大打折扣。所以，开展警学教育，尤其是短期的警务培训，为推广巡警提供合格人选，是亟待进行的首要任务。民政部也将督促各省巡警道广办巡警学堂教练所，培养警务专门人才，作为该部门筹备宪政的首要计划。

为了使已设警务学堂者有划一之规，未设者有遵循之准，1908年10月，民政部拟定了《各省巡警学堂章程》，经清廷批准施行。该章程规定，"巡警学堂以造就巡警官吏为宗旨"。巡警学堂分为两种，"一高等巡警学堂，一巡警教练所"。各省已经奏设的警务学堂、警察学堂，一律更名为高等巡警学堂。"高等巡警学堂，各省城须设一处，巡警教练所，府厅州县须设一处。"高等巡警学堂学生以本省举贡生员及曾在中学堂以上毕业者考选，其额数由各该督抚按照本省情形酌定，但至少须满50名。其学制三年，毕业考试由本省督抚亲临举行。若警官需人甚急，高等巡警学堂可附设简易科，一年毕业，学额各省酌定。高等巡警学堂及简易科学生毕业后，可充任各省巡警道属官、各地方警务长及各区区官。巡警教练所学制一年，学生以本地年在20岁以上、身体强健、粗通文理者考选，额数由地方官申报督抚酌定，但不得少于100名。其毕业考试由本省巡警道派员会同该地方官举行，毕业后专作地方巡警之用，其成绩最优者可派充巡长。具体列举了学堂及教练所学生每年应当学习的各门学科。并且规定，自奉到部文之日起，高等巡警学堂限三个月内成立，巡警教练所限六个月内设立。① 《各省巡警学堂章程》对各省警学的兴办进行了整体性的布局和规划，并对省府厅州县各自的兴学任务提出了具体的要求。随后，各省巡警道根

---

① 《民政部奏拟各省巡警学堂章程折》，《政治官报》第356号，1908年10月22日，第5—8页。

据该省社会经济实况与警务发展的需要，纷纷改设高等巡警学堂，并整顿添设巡警教练所。

不过，《各省巡警学堂章程》又规定学堂设监督一员，"承本省督抚之命，总理全堂事宜"，设教务提调、庶务提调各一员，协同监督办理主管事宜。教练所设所长一员，"承本管地方官之命，总理全所事宜"，① 设教务委员、庶务委员各一员协同管理。章程规定了学堂监督与督抚的隶属关系及教练所所长与该管地方官的隶属关系，却没有明确学堂监督与巡警道的权限关系，以及教练所所长与巡警道的权限关系。由于主办警务学堂的监督者多为道府大员，其品秩与巡警道平行，巡警道虽然统管该省警务，但如何与其品阶相当的高等巡警学堂监督相处，能否节制管辖，尚存在制度上的盲点，从而造成了实际行政上的纷争。

1. 高等巡警学堂

在《各省巡警学堂章程》颁布之前，大多数省份已经在省城或商埠创设了警务学堂，但开办年份不一，学制各不相同，所习科目也不尽一致。遵照奏定章程，各省巡警道在原有警务学堂的基础上整顿改组，成立该省高等巡警学堂。不过，各省高等巡警学堂在学制、考选等方面并非严格遵照部章，而是根据该省实情，进行不同程度的变通或调整。有以原设警务学堂直接转化改设者，有遵章设立者，有完全、简易两科并设者，有先设简易科者，有仅设完全科者。另外，改设办理中，有以巡警道主导者，有巡警局道员筹办者，有民政使筹设者。

其一，在云南、四川、广西、广东等已设巡警道之省，各该巡警道员积极遵章筹划，改设该省高等巡警学堂。

云南警察学堂于 1906 年经总督丁振铎奏设，招收文武学生各 20 名，外附团练学生 60 名，三个月毕业后派充教习。锡良接任云

---

① 《民政部奏拟各省巡警学堂章程折》，《政治官报》第 356 号，1908 年 10 月 22 日，第 5—8 页。

贵总督后，因于省城设立巡警营，而原设学堂专系造就警官，警察局总办李镜清将警察学堂改为警士学堂，以培养警士。1908年12月，云南新设巡警道杨福璋上任后，正值《各省巡警学堂章程》颁发到滇，杨福璋即行着手将省城警士学堂改为高等巡警学堂。但是，由于"滇省风气尚未大开，中学堂又甫经开办"，符合高等巡警学堂考选资格者甚少。斟酌现时情势，"不能不略宽成格"，① 先办高等巡警学堂简易科，暂定学额50名，一年毕业候选。待有高等程度之人，再行开办完全科，以期深造。

四川是最先设立警务学堂的地方之一。早在1902年，岑春煊总督四川，深感兴办警察必先培养警务专门人才，遂延聘周善培为教习，于成都设立四川通省警察学堂。挑选年轻体壮、粗通文理、朴实耐劳的文武员弁150名，三个月卒业，使其对于警务皆能"通其意，娴其法"。初设之时，因急需人才，简易速成。第二班时"增教学科，宽以六月卒业"。② 随后，该学堂改为附设于警察总局内，又展期增课，定为一年毕业。至1909年已开至七班。《各省巡警学堂章程》颁布后，四川巡警道高增爵即就警务学堂遵章改为高等巡警学堂，因旧有讲堂狭窄，先办本科，简易科暂缓筹设。高增爵认为四川各属中学毕业者尚少，举贡生员向未研究各种新学，亦难陶冶，而川省绅班法政学堂学生"皆本省举贡生员，其素习科学，亦与高等巡警学科大半相同"，自愿改习高等巡警者殊不乏人，"拟即就此项学生已经卒业得有凭照者，择优考选作为高等巡警学生"。③ 又因该堂学生已经肄习两年，除已习科目外，增授应习科目，一年内可将部定三年学科一律补习，即行毕业。嗣后如有中学毕业之人，再行遵章办理。

---

① 《滇省改设巡警学堂暨教练所折》，锡良：《锡清弼制军奏稿》，第861—862页。
② 《川督岑又奏警务学堂酌拟试办》，《谕折汇存》第49册，第10488—10506页。
③ 《四川总督赵尔巽奏遵设高等巡警学堂折》，《学部官报》第88期，1909年5月29日，第399—400页。

1910年，由绅班法政学堂遴选而成的高等巡警学堂本科学生，一年期满毕业。该科学生仅75人，四川全省则共计144厅州县。遵照筹备清单，正值城厢巡警一律完备，乡镇巡警又将接续开办之年，需员孔多，不敷分布。巡警道高增爵拟再为招考，"一面接开本科以储完备之材，并一面附设简易科以供目前之用"。三年之本科即按部定入学资格考取。简易科则变通之，因省渝各处设立绅班法政学堂，其讲习科毕业学生"照学部奏定毕业奖励章程"，本可委用裁判巡警，"该绅等自愿补习高等警学"。① 故择优录入，招收百名，照限一年毕业，以应目前之急。

广西设警较迟。李经羲抚桂之时，广西警察甫经设立，因陋就简，未设学堂，警察员弁不谙警务。1905年，李经羲鉴于湖北设警后注重警察学堂的开设，师法其意，于警察总局内附设警察初等学堂，"委臬司总理堂事"，② 并咨调广东知府阮志观充任学堂庶务长。挑集学生30名，巡兵40名，分速成、完全两班，初立广西警学基础。1909年春，广西巡抚张鸣岐奏请添设巡警道缺，并奏保刘永滇署理巡警道缺。刘永滇为晚清名督刘长佑之嫡孙，时年仅31岁，年富力强，敢于任事。上任后"颇欲振兴"。③ 为整顿推广巡警，"从筹款培才入手"。而培才之法，"则遵章赶办高等巡警学堂及巡警教练所是矣"。④ 巡警道刘永滇会同该堂监督，"查照部颁定章，参酌桂省情状"，认为桂省举贡生员经历年办学考职及考试优拔，搜罗殆尽，各属中学尚无毕业之人，所以学堂入学资格应加入一项，"有与中学程度相当者，无论本省外省均许考选"。再者，定章学堂须教授外国文，指定英文或日文，桂省毗

---

① 《督宪批巡警道详警官需人请设高等巡警学堂简易科文（并原详）》，《四川官报》第5册，1910年4月，第27813页。
② 《广西巡抚李经羲折》，《光绪朝朱批奏折》第26辑《内政·保警》，第620页。
③ 《桂省警界一斑》，《神州日报》1909年8月1日。
④ 《广西巡抚张鸣岐奏筹办巡警并酌量变通高等巡警学堂等办法折》，《政治官报》第697号，1909年10月5日，第8页。

连越南,"拟即改授法文,以资实用"。① 在此基础上,制定详细的高等巡警学堂章程,共20章105条,其中具体规定了学堂的编制、各员役权责、入学资格、学科课程、试验、毕业及任用、赏罚、经费,以及教室、自修室、操场的使用和请假规则等。② 巡警道刘永滇认为"高等巡警学堂为养成本省士绅办理警务之人材,为将来推广各属巡警之预备",而广西地方贫瘠,筹款维艰,瘴疠繁滋,人皆裹足,"非以本地之士绅服本乡之义务,断难措施适当而人地相宜"。所以,招考警生"以均取各属为主"。高等、简易两班各60名,"额以各属区域为支配",③ 视郡邑大小为衡,但人才缺乏者酌量从宽,优先录用外府咨送各生。由于高等巡警学堂定章归督抚"直辖主管",会同该堂监督,详请巡抚出示招考,命题考试,亲临考场。

由于广西原有警察学堂虽经设立,但办理短暂,敷衍应付,所以筹办高等巡警学堂,不似四川直接改设,而是重新招考。另外,刘永滇为预备各属推广巡警,明确提出在招考学生时,根据各属区域分配名额。不过,凡中学相当程度者,无论本省还是外省均可考选。然而,广西谘议局主张以本省学生办本省公务,对外省人可以考选的规定大为不满,并专门提出议案,提议将该章程更正,"定为外省学生酌定名额,不得过本省学生名额十分之二,并征收学费,作为附学之办法"。广西巡抚张鸣岐则表示高等巡警学堂招考,可先尽本省人考选,但不同意限制外省名额比例。谘议局与广西巡抚争执不下,只得咨行资政院裁决。资政院审查后,支持广西谘议局的议案。④

---

① 《抚部院批巡警道详变通筹办高等巡警学堂及教练所情形咨部查照文》,《广西官报》第34期,1909年9月26日,第9696页。
② 《巡警道详定高等巡警学堂章程》,《广西官报》第30期,1909年8月29日,第9534—9542页。
③ 《抚部院批巡警道高等巡警学堂会禀示期招考学生缘由文》,《广西官报》第39期,1909年10月31日,第9889页。
④ 《资政院奏核议广西高等巡警学堂招生办法请旨裁夺折》,《湖北官报》第115册,1910年12月12日,第15791页。

1906年岑春煊总督两广之时，广东省城警察局开办警察速成科，六个月后毕业。1907年12月，续办高等、中等两科，招本省官绅200名，及自费生两班，综计高等科367名、中等科45名。奏定《各省巡警学堂章程》咨行到粤后，巡警道饬警察学堂监督"将章程学科遵章更正，改为高等巡警学堂，并参以学部所订高等学堂规制"，①重新厘定章制。由于该堂高等科原定三年毕业，且各生均系贡监生员考取，已备中学资格，与定章相合。原定中等科两年毕业，即改为简易科一年毕业。该生入学已一年，而所学科目与部定课程互有同异，再补习一学期，以完成部定课程。此外，该堂经费按月由巡警道在抽收捐款项下拨给备用。广东高等巡警学堂所设职员有监督、教务提调、庶务提调各一人，皆曾留学日本；监学五人，其中二人为警监毕业生；译员二人，皆留日法政毕业生；另有会计、校医、文案、杂务各一人。②

山西试办警务学堂亦较早，于1903年吴廷斌护理山西巡抚时开设，"以造就警察兵并养成警察官吏之才为宗旨"，③ 由署布政使胡湘林、按察使丰伸泰会同巡警局道员张祥会筹设。学堂分初等、中等、高等三科，设督办、提调、洋教习、教习等。学期分别为初等科六个月，中等科一年，高等科一年半，明敏优秀者可以次递升。山西警务学堂章程甚为详细完备，各类报刊竞相登载，并为他省效仿。1909年5月，山西巡抚宝棻奏裁雁平道缺，改设巡警道缺，遴员请简时，以巡警局总办、试用道张祥会"历年会同臬司志森办理警务，随事考究，措置有方"，④ 而将张祥会列于奏保单

---

① 《两广总督张人骏奏遵设省城高等巡警学堂陈明办法折》，《学部官报》第84期，1909年4月20日，第328页。
② 《广东高等巡警学堂职员表》，《广东警务官报》第1期，1910年8月5日。
③ 《护晋抚吴奏酌拟警务学堂章程》，《谕折汇存》第53册，第3264页。
④ 《山西巡抚宝棻奏改设巡警道遴员请简折》，《政治官报》第550号，1909年5月11日，第21—22页。

之首位，向清廷重点举荐。然而，朱笔圈出"起自牧令"的补用道王为干署理山西巡警道缺。巡警道添设后，自应将省城巡警局归并办理，原任巡警局道员张祥会的去留成为棘手问题。张祥会虽然未能如愿履任道缺，但总办山西警务多年，并不愿放弃经理多年的领域，与臬司志森会商，将山西警务学堂遵章改为高等巡警学堂。山西警务学堂所设初等科，后改为速成科，办六期，毕业学员派充省内外巡官巡警，足敷分布，故1908年春裁去速成科，专办高等科。此高等科额设学生100名，学制三年，现已开办数月。张祥会综合考察山西警务学堂历年办理实情及该省警务需人情况，认为部章要求高等学生以本省举贡生员及中等以上毕业各生考选，"晋省风气初开，此项合格学生难招足数"，而现有警务学堂高等科学生入学已经半年，若散去另招未免可惜，"即就原招各生，令照部定课目改习"，并择优者60名作为甲班，其稍次者40名作为乙班，均令肄习三年。至附设简易科，"晋省警员既暂敷分派，自毋庸再设此科"。① 张祥会所拟办法得到巡抚宝棻的赞同，山西高等巡警学堂即就原有警务学堂高等科改设，以在习各生增习科目。

其他各省巡警道也遵章改办。山东巡警道潘延祖将省城巡警学堂遵章改为高等巡警学堂。② 湖北高等巡警学堂定学额百名，分甲乙两班，甲班在省招考50名，乙班则由巡警道通饬各府厅州县，选送合格学员一二名来省汇考，入校肄习，以为将来各属警官之用。③ 陕西巡警道张藻查核陕省巡警学堂简易科已开办三年六期，足敷目前之用，所以遵章将学堂改为高等巡警学堂，不再添简易新班，"专办完全一科，造就优级学员，以备将来任事"。其课程拟于警察、法律各科外，酌加国文以培根基。学生额数，先取100

---

① 《山西巡抚宝棻奏遵章改设高等巡警学堂等折》，《政治官报》第575号，1909年6月5日，第14—16页。
② 《请拨巡警学堂关防》，《大公报》1909年2月19日。
③ 《警道饬属申送学员》，《北洋官报》第1997册，1909年3月3日，第1347页。

名，作为甲班，嗣后每年续取 50 名，分为乙、丙等班，甲班毕业再招丁班，递相推嬗。① 安徽亦开办高等巡警学堂，附设简易科，招收 330 余人，分为三班，一年毕业，开办费 1000 元由绅捐助，常年费即以所收学费尽数开支。②

从上述各省来看，已设巡警道者，除山西外，各省巡警道多能遵照民政部所定章程，积极改设高等巡警学堂。不过，学堂监督的派委及其与巡警道的行政关系，各省并不统一。学堂监督有经该督抚派委者，如广西高等巡警学堂监督即由广西巡抚张鸣岐札委留学日本警监学校优等毕业生王广龄充任。③ 有以巡警道兼任者，如四川高等巡警学堂监督由巡警道高增爵兼充；④ 河南"省城巡警学堂业经改归巡警道接管，即派该道为监督"。⑤ 由于定章规定高等巡警学堂监督承命于该省督抚，除兼任者外，巡警道与学堂监督的权限关系并不分明。该监督有受巡警道管理者，如福建增设巡警道时声明，高等巡警学堂归并该道经理，以一事权。⑥ 但是，各省监督不归巡警道管辖者亦不乏其例。因为制度漏洞，给两者或互相推诿，或争权夺利留下了空间。如山西巡警局道员张祥会积极筹划改设高等巡警学堂，巡警道王为干难以插手其间。直至 1911 年，宪政编查馆派员考察各省宪政情形，发现各省"巡警学堂另派专员，

---

① 《奏改设高等巡警学堂专办完全一科片》，《政治官报》第 571 号，1909 年 6 月 1 日，第 7 页。

② 《安徽巡抚朱家宝奏胪陈皖省第四届筹备宪政成绩折》，《政治官报》第 1071 号，1910 年 10 月 21 日，第 15—16 页。

③ 《抚部院札委王广龄充高等巡警学堂监督文》，《广西官报》第 18 期，1909 年 6 月 6 日，第 9054 页。

④ 《四川总督赵尔巽奏遵设高等巡警学堂折》，《学部官报》第 88 期，1909 年 5 月 29 日，第 400 页。

⑤ 《河南巡抚吴重熹奏筹备第三届宪政成绩折》，《政治官报》第 886 号，1910 年 4 月 19 日，第 14 页。

⑥ 《闽浙总督松寿奏裁粮道增设巡警劝业两道缺》，《政治官报》第 913 号，1910 年 5 月 16 日，第 14 页。

不归巡警道管理"者所在多有,"亦蹈纷歧之弊",①据实胪陈。民政部这才注意到问题的严重性,就此事专门咨行各省,以警察教练诸事为巡警道管辖职掌所关,责无旁贷,"除向由巡警道兼充者仍照旧兼充外,其各省高等巡警学堂监督应一律归巡警道管理,或即经由巡警道任用",由各省酌核情形,咨明办理,"俾一事权,而重警政"。②至此,厘清了巡警道与高等巡警学堂监督的权限关系,加强了巡警道统管该省警务的权力。

其二,尚未设立巡警道的浙江、福建、直隶、吉林等省,则或由该督抚督饬巡警局司道筹办改设,或由民政使遵章改办。

浙江省城曾设巡警学堂,招考100余人,毕业后旋即停办。增韫抚浙后,筹办全省警务学堂。奉到奏定巡警学堂章程后,浙江巡警道尚未设立,即由浙抚增韫将全省警务学堂改设,派委监督,饬各府厅州县咨送合格学生来省考试,录取高等科学生100名,简易科学生300名。③福建高等巡警学堂就原设警察学堂改设,招考高等生60名,另附设简易科,即以原学堂普通科学生改设。④两江总督端方督饬江宁巡警局司道再三筹议,将江南巡警教练所改为江南高等巡警学堂,暂设学额50名,并遴派道员包发鹤充当该堂监督。⑤

直隶是各省中创办警务学堂最早者,位于天津的北洋高等巡警学堂,及保定巡警学堂,不仅为直隶培养了众多警务人才,而

---

① 《宪政编查馆奏派员考察宪政事竣回京谨将各省筹备情形据实胪陈折》,《国风报》第1卷第32期,1910年12月22日。
② 《抚院增准民政部咨札饬巡警道巡警学堂监督归巡警道管辖文》,《浙江官报》第24期,1911年6月11日,第165页。
③ 《浙抚奏报改办高等巡警学堂》,《申报》1909年5月14日。
④ 《闽浙总督松寿奏闽省改设高等巡警学堂办理情形折》,《政治官报》第699号,1909年10月7日,第9页。
⑤ 《改设高等巡警学堂折》,端方:《端忠敏公奏稿》,台北,文海出版社1967年版,第1817—1819页。

且"各省员生来堂附学及该堂员生应各省电调者有十五六省之多"。① 仅北洋高等巡警学堂,设立七八年来,学员学兵先后毕业3000多人。北洋高等巡警学堂及保定巡警学堂设有高等、普通两班。直督杨士骧改设巡警学堂,"当于省城天津各学堂,添设完全高等警察一班,定期四年毕业"。② 由于北洋巡警学堂及保定巡警学堂开办早、规模大,毕业学生暂可敷用,所以宽定学期,以四年毕业,俾资深造。

吉林未设巡警道,而以民政司统辖全省警务。吉林省城巡警学堂于1906年由署将军达桂奏设,因需才孔急,先开办简易科。后又录取本省生员、本堂简易科及学有根底者,开设完全科,两年毕业。部颁章程到吉后,试署民政使谢汝钦会商该堂监督,以"吉省地处边陲,文化之开较晚",难以招考举贡生员及中学毕业者,且将完全科学员散去另招未免可惜,"即就完全科学员改为高等班学生",③ 按照部定科目教授,延至三年毕业。新疆人口稀少,警务起步晚,尚未开办警务学堂。布政使王树枏、署提学使杜彤、镇迪道兼按察使衔荣霈会商,遵章于省城设立高等巡警学堂,先办简易科,定额40名。④

综合考察各省高等巡警学堂,皆遵章设立,培育了大量的警务专门人才。不过,受该省情形影响,又有不同程度的变通。首先,由于各省原设警务学堂程度不同,各省高等巡警学堂的开科及定额皆不一致。有先设简易科者,如云南、新疆,因该两省地处边陲,警务简略,故先试办简易科;有仅设完全科者,如山西、直隶,因

---

① 《护理直隶总督崔永安奏北洋高等巡警学堂成效卓著出力人员择尤请奖折(并单)》,《学部官报》第124期,1910年6月27日,第296—297页。
② 《宣统政纪》卷9,宣统元年闰二月辛巳。
③ 《东三省总督锡良奏遵章改设高等巡警学堂及教练所办理情形折》,《政治官报》第650号,1909年8月19日,第17—18页。
④ 《甘肃新疆巡抚联魁奏遵设高等巡警学堂并设简易科折》,《政治官报》第701号,1909年10月9日,第7页。

两省办理警务学堂较早，已经毕业的警生暂敷应用，所以仅设完全科以资深造，直隶甚至将学期延长至四年。另外，同时设立完全、简易两科者占多数，如广西、广东、浙江、福建等。由于推广州县及城镇乡巡警，官警需求甚多，完全科学制三年，缓不济急，所以同时开设两科，以资应用。在学额上，仅新疆定额40名，低于定章最低50名之限，其他各省有定额50名、60名、100名者，甚至更多。

其次，关于入学资格，定章要求须为本省举贡生员及中学毕业者。因此类人才极为有限，在各省高等巡警学堂的选录中，多不能遵照，只得变通，放宽资格，招收中学程度相当者。然而，何为程度相当则是一个十分宽泛而不确定的概念，因此也就造成入学资格的限制大打折扣，实际约束力极为微弱。如四川巡警高等学堂高等科无一中学及高等小学毕业之人，① 京师高等巡警学堂第二班正科学生"均无曾在中学堂或高等小学堂毕业人员"，② 可见民政部所定高等巡警学堂的入学资格在执行中难以落实。不过，也有遵照定章，严格审核入学资格者，但是往往造成可录取名额不足的问题。如保定高等巡警学堂招考新生，"应试者仅百余名，盖因与考之资格限制太严之故"。③

2. 巡警教练所

高等巡警学堂为培养警官而设，巡警教练所则专为培养巡警之用。各省巡警道在改设高等巡警学堂的同时，亦遵章筹划于府厅州县设立巡警教练所。在此之前，府厅州县巡警的设置已经比较普遍，各地也兴办了名目不一的巡警教练所、传习所等，以培训巡警。奏定章程的颁布，对已设者来说是规制的划一，对未设者来说

---

① 《督宪奏川省高等巡警学堂学生毕业援案请予录用折并单》，《四川官报》第15册，1910年7月，第28028页。
② 《护院魏准民政部咨本部具奏高等巡警学堂第二班学生毕业期满分别录用一折奉旨依议缘由分行查照文》，《广西官报》第96期，1911年1月1日，第12281页。
③ 《巡警学堂考试纪闻》，《大公报》1911年4月4日。

是催促开办。如同各省高等巡警学堂的设置并未完全遵照部章，各省巡警教练所也是根据该省警务实际需要与当地社会经济状况酌量设置。

1908年12月，云南巡警道杨福璋认为，滇省本为边瘠之区，地方困苦，财用拮据，"年来新政繁兴，地方公款罗掘已尽"，各属巡警，每处多者五六十名，少者二三十名，"经费已万分竭蹶"，若遵定章，府厅州县各设一教练所，额限百名，不仅教员不足，而且财力不逮。"情形既有不同，办理自难一致"，所以不能不量予变通。拟于各府、直隶州先设教练所一处，调集所属合格学生教练。无属县的直隶厅，即酌量送至附近府州附习。开办之始，亦暂勿拘定一年毕业之限，而是因地制宜。①

1909年，广西巡警道刘永滇以办理巡警，贵在得人，厅州县巡警未设之先，"应从教练所入手"。然而，广西地瘠民贫，识字之人无几，各州县纷纷以减额为请，不得不酌量变通，体察各属贫富，分为五等。以省城及商埠为一等，名额特别定之，二等定额百名，三等八十名，四等五十名，五等三十名。如能就地筹款，可自设一所，不能自设者，或共设一所，或附于他府。刘永滇为推广教练所，专门订立全省各府厅州县教练所通行章程，并指定省城及各府厅州县巡警教练所名额，十月初一为成立期限。② 并特拟订各属办理巡警教练所考成简章，督催各属按照期限举办巡警教练所，开办后每三个月将该所事宜申报一次，巡警道或亲自或派员巡视，成绩昭著者奖叙，因循粉饰者撤究。③ 通过对各地方官及该所长严加考成，广西全省教练所粗具端绪。不久，广西巡警道刘永滇与广东

---

① 《滇省改设巡警学堂暨教练所折》，锡良：《锡清弼制军奏稿》，第861—862页。

② 《抚部院批巡警道详拟各属教练所办法并通行章程计画清单文（附件三）》，《广西官报》第28期，1909年8月15日，第190—200页。

③ 《抚部院批巡警道详拟定各属办理巡警教练所考成简章缘由文》，《广西官报》第33期，1909年9月19日，第9649页。

巡警道王秉必互调。1911年，王秉必调整广西各属教练所办法。王秉必认为教练所开办以来，"各属筹解经费则苦于财政窘迫，罗掘俱穷，选送警生则苦于人才消乏，交通不便"，所以拟将巡警教练所改归各属城治巡警区附设办理，以资撙节而利推行。而省垣巡警教练所，因核减宣统三年预算案已将规模缩小，与高等巡警学堂合设一处。①

刘永滇调任广东巡警道后，即仿照在广西任内办法，将广东各属划分等级，分别筹办巡警教练所。省会及商埠为一等，其名额特别定之，二、三、四、五等厅州县定额分别为一百名、八十名、六十名、四十名。除已设外，统限于宣统二年八月以前成立。各厅州县，应就所治地方各设一所。如有不能自设者，可在府治或直隶州合设一所。教练所学生分速成、完全两班，速成以六个月毕业，完全以一年毕业。教练所职员依照定章设置，从中外警务毕业或曾办警务有成绩者中遴派。② 各属教练所筹设办法及简章送呈巡警道审核。如刘永滇查核高州府巡警教练所简章，认为"尚属安协，暂准如章办理"，③ 并指示赶筹的款，招募足额。而西宁县禀请抽膏捐办理教练所，巡警道则以禁烟日严，膏捐日绌，"与警务发达则需费多适成反比例"，④ 驳回令其另筹。

四川巡警道高增爵恐各属囿于筹款、招生困难，观望迟疑，特别拟定教练所变通办法六条，力求简易，使简僻州县皆可力行。其变通办法为，教练所可借用寺观公所权宜设置，概从简略，繁富之地，教练所宜求完备，但也无须过事铺张。人员上，除繁富之区照

---

① 《护院魏批巡警道详筹划宣统三年桂省警政大致办法列折呈请核咨缘由文》，《广西官报》第102期，1911年3月12日，第12567—12568页。
② 《广东省属各州县巡警教练所通行章程》，《广东警务官报》第3期，1910年9月4日，第37—43页。
③ 《批高州府禀报筹办府属巡警教练所并拟开办简章呈核由》，《广东警务官报》第5期，1910年10月3日，第55页。
④ 《批西宁县禀抽膏捐办理教练所由》，《广东警务官报》第5期，1910年10月3日，第56页。

章设所及教务庶务委员，其余各地"可暂以教务长兼充所长，其他员役可省则省"。按照部章设置科目课程，"或以一教员兼任数科，或以两教员分任"。若本境教员缺乏，可向省城指聘。招录年龄为20～30岁的本地人，须身家清白，曾读书者，由本境所属各场分别咨送数名，学费食宿即由该场担任，就原有团费练费项下提拨，开办及常年费不敷之数由地方官筹备。① 高增爵所拟变通办法，就现有庙所借址建所，教授管理各员尽量精简，指定提拨经费办法，开办教练所的难度大为降低，更为简便易行。为督促各属开办，四川警务公所制定表格，札发各厅州县，要求填报教练所所制、开办年月、员役、学额、学科、收支款项，以便了解各属筹设教练所的进度。②

其他各省巡警道或民政使，亦根据该省情形，督饬各属，或改设，或新建，务令各属依章设立教练所。山东巡警道根据地方繁简、财力赢绌，将各属分为三等，大县教练所定额六十名，中县五十名，小县四十名，并改为八个月毕业；繁盛州县可力求完备，边僻之地不得低于最低限额。③ 山西各属如有设立传习所及警务学堂者，均改为教练所，尚未设立者均令遵照定章，就地筹办。④ 直隶各厅州县向设巡警传习所，即改为教练所。其应习学科及毕业限期，一律遵章办理。⑤ 吉林署民政司谢汝钦通饬各属，吉林、长春两府，宾州、延吉、绥芬、双城四厅等，已设有巡警传习所及警务学堂，均改作巡警教练所；其余尚未设立者，"明立限期，行令就

---

① 《督宪批巡警道详饬各属举办巡警教练所拟具变通办法六条请示文（并原详）》，《四川官报》第1册，1909年2月，第27057页。
② 《四川警务公所札发各厅州县巡警教练所报告表》，《四川官报》第15册，1909年6月，第27305页。
③ 《民政部谨奏为遵旨议奏恭折》，《京报（邸报）》第161册，第447页。
④ 刘锦藻撰：《清朝续文献通考》卷120《职官考六》。
⑤ 《直隶总督杨奏改巡警学堂及各属巡警教练所折》，《北洋官报》第2023册，1909年3月29日，第1479页。

地筹办"。①

除府厅州县外，省城多设巡警教练所。如云南省城巡警需人，于省城教练所招足百名，暂以六个月毕业。宣统元年正月，经巡警道杨福璋出示招考学生，省会巡警教练所开班，毕业后派往各区实地练习。因省会各警区需才较多，又续招二班。② 广西巡警道刘永滇设省城巡警教练所，附属于警务公所，调取东洋留学警监专科学生谭锡镛，派充该所所长。不过，关于省城巡警教练所应由巡警道直辖，还是由首县办理，存在争议。广西巡抚张鸣岐就认为，"巡警为行政之一部分，府厅州县系行政官厅，当然有管辖巡警权，将来审判厅成立，司法与行政分离，府厅州县全恃此巡警权以控御人民，则巡警自应归地方官管理"。③ 省城巡警援照京师巡警，由巡警道直辖兼办，虽然方便管理，但与定章抵触。张鸣岐主张折中，拟一通融之方，将管辖巡警之权归首县，而监督警官之权则归巡警道。教练所虽附属于警务公所，应视为代理性质，且该公所应札派临桂县充巡警教练所总理或帮办。

由于府厅州县有繁富之地，有简僻之区，定章各设一教练所、定额百名的规定难以一律通行。所以，各省巡警道变通筹办，或根据各属贫富，将府厅州县分为几等，学额依次增减，或精简所内员役，简要设置。实在无力自设一所者，可以合设或附设于他处。各属教练所的筹设，采用了比较灵活的方式。

二 整顿与推广

广兴巡警学堂、教练所，目的是推广与整顿全省巡警预备警务

---

① 《东督锡吉抚陈奏遵章改设高等巡警学堂及教练所办理情形折》，《盛京时报》1909 年 8 月 28 日。

② 《巡警道杨招考省会教练所二班学生告示》，《云南政治官报》第 395 号，1909 年 5 月 23 日，第 32438 页。

③ 《抚部院批警务公所详定巡警教练所章程请核示文》，《广西官报》第 17 期，1909 年 5 月 30 日，第 9003 页。

人才。清廷视巡警为立宪之基础,将推广巡警列入筹备立宪清单中。所以,巡警道最重要的职责是根据清单中的进度,在已设巡警的基础上,筹划兴办巡警的步骤与办法,督催所属府厅州县,将城乡巡警一律创设完备,并将现有巡警整顿改良,以为立宪预备。

1. 划一州县警制

由于各州县巡警创办之时尚无定章可循,大多参仿他处章程,根据当地情况,自行酌定办法,故而警制不尽相同,相互歧异之处甚多。因此,巡警道官制颁布后,各巡警道对已设州县警政进行改良与整顿,重新划分州县警区,划一警察官制,更为合理地安排警区,分配警员,以完善警察制度,便利警务的执行,提高巡警的办事效率。

奏定巡警道官制细则规定,各厅州县设警务长一名,并分区区官若干员,"均受巡警道及该地方官之指挥监督,办理本管巡警事务,区官以下所有巡官、巡长、巡警等阶级名目均应按照民政部定章办理"。① 因此,各省巡警道遵照民政部定章,对现有州县警察进行划一整顿,重新划分警察区域,更正巡警官署及警官的称谓,规范并改进警务官制。

首先,重新划分州县警区。广东巡警道饬各属"先将巡警区域划分,禀报查核",② 各州县全属区域,不论已办还是未办警察处所,皆须预为划定警区,并绘图列册,呈候巡警道核明。因此,各州县纷纷将全境划分为若干个警区,并将该地警务区划呈报待核。仅《广东警务官报》第5、第6两期中,就登载罗定州、陆丰县、曲江县、新安县、黄冈、汕头、信宜县等禀呈该县分划巡警区段或改区章程,巡警道分别给予批示。四川等其他各省州县也遵照定章,对州县辖境内的警区进行重新划分,以便根据警区重新配置官警,为统一警察官制奠定基础。

---

① 《宪政编查馆奏定直省巡警道官制细则》,《盛京时报》1908年6月2日。
② 《札饬陆丰县巡警正局总董巡长文》,《广东警务官报》第3期,1910年9月4日,第13—18页。

其次，统一警察官制。如直隶各属巡警创行已久，巡警道舒鸿贻到任后，以直隶州县警务"要在淬厉精神，随时整饬"，① 即在现有基础上划一警制，严加整顿。鉴于直隶各属"警官阶级多沿袭巡官区长巡记名称，核与部章不合"，舒鸿贻通饬各属，按照奏定官制通则，各设警务长一员，并各分区区官若干，以下巡官、巡长、巡警亦均按民政部定章办理。每州县划为东、西、南、北、中五区，每区设区官一员，掌理全区警察事务，统归警务长节制。中区设在城内，即可以警务长兼摄。广袤乡镇可酌设巡警驻在所或派出所，分派巡官，以资佐理。②

其他各省也遵照奏定章程，对所属州县警制进行规范。如民政部发现四川警制与部章不合，四川代理巡警道王椒奉饬后，立即督促州县，遵照更正。各厅州县巡警分区，区官归警务长直接管辖，重庆等州县于区官之上另设的区长、副区长即行裁撤。各属现设之巡警署、巡警分署，一律更正为某厅州县警务长公所、某厅州县第几区所。厅州县消防事项由警务长管辖，消防长即以巡官或巡长充之，将另设之消防长裁撤。省城巡警归警务公所直接管辖，省城首县筹办乡镇巡警设警务长，归首县监督，但其他各厅州县不得另设乡镇警务长。③

不过，部分州县警制，尤其是省城或商埠地方的首县，因该地情形特殊，不得不稍做变通。如天津四乡及保定省会均设巡警总局，以总办、会办、提调等官综理其事。统归巡警道节制后，如若遵照部章设立警务长，划归天津、清苑两县管理，窒碍难行。因为天津四十里内不能驻兵，四乡巡警局责任颇重，办理之员地位素在

---

① 《直督陈夔龙奏陈第三届筹备宪政情形折》，《政治官报》第875号，1910年4月8日，第8页。
② 《直隶巡警道通饬各厅州县按照划分区域及一切改良办法填表具报备查文》，《四川警务官报》第1年第1册，1911年2月，第30339页。
③ 《代理巡警道转奉部咨通饬各属更正城厢乡镇巡警办法及名称札文》，《四川官报》第26册，1911年6月，第28693页。

州县之上，难归天津县指挥。保定系省会，巡警道驻于天津，只能对其遥为节制，该局执行事务，与军队学堂及各局所总办均处于平等地位，也非清苑县警务长所能胜任。所以，变通部章，"天津四乡、保定省会两处之巡警局，各以局长主之"，① 归巡警道直接管辖，天津、清苑两县不再设警务长，以免重复。四川、重庆也变通办理。按照定章，重庆府应设警务长。然该处系通商口岸，商务繁盛，所设巡警总局以坐办主之。警务长位卑权轻，不足以担当重庆府警务重责。川巡警道拟将该局坐办改为局长，但局制暂仍其旧。② 其他各省繁盛商埠，如上海、汉口等处，也因事务殷繁，责任重大，只得变通定章，以警务局或总局等管辖警务。由于奏定巡警道官制未能充分考虑各地社会状况的差异性，而强令州县划一警制，天津、汉口、重庆、上海等此类通商大埠，警政繁要，非品秩低微的县警务长可以统管，因此，只得变通部章，仍以警务局管理警务。这也与清代行政区划有关，清代没有"市"的设置，省城等地方的治安词讼皆由县负责，如广州治安由番禺、南海两县负责。

除从制度层面改良警察区制官制之外，巡警道还通过遴委属员、派员稽查、严格考勤等手段，借助人事规制，加强对巡警的管理，督促巡警实心任事。直隶巡警道以推广警务、办理警务之人责任不能不专，事权尤须统一为由，遴选高等警察毕业生，派充抚宁、获鹿、南皮等县警务长，先行试署。湖北巡警道冯启钧因各警局站段巡勇往往敷衍懈惰，特遴派武昌警察西北二局优等巡士石云章等八人，作为稽查长分驻各局，专职考查勤惰。③ 江西警务公所

---

① 《直隶巡警道到任后举办一切事宜请咨部立案文》，《四川警务官报》第 1 年第 1 册，1911 年 2 月，第 30337 页。

② 《代理巡警道转奉部咨通饬各属更正城厢乡镇巡警办法及名称札文》，《四川官报》第 26 册，1911 年 6 月，第 28693 页。

③ 《选派巡警稽查长》，《申报》1908 年 2 月 8 日。

专门设立稽查处，"以考核员司长警之优劣勤惰"。① 四川巡警道督同各科长科员，检查指导省城警务，劝导省城各官警竭力服务，要求区长、区官、巡官"当视所管区域之事如自己家事"，② 认真对待。又通饬各地方官及警务长，认真整顿警务，并以警务长专司警务，要求"凡行职务时均需一律穿着制服，务使精神形式具有可观"。③

通过各省巡警道对州县巡警的整顿，警区与警官的设置日趋一致。晚清巡警官制的发展历程，是一个不断被规范与划一的过程。虽然各地基于特殊情形，仍存在不少变通定章之处，但整体来看，整齐划一的趋势是比较明显的。

2. 推广州县巡警

警政为新政要务，各省巡警道遵照民政部所拟的筹备清单，参酌该省政情，妥筹办法，积极推进警察的兴办与扩充。

由于巡警需款甚多，各州县经济贫富不均，财政盈绌不齐，推广巡警须衡量财力，分别等次，逐渐扩充。而且民政部筹备清单也是逐年递进，宣统元年各省只需将省会及外府所属各首县商埠地方巡警办齐，次年一律完备。因此，广西、河南、山东、云南等省根据该省州县繁简，划分州县等级，依次分步催办警察。各该省州县警察已经开办者不但为数不多，且因陋就简，勉强维持。如1909年广西"外府所属各县及商埠地方，据报开办者虽有二十余处，强半不脱防营性质"。④ 所以只得量力而行，分步筹办。河南巡警道蒋楙熙"先饬各直隶州厅及外府所属首县，限年内一律将巡警

---

① 《宣统政纪》卷5，光绪三十四年十二月辛巳。
② 《巡警道传饬各官警应竭力进行文》，《四川警务官报》第1年第1册，1911年2月，第30336页。
③ 《巡警道通饬各属地方官警务长认真整顿警务并须穿着制服札文》，《四川警务官报》第1年第1册，1911年2月，第30337页。
④ 《抚部院批巡警道详报第三届筹备宪政成绩缘由文》，《广西官报》第57期，1910年4月3日，第10773页。

办齐"。① 1910 年，山东巡警道潘延祖则将全省州县划为三等，分别确定官警额数，凡人口在 8 万以上者列为上等，共 15 州县，人口在 5 万以上者为中等，共 27 州县，其余 65 州县为下等。根据各州县人户财力，上等州县须于宣统二年筹设巡警 70 名，中等州县先筹 50 名，下等州县额定 30 名。② 待城厢巡警均已遍设后，再逐渐增加警额，仍照既定州县等级，宣统三年上等州县至少百名，中等州县至少 70 名，下等州县至少 40 名。③

云南为边陲之地，办警较晚。1906 年冬，总督丁振铎改团为警，州县巡警肇始。锡良总督云贵时，又通饬各属就地筹款举办。但各属百废待兴，"牧令每以无款为辞，率请缓办"。1909 年巡警道添设之时，云南州县警察的规模与普及程度落后于沿海沿江省份甚远。巡警道杨福璋根据云南州县多贫苦的现实情况，将各属划分为头等、二等、三等，依次限定应设巡长目兵名额。要求已设者补足名额，未设者竭力设法赶紧筹办，"统于十月内一律按额设足，成具规模"。并且，为督催各属赶办，杨福璋遴委熟悉警务人员随时出省调查，"如有仍前敷衍，任意延宕，尚无作用，捏饰欺蒙，逾限不办等弊，一经查出，即从重详请撤处，绝不宽贷"。④ 经多方督饬，文电交驰，切示办法，并派员考查，各属"迫于文牍之督责，有挪移他项公款暂时开办者，有由地方官绅垫款筹办者"，至宣统元年底已经申报开办者共 84 属。不过，各属警局多勉强支撑，每局除正副巡长各一员、巡目数名之外，巡警多者 50 余名，次者三四十名，少者仅一二十名。而偏僻

---

① 《河南巡抚吴重熹奏筹备第三届宪政成绩折》，《政治官报》第 886 号，1910 年 4 月 19 日，第 14 页。
② 《抚部院批巡警道详确定分年筹备经费数目由》，《政治官报》第 1048 号，1910 年 9 月 28 日，第 14 页。
③ 《山东巡抚孙宝琦奏第三年第二届筹备宪政成绩折》，《山东官报》第 24 期，1910 年 8 月 14 日，第 10 页。
④ 《巡警道杨严催各属巡警统限本年十月内一律按额设足成具规模禀候派员调查文》，《云南政治官报》第 554 号，1909 年 10 月 27 日，第 32534—32535 页。

或初设县治各属尚未开办。通计全省共设正副巡长138员，巡目214名，巡警2257名。①

直隶、广东等省，由于督抚的倡导支持，警察创办较早，各属多已筹设，且财赋较为充裕，其所属州县警察遵章筹设完备，规模实力为各省之先。直隶巡警道舒鸿贻1910年莅任后，调查直隶现办警务，此时厅州县巡警早已粗具规模。直隶以事务繁简、款项盈绌，定警额多寡，"向分大治、中治、小治"三个等级，凡州县，大治者设巡警三四百名以上，中治设二三百名以上，小治设一百名以上，"统计各属一百二十厅州县，马步长警约二万六千余名"。②在此基础上，舒鸿贻严饬各属遵照部颁定章，改设警官，划分区域，以为整顿改良。

广东各厅州县巡警虽然没有直隶完备，但也多已设立。巡警道王秉恩于宣统元年八月拟定《广东全省厅州县巡警试办通则》，③共15章101条，是年十月实行，以推动厅州县筹办巡警，规范厅州县巡警编制。"拟厅州县各设一警务所，以警务长领之，分划区域，各设巡警区所，以区官领之。"另外，繁盛市镇及散处乡村，各视地方情形，酌设警务分所或分驻所、派出所。该章程奉总督批准后，立即分发各厅州县遵照施行。凡巡警"已设而尚待改良、未设而必须筹办、议设而尚未成立者"，分其地方之繁简、筹款之难易，"或派员督办，或严札屡催"，④饬令将绅局乡团及游神赛会等费分别提拨，化无用为有用，以图逐渐扩充。据广东警务公所统

---

① 《前护督宪沈奏陈筹备宪政情形折》，《云南政治官报》第647号，1910年2月21日，第32636页。

② 《直隶巡警道详厅州县巡警一律完备情形文》，《四川警务官报》第1年第3册，1910年4月，第30403页。

③ 篇名见于《拟订章程事项》，《广东警务公所第二次统计书》第1页，章程内容已不见。

④ 《札饬陆丰县巡警正局总董巡长文》，《广东警务官报》第3期，1910年9月4日，第13—18页。

计，宣统元年底，广东全省 95 厅州县，"已办巡警者计八十余州县"，①仅永安、信宜等县，佛岗、南澳二直隶厅巡警尚未设立。随后，各该属也据章筹设，基本建成了遍及全省的警察系统。

  此外，广东省巡警道还从经费与名额两个方面，规划了九年筹备期间，广东省城以至州县乡镇的整体推广计划。首先，在经费上，巡警道列出了第二年至第九年广东省城巡警按年支出预算表，及广东全省府厅州县逐年筹办巡警额饷决算预算表。②其中，省城巡警预算案，分为经费、衣械什器、消防卫生、各项杂支四类支出，每年预计支出之总额逐年增加，统计八年所需款项总额为 670 余万两。其次，在警额上，因各属地理位置冲要不同，人口繁密程度有别，经济发展状况相差很大，社会治安难易程度也不相同，所以巡警道分别繁简冲要，将全省府厅州县划分为五等。一等州县需办巡警最多，二等次之，以此类推，各按类别筹办巡警。一等县如南海县原有名额 537 名，第三年应加至 597 名，第四年应加至 697 名，第五年应加至 817 名，第六年应加至 957 名，第七年亦为 957 名，第八年应加至 1200 名，经费随之增加，共计需银 78 万余两。其他一等县有番禺县、顺德县、香山县、新会县等，亦根据原有巡警名额及经费，逐年增加，至第八年皆须增至 1200 名，经费亦根据该地税收与警务所需而增加。其他各州县，至第八年，二等县巡警名额须增至 800 名，三等 600 名，四等 400 名，五等 250 名。合计全省八年间所需警费约 1845 万两。③

  其他各省巡警道也在该省现有警察的基础上，督饬各属州县，

---

  ①《各府厅州县筹办巡警局所员名总数表》，《广东警务公所第二次统计书》，第 72 页。

  ②《广东省城巡警按年支出预算表》，《广东警务官报》第 5 期，1910 年 10 月 3 日；《广东全省府厅州县逐年筹办巡警额饷决算预算表》，《广东警务官报》第 5 期及第 6 期，1910 年 10 月 3 日、10 月 17 日。

  ③ 参见《广东全省府厅州县逐年筹办巡警额饷决算预算表》，《广东警务官报》第 5 期及第 6 期，1910 年 10 月 3 日、10 月 17 日。第七年的数据原文如此，似有误。

依限将州县警察筹设完备。如安徽巡警道履任后，一面将省城及芜湖商埠巡警加意整顿，为各属树立模范，一面遴派熟悉警学员生充当警务长，分赴各属会同地方官办理警务，又派员分路调查各属办理警务实情，及时纠正不足。"各州县及芜湖商埠呈报巡警数目，统计三千六百零四名，规模均已完备"，① 即安徽各厅州县巡警，依限于宣统二年一律设立。四川巡警道高增爵也督促所属州县遵章兴办警察，川省共144厅州县，至1909年底大部分州县警察已经设立，"除理番懋功等异常边瘠之属城厢巡警甫事筹设，其余一百三十七属巡警实皆粗具规模"。② 高增爵又拟定了各厅州县城厢巡警章程，以规范约束各厅州县巡警。至1910年，未设各属也遵章筹设，"其宜宾县等十余属续据调查，实已一律完备"。③

各省厅州县巡警，在该省巡警道的督催下，皆依照筹备宪政清单，于宣统二年一律完备。但是，各省厅州县巡警的规模却相差甚远，如云南全省巡警共2000余名，而直隶全省巡警则共2.6万余名，山东通省官警6168名。④

警察创办之初，各省城警察皆由官筹办。但随着向州县及乡镇推广，由于官力不足而形式各异，有官办者，也有官商合办、官督绅办、商办者。绅商参办警务，既与士绅热衷当地公益事务的传统一脉相承，也受到地方自治新思潮的影响，亦受制于政府人财双重匮乏，不得不借民力以补助的社会环境。四川为提倡士绅襄办警务，特别拟订《州县警察官绅权限划一章程》，规范官绅权限责任。1907年，四川警察总局特开警察传习所，由各州县

---

① 《安徽巡抚奏各州县巡警一律筹设及调查口数情形折》，《四川警务官报》第1年第3册，1911年4月，第30393页。
② 《川督赵尔巽奏胪陈第三届筹备宪政情形折》，《政治官报》第900号，1910年5月3日，第8页。
③ 《本任督宪护理督宪王会奏川省筹备宪政情形折》，《四川警务官报》第1年第3册，1911年4月，第30394页。
④ 《巡警道详复筹办宪政成绩文》，《山东官报》第2期，1911年2月20日，第7页。

选送学绅来省学习警察知识，头班学绅毕业，发回各州县原籍委办警政，"以本地人办本地事"，但恐官绅权限不明，互起争执，特定章程，"既不使谨奋目勉之警员受抑于牧令，亦不使官吏应操之大柄下移于士绅"。① 随后又于二班学绅毕业时将章程修正改良，规定各州县城乡街道在三十条以内者，统设警察分局一所，如有两分局以上，增设一正局，六分局以上，增设两正局。正局设正警长一员，分局设副警长二员。正副警长皆从警察传习所毕业生回籍者中遴选，由地方官量才委用。如不称职，由地方官禀请撤办。正副警长只能专任行政之事，不得干预裁判词讼、警费筹措等事，收支、司法、稽核人员由地方官另行委派。②

巡警道官制细则颁布后，各省巡警道根据部章，整顿划一州县警察制度。在这一过程中，绅商继续参与警务管理，并给予进一步的规范。如湖南巡警道添设后，巡警道赖承裕根据部颁章程改良警务规则，即将所办巡警各区，每区派委员、绅各一人，"员则称为警官，绅则称为巡官"，前之部长改名巡长，其余列为一、二、三等巡警，不用伍长警兵之名。③ 广东州县警察规制与部章稍有不同。巡警道任事之后，根据部章，厘定厅州县巡警通则，札发各属，先将巡警区域划分，巡警正局改为警务所，原有总董、巡长等警官改为区官或巡官。如陆丰县巡警正局，原设总董、巡长等职，奉札后划分区域，改设警务所后，警务长由县兼充，原巡警正局总董谢龙章"即系警务熟谙，人地相宜，准升第一区区官"，原巡长岑建荣"准升第一区所巡官"。④

---

① 《警察总局详定各州县办理警察官绅权限划一章程文并批》，《四川官报》第5册，1907年4月，第25939—25940页。

② 《警察总局详改良官绅权限划一章程请示文并批》，《四川官报》第30册，1907年12月，第26406—26407页。

③ 《改良巡警规则》，《申报》1908年9月25日。

④ 《札饬陆丰县巡警正局总董巡长文》，《广东警务官报》第1期，1910年8月5日，第18页。

各省巡警道鼓励绅商参与警务，并且创造条件，对其进行警学方面的培训。湖北巡警道冯启钧以该省官警少有熟谙警政者，组织高等警察学堂以培养警务人才，"分官绅两班，官四绅六"，定五年卒业，分别等第，派充正巡、副巡、课长、课员各差。① 广东巡警道改设省城巡警学堂为高等巡警学堂，先就速成科毕业生挑选一百名组建初等毕业补习班，"另招本省官绅二百名为新班，又有士绅愿自费入学者，复招选自费生两班"。② 安徽也于高等巡警学堂中添设绅班简易科。③ 在高等巡警学堂中开设专收士绅入学的绅班，显示出各巡警道认同士绅在推广管理警务中的作用，并给予提倡与鼓励。

安徽巡警道卞绪昌鼓励绅商参议警务，仿照京师办法，于警务公所内附设皖城市政研究所，"凡地方应予应革事宜，咸可共同集议，联络官绅，共图公益"。每月初二、十六两日集议，如有特别事件，可临时酌定集议。以巡警道为议长，各科长及正副提调为议员，"邀请地方公正绅商为议董"。议案分为交议、提议、请议三类，经反复讨论，多数赞同之案，呈请议长后决议。④

清政府也对绅商参与警务持肯定与支持的态度。为鼓励士绅筹款帮办警察，1908年政府诸大老决议，"各省绅士所办乡村巡警，一年成绩准照三年请奖"。⑤ 直隶各州县警务的管理中，尤其注重士绅的作用。直隶各州县创办警察，筹设巡警教练所，"其经费所需咸系就地筹集，专有巡董经办，官任稽核"。⑥ 由于各该地方巡董、警董勤慎任职，办理巡警卓有成效，定州、容城县、吴桥县、

---

① 《创办高等警学之规画》，《申报》1909年1月1日。
② 《两广总督张人骏奏遵设省城高等巡警学堂陈明办法折》，《学部官报》第84期，1909年4月20日，第328页。
③ 《皖省整顿省垣警察办法》，《申报》1910年5月28日。
④ 《皖城创设市政研究所》，《申报》1909年11月9日。
⑤ 《四月中外大事表》，《汇报》1908年6月6日。
⑥ 《胪陈直隶第二年筹备事宜折》，端方：《端忠敏公奏稿》，第1879、1885页。

南和县、成安县、丰润县等州县地方官分别呈请，奖给功牌。① 广东一些州县警察的创办与管理，也借重绅商的力量。如广东陆丰县、乐会县巡警正局1908年成立，皆系官督绅办。②

在筹备地方自治之后，州县警务又受到自治会的监督。警董的选举，在实行地方自治的州县，由自治会负责。如奉天铁岭县徐知县传谕城乡自治会内各员，遵照警务通则，"投票选举捐务董事，经理巡饷"。③ 彰武县警务董事被自治会代表呈控侵蚀警款5000余元之多。④

不过，各省官府允许绅商襄办警务，并非完全放任绅商经管，将权力下放，而是将绅商的作用局限在"但助官力，不侵官权"⑤的范围内。因此，一些地方借机整顿警务，限制绅商的权限范围。如直隶大名县巡官出缺后，该县绅士禀呈警务处，请以警务毕业生杨某充任。但得到的批复是"定章巡官一差，向由州县禀派，绅士不能干预"，⑥ 予以拒绝。此外，也有绅董因不堪承催之苦，禀请将收捐之事收回官办者。如直隶南皮县学、警两项经费，"向由绅董代收，立有亩捐局经理其事"。由于承催不力，拖欠者甚多，以致入不敷出，该绅董上禀知县，转详全省警务处，"拟请改归官

---

① 《定州陈牧详请酌量给奖办理巡警各员绅文并批》，《北洋官报》第1745册，1908年6月11日，第1162—1163页；《容城县牛令禀警董办理巡警著有成效请奖文并批》，《北洋官报》第2019册，1909年3月25日，第1460页；《吴桥县吕令禀请奖励警务员绅文并批》，《北洋官报》第2142册，1909年7月26日，第1793页；《警务处详南和县禀该县警董文生国殿忠等办理警务出力请奖励文并批》，《北洋官报》第2275册，1909年12月6日，第2325页；《成安县高令禀警务出力员绅请给奖文并批》，《北洋官报》第2353册，1910年3月4日，第2600页；《丰润县马令禀请奖励办理警务员绅文并批》，《北洋官报》第2361册，1910年3月12日，第2643页。
② 广东清理财政局编订：《广东财政说明书》第12卷，广东经济出版社1997年版，第499、501页。
③ 《捐务董事揭晓》，《盛京时报》1909年11月23日。
④ 《饬查警董之侵蚀巨款》，《盛京时报》1909年11月2日。
⑤ 《劝办广东全省警保总局章程》，《振华五日大事记》1907年5月11日。
⑥ 《请派巡官》，《大公报》1909年12月10日。

办，即着柜书随粮带征"。①

清廷对于绅商筹办新政也持极为谨慎的态度，并且多次谕令各省督抚慎用士绅。1910年7月，清廷谕令，"各省举行新政，就地筹款，如学堂巡警诸务，原以本地方之财用，办本地方之公益，而地方自治，即以此为根基"。然而，不肖州县于行政筹款等事不加体察，委之地方绅董。该绅董凭借官势，不谅舆情，甚或借端抑勒，挟私自肥，怨愤丛生，酿成事变。故令各省督抚"务当慎选牧令，善用士绅"。② 12月，民政部"以各省州县乡镇警政全赖由巡董维持"，但巡董多有劣绅市侩从中把持，转致滋生窒碍，拟由部派员前赴各省，会同巡警道，详细甄查各巡董是否称职，并厘定应具资格，以期进行整顿。③

因此，在这种局势下，一些州县在警务管理中，将绅商的权限缩减。如湖南溆浦县于1902年底设立警察局，"委任地方绅士办理"。1909年改称巡警局，"旋委用外县人"。④ 湖南汝城县开创警务局时，"委任县绅何作霖、朱光邦、何龙章办理"，筹办丝捐等作为常年经费。1910年冬，省巡警总监"委任钟警务长来县摄篆"。⑤ 又如，浙江湖墅于1907年裁改巡防为巡警，"该处绅商以商捐为名，力主商办"，各绅董延聘胡馨为警察管带，用人行政自由行动，入款历年不上报。1909年，该地出现抢劫重案，巡警道杨士燮借机批评湖墅警务腐败，"亦平日办理巡警官绅各不相谋"所造成，特派委鲁宝清前往该县，会县集绅，首先照章开会投票，

---

① 《拟请带征学警捐款》，《大公报》1909年11月18日。
② 《宣统政纪》卷37，宣统二年六月丁酉。
③ 《民政部拟甄查各省巡董》，《大公报》1910年12月30日。
④ 民国《溆浦县志》卷12《武备志》，《中国地方志集成·湖南府县志辑》第63辑，江苏古籍出版社2002年版，第186页。
⑤ 民国《汝城县志》卷16《政典志》，《中国地方志集成·湖南府县志辑》第30辑，第180—181页。

重新公举巡董,再妥筹变通整顿办法。① 1911 年,浙江巡警道杨士燮以州县巡董之设"为就地筹款起见","专设巡董名称"并非必要,②责成地方官会同公正士绅妥为办理即可,将厅州县巡董裁撤,原定厅州县巡董职务权限规则自动取消。浙江奉化县亭下镇筹设镇埠巡警时,本拟暂设巡董一员,因"核与定章不符,碍难照准"。③

总体言之,各省厅州县巡警于宣统二年依限筹设完备,除各省督抚、巡警道及州县政府等官员的努力外,绅商也起到重要的辅助作用。据 1910 年广东清理财政局的统计,所列 83 个府厅州县中,其城厢警察局系官办者有 67 处,其他形式者共 16 处。④ 可见,州县警察以官办为主,辅以官督绅办、官商合办、商办等形式。

3. 归并水巡

广东、湖北、湖南、四川、浙江、广西等省,江河纵横,水道交错,但江河之中匪盗横行,水路行旅与商船安全受到威胁。又因水道绵延,穿越多个州县,各地警局辖地有限,难以缉捕。因此,各省突破州县行政区划,筹办水巡警,以与陆路巡警互为补充。

水巡警的筹设晚于陆路巡警。1905 年底,广东拟在省河水面筹设巡警,分为四局,每局配备一艘火轮船、六艘洋式舢板船,每艘设巡丁七人。⑤ 湖南常德府也计划试办水警察,拟就各埠船只按其大小及所运货物,分别抽捐,以作经费。⑥ 不久,鄂督委派冯启

---

① 《巡警道杨札委鲁宝清会县集绅妥筹湖墅巡警办法文》,《浙江官报》第 18 期,1909 年 12 月 20 日,第 154 页。
② 《抚院增准民政部咨札饬巡警道将与定章不符及准予变通办理各项开单分别遵照办理文》,《浙江官报》第 24 期,1911 年 6 月 11 日,第 131 页。
③ 《抚院增批奉化县魏令禀亭下镇埠巡警成立日期由》,《浙江官报》第 32 期,1911 年 7 月 20 日,第 230 页。
④ 参见《广东财政说明书》第 12 卷,第 494—502 页。
⑤ 《水面警察分局办法》,《申报》1905 年 11 月 3 日。
⑥ 《常德府试办水警察》,《申报》1905 年 11 月 6 日。

钩、王元常筹办武昌江面警察，拟设小火轮二艘。① 巡警部成立之后，水巡警才在广州、武昌等地零星出现。

与陆路巡警不同，各省水巡警多由水师防营改设，也多归水师节制。巡警部以长江一带盐枭会匪横行，须尽快办理江面警察，添设火轮船，沿江游弋，并拟责成水师提督管辖。② 广东省城水面巡警，以省河巡警局统管，辖有东、西、北三分局。由于水巡警巡缉河道，与水师轮扒巡船互相维系，为便于联络，拨归水师提督节制，不归巡警道管辖。四川筹设川江水道巡警，由川督委派候补道王棪为水道警察总办。王棪拟定川江水道巡警简章，将三千余里川江划为十总区，每总区下设三分区，各驻旧式炮船一艘。每总区配小兵船36艘，每分区配12艘。设总理一员，专办水道巡警，受总督指挥。每总区设一总区官，每分区设一分区官。③ 四川水巡警虽然脱离水师的节制，但仍然与巡警道分立。

广西、湖北、江西、浙江等省巡警道，也尽力筹设水巡警。刘永滇在任广西巡警道时，拟在省城筹办水巡警，并拟定了水巡警章程，但因经费难筹，未能举办。王秉必继任广西巡警道后，重新提议此事，预计每月需银380元。因民政部札饬核减省城各区所巡官，广西遵议拟裁二等巡官四员、三等巡官六员，每月可节省薪水伙食银380元，拟即以此节省银两作为省河水巡警常年经费。原案定名为水巡分驻所，隶属东洲区。王秉必以东洲区事务殷繁，恐难兼顾，而且水、陆巡警办法各异，故改为设桂垣水上巡警区，与其他各警区并行。为节省经费，暂不设区官，设一等巡官一员督理其事，暂设三等巡警24名。④ 广西省城水巡警，与省城其他各区一

---

① 《添设江面警察》，《申报》1906年4月3日。
② 《筹议添设江河警察》，《大公报》1906年12月25日。
③ 《筹办川江水道巡警简章》，《四川官报》第17册，1909年7月，第27348—27349页。
④ 《护院魏批巡警道详筹办桂垣水上巡警拟章呈核缘由文》，《广西官报》第99期，1911年2月19日，第12425页。

样，由巡警道直辖。

湖北巡警道冯启钧兼任水陆巡缉营管带，拟将其改为沿江巡防营，原有勇丁100名，另行招募200名，送入警察教练所练习，以立水上警察基础。① 湖南近湖各州县盗贼出没，巡警道赖承裕派委知县陈自勋专办南洲、武陵等地水面警察，知县周树杰专办澧州等地水面警察。② 江西巡抚冯汝骙拟办鄱阳湖水警，札饬巡警道张检设法筹款，并议定章程。③ 浙江境内水路纵横，宣统元年底，浙江全省水巡，浙西设有巡船47只，浙东亦先后筹办，署巡警道杨士燮巡视各属，"亲自督催，俟内河水巡进步可观，再当规划沿海水巡"。④ 一年后，水路巡警，浙东、浙西各处设巡船105只，巡长61名，巡警336名，"分布梭巡，尚称得力"。⑤

1911年，四川、广东水巡警分别归并于该省巡警道。四川谘议局因川江水巡警设专办大员，与巡警道事权歧出，且各区总区官对厅州县用平移体，各区巡警直隶于总办，"受承于总理一人，独立于地方官吏以外"，而提出质疑。⑥ 1911年，川江水道巡警归并于巡警道管理，于警务公所附设水警处，专管水巡警事务。水巡警原以重庆公所统率，现裁改为稽查处。原公所正副提调、文案会计来省办公，以便巡警道就近督率。⑦ 广州新军乱事后，粤督拟将警务扩充推广，以河面巡警与陆上巡警"若权限分别，难期得力，且与部定警章亦嫌歧异"，⑧ 将水巡警拨归巡警道统一节制。

---

① 《警道新编江防警察》，《申报》1910年4月4日。
② 《推广水上警察》，《大公报》1909年1月7日。
③ 《拟办鄱阳湖水警》，《大公报》1909年9月27日。
④ 《浙江巡抚增韫奏第三届筹备宪政胪陈成绩折》，《政治官报》第883号，1910年4月16日，第11页。
⑤ 《浙江巡抚增韫奏遵章胪陈第五届筹备宪政事宜折》，《政治官报》第1228号，1911年4月3日，第9页。
⑥ 《督宪批谘议局申复咨询水警筹费文》，《四川官报》第2册，1910年3月，第27750页。
⑦ 《水警设处》，《四川警务官报》第1年第2册，1911年3月，第30381页。
⑧ 《水巡局改归警道节制》，《广东警务杂志》第3期，1911年，第53页。

沿江沿海各省，为巡缉江河水面，分别筹设水巡警，以与陆上巡警相互补充，共同维护当地治安。水巡警创立之初，有巡警道筹设而归巡警道统辖者，有水师改设而归水师节制者，但随着权限的进一步厘清，水巡警逐渐归并于巡警道管理。

4. 筹办乡巡

巡警创办初期，省城州县等城治警察多由官员创办管理。商业较为繁兴的商埠或城镇，绅商实力较为雄厚，因此，巡警的创办与管理多有绅商参与。如山东周村各商自筹经费，公议章程，禀准巡警总局，设局自办警察。①

1905年，天津试办四乡巡警。在直督袁世凯的筹划下，由天津巡警总局道员赵秉钧拟定章程，酌提地方原有的青苗会、支更费及赛会、演戏等款项，"就地抽捐，以取诸民者仍用诸民"。视村庄大小，定警兵多寡。殷富之区五十户一名，荒僻之区百户一名，暂定巡警七百二十四名，"月饷由村董酌定支给，官不经手"。其总分局区官弁薪工杂支，月需银1800余两，由官发给。② 这是乡镇巡警筹办的开始。天津四乡巡警开办后，奉天等仿照办理。奉天将军赵尔巽特委补用道陈希贤专办省城乡镇巡警，先从承德、兴仁两县入手，于城内设总局，于四乡设五分局，又分五局为四十二区，每区各练马巡二十名，以当地巡弁巡长统率，并委员监督绅董。"该绅董之经收捐款者不得问发饷之事，发放饷款者不得问收捐之事，以委员监视其间，但司接收转交，凡巡费一切收发，委员又无权干预，权限分明，弊混自除。"其总分局员弁薪用，按照北洋定章，由官发给。③ 黑龙江警察的创办，也"查照天津现行四乡巡警章程略加增改，通饬各地方官查酌情形，劝谕绅商及时开办，

---

① 《各省内务汇志·山东》，《东方杂志》第3年第1期，1906年2月18日，第25页。
② 《拟定天津四乡巡警章程折》，《袁世凯奏议》下册，第1170—1176页。
③ 《赵尔巽筹办奉省乡镇巡警情形》，《光绪朝朱批奏折》第26辑《内政·保警》，第635页。

款由各该处向有团练费内自行拨给"。①

1907年，天津府自治局成立后，自治局筹办官员谋划地方自治应办之事及权限，以普及教育、改良风俗等为议事会应行筹办之事，以工程、卫生重要事务为议事会应行协议之事，地方捐务为应监察之事。后经袁世凯批复，"第一类筹办之事，应加四乡巡警，以合于地方警察之原理"。② 此后，天津四乡巡警归并自治局经管。

1909年1月，宪政编查馆拟订的《城镇乡地方自治章程》奏定颁行，实行地方自治，根据选举章程，由地方公举议事会、董事会，"以专办地方公益事宜，辅佐官治为主"。③ 其城镇乡地方自治事务包括兴学、道路工程、卫生事务、慈善事务等。具体而言，卫生事务包括清洁道路、蠲除污秽、设医药局、设立公园、办戒烟会等事，道路工程包括改正道路、修缮道路、修建桥梁、疏通沟渠、修建公用房屋、设立路灯等事，慈善事务包括创办贫民工艺、救火会、义棺义冢等，④ 皆与警务有关。但与天津府自治章程不同的是，筹办巡警并未列入城镇乡地方自治应办事宜之中。浙江谘议局分析《城镇乡地方自治章程》"以专办地方公益事宜，标定自治名义"，所列举各项自治事宜中并无巡警一项，又声明专属于国家行政者不在自治范围内，"亦为巡警不属地方自治"之证据。⑤

四川为各属创办乡镇巡警，专门拟订《四川厅州县乡镇巡警暂行办法》，以备各属参照。该办法将各厅州县分为繁盛、中等、简僻三等，分别依照自治区域，将全境划分为五区、四区、三区等

---

① 《程德全奏创办警察设立专局折》，《光绪朝黑龙江将军奏稿》，第788页。
② 《天津府自治局禀遵拟地方自治应办各事及权限文并批》，甘厚慈辑：《北洋公牍类纂》卷1，第115页。
③ 《宪政编查馆奏核议城镇乡地方自治章程并另拟选举章程折》，《清末筹备立宪档案史料》下册，第728页。
④ 江苏苏属地方自治筹办处编：《江苏自治公报类编》，台北，文海出版社1989年版，第209—243页。
⑤ 《移房捐及裁撤绿营饷项，改充全省巡警经费议案》，章开沅、罗福惠、严昌洪主编：《辛亥革命史资料新编》第4卷，第212页。

警区。每区设一巡警分署，设区官、巡官各一人，巡警四十八人。并于分署附近十里内择要设立分驻所一二处，酌派长警驻扎。各区区官、巡官由地方官择向办警务，熟悉情形者，禀请巡警道札委，或禀由巡警道委派。乡镇巡警由各厅州县教练所毕业生或城厢旧有巡警拨充，如不敷用，招募本区良民，纳入巡缉队。乡镇巡警由该州县官直接监督，综理一切行政，警务长协同州县官办理。乡镇巡警注重缉捕巡逻，并严密访查区内有无匪踪，以清盗源。每区设区正一人，专备区巡官顾问由乡望素孚者充当。乡镇巡警经费即以旧有团练经费拨充，不敷之处，由州县官督同绅首设法添筹，或由城厢巡警庶务员总理，或委绅首经管。巡警月饷不得过三元，远低于城厢巡警。①

由《四川厅州县乡镇巡警暂行办法》及《城镇乡地方自治章程》可见，乡镇巡警的创办和管理与绅商有着密切的联系，但是与城厢巡警一样，仍以政府管理为主导。其警区的划分及警官与巡警的派委，均由地方官酌定。绅商主要经管警费的征收，或备咨询。不过，乡镇巡警与城厢巡警也有一些不同之处。其一，乡镇巡警的职责没有城厢巡警宽泛，主要侧重于巡逻缉捕，而有关卫生、清道、消防等事，则是地方自治应办之事。其二，在执行勤务上，"城厢巡警重在站岗，乡镇巡警重在巡逻"，② 办法亦迥然不同。其三，人员设置上，乡镇警署人员精简，"文牍不过填写报单，庶务不过保管器物"，③ 不必另设庶务、书记等专员，而由区官巡警兼理。另外，与城厢巡警不同的是，个别镇埠处于两县辖境交界处，该镇埠巡警为两县会同开办，受两县共同管辖。如四川孝泉场为绵

---

① 《四川厅州县乡镇巡警暂行办法》，《四川官报》第23册，1910年10月，第28210—28212页。

② 《巡警道批乐至县申划分乡镇巡警区域并绘具图说文》，《四川警务官报》第1年第2册，1911年3月，第30377页。

③ 《巡警道批郫县禀筹办乡镇巡警各情形文》，《四川警务官报》第1年第2册，1911年3月，第30375页。

竹、德阳两县所共辖，划该场为一警区，两县会同创办，又德阳选派选官一员、巡警十二人，绵竹只选派巡警十二人。"繁盛之属限宣统三年四月内开办一区，中等之属限宣统三年六月内开办一区。"①

宣统三年为筹备乡镇巡警之期。由于四川早有准备，宣统二年四川各属提前开办乡镇巡警者已有二十五处。成都、华阳两首县，通商巨埠巴县，较繁盛的郫县、峨眉县等，乡镇巡警已一律开办，蓬溪、安县、富顺、石泉等县，各就现有财力，或开办两三区，或择要先办一区，共十六州县提前开办乡镇巡警。巡警道拟具乡镇巡警暂行办法，经民政部核定通行，四川各属已办乡镇巡警者按照该办法，逐渐改归一律，其他正在筹办者按章举办。该办法酌分各属为三等，分区设警，各有等差，提前开办乡镇巡警，拟于宣统四年川省乡镇巡警多数成立。② 四川巡警道催办乡镇巡警，以禀请加抽肉厘作为乡警专款者已有多处，其他各地"更不能以无款借口稍事推延"，除全境乡警已成立者，其余各属筹得一区之款，即先开办一区，根据筹款情况，开办全境或数区。③

除四川积极提前筹办乡镇巡警，财赋较丰的广东、浙江、湖北、安徽等省也在积极行动，提前筹办。"粤东向称多盗，抢劫之案层见叠出，然与其严捕于事后，骚扰更多，何如防患于事先，保全甚巨。"所以，广东巡警道拟提前筹办乡镇巡警，以与城治巡警互为补充。然不仅筹办需钱，维持亦所费甚多。当此编订预算之后，各项支出皆有一定。故而，巡警道拟将广东巡防队改编为乡警，这样做的理由有以下几点。第一，因巡防队就职能

---

① 《巡警道批绵竹德阳县禀会同开办德绵分辖之孝泉场巡警日期及增筹经费缮具简章恳祈查核转详文》，《四川警务官报》第1年第2册，1911年3月，第30375页。

② 《巡警道呈详第三年第二届承办宪政事宜成绩并成都县等十六州县按照咨准办法提前开办乡镇巡警恳请核明文》，《四川警务官报》第1年第2册，1911年3月，第30371页。

③ 《巡警道通饬各属催办乡镇巡警札文》，《四川官报》第17册，1911年5月，第2861页。

而言专为保卫地方，与巡警相似，且各部院九年筹备未尽事宜折内曾明言，巡警可保治安即可尽撤巡防队。第二，巡防队"民政其实，而军政其名"，当此筹备宪政之际，民政、军政划分权限，断不容介乎二者之间，于宪政前途诸多窒碍。第三，依据民政部奏定九年筹备宪政事宜清单，乡镇巡警需在宣统三年至七年遍设，广东全省则非2.5万人不敷分布，此巨额款项如何腾挪？唯有"就防营固有之费，化无用为有用，以资挹注。既不病国，复不病民"。第四，乡警守望梭巡，平时则逻守四隅，及至闻警吹笛，此呼彼应，可散可整，较之防营驻扎处所，更能防范盗匪。综合考虑以上几点，巡警道呼吁改编巡防队为乡镇巡警，并且请援照1906年奏准各省挑选制兵，改编巡警，每年腾出饷项拨作巡警要需之成案，即将广东巡防队改编为乡镇巡警，"腾出饷项，永拨为巡警经费，明定奏案，不作别用"。①

浙江开办镇埠巡警者，多由该地士绅公举警董，筹措经费，征收警捐。巡警道杨士燮调查该省厅州县所属镇埠现办巡警情形，要求各属禀复该属镇埠巡警"已开办者现办情形若何，巡官何人，有无举定警董，巡警若干，是否合格，所筹的款集有若干，其未开办者有无拟定办法"。② 并根据调查结果，嘉奖办理认真者，或督饬应行改良者。如寿昌县未举定警董，经费由县管理，被认为"权限不明，办法入手已错"，经稽查催促，始开会公举警董。③ 至宣统二年底，浙江"城关巡警早经成立，镇乡巡警亦多提前办理"，据巡警道统计，镇埠巡警计设区官50人，一等巡官5人，巡长103人，巡警875人；四乡巡警已经报到者40余处，

---

① 《禀请将广东巡防队改编巡警永拨为巡警经费奏定立案文》，《广东警务官报》第1期，1910年8月5日，第29—34页。
② 《巡警道杨通饬各属克日禀复各镇埠现办巡警情形文》，《浙江官报》第8期，1909年10月11日，第24页。
③ 《调查类》，《浙江官报》第11期，1909年11月1日，第28页。

计设巡长44人，巡警289人。①

湖广总督瑞澂在湖北谘议局第二次常会上提出筹办乡镇巡警的议案。乡镇巡警即将筹办，然用费繁多，必先筹定的款。因乡镇巡警为地方警察，应就地筹款，所以，瑞澂提出议案，请谘议局核议此项经费应自何处筹拨。湖北谘议局经审核讨论，决议筹办乡镇巡警，应按照民政部奏定清单分阶段次第筹划，宣统三年应专注于繁盛市镇巡警，即便提前办理，也应只及于中等市镇。由于湖北繁盛市镇仅有沙市、老河口、武穴三处，该三镇巡警由巡警道派员前往筹办，已经成立，拟对其进行改良。添令该镇董事会总董为襄办，巡警经费的预算、决算每年交由该镇议事会议决，并派送学生到该属巡警教练所学习。至于提前筹办中等各镇巡警，首先当饬自治筹办处划定本省各属中等市镇，并成立各镇自治筹办处，责令议事会统筹警费，董事会襄办警务，另外，由巡警道札饬各属教练所，指定各镇派定学生名额入所教练。议案通过后，瑞澂以董事会襄办巡警，权限不明，易起争执，责成巡警道妥订官董执行细则，以清权限，并体察地方情形，教练警学。②

安徽巡警道亦筹划酌量先行试办乡镇巡警，指出"铜陵之大通和悦洲，休宁之屯溪镇，寿州之正阳关市镇较巨"，③ 均称繁盛市镇，饬提前试办。山东巡警道则将各属州县分为三等，上等州县须于宣统三年筹办乡镇巡警100名，宣统四年、五年、六年每年每县各推出乡镇巡警100名，中等州县定额80名，下等州县60名，亦须照额逐年推出。④ 据统计，至宣统二年底，已设乡镇巡警者有

---

① 《浙江巡抚增韫奏遵章胪陈第五届筹备宪政事宜折》，《政治官报》第1228号，1911年4月3日，第9页。

② 吴剑杰主编：《湖北谘议局文献资料汇编》，第589—598页。

③ 《安徽巡抚朱家宝奏胪陈第三节筹备宪政成绩折》，《政治官报》第898号，1910年5月1日，第12页。

④ 《抚部院批巡警道详确定分年筹备经费数目由》，《山东官报》第24期，1910年8月14日，第10—11页。

34 州县。

乡镇面积广阔，普遍筹设乡巡财力难支。民政部警政司筹划宣统三年筹备乡镇巡警事宜，再次重申筹办乡镇巡警应量力而行，不得贪功冒进，"应即比照审判办法，就每省酌择繁盛乡镇实行筹划"，酌量地方财力，分出缓急，次第进行，以免财力竭蹶。① 也就是说，各省先指定该属繁盛乡镇，试办乡巡，徐图推广，是一条比较可行的路径。据此，广西巡警道王秉必首先指定临桂县大墟、贺县八步、融县长安、桂平县大湟江、崇善县默庐等为繁盛市镇，严催该牧令筹划该镇"应设巡警若干，每年需款若干，如何急筹款，如何布置"，统限该镇巡警于宣统三年内一律成立。② 其他各省也遵章筹办。湖北总督瑞澂屡次督饬巡警道，"督催所属与各自治会就地妥筹，不任延误"。③

为了督促各属认真兴办警务，各省巡警道或派遣属员巡视，或亲自出巡，到各属实地考察，了解各属办理巡警的实际情况，并督饬各属实心兴办。湖北巡警道恐各州县办理警务诸多敷衍，"仿学务公所派视学员之例，委派视警员，分赴各属切实考查"。④ 江苏巡警道吴肇邦派委警务公所行政科科长宋宗祁兼充苏、松、太三属视察员，委卫生科科长蔡某充常、镇二属视察员，"随时分赴各属视察所办巡警成绩如何"。⑤ 浙江不仅设有警务视察员，而且巡警道杨士燮亲自前往州县，检查该属警务。⑥ 广西巡警道则厘定警务视察员暂行简章，设视察员四员，按属分配，"专以视察各地方之

---

① 《民政部奏遵拟次年筹备办法折》，《政治官报》第1180号，1911年2月14日，第4页。
② 《护院魏批巡警道详筹划宣统三年桂省警政大致办法列折呈请核咨缘由文》，《广西官报》第102期，1911年3月12日，第12567—12568页。
③ 《湖广总督瑞澂奏第五届筹备宪政情形折》，《政治官报》第1253号，1911年4月28日，第12页。
④ 《警道摊派视警员经费》，《申报》1910年3月9日。
⑤ 《新警道派委警务视察员》，《申报》1911年7月29日。
⑥ 《巡警道亲查警务》，《时报》1911年2月5日。

警政为主旨"。视察员给领月薪川资，奉巡警道札派出巡，考察各属已成立巡警及其推广计划，教练所名额教授及续办计划，调查户口情况，城乡巡警经费出入款项，偏僻州县财力不逮应分别等差量为变通事项，民政统计关于巡警八表填报及工厂衙署等十表填报事项等。视察员所至地方务将该处办理警政情形汇报本道查核。①

在各省巡警道的筹划与督催下，府厅州县巡警及乡镇巡警得到比较迅速的推广。据各省督抚及宪政编查馆奏报筹备宪政成绩，至宣统二年底，奉天、黑龙江府厅州县城厢巡警及四乡巡警一律完备，四川除城厢巡警完备外，乡镇巡警也开办多处，直隶、山东、浙江、安徽、福建各属城厢巡警均已一律完备，河南、山西、江苏、湖北、湖南城厢巡警亦已一律完备，广东除佛冈厅、陕西除北山一带，余均完备，贵州亦规模备具，新疆省城设立较早，余亦一律成立。各省名额多寡不一。②

虽然从各省督抚上报的筹备宪政成绩来看，各省巡警正在迅速推广，但实际上并非如表面所言成效卓著。据宪政编查馆派员考察各省宪政筹备情形的调查报告，"直隶巡警开办最先，天津、保定两处巡士程度尚高；东三省屡经整顿，组织亦颇完善"；江西力求进步，办理亦有精神；广东经费雄厚，筹划周详，凡属巡警应有之机关，颇称完备；湖北、江苏警务窳败已久，尚需大加改革；河南则略有规模，亟待扩张。其余各省循序布置。总体来看，各省办理警政，"惟省会商埠，规模尚有可观，至外州县呈报大率因陋就简，名不副实，皆以经费无着之故，推至荒僻之乡村，畸零之住户，尤难遍设"。③ 民政部也发现，各省府厅州县巡警据报一律完

---

① 《巡警道详准厘定警务视察员暂行简章》，《广西官报》第103期，1911年3月16日，第12866页。
② 《宪政编查馆遵限考核京外各衙门第三年第二届筹备宪政成绩折》，《政治官报》第1285号，1911年5月30日，第10—11页。
③ 《宪政编查馆奏派员考察宪政事竣回京谨将各省筹备情形据实胪陈折》，《国风报》第1卷第32期，1910年12月22日。

备,"官警编制尚多不合定章,及名额太少",① 应严催续办,更正扩充。即便是经济、文化较为发达的浙江,州县巡警因陋就简者也为数甚多。海宁、富阳、新城等警额及教练毕业人数均在三十人以内,临安、海盐、汤溪等均在二十人以内,上虞、义乌、开化、泰顺等在十人以内。"名额未免太少,当设法扩充,以期完备。"②

根据宪政筹备清单有关警务推广的进度,各省巡警道根据该省实情,筹划该省巡警的推广办法,督促所属府厅州县地方官划一州县警制,推广州县巡警,筹设乡镇巡警及水巡警。在巡警道的督饬下,各省厅州县巡警均依限于宣统二年筹设完备,并有不少省份提前开办了乡镇巡警。虽然不少州县因财力、人力所限,巡警设置因陋就简,名额少,素质差,但至清朝覆亡时,城厢巡警体系的建制初具轮廓。

由上述讨论可知,巡警道作为专管一省警务的省级行政机构,上承民政部及该省督抚的命令监督,对下指导督责各属厅州县警务之创办与进展,同时,其施政举措又受到谘议局的监督审查,并与同省司道产生政务上的往来。在警务管理上,巡警道是联结清廷中央、督抚与州县基层地方政府的纽带,是政令传输中的中间环节,通过它的中转,清廷中央有关警务的政策得以向下传达,并在其督责下施行,而地方创办警政及其过程中出现的种种问题也通过呈报给巡警道,进而上达清廷,以便使清廷中央对全国警政之状况有一个大致的了解与把握,以做出相应的判断与下一步规划。

巡警道与上下左右行政机构的关系,从警务公所收发文牍事项的统计亦可见一斑。如宣统元年七月至十二月,据统计,广东警务公所收受的各项文牍中,来自总督的札批等文共387件,水陆提督

---

① 《民政部奏胪陈第三年第二次筹备宪政成绩折》,《政治官报》第1253号,1911年4月28日,第7页。
② 《抚部院增准民政部咨札饬巡警道前送厅州县巡警表有警额最少之县署仍应扩充文》,《浙江官报》第21期,1911年5月27日,第117页。

的函移等文 17 件，同省司道的函移 272 件，府厅州县申禀等文 1340 件，各正分局的申禀等文 4018 件，满汉八旗巡警局的函移 16 件，各衙门函移等文 22 件，各局所函移申禀各文 1657 件，各学堂函申等文 41 件，各公会公司函移申禀 459 件，民人的禀文 1643 件，总计 9872 件。①

警务公所发出的文牍，上呈民政部的有申文 2 件，京城各衙门咨文 2 件，本省将军都统之详申 5 件，总督之禀详申文 141 件，水陆提督咨文 22 件，向司道的咨移函 261 件，下达府厅州县的札函 3116 件，各正分局的札谕 2202 件，满汉八旗巡警局的移函 17 件，各衙门的移札函 42 件，对各局所的照会咨移札函文 561 件，各学堂的札函 6 件，各公会公司的照会札谕函 276 件，人民的传批示谕 1838 件，总计 8491 件。②

从以上各类统计数据可知，广东警务公所需要处理大量的文牍。无论收发，与府厅州县及省城各正分局之间的文牍所占比例最高，辖境内民人的禀文及处理批示也占据重要的部分，可见，警务公所主要的工作是指导所属府厅州县及省城各局处理相关警务问题。警务公所与该省督抚之间的政务往来亦十分密切，另外，与同省其他司道之间也时常协作。

清季筹备宪政以改革官制为先，内外官制的调整以逐渐符合立宪政体为方向，处于这一政制转型时期的清末巡警道，与上下左右行政机构的关系随着立宪进展与官制变动而不断调整，并与固有官僚体制的运行方式有所区别。

督抚为一省行政长官，巡警道直接受该省督抚节制，民政部是与巡警道对应的中央部院，也有权监督各省巡警道。虽然民政部极力争取直接管辖各省巡警道，但并未成功，民政部与巡警道的行政联系需要通过督抚中转。在督抚与民政部的双重节制下，各省巡警

---

① 《警务公所收受文牍类别表》，《广东警务公所第二次统计书》，第 501 页。
② 《警务公所发出文牍类别表》，《广东警务公所第二次统计书》，第 503 页。

道遵照筹备宪政清单，统筹规划该省警务的兴办与推广，督饬所属府厅州县及省城区局从培育警才入手，先将城厢巡警筹设完备，再依次向乡镇推广。同时，划一州县警察规制，提高警察素质。在各省巡警道的督促下，城乡警察大体形成体系，为维护治安与预备立宪奠定了基础。

  巡警道在处理各省警务的过程中，时常与同省司道分工协作，并受到该省谘议局的监督。由于新外官制主张司法独立，在违警律及现行律的规范下，巡警道与臬司及提法司清理各自权限范围，巡警道专管该省警察行政，除违警律及假预审之外，所有民刑诉讼的受理与审判均改归该州县官审理，检察厅、审判厅设立之处，即由该两厅承办。在权限划分之后，两者在缉捕查证等方面有着密切的政务联系。此外，巡警道与劝业道、藩司、善后局等司道局所在筹集经费、协调官商关系等方面也需要协作。另外，谘议局设立之后，巡警道又须接受该省谘议局的监督。

第 五 章
职责与成效

清末内忧外患频仍，社会动荡，治安恶化，民怨沸腾。巡警道督催巡警执行站岗巡逻等各项勤务，推行违警律规范民众日常行为，侦缉捕拿盗窃行凶等违法犯罪之徒，以维持社会秩序。并从清盗源着手，通过调查户口掌握人口信息以别良莠，筹办习艺场所收留教养游民，俾得自谋生路，以防患于未然。

清季报刊勃兴，批评政府，倡言改革，形成舆论压力。故巡警道遵照报律，监管书报的发行，并限制集会结社活动，以巩固清朝的统治。

此外，规范营业场所、检查饮食物品、筹办消防救灾、安设路灯、清道修路等，以改善城市环境，推动市政的发展，亦成为巡警道的重要职责。

第一节　治安管理与预防

晚清社会秩序失范，盗风日炽。治理盗匪，既要严缉捕，以追讨损失，将其绳之以法，又要清盗源，以先事预防，消除隐患。标本兼治，成效方显。

一 查禁缉捕

侦查缉捕、站岗巡逻，对维护治安至为关键，是巡警最重要的日常警务工作。各省巡警道督催巡警站岗巡逻，认真查禁执勤，及时制止违警或犯罪，并且严行督饬巡警缉捕涉案嫌疑人员。

巡警执勤查禁，一般分为站岗与巡逻两种方式。警局将辖境划分为若干警区，每区再划分若干段，根据街区情况，于繁要处设立警岗，派警站岗，随时留心查看，不得擅离岗位。并且制定巡逻路线，派遣警员，分班按线往来巡逻，留意街面异常情况。但乡间地域广阔，警力较少，巡警执勤办法与城市不同，以巡逻为主。站岗与巡逻是巡警最重要的日常工作，对于预防犯罪具有重要作用。不过，各地巡警多由营勇改设，未能接受系统的警务培训，执勤时不遵守规则，坐卧谈笑，偷懒耍滑，违反警章者屡见不鲜，不仅有损警察形象，而且影响了防患保安的效果。

合理划分区段，设置岗位，设计巡逻路线，并根据事务繁简调配警力，是提高警察执勤效率的关键。广西巡警道刘永滇为整顿桂垣巡警，重新划分警区，酌量分段，各段巡警的配置则仿京津办法，"以一、二级巡警专司巡逻，以二、三级巡警专司站岗，站者每段一人，巡者四段一人。各分三班，班凡三人，每人每日轮值出勤两次，每次为四小时"。① 江西巡警道设立后，重新划分省城警区，改良局制。城内外原设五区，即改为五分局，城内东、南、西、北四分局之下各再分划三区，城外分局下分四区，各分局局长兼管第一区区事，其余各区设区官，每分局各配置长警四十人，每分区各配置长警三十三人。② 刘永滇调任广东巡警道后，根据广东省城的行政习惯与地形重新划分警区。将广州省城原有的二十八个

---

① 《抚部院批卸任广西巡警道刘接署广西巡警道欧阳为会详刘道任内办理警务情形文》，《广西官报》第41期，1909年11月14日，第332页。
② 《江西巡抚冯汝骙奏赣省新定划分警区改良局制筹办一切事宜并薪饷数目》，《光绪朝朱批奏折》第26辑《内政·保警》，第724—725页。

分局，以南海、番禺两县县界分为东西两路，并为十区，东路有四区，西路有六区。① 并区之后，所辖地段较广或繁盛者，于区所之外，酌设分驻所、派出所，以便巡警出勤。每区视地域广狭、街道多寡，分为若干大段，每大段分为若干小段，每一小段设一守望所。②

各省巡警道通过加派稽查员、巡视员，稽查巡官长警勤务，以督促各员振奋精神，勤慎值班，严密查禁，维护社会日常治安。山东巡警道潘延祖上任后，密派暗查巡视，"巡逻站岗遇有腐败颓靡习气，随时报知考查，立于严惩"。③ 湖北巡警道冯启钧则以身作则，在警察学生毕业分配岗位时，"亲率各生步行至各段岗位查阅一周，并改装军服，先自站岗半日"，④ 以示提倡。鄂督赵尔巽亦随同巡查，激励巡士站岗。又于湖北警务公所附设外勤所，设巡官一员，巡长二名，巡警十八名。外勤所长警的职责之一就是稽查守

---

① 具体并局分区情况为：属番禺界者为东路，以老城二、五两局改并为东路第一区，以东南关一、二两局改并为东路第二区，以新城六局及东南关三、四两局改并为东路第三区，以河南正局及一、二、三、四分局改并为东路第四区；属南海界者为西路，以老城三、四两局改并为西路第一区，以新城七局、东南关五局改并为西路第二区，以西关原有之一、二、三等局改并为西路第三区，以西关原有之四、五、六等局改并为西路第四区，以西关原有之七、八、九等局改并为西路第五区，以西关原有之第十、十一、十二等局改并为西路第六区。参见《署督部堂袁批巡警道详改订省城巡警分区章程请核示遵文》，《广东宪政筹备处报告书》，桑兵主编《清代稿钞本》第49册，广东人民出版社2007年版，第44页。

② 如东路巡警第一区分四大段六十六小段，区所管辖二大段三十六小段，分驻所管辖二大段三十小段。东路巡警第二区分四大段六十小段，区所管辖二大段三十六小段，分驻所管辖二大段三十小段。东路巡警第三区分五大段九十小段，区所管辖二大段三十六小段，分驻所管辖二大段三十六小段，派出所管辖一大段十八小段。东路巡警第四区分七大段一百四十四小段，区所管辖二大段四十八小段，第一分驻所管辖二大段三十六小段，第二分驻所管辖二大段三十六小段，派出所管辖一大段二十四小段。参见《广东省城巡警分区章程》，《广东宪政筹备处报告书》，桑兵主编《清代稿钞本》第49册，第45页。

③ 《山东巡警道潘详请抚院暂行变通办法文并批》，《北洋官报》第1713册，1908年5月10日，第1066页。

④ 《巡警道亲试站岗》，《申报》1907年12月11日。

望所线路及巡官长警勤惰。① 江西则于警务公所内专门附设稽查处，"以考核员司长警之优劣勤惰"。② 广东警务公所专门制定了稽查章程，"以振刷巡官长警之精神为主旨"，每日抽调警务公所科员赴各局抽查。③

此外，制定站岗巡逻章程，督饬巡官长警照章遵行，用规章约束官警言行。如湖南巡警总局为督促巡警勤慎尽职，站岗时实心任事，颁发简章小册，写明不得吸烟饮食、不得坐卧睡觉、不得交谈嬉笑等站岗规则，以及遇到小儿迷路、老人醉酒、妇女疾走、乞丐恶讨、争吵斗殴、行为可疑等情况应该如何处理，要求巡警随身携带，默读执行。④ 浙江巡警总局制定站岗巡逻规则，列明巡警应行各条款，约束巡警言行。站岗巡逻须穿着制服，打起精神，耳目灵便，夜间持枪站岗需谨慎，不能将枪放下，不准饮食、吸烟、玩笑，不准因天寒避居屋内，要留意所管界内道路通塞、户口良莠，遇有迷儿醉汉须护送，闻警哨须飞奔救援，小贩占道须劝导迁移，随处倾倒垃圾秽水须制止，见有殴打暴行须扭拘到局。巡逻队巡查尤须注意，小街曲巷未设岗位之处要多加留意，遇有口角争斗须劝解，要检查沟渠是否畅通、桥梁是否损坏。⑤

在年关节日等特殊时期，站岗巡逻须尤其加意，认真查禁防范。每年年关前后的数月，天寒地冻，贫民生存更为不易，治安问题较多，因此每届冬令，自十月初一日起，清廷令各州县设巡防局，布置绿营练勇，动员团练保甲，或屯驻震慑，或加紧巡逻，特别加意冬防，以绥靖地方。巡警设立后，每届冬防之时，巡警亦协助营勇，配合冬防，并逐渐成为重要力量。浙江巡抚重视巡警在冬防时的作用，对"仅循

---

① 《湖北警务公所内外勤所章程》，《湖北官报》第136册，1910年9月9日，第15684页。
② 《宣统政纪》卷5，光绪三十四年十二月辛巳。
③ 《抽班稽查专章》，《广东警务官报》第1期，1910年8月5日，第73—74页。
④ 《颁发规则》，《四川官报》第11册，1908年6月，第26667页。
⑤ 《巡警总局站岗巡逻规矩七十四条》，《浙江日报》1908年7月29日至8月10日。

向例禀办团防"的桐乡县,及"仅添置旗帜枪械,设栅派夫值更,循例禀报"的东阳县,给予严厉的批评,饬巡警道严饬该州县"将现办乡团经费改设四乡巡警"。① 宣统三年冬,天津县城议事会正副议长及总董"以此兵荒饥馑,冬防在迩,难保无宵小扰害闾阎",谒见巡警道宪,恳请添加巡逻人员。巡警道许可,并嘱咐"此后凡有关于防卫治安之事,尚望诸君随时有所条陈,以补巡警之不逮"。② 巡警之于冬防的作用已经由补助转为主力。不仅城厢及乡镇巡警在冬防中的作用愈加重要,一切地方甚至以巡警办有成效,取消冬防。度支部在审核江宁宣统三年的预算经费时指出,"宁省已设巡警,毋庸再办冬防",③ 将冬防委员薪水一项全行裁减。

  虽然各省巡警道通过调配警力、制定规章、派员稽查等多种手段,督饬巡官长警勤慎执行警务,严密巡查,以便保境安民,但是,清季民生凋敝,匪盗众多,抢劫、盗窃、拐卖等各种刑事案件层出不穷,人民无法安居,被案之家蒙受巨大损失,怨声载道。广东警务公所统计的宣统元年下半年广东省城刑事罪犯人数共1211人,其中窃盗522人,摸窃151人,窃犯占犯罪总人数的一半以上。④ 御史陈善同也探闻河南盗案频发,"南、汝、光、淅及河、陕、汝两道境内最为猖獗,捉人勒赎之风,宛、洛一带尤甚",遂奏请清廷饬令豫抚督饬巡警道,会同各该地方官及镇协各员,"切实讲求防捕"。⑤ 不仅广东、河南两省盗案层见叠出,因清季民生艰难,盗案频发乃是全国性的问题。治安形势严峻,治盗亟待进行。巡警肩负缉捕之责,认真捕拿、勇于任事者不乏其人,但敷衍了事、置

---

  ① 《抚部院批桐乡县知县余禀冬防紧要现已劝办乡团并添备巡船募勇巡缉由》《抚部院增批东阳县禀办冬防由》,《浙江官报》第18期,1909年12月20日,第157、166页。
  ② 《先事预防》,《大公报》1911年10月22日。
  ③ 《度支部裁减江南经费电文》,《大公报》1911年8月6日。
  ④ 《省城刑事罪犯定拟罪名人数细别表》,《广东警务公所第二次统计书》,第429—430页。
  ⑤ 《奏请查办河南盗案折》,陈善同:《陈侍御奏稿》,台北,文海出版社1968年版,第15—22页。

若罔闻者亦十分常见。如奉天开原县窃盗案件多发，铺商报贼案数十起，但该县巡长巡警视若无睹，白昼站岗随意饮食，夜间在店休息毫不过问，以致该县贼盗横行无忌。① 因此，督促巡官长警实力缉捕，提高破案能力，保护商民财产，巡警道须承担不可推卸的责任。

各省巡警道督促所属设法缉捕，以侦破案件，追讨损失，并严明赏罚，对奋勇盘查捕获者给予奖励，对于缉捕不力、庸碌渎职的巡警则给予严惩，甚至革职。浙江巡警道杨士燮因省垣警区内盗案多发，该巡官捕拿不力，破案无几，立将巡官撤任。② 直隶署巡警道田文烈为严防窃犯，特议定办法，各区巡警除着警服巡逻外，每区挑选干练巡警六名，分为昼夜两班，着便衣侦查。便衣侦查巡警首重窃盗，其他应管事宜也须注意。此后再出窃案，有司法科比较多寡，巡警道据此赏罚。③ 苏垣亦因盗案迭出，江苏巡警道督催各区，勒限购缉。④

由于各警局巡警大多分布于各区段站岗巡逻，不能轻离职守，而窃盗各犯形迹诡秘，得手之后，往往远遁他方，因此，侦查缉捕不仅费时费力，而且需要专业侦查技术，若临时抽调巡警缉捕，显然成效不佳。为了查探嫌犯，捕拿各犯，搜查违禁物品及赃物证据，各省警局多另立侦探队或探访队，专事缉捕探访。直隶最早设立探访局。1906 年巡警部于京师设探访局，办理要案，以补巡警不足，遇事可直接上报警部。⑤ 随后，奉天巡警总局仿照北洋办法，也设立探访局，设中、左、右三局，共三百员，以探访科科长一人统辖之。⑥ 其他各省也多设立探访局或探访队。此类探访局多挑选长于缉捕之员承充，并优给薪饷，专事访查，因此屡破要案。

---

① 《巡警腐败》，《盛京时报》1908 年 8 月 5 日。
② 《警道巡官交恶由来》，《申报》1910 年 8 月 14 日。
③ 《传饬严防窃犯》，《顺天时报》1911 年 1 月 21 日。
④ 《苏垣盗案迭出》，《大公报》1911 年 2 月 15 日。
⑤ 《探访局颁发钤记》，《大公报》1906 年 8 月 9 日。
⑥ 《探访成立》，《盛京时报》1907 年 8 月 16 日。

尤其天津探访局，在总办杨以德的指挥下，侦获多起案件，杨以德也因此得到民政部尚书善耆的赞赏，调部任用。① 但也有劣迹斑斑者，如河南探访队由巡兵中挑选，"平日在外鱼肉乡民，无所不至"，于搜查匪徒时大肆敲诈，借端生事。②

各地探访局探访队，有隶于该地警局者，有与警局并立者。为了加强管理，惩恶奖善，1908年，袁世凯提议，将各类侦探归并巡警道管辖，以专责成。③ 随着巡警道陆续添设，各省民事侦探多归并巡警道管理。④ 如安徽巡警侦探队原分为三队，何秉麟、季光恩、张以忠三弁各带二十人，炮船统领孙观察亦带二十人，巡警道卞绪昌认为各带各队，办事不便，禀请皖抚将何、季、张三弁所带队勇归并孙观察统辖，以专责成。⑤ 天津探访局与巡警局各由总办专管，不相统属，"偶有警事，势必移请协查，展转需时，宵小已闻风远遁"。于是，直隶巡警道舒鸿贻到任后，在巡警内组织侦探队，挑选京津各探访局中精明强干者二十人充任侦探，"平时则借以稽查，有事则资以防缉"。⑥ 湖南省城原有缉勇队，以缉查盗匪，隶属两首县管理，"不意日久玩生，所用缉勇人等游民痞党实居多数"，为整顿捕务，湘抚将此队划归巡警道统辖，改编侦探，派拨兵勇，暗布省城各衙门将局所，随时侦探。⑦

其他各省巡警道，或教练培训队员，或添设队员，或分明赏罚，以整顿探访，提高侦缉破案效率。1909年，浙江巡警道杨士

---

① 《肃邸力保杨观察》，《大公报》1908年6月20日。
② 《河南探访队之劣迹》，《神州日报》1907年9月17日。
③ 《巡警道兼管探访事宜》，《大公报》1908年5月11日。
④ 清季侦探性质复杂，有警局辖下的侦探，有不辖于警局的侦探，另外还有军事侦探、司法侦探等。
⑤ 《侦探队归并管带》，《新闻报》1909年2月18日。
⑥ 《直隶巡警道详请设侦探队及声明备差队情形文》，《甘肃官报》第53册，1910年11月，第4798页。
⑦ 《湘官场提防革党忙》，《神州日报》1911年8月29日。

燮在警务公所司法科内设立探访股,所有探访事宜即归该股经管。杭州原设有探访公所,嗣后该公所遇有机密侦查之事,即随时报告。① 杨士燮又组织侦探学堂,收录学生,并于东京、北洋等处遴聘教员,以造就侦缉人才。② 1911年,为补助司法警察及普通巡警,巡警道杨士燮提议,经会议厅参事科议决,将原设省城探访队略加变通,定名为浙江探访公所,直接归巡警道管辖。该公所设巡官一员,探访长五名,探访四十名。所有关于搜查罪犯证据,侦查秘密会社,缉捕刑事罪犯,查拿地方匪徒,侦缉私运军火及藏匿各项违禁物等,皆为探访公所应办之事。③ 江苏巡警道汪瑞闿鉴于警局难以破获要案,另筹的款,组织侦捕队一队,以补巡警之不及,招取队勇十名,饬令将各路闻报抢窃案件限期侦破。先行试用三月,如得力再为提升。④ 后该队办案迅速,迭破窃盗巨案,颇著劳绩,巡警道汪瑞闿在罚款项下支银洋一百元奖给该队,命队官张连升得三成,其余分给队勇。⑤ 河南警务公所附设探访队,不过队员仅十名,"以资守卫公所及侦探案件之用"。⑥ 此外,广东、湖北、江西、福建等省警务公所也皆附设有侦探队。

广西警务公所亦设有侦探队,但在职务及组织上与其他各省大有不同。广西侦探队每月专费五百元,职责分为两种:一是稽查该分局管辖区域内站岗巡警的勤惰及有无违犯巡警应守规则之事,二是稽查该分局管辖区域内的居民有无违反刑法、民法之事。而稽查巡警勤惰为广西侦探队所独有。另外,广西警务公所侦探队不是聚集于一队,而是分散于各分局。省城每一分局由警务公所委派侦探

---

① 《整顿侦探添设科员》,《北洋官报》第2119册,1909年7月3日,第1676页。
② 《组织侦探学堂之先声》,《大公报》1909年11月30日。
③ 《巡警道杨札饬探访巡官浙江探访公所规则文》,《浙江官报》第38期,1911年8月19日,第285—286页。
④ 《苏省警务公所添设侦捕队》,《时报》1910年4月23日。
⑤ 《警道奖赏侦捕队》,《时报》1911年2月9日。
⑥ 《中州警务编制大改革》,《申报》1910年6月5日。

三员驻于局内，并且侦探员每三个月在各分局间调换一次。侦探员受各分局总巡官指挥监督，又设侦探队长一员以统率各分局侦探员。如遇重大事故，由侦探队长选择能干之员数人专任探访，以破案为主。①

清季新旧制度并立杂存，不仅巡警负有缉捕之责，各州县捕班差役多仍留存，驻扎当地的营勇也多有设立缉捕队者。因此，遇有重大案件，巡警道需要督促巡警，与地方官及营勇通力协作，共同侦缉。如广州河南龙田西街的黄家，被匪徒十余人持枪破门，大肆劫掠。巡警道闻警后，"饬巡官长警购线查缉"，并"查该龙田地方系属巡警界外，自应札县移营一体侦缉"，②将被劫情形禀报总督，请札饬番禺县，并移广协，饬差派弁严密查缉。

革命党及各类会匪，与普通案犯不同，严重危及清政府的统治。由于革命党暗杀活动的加剧，以及多次筹划起义，清廷对革命党防范更严。因此，在广东、湖北、江苏等沿海沿江的革命党活动比较频繁的省份，以及会匪充斥之地，巡警道尤其注重对革命党会匪的侦查缉拿。湖北巡警道冯启钧长于缉捕，未任警道之前就曾多次破获要案，而获得张之洞的重用。署理警道后，更是积极查案，亲自率员出外侦查。1908年，长江下游田家镇一带似有革命党活动，黄州府饥民众多，亦恐革命党从中煽动，冯启钧亲率侦探队弁勇徐升等人乘轮巡江，前往密查。③鄂督瑞澂为严行防范革命党起事，"饬巡警道广派侦探，分途防缉，并饬各区站岗巡警特别注意"，另外又命陆军十五、十六两协统各派两营步队，夜间在城内

---

① 《抚部院批警务公所详请试办侦探队文》，《广西官报》第11期，1909年4月18日，第70页。
② 《申报河南龙田西街黄泽龙家被劫案移行营县严密查缉吊放文》，《广东警务官报》第3期，1910年9月4日，第31—32页。
③ 《湖北巡警道启程巡江》，《神州日报》1908年8月28日；《巡警道查缉匪党》，《申报》1908年8月29日。

外梭巡。① 因此，巡警道加派双岗巡警巡逻，并在轮船、火车、码头、客栈等处加派侦探巡查。② 苏省巡警道汪瑞闿扩充警务，添招秘密侦探四人，"专事探查革党会匪，以重警政"。③ 广东与香港比邻，往来方便，革命党视其为活动基地，粤省官吏尤其注意对革命党的侦查。广东新军庚戌起义后，粤省督抚大吏及巡警道督率军警，联合弹压，终于平息兵变。④ 此后，巡警道恐革命党持有武器，专门拟定了取缔军人持枪并查禁居民私挟私藏枪支章程，规定各文武衙门及各营统带、管带等官，凡派出差弁兵勇巡缉侦查，执持手枪、长枪，均应发给执照，随身携带，以备巡警查验。此项军人，凡在警界之内，均应服从巡警官兵查验执照，以防混冒。居民、商店、工厂自备枪具，必须呈报该管警区，禀由巡警道呈军械局烙印。⑤ 并且注重查验省河来往船只，查禁革命党运送武器。

另外，清末香港及各商埠租界受治外法权保护，各种政治犯及其他嫌犯多以租界为庇护，躲避追捕。两广总督张鸣岐派委专员魏翰与港督会商，议定提犯及彼此互派侦探办法十条，以便缉拿引渡。规定"香港警察道与广东巡警道遇有关于刑名罪恶事情，彼此可以函电直接通信，如查有此项犯人搭某船由港来省，或由省赴港，亦可将关于缉拿该犯消息及该犯情状电达"。⑥ 广东省政府在保证合理量刑的情况下，可将犯人提还内地自办。香港政府每次派遣警察侦探或线人来省，须通知广东巡警道，以便协办。广州市政府派遣之员，亦必通知香港警察。

---

① 《鄂督严防革党煽乱》，《新闻报》1911年5月5日。
② 《鄂省严防革党之布置》，《新闻报》1911年5月10日。
③ 《巡警道拟添招秘密侦探》，《时报》1910年9月7日。
④ 参见仇江编《广东新军庚戌起义资料汇编》，中山大学出版社1990年版。
⑤ 《督院张批东巡警道禀遵饬拟定取缔军人持枪并查禁居民私挟私藏枪支章程缘由文》，两广官报编辑所辑：《两广官报》第16期，1911年9月24日，文海出版社1989年版，第2809页。
⑥ 《督院张据魏道瀚禀与港官订定提犯章程委员驻港办理缘由行东缉捕局移行遵照文》，《两广官报》第2期，1911年6月18日，第297页。

各省巡警道通过严明赏罚、制定规章等方式，督促所属官警振刷精神，于站岗巡逻时勤慎查禁，预防危害。各省巡警道多较为重视对窃盗的缉捕，案发之后，督催巡警限期破获，并且设立侦探等队，专事探访缉捕。而沿海沿江各省，尤其注意查拿革命党会匪。巡警之设，对盗贼等具有一定的遏制作用，但是，清季盗匪充斥的状况并未得到根本扭转。这既是巡警素质不高、缉捕不力所致，更根本的原因在于晚清社会经济状况的恶化。巡警查禁缉捕仅是治标之策，正本清源还须政治清明与社会经济的发展。

二 违警处罚

巡警在创立之时，就拥有一定的裁判权。随着官制的变革，审判厅、检察厅的筹建，司法渐趋独立。巡警行政与司法权限进一步厘清分划，巡警的裁判权逐渐缩小与明确，最终局限于根据违警律处理违警事件的范围内。

清季创办警察之初，尚未颁行违警律令。各地警务局所虽然自行制定局章，但是何种行为当受惩处，如何量刑，并没有一定的规则。因此，巡警遇事无章可循，处理事件的随意性很大。巡警部成立后，即着手编订违警律，"以免轻重不均"。① 在违警律颁布之前，1906年，京师外城巡警厅拟定暂行违警章程二十六则，以使巡警遵照执行，内城亦随即仿而办理。② 1907年，天津筹办审判厅，巡警总局发审处则集各局区违警案件之成，"若不将违警罪目条分缕析，轻重酌定"，则审判厅与警局界限不清，"必致事权不一，非遇事瞻顾，即越俎代谋"。③ 于是，天津南段巡警局核定违警罪目一百二十五条，以便警局处理违警案件时有所遵循。以上警律由当地警局制定，施行于该地，限制内容、处罚办法皆有不同。

---

① 《警部拟定违警律》，《大公报》1906年3月8日。
② 《内城照办违警章程》，《大公报》1906年5月8日。
③ 《南段巡警局会同天津府县详拟定局厅划分权限暨试办违警罪目文并批》，甘厚慈辑：《北洋公牍类纂》卷9，第627页。

1907年底，民政部厘定违警律草案，1908年5月经宪政编查馆考核后奏准颁布。其中总则一章、罚则七章、附则二条，共四十五条，"期于行政者有所依据，奉行者有所遵循，杜奸宄祸乱之萌，防水火疾疫之渐，纳之轨物，进于善良"。① 经宪政编查馆核定后，清廷批准。该律以维持国家政务、避免公共危害为先，而涉及通信、秩序、风俗、卫生、财产等项，将散布谣言、聚众喧哗、销毁证据、背章营业、侵占道路、口角纷争、赌博游荡等各种行为定为违警，根据情节轻重，分别处以拘留或罚金的惩罚。

民政部颁布违警律后，首先须使民众及官警明悉违警条款，以便民众遵章约束自身言行，官警依律处理违警事件。各省巡警道及巡警总局，一方面将违警律刊印多份，在省城及各州县境内大量张贴，以使民众周知遵循。如广西巡警总局将警律照式刊刻数十万纸，榜示于省城内外及各府厅州县；② 山东巡警道潘延祖拟将违警律逐款刊示晓谕，以便商民人等悉知，并先由省城酌量举办；③ 直隶巡警道则于道署门首悬挂木牌，上列违警律，登载民众最易犯者数十条及罚金数目、拘留日期。④ 另一方面，要求各局所官警熟读记诵，以便根据违警律执行警务。如四川巡警道高增爵特谕各区区官，督促各巡警将部颁违警律一书练习纯熟，以便实施。并因巡警程度不齐，识字不多，又将违警律择其要义，简编成三字白话，以便巡警熟读，并且专为巡警讲演解释警律条文。⑤ 民政部也十分重视违警律的推行，以京师法律学堂教习汪有龄著《违警律论》，推阐详明，通咨各省督抚，办理警务人员须一体购阅。广西巡抚张鸣

---

① 《民政部奏拟定违警律草案折》，《四川官报》第29册，1907年12月，第26380页。
② 《实行违警律》，《大公报》1908年10月12日。
③ 《限期实行违警律》，《大公报》1909年4月16日。
④ 《宣布违警律》，《大公报》1910年7月15日。
⑤ 《警律练习》，《四川官报》第21册，1907年8月，1909年9月12日，第27417页。

岐以该书既阐明律例之学理，又逐条解释条文，不独可供巡警官吏参考，也可作为巡警学堂教练所教学之书，饬巡警道刘永滇通饬所属，自行购阅。①

随着违警律的颁布，民刑各律的重新修订，审判厅及检察厅的筹建，警局裁判权收缩，司法与行政的分离渐渐落到实处。不过，违警民刑案件的权限划分则并没有一步到位。违警律颁行后，各省检察厅、审判厅多正在筹设，尚未开庭。然而巡警须遵行违警律，原办其他词讼皆先行改归州县办理。如江西省城民人遇有细故讼案，由于县署衙役需索，而警局"裁判迅速，又免讼费"，因此多乐于赴警局控诉。然而警律颁行后，不得再行干涉讼案，南、新二县知县也以警局侵其权限，极为不满。1909年，赣省巡警道张检札饬各局，"除实行违警律外，其他案件概行送县办理"。② 民政部也多次咨行各省，各州县警察办事权限已经颁定，但各处警局时有越职侵权者，至与地方官互起争端，遂督饬各局区，"除实行违警律事宜外，其他案件概归州县办理，以清权限"。③

检察厅、审判厅成立后，民刑案件改归审判厅审理，民人呈词只能向检察厅申诉，州县衙署亦不得受理。河南省城检察厅、审判厅于1911年成立后，该省警务公所即刻谕饬所有民刑讼案统赴检察厅起诉，开封府、祥符县两署自检察厅成立后，也不得收受控案。④ 不过，各地检察厅、审判厅尚未成立者亦多，因此州县受理词讼并不能立即杜绝。"千年积习，尚难一旦铲除"，⑤ 如江西各级审判厅正式开庭后，发布文告，晓谕各项起诉规则，嗣后除巡警道收受违警诉讼外，其他官厅一概不收呈词。但地方初级审判厅仅收

---

① 《抚部院准民政部咨送汪有龄着违警律论行道分饬购阅文》，《广西官报》第32期，1909年9月12日，第9621页。
② 《赣省巡警道之新政》，《时报》1909年4月6日。
③ 《咨饬划分警局权限》，《时报》1909年6月19日。
④ 《河南宪政要闻汇志》，《时报》1911年2月6日。
⑤ 《司法半独立》，《时报》1911年2月14日。

附郭诉讼，各乡镇讼事仍须赴县署起诉。

警局不得揽权越限，擅理词讼，裁判民刑案件，也不得将违警案件交给审判厅审理。天津设立审判厅之后，巡警每遇民众违犯警律，"亦率送审判厅办理，希图省事，未免不明权限，放弃责任"，因此，该局督办巡警吴筱孙特饬各局区队，嗣后凡关户婚田土钱债及斗殴成伤各案应送审判厅讯办，其余违犯警律事件务须随时解送总局裁判，以符定章而清权限。①

不过，关于违警的处理，各省办法并不一致。凡违警案件需要审理裁判者，苏州各局区巡官没有裁判之权，必须解送总局处理。而直隶、广东则区分违警案件轻重，轻者区官巡官即可办理，重者须解送总局裁决。1909年，苏州巡警总办冯观察改良警章，将各区巡官裁判权收回，改归于总局司法科之下，并在总局内设立裁判所、拘留所，另委熟于听讼之员专任审判事宜，"无论城厢内外各路大小事件，如有应行质讯者，均需解送总局，发交该所讯问"。②各局区遇有民人口角争殴细故，仅有和平排解之权，并要求各巡官将局中所设杖刑枷锁等具一律送交到总局。不久，又改巡警总局为警务公所，仍照此章办理。各路区长巡官已无裁判权，遇事均须公所审判，不能擅自责讯。西路四区巡官刘中和"故违定章，擅笞平民"，巡警总监汪瑞闿闻信，立将该巡官撤差。③

直隶巡警道舒鸿贻莅任以后，"即以实行违警律为第一要务"，遵照违警律，参酌地方情形，拟定施行违警律办法十三条，以便推行。分别拘留、罚金两项办法，分区办理违警案件，轻微案件即由该区巡官讯结，如违警罪须判拘留五日以上、罚金五元以上者，则应禀送公所核办。各区判罚违警罪罚款，每月开单汇送公所存储，以备公用。各区遇有民事刑事各案，就近送交初级

---

① 《划清违警司法权限》，《盛京时报》1909年8月31日。
② 《苏垣各路巡官撤除裁判权》，《时报》1909年9月14日。
③ 《巡官擅笞平民撤差》，《时报》1910年1月13日。

或地方审判厅办理。① 广东省城处理违警案件时，"违警罪犯罚金在十五元以下，拘留在十五日以下者，区所得处分之。至关于民刑案件，只得行假预审取供，解送巡警道署核办"。②

各省巡警道须监督所属警局处理违警案件，拘留人犯，不得苛罚，不得刑讯，若有违章滥罚者，则给予纠正，并处置违章官警。浙江巡警道发觉各属惩治违警，力主激进，往往矫枉过正，遇有民人违警，任情苛勒，"商民不服，纷纷上控，并有激成暴动者"。所以严行整顿，拟定存根、证单、收据三联单，第一、第二册页盖用巡警道关防，第二、第三册页盖用各州县监督印信，逐案榜示，札发各属警务公所填用，"按月册报一次，以资征信"。如再发现超出违警律所定罚金之数，率意苛罚，及册报不实者，即从严撤换。芜湖警厅实行文明审讯，"不动刑杖"。③ 陕西巡警总局将"分区刑具概行撤销"，并饬各区分巡，遇有民间斗殴口角事件，只可排解调处，不得擅自笞责。④ 江苏巡警道汪瑞闿也以现届预备立宪时期，并迭次奉诏停止刑讯，但上海各警局用刑者仍未断绝，故札饬沪局总务科科长，转饬司法科及各分局正巡官，一律将笞杖鞭打枷示等刑永远停止。⑤

由于警局拘留违警罪犯及拿获现行罪犯，因此各警务公所及各警区附设拘留所、待质所、看守所，以便羁押各犯。不过，拘留、待质、看守各所，各省并非全部修建，多根据当地情况，酌量建造，以拘留所最为普遍。广西署巡警道王秉恩筹银五百余两，拟修建待质所，留置违警而未判决者、有犯罪嫌疑者以及无罪的证人；

---

① 《直隶巡警道详请拟定违警律办法文》，《甘肃官报》第54册，1910年11月，第4809页。
② 《广东省城巡警分区章程》，《广东宪政筹备处报告书》，桑兵主编：《清代稿钞本》第49册，第48页。
③ 《芜湖警厅实行文明审判》，《神州日报》1909年6月18日。
④ 《警务总局行各局督巡饬各分区刑具概行撤销文》，《陕西官报》第5期，1908年7月，第22138页。
⑤ 《严饬警局永停刑讯》，《申报》1911年3月10日。

修筑看守所，羁押刑事被告人及逮捕的现行犯；修建拘留所，拘留违警被判拘留之犯。① 汉口警察总局成立以来，并未设立拘留所，所有案犯均寄夏口厅卡，1909年，该局坐办徐信庵在总局旁设立拘留所，工竣后鄂巡警道冯启钧札委府经历颜光祖办理其事。② 湖北省垣巡警若拘获女犯，寄押于首府县女卡，往返不便，因此，巡警道筹款在拘留所左侧修建女犯拘留所一栋，与男犯分别关押，并拟招识字老妇为守卫，以除从前官媒稳婆之积弊。③ 浙江、广东等省警务公所亦附设拘留所。浙江警务公所还特别订立了巡警拘留所规则，广东警务公所也制定拘留所简章，规定拘留所"专拘留违警罪犯及轻罪以上之刑事被告人"，拘留至多不超过三十日，并且规定，派差遣队轮班看守，对于被拘留人的态度宜以温和为主，给予饭食，不得有虐待需索情事；"被拘留人需受约束，不得任意喧嚷争闹及有白昼贪卧等情，违者加重惩戒"。④ 如若违警犯在拘留所内拘留期满，则由警务公所司法科查核释放。⑤

各省巡警道为推动违警律的施行，首先督促官警熟悉违警律条款，刊布宣传以便晓谕民人周知，并且随时监督官警有无违章苛罚、滥用酷刑等情事，以便及时纠正。违警律的颁布与推行，意味着清廷用正式的律令规范民人的日常行为。而警局不再受理民刑词讼，遵循违警律处置违警案件，则标志着治安行政处罚与司法的界限日益明晰，警察行政范围与职掌权限基本确立。

三 调查户口

"警察入手以清查户口为先"，⑥ 袁世凯在创办保定警察时就曾

---

① 《抚部院批巡警道详拟请修建待质看守拘留等所缘由文》，《广西官报》第57期，1910年4月3日，第10774页。
② 《委办警局拘留所》，《神州日报》1909年3月31日。
③ 《警道修造女拘留所》，《新闻报》1910年10月18日。
④ 《拘留所简章》，《广东警务官报》第1期，1910年8月5日，第76—77页。
⑤ 《警署省释轻罪人犯》，《广东警务杂志》第2期，1911年，第60页。
⑥ 《创设保定警务局并添设学堂拟定章程呈览折》，《袁世凯奏议》中册，第609页。

这样表示，并拟定办法，分为定时清查与随时清查两种。警局开办时，即将该管地段悉数稽核，编订号牌。清查之时，区分绅士、平民、官员、无业游民、曾犯刑律者，详细记录户主姓名、籍贯、年岁、家口人数、有无田产、房间多寡。湖北创设警察时，总办梁鼎芬、金鼎会订的《鄂垣警察章程》，首条就是清查户口，了解辖区人口情况，"以别良莠"。① 此后各省开办警局，皆效仿这一办法，并开始注意户口异动。如四川省城巡警总局清查城区户口后，要求迁徙、死亡、添丁等事，须赴该管分局报明注册。虽然警察设立之前，各省每年编查保甲，然而保甲早成具文，且对人户的统计粗略，难以掌握居民的实际情况与动态，因此，警察订立新章，重新清查户口，并随时注意人口异动，掌握居民的详细信息，以便实施管理，维持治安。"盗贼防御全持清查户口，使匪人无所掩匿，乃为清盗之源"，② 已是办警者的共识。

各省巡警道履任后，多从清查户口入手，整顿警政。1908 年 7 月，因湘省户口"至今仍无确实数目可资考证"，巡警道赖承裕于每分局添派委绅一人，共二十余人，分赴各段，会同局员调查户口，"分别正户、小户、另户名目，男女丁口若干"，③ 详细造册。10 月，湖北巡警道冯启钧饬各分局清查户口，以便稽核，并将户口门牌分为三类，官绅军民工客为一类，商户为一类，局署公所庙宇为一类，分别发给门牌，贴于门首。④ 清查户口在警察初创时就已开始，湘鄂等省巡警道又重新整顿，目的皆是防患保安，且局限于省城商埠等警察办理较为完善的城区，未能普及。

户口不仅是警察掌握居民情况、稽查不法、防范治安的基础，也是选举、自治、兴学、征税等诸类新政实施的基础。清廷为筹备宪政，要求各省逐年调查户口，先查户数，再查口数，并编订颁布

---

① 《鄂垣警察章程》，《申报》1902 年 6 月 10 日。
② 《巡警局示》，《大公报》1905 年 5 月 21 日。
③ 《委绅清查户口》，《时报》1908 年 7 月 9 日。
④ 《清查户口特别门牌》，《大公报》1908 年 10 月 24 日。

户籍法。① 1908 年底，民政部以"凡预备立宪应行筹及之事，无不以户籍为根本"，户籍是选举议员、划分自治区域、普及教育、征集民兵、征收租税的基础，拟定调查户口章程。该章程规定，调查户口分两次办理，第一次调查户数，第二次调查口数。调查户数时，分别正户附户，查明户主姓名，编订门牌。嗣后若该户迁移，户主应向调查处或巡警派出所呈报。调查口数时，按照部定格式，分别姓名、年龄、职业、籍贯、住址等项，令户主自行填报，然后造具口数册，并将学童、壮丁另计总数，附于册后。嗣后该户有婚嫁生死等事，应赴处呈报。另外，户内有曾受监禁以上之刑者，户主无正当职业者，一户内多数人杂居者，须另册登记，随时抽查。至于调查人员，各直省"以巡警道为总监督，未设巡警道各省暂以布政司为总监督"，各地方官为该地调查户口监督。以地方自治区域为调查户口区域，以总董或乡长为调查长，董事或乡董为调查员。"自治尚未成立地方，由该监督督率巡警，并遴派本地公正绅董会同办理。"并且规定，"各地方所有巡官长警均有协助调查户口之责"。② 根据该章程，人户总数于宣统元年十月汇报一次，次年一律报齐，人口总数于宣统四年报齐。此番户口调查，是基于筹备宪政的需要，对全国境内的人口进行普查，与警察初创时期清查户口的目的和范围皆有不同。

宣统元年，第一次调查人户总数，范围是各省省会、外府首县及商埠，各省执行情况及办法不一。广西巡警道刘永滇拟在警务公所内附设调查局，省城户口即由巡警五区清查，各州县可揣度当地情况决定调查局应否专立。广西巡抚张鸣岐以部章并没有设立调查局的规定，仅要求于调查区域内每段设立调查处，否决了刘永滇拟定的办法。随后，广西调查行动分步进行。首先将调查宗旨编成白话文，札发各属，要求各属监督撰成白话告示，印

---

① 《逐年筹备事宜清单》，《清末筹备立宪档案史料》上册，第 61—67 页。
② 《民政部调查户口章程》，《申报》1909 年 1 月 15 日。

刷多份，广为张贴，"凡有十家以上之乡村必贴一张，并酌派演讲员将所发白话演讲文广为演说，使人民周知，以免疑惧"。①然后，划分调查区域，仿制门牌表格，遴派调查长和调查员，每段设立调查处。最后，再着手调查，填报户口册，定制门牌。②贵州巡警道贺国昌拟定调查章程，一面饬各属遵办，一面撰成白话演说，派人宣讲。广东、安徽、江西等省也遵照部章，先查首县商埠户数。

四川、吉林、江宁则变通部章，户、口并查。四川巡警道以户数、口数本属相关，通饬各属"户口并查，以期周密"。是年四川各属有将人口总数与户数同时汇报者，有先报户数再报口数者，有州县距省较远尚未汇报者。故先将省城商埠首县所报口数编列表册，先行咨部，并饬未报或造报不合各属迅速报齐，限于宣统二年十月以前将全省口数一律报齐。③吉林民政司也要求各属将人口总数一并调查，拟于宣统二年冬将人户总数表咨部，宣统三年汇报人口总数。吉林调查户数、口数，已提前办理，"期于早日观成，于征兵收税诸端及一切新政之推行皆有裨益"。④江宁省城由筹办自治局派员调查，变通部章，"户口并查，册籍繁重，是以稍稽时日"。外属州县却多遵照部章清查，但江北州县"类多瘠苦，筹款极艰，间有仿照省章户口并查，以期节省经费者"。⑤四川等省为节省经费人力，将户数、口数一次查报。

---

① 《各厅州县调查户数办事细则》，《广西官报》第23期，1909年7月11日，第9251页。
② 《抚部院批巡警道详调查户口局附设警务公所并饬属限一个月查报文附原详》，《广西官报》第19期，1909年6月13日，第9102—9104页。
③ 《川督赵尔巽奏胪陈第三届筹备宪政情形折》，《政治官报》第900号，1910年5月3日，第9页。
④ 《吉林巡抚陈绍常奏报第三届筹备宪政情形折》，《政治官报》第894号，1910年4月27日，第12页。
⑤ 《两江总督张人骏奏胪陈第三届筹备宪政成绩折》，《政治官报》第898号，1910年5月1日，第8页。

虽然各省调查户口之前，巡警道或民政司要求地方官先行演说宣传，但是在调查过程中，不断发生抵制风波。1909年江西调查户口过程中，多个州县出现了聚众抵制调查的风潮。如安义县、新昌县、高安县等均有乡民聚众抗拒，宁都州乡民认为调查户口是为了抽丁当兵，聚众将查户绅士揭、孔、杨三家抢毁，经派兵弹压，众人始散。崇仁县谣传调查系为抽取丁税做预备，乡民聚众在统计处索要底册，打毁器物，知县率员前往劝导解散之时，被乡民围困。① 丰城县调查户口，乡民不予配合，县令因应失宜，以致焚杀抢劫，数十村响应，直至调兵弹压，城中戒严半月之久。② 由于宣传不力、调查员态度粗暴等问题，乡民疑虑，种种谣言流传，风潮不断。

至宣统元年底，各直省多将省会首县并商埠地方人户总数汇报到部。仅四川因变通部章，户口并查，费时较久；江西因各州县调查户口风潮不断，影响了调查进度；山西、黑龙江、甘肃等省，地处边远，进展稍缓，未能依限报部；而山东、湖南、河南、福建等省，将全省各州县地方人户总数提前查报。③

宣统二年本为汇报人户总数之年，后因国会提前开办，选举议员等事必须查明户口方能着手，民政部疆理司"咨行各省将调查人口总数从速办理"，于宣统三年一律报齐，规定各省须在该年十月以前将户数、口数总分各表填造汇报。④

直督陈夔龙鉴于各省户口调查"办法不一，头绪纷繁，滋事颇多"，其耗费国帑尚属末事，而恐日久生弊，重蹈覆辙，于实事无济，"亟宜认真责成，专员担任，庶可易于考成"，⑤ 现在巡警道

---

① 《江西调查户口之大风潮》，《新闻报》1909年7月26日。
② 《三记江西调查户口风潮》，《东方杂志》第6年第10期，1909年11月7日。
③ 《民政部奏遵章陈明第二年第二次筹备成绩折》，《政治官报》第890号，1910年4月24日，第5页。
④ 《督院张准民政部咨各省应造报户数口数总分各表限于本年十月以前到京行道遵办文》，《两广官报》第10期，1911年8月13日，第1751页。
⑤ 《巡警道又担任调查户口之责》，《新闻报》1910年6月24日。

多已添设，提议将此事改归巡警道专责担任。民政部尚书善耆颇然其说，通饬各省遵办。

直隶、江苏第一次调查人户总数，皆由藩司为总监督，负责督催各属查办。此时第二次调查，须将上年未经清查的各地方人户总数一律报齐，各府首县及商埠已经查报者，仍须复查汇报。而巡警道已添设，遵照部章，应改巡警道为总监督。江苏巡警道咨请藩司将该项卷宗检齐移送，并札饬警务公所行政科科长唐同声与户籍科科员张镇元核议实施办法。[①] 为了避免操切从事，致起风潮，又不致延误逾期，苏省警务公所制订了宣统二年州厅县调查户数分期办法，以便循序渐进。七月之前预备调查阶段，划分调查区段，派定调查员长，设立调查处所，讲演调查宗旨；八月实行调查，分别人户正附，查明户主姓名，编号填牌，然后编订门牌，八月底办完，并将各区户数清册从速赶办，于九月申报户册。[②]

调查户口前所未有，民众不明所以，恐借口调查而抽丁、增收赋税、需索规费的心理在所难免，对调查的敌视、不合作态度为普遍现象。由于调查户口叠次生事，屡酿风潮，"固由委任之非人，亦由民智之不进"，此次各省巡警道为了得到民众的配合，减轻民众的猜疑，更加注重演说宣传，派员讲解调查户口的宗旨，俾使民众了解，并且撰拟白话告示、白话公报、自治浅说等广为发布，以期开通民智。广东巡警道特别"编印调查户口白话演讲文，通饬各该监督分饬调查长员随地演讲"，[③] 以安民心。江苏各州县调查户口简明告示中强调，调查户口全为民生，以为编制巡警、举办教

---

① 《苏州府何刚德为转饬调查户口分期办法及简明告示札吴江震泽县文》，《清末吴江、震泽县筹备自治调查户口档案选》，章开沅、罗福惠、严昌洪主编：《辛亥革命史资料新编》第4卷，第301—302页。

② 《各州厅县调查户数分期办法》，《清末吴江、震泽县筹备自治调查户口档案选》，章开沅、罗福惠、严昌洪主编：《辛亥革命史资料新编》第4卷，第302—303页。

③ 《札饬番禺县礼园乡妇女抗订门牌迅派干员查办文》，《广东警务官报》第5期，1910年10月3日，第46页。

养之基础，"既非按户抽捐，亦非计口抽丁"，① 劝导乡民勿信谣言，并告诫调查员往询答问须语气平和，以消减平复乡民的抵制不安情绪。另一方面，各处调查风潮，因劣董奸胥借端需索迫使乡民反抗者亦常见，因此，各省巡警道强调各属遴选调查长，必须为公正绅士，品行端方。清廷亦谕令各督抚，"严饬官绅，于认真晓示开导外，务当妥为经理，勿任稍有纷扰，以免误会而靖人心"。② 若官绅借机勒索，废公肥私，自应严惩。如直隶天津县知县胡商彝，每年所收陋规为数颇巨，调查户口时又欲向民间苛敛，"以致民怨沸腾，着即行革职"。③

然而，宣统二年各省反对调查户口风潮有增无减。江苏宜兴县张家村因调查户口时每户被索钱二十文，捣毁调查员住宅。江苏上元、江宁、泰州、通州、高邮、丹徒等地农民或捣毁调查员家屋，或殴打调查员。广西南丹州乡民反对调查户口，打死县令，焚毁土司衙门。安徽南陵县也发生打伤自治公所调查员事件。广西岑溪县、浙江长兴县也聚众反对。④ 广东永安县乡民中谣传椭圆形门牌均系西法，洋人即借此收税。县令刘厚桐饬令绅董详细演说，开导劝办，但乡民仍多疑虑，该县第六区在订立门牌时，遭到乡民聚众阻止，已订门牌被劈毁，并各抱柴火，以纵火相抗。⑤ 浙江长兴县乡民中谣传，查户名册系卖于洋人做海塘打桩之用，若不从速收回，必死。又因该县所定调查须知中，有调查一百户给洋一元的条款，乡民更加误会调查用意，纷纷聚议，鸣锣聚众，拆毁乡董房屋，索要册籍，并趁势将小学堂、警局、教堂砸毁。⑥

---

① 《各州厅县调查户口简明告示》，《清末吴江、震泽县筹备自治调查户口档案选》，章开沅、罗福惠、严昌洪主编：《辛亥革命史资料新编》第4卷，第303页。
② 《宣统政纪》卷34，宣统二年四月丁亥。
③ 《宣统政纪》卷44，宣统二年十一月癸丑。
④ 张振鹤、丁元英整理：《清末民变年表》，《近代史资料》1982年第4期，第91—110页。
⑤ 《广东禀报愚民抗查户籍乃惑于门牌形式》，《北京日报》1910年8月3日。
⑥ 《长兴调查户口风潮之详情》，《申报》1910年9月3日。

受调查风潮影响，一些地方官或畏难拖延，或敷衍搪塞。各省巡警道对办理迅速者记功奖励，迟缓不力者批评惩罚，以便督催各属依限认真调查。如浙江巡警道因昌化等十六厅县玩忽调查户数，详请浙抚将该地方官各记大过两次。① 四川巡警道也将调查户口办理不力的地方官分别惩处，如石砫、城口、茂州三厅地方边远，各予记大过一次；丰都、仁寿等三县皆在腹地，各予记大过两次；罗江、洪雅、秀山三县始终未据禀办，记大过三次。② 苏州各属八月下旬申送户册者寥寥，巡警道以汇造总册送部，"为期甚迫，转瞬即届"，为了督催各属赶办，委员分赴各属查考督催，以候补县丞德章前往苏、松、太三府州属，候补巡检钟期藩赴常、镇二府属，查核各属办理情形究竟如何。③ 此外，各省巡警道对调查过程中出现的问题，随时指点，饬令更正。如广东各州县在调查过程中以及填报户口册表时出现种种问题，三水县设调查分所五所，但调查处无一设立，五分所仅设两月即撤，可见不仅调查敷衍了事，而且调查之后就没有相关机构办理户口迁移等异动情况的登记。门牌用纸刷发给各户，违犯定章。该县许县令向巡警道询问"预算查口经费系指何项"，可见其并不知道调查户数之后须继续调查口数，显然对调查定章极不熟悉，遭到广东巡警道的严厉训斥。④ 通过巡警道的严厉督催，各省多能遵照部章，将所属州县户数查明，汇总报部。

各省调查进度与办法仍有不同。1910年，各省户数多已查竣，而警察办理较为完善的地方，多提前办理调查人口总数。如四川将

---

① 《抚部院增批巡警道详昌化等十六厅县玩物调查户数请各记大过二次由》，《浙江官报》第18期，1909年12月20日，第164页。
② 《督宪批巡警道详调查户口办理不力各员恳请处罚文》，《四川官报》第4册，1910年3月，第27794页。
③ 《江苏巡警道汪瑞闿为委员分赴各属守催人户丁口数事札吴江县文》，《清末吴江、震泽县筹办自治调查户口档案选》，章开沅、罗福惠、严昌洪主编：《辛亥革命史资料新编》第4卷，第306页。
④ 《批三水县许令南英禀报调查户口由》，《广东警务官报》第5期，1910年10月3日，第64—65页。

成都等一百余属人口总数及锦州等三十五属船户口数提前赶办。①通州户数、口数皆已查齐，极为精密，士绅出力甚多。广西省城警察成立已久，调查机构较为完备，巡警道欧阳中鹄即将省城查口提前赶办，男37000余人，女27000余人，学童4600余人。②安徽严催各属提前调查口数，已有51州县办齐。③但也有个别省份进度较为缓慢。如江苏向分苏宁两属，巡警道辖地仅及苏属，责任不专，加上江苏各州县反抗调查的民变风潮繁多，较各省办理迟缓。

另外，城乡调查户口的办法也有不同，省城等地调查较为详细。如宣统元年四川省城警区第一次调查户口，不仅统计各警区内的街巷、正附户数、男女丁口，而且统计了各类场馆，如各区内的官署局所、学堂公司、会馆工厂、庙宇祠堂、病院医馆、旅店当铺、茶铺酒肆、官膏店数、戏园戏班等，并调查了各行各业的从业人数，如男女学生及适合学龄人数，区正街正、中西医、回民教民及外国人数，各类经纪、挑夫收荒人数，僧尼人数，娼优人数，此外还普查了各区所设水井、太平水缸、厕房等公用设施。④而乡镇之中人口结构及社会结构没有城区复杂，调查户口的办法与表册分类也相对简单，一般只需分别正户附户，编订门牌即可。

各省及城乡负责调查之人员也有不同，"有专用巡警者，有兼任士绅者"。⑤通常各省省城及商埠地方，巡警人数较多，规模较大，而且清查户口向由巡警办理，即仍由巡警负责调查。但掺用绅士者亦有。如汉

---

① 《四川总督赵尔巽奏四川第四届筹备宪政情形折》，《清末筹备立宪档案史料》下册，第794页。

② 《宪政编查馆大臣奕劻等奏报各省筹备宪政情形折》，《清末筹备立宪档案史料》下册，第774页。

③ 《安徽巡抚奏各州县巡警一律筹设及调查口数情形折》，《四川警务官报》第1年第3册，1911年4月。

④ 《宣统元年省城警区第一次调查户口一览表》，《四川官报》第2册，1910年3月，第27754—27755页。

⑤ 《广西巡抚张鸣岐奏广西第三届筹备宪政情形折》，《清末筹备立宪档案史料》下册，第798页。

口因摊商罢市，警察与商民关系紧张，恐查户再度引起商民恐慌与不满，故汉口警局委绅士帮办清查户口。① 江西省城警察正区共六处，每区设有警绅两员，"专司稽查户籍，清理街道"，每月薪食十两。②

乡镇地方自治未设者，由地方官派委士绅调查。自治办理后，由自治公所负责，或者自治公所与巡警局共同负责。如 1910 年，江苏吴江县为调查户口，将县属镇乡各处划分为十区，"即以各区筹备自治公所所长任调查长"，其调查员由该区调查长遴请。③ 1911 年，四川华阳县知县筹划继续调查户口，禀请巡警道，以县属六镇三乡地方自治开办，即将调查户口之事归并镇乡自治会办理，并拨地方行政经费补助，每一自治会划拨调查经费银一百元，城厢户口仍归各区区官调查。④ 江苏、四川地方自治办理后，皆将调查户口之事委诸自治办理。不过，吉林调查户口，则地方自治与巡警分别办理。其自治机关已成立者，责成自治局及巡警局分别调查，"以资比较"。自治局调查户口时，应注意选民、学龄儿童及地方公益等事；巡警局调查时，应注意保安行政及司法部分搜查逮捕等事。⑤

除陆上居民按户调查外，广东、四川等省江河纵横，赖水为生的船户为数不少。有船户存在的部分州县，根据当地实情，订立了调查船户章程。如广东东莞县、三水县、开建县拟定稽查船户专章后，禀请巡警道复核。巡警道批示东莞县分段稽查船户，其"未办巡警地方，仍应责成各该区段调查员兼办"。⑥ 四川等其他有水

---

① 《汉口警员与委绅冲突》，《神州日报》1908 年 12 月 29 日。
② 《赣省警绅之悲观》，《神州日报》1910 年 6 月 19 日。
③ 《署吴江县令周焘为申报调查区名及调查长姓名清册等事致江苏巡警道呈稿》，《清末吴江、震泽县筹备自治调查户口档案选》，章开沅、罗福惠、严昌洪主编：《辛亥革命史资料新编》第 4 卷，第 308 页。
④ 《代理巡警道批华阳县禀调查户口归并自治会办理并拨地方行政经费补助一案文并原详》，《四川官报》第 38 册，1911 年 8 月，第 28798 页。
⑤ 《吉抚陈奏遵章调查户口情形折》，《大公报》1910 年 1 月 13 日。
⑥ 《批东莞县禀拟稽查船户专章由》，《广东警务官报》第 5 期，1910 年 10 月 3 日，第 57 页。

上居民的各省，也对船户进行了调查登记。

另外，调查户口完成之后，户口的异动也须随时登记，户数册应每两个月编订一次，口数册应半年编订一次，定期汇总，造具新册。各户门牌编订后，如有迁移、生死婚嫁、承继来往等事，该户主应赴调查处或巡警派出所呈报。江苏巡警道汪瑞闿于户数查竣报部后，通饬各属州县，将各该管境内人户迁移、生死婚嫁等异动随时登记，将户册两月编订一次，每届半年由巡警道将各属户册重新汇总编订。① 广东各属调查处"为户口迁移及嫁娶生死呈报之所，须于该段局约或祠庙之内认真设立"。② 广东警务公所制定的巡警区域调查户口通则，"系就巡警区域内各户调查居民人数身份及异动，并访查其行为及现状，以图警察之利便为宗旨"。③ 可见，户口普查之后，须随时对户口变动进行登记，以保障户口册表的更新与准确，确保政府对居民情况的及时掌握。

各省巡警道遵照民政部定章程，督饬所属地方官进行了中国第一次真正意义上的人口普查。清查户口的目的与范围，也由在警区内防患保安、清除盗源，转向对各属城乡进行全面的普查。各省调查办法，或遵章分期调查，或户数、口数并查。至1911年，户数皆已查竣报部，人口总数也正在调查，虽然敷衍塞责、调查不实的情况仍存在，但通过这次普查，全国整体人户情况得到比较详细的记录，为选举议员、举办地方自治、兴学、办警等各项宪政新政奠定了基础。不过，调查过程中，因宣传不力、需索钱两、态度粗暴、应对失宜等原因，引发了多起乡民反抗调查户口的风潮，加剧了民众与政府的紧张。

---

① 《江苏巡警道汪瑞闿为通饬门牌编定后临时户口变动须按章编订呈报札》，《清末吴江、震泽县筹备自治调查户口档案选》，章开沅、罗福惠、严昌洪主编：《辛亥革命史资料新编》第4卷，第336页。

② 《批永安县申交区段表由》，《广东警务官报》第5期，1910年10月3日，第59页。

③ 《详准巡警区域调查户口通则》，《广东警务官报》第3期，1910年9月4日，第49—64页。

四　教养游民

清末社会动荡，灾害频仍，民众生计艰难，游民乞丐增多，是社会治安的一大隐忧。"游民实盗贼之源"，① 巡警保卫公安，须预防危害，"欲求预防得当，必使游民各寻生业"。② 因此，妥善安置游民，避免其铤而走险，对防患保安至为重要。各省巡警道采取以工代赈的办法，筹设贫民教养局、习艺所等局所，收养游民乞丐，聘请技师，教给技艺，俾使掌握一门手艺，可以自谋生路。对于老弱病残等无力劳作者，则设所收养，以资救济。

晚清西学东渐的过程中，外国监狱制度被趋新官绅认知，张之洞、赵尔巽等督抚提出改良监狱的建议。1903年，清廷废除流放，改将犯人关押于当地。因此，各省陆续建立自新工艺所、罪犯习艺所，通过犯人劳作，对其进行粗浅技艺的培训，以惩罚改造。③ 1905年，管理工巡局事务的那桐创设京师习艺所，收取轻罪人犯及贫民。④ 归并巡警部直辖后，改归朱启钤监督。京师习艺所"以惩戒犯人，令习工艺，使之改过自新"，并教给贫民谋生技能，"使不至于为非"。⑤ 此后，部分习艺所开始收养贫民。

四川仿京师习艺所章程，筹办四川通省习艺所，分为内外两厂，能容纳600人，内厂收罪犯，外厂收游民。⑥ 四川通省习艺所

---

① 《前督宪锡奏川省开办习艺所及各项工厂情形折》，《四川官报》第6册，1907年4月，第25952页。

② 《巡警道通饬各属设立教养工厂札文》，《四川官报》第19册，1911年5月，第28633页。

③ 参见〔荷〕冯客《近代中国的犯罪、惩罚与监狱》，徐有威等译，江苏人民出版社2008年版，第27—56页。

④ 蔡恂：《北京警察沿革纪要》，出版单位不详，1944年，第53页。

⑤ 《民政部习艺所试办章程》，田涛、郭成伟整理：《清末北京城市管理法规》，北京燕山出版社1996年版，第428页。这一章程为光绪三十二年五月拟定出奏，应是《巡警部习艺所试办章程》，而非民政部，原标题有错。

⑥ 《前督宪锡奏川省开办习艺所及各项工厂情形折》，《四川官报》第6册，1907年4月，第25952页。

附于警察局，该所总办即以警察局总办周善培兼任，另设坐办、稽核官、会计、讲师、监工等。① 又因川省乞丐甚多，警察局总办周善培筹设乞丐工厂，抽收押当捐作为经费。收养游民乞丐，"既不使弱者流为饿殍，有伤仁政，尤不使强者转为盗贼，妨害公安"。② 此外，另设幼孩教工厂，收养未成年乞丐、孤儿或家贫无力抚养儿童，约500人，供给饮食，雇用手工技师，教给编织竹木器具或草鞋等粗浅手艺。③ 天津也设游民习艺所、栖留所、教养局，专门收养游民乞丐，各段巡警遇有穷黎乞丐，随时收入教养局等处，"其少壮者使之学习工艺，俾可自谋生计，老弱分别留养"。④ 云南警察局总办韩国钧于圆通寺开办自新所，于所中附设乞丐所一所，收留乞丐五六十名，"随同罪犯勤学手艺"。⑤ 兴办游民习艺所，是化莠为良、教养兼筹的善政。专收游民的习艺所、乞丐工厂虽然已经出现，但多经费不足，因陋就简，收养游民数额有限。

在上述办法的基础上，各省巡警道筹设工厂、习艺所等，收留游民，以资救济，免使流离失所，以防患于未然。贵州地瘠民贫，流民极多，冬季天寒地冻，生计更为艰难。1908年冬，巡警道贺国昌收聚无业游民编成工队，督令修缮省城沟渠，以工代赈。次年二月沟渠修竣，"此辈工人若不设法安置，势必仍然流散，难免妨害治安"，即将旧有贡院略加修葺，改作警务工厂，遴派委员管理。并在巡警经费项下每月酌提银200两，作为火食工本等经费。先收流民120名，酌雇匠师教给工艺，"昼则督令工作，夜并为之

---

① 《四川省城习艺所章程》，《四川官报》第4册，1907年3月，第25926页。

② 《警察局详遵议乞丐工厂章程并筹开办文》，《四川官报》第22册，1906年8月，第25600页。

③ 石体元遗作：《周善培从政琐记》，中国人民政治协商会议四川省重庆市委员会文史资料研究委员会编：《重庆文史资料选辑》第12辑，1981年，第145—155页。

④ 《直隶袁饬巡警局天津府县收丐防窃保卫居民札》，《东方杂志》第1期，1904年3月11日，第4页。

⑤ 《新纂云南通志》，第383页。

讲导",如有盈余,代为储积,将来出厂再行发给,使其可自营生理。①

湘省素多乞丐,从前虽有善堂施粥赈济,但经费有限,非持久之计,而且养而不教,徒然消耗资财。故湖南巡警道赖承裕与省垣绅商筹划教养兼施之策,拟设一乞丐工艺厂,收聚乞丐,教给各种工艺,使其在厂工作不致坐食,出厂即可有所执业而可以自存。至于开办经费,由各绅捐助,各铺户例施乞丐款作为常年经费。并且计划该工艺厂第一年需费较多,此后工人技艺熟练,制造产品出售,即可抵补经费。如此办理,"街道既可清静,游民亦有执业,实为整顿市政之良规,地方治安、社会公益均于此举基之矣"。②次年,长沙发生抢米风潮,湘省官界深切感受到妥善安置贫民游民的必要性。巡抚杨文鼎以湘省地瘠民稠,生计艰难,以致游民日多,三五成群游荡街市,"殊失教养之道",特饬巡警道,筹办贫民习艺工厂,广收极贫子弟入厂肄习。③

粤省盗匪甚炽,抢劫频仍,"推原其故,皆因游民日多"。1910年广东巡警劝业二道会商办法,拟于省城东西南北各关均设一所工艺厂,另设工艺总厂。④湖北署巡警道黄祖徽仿照四川乞丐工厂、河南游民习艺所办法,修建游民习艺所一处,设藤器、草帽、草鞋、绳索、鞋靴、缝纫、小木工、洗涤、杂工等工艺科目,收纳游民及不肖子弟200名,以两年为期,期满勘验工艺,优者给卒业文凭,准其出所自谋生计。⑤民政部也注意到各省水旱灾害层出叠见,饥民流离失所,拟咨行各省,在省城附近筹建贫民总工厂一处,"专收失业贫民,教习工艺制造",设法安顿,"以工代赈"。将工厂利润利作为专款,遇有灾荒,即以该款拨付灾区,或建立分

① 《宣统政纪》卷13,宣统元年五月癸亥。
② 《湘省议设乞丐工艺厂》,《中外日报》1909年3月21日。
③ 《湘省政界要闻汇记》,《时报》1910年9月6日。
④ 《劝业道计议添设四城工艺厂》,《申报》1910年8月6日。
⑤ 《警道议设游民习艺所之伟画》,《申报》1910年9月17日。

厂，以资赈济。①

习艺所初创之时，多是为惩戒教化罪犯，后来部分地方同时兼收轻罪犯人与贫民。然而罪犯习艺，目的在于惩戒改造、教化自新，而贫民习艺，则是救济教养手段，混合一处，实有不妥。广西巡警道王秉必即以司法与行政分离，罪犯习艺所属于司法范围，游民及违警犯者不能与之同所安置，筹办游民习艺所。广西游民习艺所"以收集游民，授以实业，辅以教育，俾出所后得谋生活，不致游荡为宗旨"。该所由巡警道直辖，收所习艺之民暂以省垣各警区为限，所需费用按月向警务公所请领。设所长一员，稽核兼会计一员，庶务、文案、医士兼教诲师各一员，并雇募工师数员，教授游民学习编织藤箧、草鞋草帽，制作竹木器具，或织造毛巾棉带等各种粗细工艺。凡身体强健的乞丐、无业游民等可由巡警强制送所，或由该民父兄呈请送所。② 四川龙安府禀设工厂，兼收罪犯游民，川巡警道批示，省城巡警教养工厂，"专收流荡不事正业之人入厂习艺，故正名曰教养工厂，至罪犯习艺则属于司法范围，与教养流民办法各别，二者不能混合"。③ 在司法与行政尚未划分之时，尚可通融办理。现在审判筹设，自当先确定名实，不可混淆。

贵州、湖南、广东、湖北等省巡警道筹设的工厂，收养有劳动能力的游民、贫民、乞丐等，使其学得手艺，可以自谋生计。而云南巡警道杨福璋则抽收茶馆捐，创设幼孩工厂及女寄养所，专门收养孤儿、贫儿及无助妇女。杨福璋认为，云南设所收养罪犯乞丐，俾其习艺自新，无奈罪犯习于偷窃，乞丐游惰成性，皆难以教化，改过迁善者不多。推其缘由，无非幼时失教，长期为恶。故而正本

---

① 《议饬各省建筑贫民工厂》，《新闻报》1910年7月8日。
② 《巡警道详准桂垣游民习艺所简章》，《广西官报》第3期，1911年5月13日，第12866—12870页。
③ 《巡警道批龙安府禀府属习艺工厂现已修建落成亟望开办暨常年应用经费尚须筹备拟请抽收肉厘以济急需恳请批示文》，《四川警务官报》第1年第3册，1911年4月，第30405页。

清源，当从幼童抓起，于圆通寺添设幼孩工厂，"凡省城内外区域内之孤苦无依、游荡失学之幼孩，皆收入厂内"，派委教员，教给工艺，及普通文字、浅近珠算等。另外，设女寄养所，暂时留养迷失幼女、被虐婢女、截获的被拐妇女及查获之妓女。收养无助的幼孩妇女，经办之人必须熟悉地方情形，所以杨福璋将此事交给士绅董司其事，经费则由官府负担，仿照他省，创设茶馆捐，每碗茶加价一文，由警务公所派人收取。①

因振兴工艺、教养贫民均属自治范围，随着城镇乡地方自治的筹办，自治公所逐渐参与到教养游民的公益事务中。1911 年，四川巡警道通饬各属筹设教养工厂，或委诸自治会筹办，或召集绅富捐助办理，收养游民，教以工艺，将来出厂足自存活，"勿与幼年感化教育及罪犯习艺相混，以免传染"。②

各省巡警道筹设乞丐工厂、游民习艺所等厂所，与善堂施粥等传统慈善给予暂时的救济不同，这些厂所收聚游民乞丐等无业之人，进行工艺培训，使其掌握一门谋生的技艺，既走出了一条新型的具有长效性的赈济之路，又可以减少社会中不安定的因素，正本清源，防患保安，一举两得。不过，立意虽然不为不善，但各省经费有限，此类厂所多集中于省城商埠，仅有四川等省试图推及各属，也只是正在筹划。而且，省城商埠中的此类厂所，收容能力也很有限。如天津有民妇之子游手好闲，不务正业，禀请警务公所，准送习艺所学艺，借资糊口，但巡警道批示，习艺所因经费支绌，已减去数百名，无力收容。③

调查户口为宪政之基，也是警察了解辖区居民商户等人口信息

---

① 《巡警道杨详请抽收茶馆捐创设幼孩工厂及女寄养所白话告示》，《云南政治官报》第 444 号，1909 年 7 月 15 日，第 32483 页；《巡警道杨详请创设幼孩工厂及女寄养所文》，《云南政治官报》第 442 号，1909 年 7 月 13 日，第 32479 页。

② 《巡警道通饬各属设立教养工厂札文》，《四川官报》第 19 册，1911 年 5 月，第 28633 页。

③ 《送所未准》，《大公报》1911 年 3 月 28 日。

以清盗源的重要手段。而游民为社会治安的重要隐患，各省巡警道兴办习艺所、警务工厂等各类救济性的厂所，收留游民乞丐等无力自养之人，并教给技艺，俾得谋生，也是清盗源的一种方式。可见，警察成立后，维护治安注重从预防入手，通过一些手段消除隐患于未萌。然而，晚清社会动荡，各地水旱灾害接连不断，贫民生活困苦，失业流亡者为数众多，并非数家厂所收留数十名乃至百十名游民乞丐所能容纳救济的。

五　整顿风俗

各省巡警道通常以正俗的名义，采用"寓禁于征"的办法，对烟土、赌博、娼妓、戏园等行业进行管理，以达到限制的效果。不过，在执行过程中，各地巡警实际上并未遏制该类行业的蔓延，变"禁"为"征"，从中渔利，其捐税收入成为巡警经费的重要来源。

（一）禁烟

大量人口吸食烟土在晚清成为十分严重的社会问题，社会各界强烈呼吁禁烟。尤其是筹备宪政时期，鸦片禁政关系社会道德、经济发展、民众身体健康、财用收支、政府威信等各项问题，引发社会各界的持续关注，因此，清政府不得不痛下决断，拟逐年禁绝。由于鸦片贸易关系着列强利益与中外关系，处于外交劣势的清政府不敢轻启交涉，禁烟主要集中在对国内土药的种植、销售与吸食的禁止与限制上。1906年，御史赵炳麟请于京师设立禁烟总局，于上海设禁烟总会。不久，民政部奏请，外省调查种烟地亩、吸烟人数等事，"省城地面，责成巡警总局，外府州县及乡市村镇，责成该地方官"。[①] 清政府专门设立禁烟大臣，并要求各省设立戒烟局所。为推动禁烟的进展，1908年5月，民政部会同禁烟大臣，会

---

① 朱寿朋编：《光绪朝东华录》，第5624页。

奏酌拟禁烟稽核章程，严定考成办法，① 以督催各地方官实力执行禁烟政策。

各省巡警道以禁烟为巡警应尽之责任，积极筹设禁烟办法。1908年3月，湖北于汉口设立禁烟专卖局，以巡警道为总办。② 巡警道冯启钧拟定戒烟办法，印刷小票，无论吸食售卖，均须凭票买卖，并须与日递减，武昌、汉口两地烟馆勒令十三个月一律歇业。③ 随后，改为发放土膏牌照、购烟凭照，非有土膏牌照之店不得售卖，未领购烟凭照的吸食者不准购买。5月，湖南巡警道赖承裕上任后，传集省垣土业商董，至警务公所筹议禁烟办法。拟将各店销数逐年递减，但各商董均表示，统税局征收膏捐并未减少，减售为难。④ 由于政府既要禁烟，又要从中收取重税，两者互相矛盾，禁烟有名无实。为此，山东巡警道潘延祖特上条陈，陈述禁烟办法，认为售卖官膏，寓禁于征，"实为禁烟一大阻力，不如停卖官膏，另筹减食减种之法"。⑤ 并遵照禁烟大臣及民政部奏办各项章程，饬令各属认真查禁，所有饭馆、茶园、娼寮等处不准设烟供客。⑥ 又订立私售烟具罚章，出示严禁。⑦ 安徽巡警道卞绪昌则认为禁烟应"自官场入手"，所以"严订科罚规程"，设立查验所，要求各官入所检验，有烟癖者即入戒烟局戒除。⑧ 并严饬各属，赶紧将现设戒烟局所及已戒现戒人数，按照表式，一律造报。⑨ 对于沉迷烟癖，到期不能戒断的官吏，巡警道卞绪昌禀请皖抚，照章奏

---

① 《民政部会奏酌拟禁烟稽核章程严定考成办法折》，《政治官报》第211号，1908年5月30日，第4—10页。
② 《湖北通信》，《时报》1908年3月23日。
③ 《湖北通信》，《时报》1908年4月18日。
④ 《巡警道集议禁烟办法》，《申报》1908年5月9日。
⑤ 《特上条陈戒烟》，《大公报》1908年5月11日。
⑥ 《严禁设烟供客》，《大公报》1908年8月4日。
⑦ 《巡警道重示禁烟》，《时报》1908年8月5日。
⑧ 《皖省之戒烟现象》，《时报》1908年7月6日。
⑨ 《部催禁烟调查表》，《申报》1908年10月28日。

参。如安徽试用府经历洪浩就因违抗禁令被卞绪昌揭参。① 湖南巡警道调查土膏各店后，要求土膏店必须向警局注册，并勒令各店分别限期歇业，以减少售量。对不注册者，亦令三个月歇业。②

1909年，清廷中枢以禁烟时限紧迫，稽查私种私售烟土费时费力，"各省巡警道有地方之责，拟请一律加以禁烟会办官衔，严行督查，以重禁令"。③ 随后，各省多在省城设立禁烟总局或公所，以巡警道为总办或会办，更是明确了巡警道的禁烟职责。湖北禁烟公所由藩、学、臬三司及巡警道综理其事，附设于巡警公所内。1909年5月，粤省筹设禁烟办法，原由巡警道设立之戒烟所仍旧办理，而广州府设之所改为广东禁烟总局，管理全省禁烟事务，也以藩、学、臬三司及巡警道为总办。④ 江苏则于1910年9月由该抚添委巡警道汪瑞闿为苏省禁烟公所会办。湖南禁烟公所本划归藩司主理，但臬司有处罚之权，警道有查禁之责，1910年11月，湘抚杨文鼎添派臬司为总办、警道为会办，以便相助，共担责任。⑤

1910年，修律大臣制定禁烟专律，2月，宪政编查馆核定禁烟条例，颁布施行。⑥ 因此，各省加紧禁烟。安徽巡警道卞绪昌筹措禁烟办法，拟自本年为始，所有省城、庐州、芜湖等处各项烟土，凡京广钱粮杂货等店代售者，限三月内停售，土膏店则在六月内依次归并核减，第一次留十分之七，第二次酌留十分之四，第三次一律闭歇。⑦ 四川禁政执行更为严格，巡警道特拟禁烟白话告示，俾众周知。⑧ 随后，四川巡警道、布政使及戒烟查验所共同会议，筹

---

① 《皖省烟吏被参劾者》，《神州日报》1909年3月30日。
② 《勒令土膏店一律歇业》，《申报》1908年11月2日。
③ 《巡警道会办禁烟》，《时报》1909年3月25日。
④ 《粤省筹划禁烟事宜》，《北洋官报》第2063号，1909年5月8日，第1595页。
⑤ 《禁烟公所札派大员》，《时报》1910年11月2日。
⑥ 《宪政编查馆奏核定禁烟条例折》，《政治官报》第817号，1910年2月2日，第5—7页。
⑦ 《巡警道限制土膏店》，《申报》1910年2月21日。
⑧ 《四川巡警道禁烟白话告示》，《四川官报》第4册，1910年3月，第27800页。

设禁烟公所，以统管该省禁烟事宜。巡警道督饬各区所，对私设烟馆、私吸烟土者严行查拿，从重惩罚。江西巡警道张检兼办禁烟公所事务，"对于禁烟事件负有专责"，由于赣省烟馆虽然呈报禁绝，但私售者到处皆是，故派员秘密调查。① 广东巡警道拟定限制膏土店营业简章及禁烟办法，首先对膏土店进行全面的清查，劝谕店主逐渐改营别业，此后不得再增设膏土店，各属自治会或戒烟会员绅应大力劝导，责成各乡族正调查该族吸烟人数，督促族人每年戒掉三分之一，三年减尽。②

巡警拿获私买私卖烟土者后，各警局多有任意苛罚勒索情事，罚款难免轻重参差，以致绅商物议沸腾，报纸屡有批评。为此，四川巡警道特传谕省城各警员，凡有拿获私吸私售者，一律申送公所处罚，以规划一而免分歧。③ 浙江巡警道杨士燮则通饬各州县，嗣后禁烟各项罚款，该分所按旬列表，悉数解县，由县汇报本公所，除充赏外，余款解交藩司。④

因各省巡警道及其他司道的督促，通过禁售、禁吸、禁种三方面的限制，从烟土的种植、销售、吸食三个渠道入手，全面查禁，禁烟取得了一定的成效。但也引起了烟农与烟商的抵制，1906—1909年，全国因禁烟肇乱的风潮多达67次。⑤

（二）禁赌

晚清各省赌风甚炽，花样繁多，商民绅缙乃至官吏兵勇嗜赌者为数不少。但赌博小则费时，大则倾家荡产，"近则为饥寒盗贼之媒，远则为人心风俗之患"，⑥ 贻害地方，危害社会治安，故社会

---

① 《巡警道认真禁烟》，《新闻报》1910年8月15日。
② 《警道拟定限制膏土店营业简章》，《北京日报》1911年11月19日；《警道议定禁烟办法八条》，《北京日报》1911年11月28日。
③ 《获私送审之规定》，《四川官报》第26册，1910年11月，第28272页。
④ 《巡警道整顿禁烟罚款办法》，《申报》1910年12月21日。
⑤ 参见刘增合《鸦片税收与清末新政》，三联书店2005年版，第349页。
⑥ 《禁赌文告之特别》，《申报》1909年2月1日。

上禁赌的呼声日益高涨。抓赌罚款的罚金是巡警的收入来源之一，因此各地警局颇多热心禁赌者，甚至与该地营勇、差役互相攀比，争先恐后地查赌，以致彼此结怨。如奉天省盖平巡警局拿获赌博者八人，罚钱二万吊，拿赌时取去财物金银首饰十五件，约值三百金。该县捕盗营垂涎巡警局从拿赌中获利甚丰，亦四出拿赌，勒罚钱一万二千多吊。① 河南信阳州巡警局因查娼赌与该州差役大起冲突，争夺利权，两不相下，彼此结怨。② 各警局拿获聚赌者，任意罚款，如长沙省城警务各分局拿获私设烟铺、开场聚赌及扰害治安等项，"多由各分局委员任意罚款"，解送总局，而总局亦不将罚款实数悬牌晓示，"各委员多罚少报"，漫无规则。③ 吉林"巡警不知捕贼卫民，但知捉赌扰民，甚至借端勒索"。④

民政部尚书肃亲王善耆"以勤于治事称"，因京师赌风甚炽，"自王公至负贩罔不乐从"。善耆禁赌态度极为坚定，"尝亲督警吏，四处搜索"。闻载振等人时常聚赌，善耆尤怒，亲自率员捕拿，一时被人呼为拿赌大王。⑤ 他还制定官员聚赌罚章，通饬警厅严查，并密派探员调查。⑥ 民政部又通咨各省，牌赌在中国被视为习惯，"内政不修，贻讥外人"，拟严厉禁止，"以改良社会"。⑦

各省巡警道亦督催所属禁赌，但效果并不显著。湖北巡警道冯启钧十分注重禁赌，首先在警局当差人员中严行禁止，"特饬警界各员一律具不吃花酒不玩麻雀之结"，⑧ 然后，督饬官警严密拿赌。不过，在禁赌过程中，由于执法粗暴，巡士借拿赌具抢夺银洋，时常发生警民冲突。巡警道冯启钧特定拿赌简章十二条，令各巡士遵

---

① 《巡警局及捕盗营罚得巨款之骇闻》，《盛京时报》1908 年 1 月 7 日。
② 《巡警与州役冲突》，《大公报》1908 年 10 月 28 日。
③ 《饬议违警罚款规则》，《大公报》1908 年 4 月 21 日。
④ 《改良巡警学堂之计划》，《大公报》1908 年 6 月 16 日。
⑤ 陈灏一：《睇向斋秘录》，中华书局 2007 年版，第 48 页。
⑥ 《肃邸注意禁赌》，《大公报》1909 年 7 月 30 日。
⑦ 《民政部将实行禁赌》，《时报》1909 年 7 月 16 日。
⑧ 《警员须具不嗜嫖赌切结》，《申报》1909 年 7 月 25 日。

守，如逾此范围，即行严办，情节严重者斥革。① 武汉官场向例新年出禁赌告示，商民均视为具文，1909 年，署巡警道金鼎为严行禁赌，亲自撰写文告，历数麻雀之害，再三劝谕。② 虽然表面观之，禁赌章程与办法不可谓不严密，但社会上赌风似乎并未得到有效的遏制，而且因为禁赌问题，警民冲突不断。

江苏禁赌，从劝诫开导、查禁赌博、禁售赌具等多重途径入手，多管齐下。苏抚冯汝骙饬编劝诫歌，刊印三千张，发交江苏巡警道、江宁巡警总局转发各属，切实晓谕商民赌博之害。并劝导士绅，公议章程，立约拒赌，以移风易俗。再者，责成巡警道巡警总局，督饬所属严密查察，如有聚赌，禀明巡官，驰往拿捕。③ 另外，由臬司巡警道转饬府县，照会商董，传谕制造出售赌具各店，嗣后不准店铺再为制造出售竹牌等各项赌具，现有赌具勒令销毁。④

粤人好赌，赌馆林立，甚至在警局中聚赌。顺德北镇闸口巡警分驻所内，"公然聚赌，而巡官置之不理"。⑤ 广东谘议局两次常会上均有禁赌的提案。因赌饷为广东财政收入之大宗，为彻底禁赌，须先行筹补赌饷停征后的财政缺口。为此，广东拟整顿盐税，以资抵补，限定宣统三年二月底停征赌饷，即行禁止一切赌博活动。广东巡警道督饬巡警严密禁赌，又会同劝业道筹设工艺厂，招收学徒，以免禁赌之后，游手好闲之徒无所事事，借生事端。⑥ 民政部特派司员前往广东，密查粤省禁赌是否如实进行。⑦ 不过，禁赌之

---

① 《订定巡士拿赌简章》，《中外日报》1908 年 2 月 24 日。
② 《警道严申禁赌》，《新闻报》1909 年 1 月 31 日。
③ 《苏抚禁竭赌风之周密》，《大公报》1910 年 8 月 12 日。
④ 《巡警道为禁售赌具事致苏商总会照会》，华中师范大学历史研究所、苏州市档案馆合编：《苏州商会档案丛编（1905—1911 年）》第 1 辑，华中师范大学出版社 1991 年版，第 709—710 页。
⑤ 《好色好获之巡警》，《顺德新报》第 6 期，1911 年 2 月 18 日。
⑥ 《筹设四大工艺厂》，《广东警务杂志》第 1 期，1911 年，第 66 页。
⑦ 《民政部派员赴粤密查》，《大公报》1911 年 2 月 12 日。

后，虽然不敢再行公然赌博，但私赌仍然猖獗。

其他各省也实施禁赌，如浙江巡警道发布札令，严禁赌博，严饬警局逐一查明。① 安徽巡警道出示禁止赌博告示，但效果并不明显，"而赌风之盛，仍然如故"。② 清季禁赌成效不彰，原因是多方面的。如民人好赌成性，积习难改；赌饷为官府财政来源之一，官吏难下禁绝决断；巡警敷衍塞责，甚至纵容包庇，借此收取规费。即便一些地方巡警热衷禁赌，也多以敛财苛罚为目的。因此，赌博之风难以禁绝。

(三) 禁娼

由于娼妓盛行，有伤风化，各省巡警道实行禁娼。1909年，广州省河大沙头一带，因妓艇失火，延烧船艇多艘，死伤百人。惨剧发生后，粤督决心禁娼。巡警道督同广州府及南、番二县，查明所余妓艇数额，勒令一律改营正业，已焚者不准再为装修，未焚者不准再载妓女，"嗣后河面不准再有一名娼妓寄居舟中"。③ 然因花捐为巡警入款之一，广州仅查封妓艇，对陆地妓女并未查禁。1910年，扬州停收花捐，由运库设法筹补巡警经费，严厉禁娼。停收花捐后，由巡警局及两首县出示严禁，无论土娼流妓，限一个月内歇业或出境，以前所领牌照全部交回销毁，嗣后如再发现秘密卖淫者，房屋发封充公，妓女发堂择配。④ 因扬州禁娼较为严厉，扬帮妓女纷纷出境，而江西境内有扬帮妓女不断前来。赣巡警道张检以流娼过多，"不但有伤风俗，且恐匪党混迹"，⑤ 特下逐娼之令。

由于财用不足，北京、天津、上海等地率先开办妓捐以补助巡警经费，后被山东、江西、吉林、河南、湖南等效仿，由巡警抽收妓捐。如1910年，湖南巡警道赖承裕与警务公所属员仿照江苏、

---

① 《严禁赌博要札》，《大公报》1910年8月25日。
② 《安徽巡警道之真像》，《时报》1911年6月6日。
③ 《粤督禁绝妓艇及花捐札文》，《时报》1909年2月16日。
④ 《停止花捐并禁娼办法》，《新闻报》1910年6月17日。
⑤ 《只把官场作妓场》，《神州日报》1910年4月27日。

直隶等省办法，详细拟定了试办妓捐章程，将妓女分为三等，上等月捐洋三元，次等两元，下等一元。① 湖南发生长沙抢米风潮后，张鸿年接署巡警道，停办妓捐。② 无奈湘省警务公所每月经费"全恃车捐妓捐"，③ 桂龄署湖南巡警道后，又开始征收妓捐。河南巡警道试办妓捐，也将娼妓分为三等，头等月捐十元，二等月捐四元，三等月捐一元，每月征收妓捐一千余元。④

各地巡警以端正风俗为名，宣称"妓捐系于抽纳之中，寓限制之意"，⑤ 但这种寓禁于征的做法并不能抑制娼妓的蔓延，在征收捐税的利益驱动下，仅仅对暗娼进行查禁，驱逐了事。由于需要抽收妓捐补助警费，各省禁娼措施通常流于形式。

不过，征收妓捐在道德上容易受人诟病，因此京师、天津、上海、苏州等地先后设立了济良所，以救济身陷苦海却有心从良的妇女。如京师济良所收留不愿为妓、无家可归、被诱拐而来历不明及受虐待的妇女，聘请教习，教给谋生技艺，或择配待嫁。⑥ 云南巡警道筹设妇女寄养所，四川巡警道开办济良所，"意在救济贱业妇人"，⑦ 入所后教以各种女红，以为将来谋生之路，并将该所成品陈列于成都劝业工会，于该所门外设肆售卖。

（四）限制监督戏园演戏

戏园是清末民间重要的娱乐场所，戏文曲目是世俗文化的重要形式，通过民众喜闻乐见的方式，对民众的道德修养与民俗文化起着重要的塑造作用，既有着教化的作用，也传播着粗鄙的内容。因此，戏园戏曲作为影响民风的特殊载体，成为统治者监督的重点。

---

① 《湘省妓女捐将实行》，《神州日报》1910年1月10日。
② 《关于湘乱之补录》，《神州日报》1910年5月6日。
③ 《湘省财政之八面观》，《时报》1910年12月22日。
④ 《豫省政界要闻汇志》，《时报》1910年10月8日。
⑤ 《清德宗实录》卷553，光绪三十一年十二月乙卯。
⑥ 《重定济良院章程》，《顺天时报》1907年10月18日。
⑦ 《济良所之成绩》，《神州日报》1909年6月13日。

而且，"乡村开场演戏，本为赌盗之媒"。① 一些地方演戏戏价不高，利在设赌抽头。广东警务公所订立《取缔戏班及戏园规则十四条》，对戏园戏班的活动进行管理与规范。戏班班名，班主的籍贯、住所、年龄，及优伶和雇人名册，并常演戏曲之底本，须上报该管警区，经警区上呈巡警道许可。"背于劝善惩恶之旨者，违反伦常颠倒邪正紊乱道德之事，戏词及动作涉于猥亵有害风俗之虞者"不得唱演。戏园"须备警官席一所，宜在能瞭望四周之处，以便临场监视"。如若演戏，"须于先一日将所排戏单经所辖巡警区禀呈巡警道，受其许可"，② 方准开演。

晚清社会各界热心改良戏曲，不仅视新戏为文明之媒介，而且"为政治上之助力，而于社会进步亦极有关系"，③ 因此，趋新官绅颇为支持。不过，新戏传播新知，涤新社会风气，同时，也被革命者用以传播民主、革命等观念。因此，除对传统戏班戏园的监视外，各巡警道尤其注意戏曲改良，对有碍统治的新戏则以维护风俗为名力加禁止，即便允许开演，也要施以严格的监察。为控制戏曲改良的走向，一般采用以下几种方式。其一，审查剧本。端方就针对戏曲改良问题，声明"仿日本例，剧本概由警察官核定"，④ 通过监督审查剧本，限制民间思想。其二，审批新设戏园。如浙江职商翟福康等禀请开设文明戏园，警道即以戏园消耗民财，"与民间资财、地方治安均有关碍"为由，不予批准。⑤ 其三，派员监视演戏。天津移风乐会编订改良戏剧，禀呈巡警道审核，直隶巡警道查核该剧旨在激发国民忠义，虽然"暂准试演"，但提出须接受"本

---

① 谢汝钦撰：《按属考察日记》，《近代史资料》总62号，第101页。
② 《取缔戏班及戏园规则十四条》，《广东警务官报》第3期，1910年9月4日，第46—48页。
③ 《外城巡警总厅谕单》，《大公报》1906年6月1日。
④ 朱寿朋编：《光绪朝东华录》，第5628页。
⑤ 《抚部院批巡警道详职商翟福康等禀请开设文明戏园文》，《浙江官报》第1期，1909年8月23日，第15页。

公所派员监视"。① 其四，勒令解散。广东省城真光学堂女学生钟芳圃组织醒柔魂女戏班，提学司以"女班演戏，最伤风化"，迭经严申厉禁，更因该班演说词"昌言独夫专制，狂悖已极，于女学前途大有影响"，② 移请巡警道勒令该班解散，并谕省城戏园及四乡不得演唱，且饬学堂将各生立即斥退。

各省巡警道积极筹设菜市场，督催肩挑摊贩入场买卖，规范市场的营业秩序，但遭到商民的抵制。通过对烟土、赌博、娼妓、戏园等行业的限制，一定程度上起到正俗的效果，但成效并不明显，烟赌娼优仍然屡禁不止。

第二节　监管舆论与社会活动

清季社会忧患深重，民心思变，国人上下求索，寻找革新政治与改良社会的良方妙药。在西学影响下，大量报刊创办，出版印刷业发展，各类学说思潮竞起，并得到广泛传播。在新思潮影响下，读书阅报人群激增，给清政府造成一定的舆论压力。而集会结社活动亦日益频繁，威胁着清政府的统治。晚清政府大力兴办警察，目的既是维护社会治安，更是维护清廷的统治。凡被清政府视为妨碍统治的思想与活动，皆在警察取缔之列。思想多借书刊传播，活动则必有集会结社，因此，巡警道督饬所属监管报纸杂志的经营与报道，限制集会结社，尤其是政事性集会结社，取缔革党、会党、公口等秘密会社，以稳定该管地方的政治秩序，维护清廷统治。

一　监管书刊

清季出现兴办报纸的热潮。报纸种类繁多，报界人员成分复

---

① 《演剧有期》，《大公报》1911 年 5 月 18 日。
② 《札各区所查究醒柔魂女戏班并严密踪拿文》，《广东警务官报》第 5 期，1910 年 10 月 3 日，第 35 页。

杂。报纸登载社会新闻，揭露官界劣迹，抨击政府，以开通风气为己任，以民意的代言人自居，为晚清新兴的表达民意的工具，对政府形成一定的舆论压力。清政府也意识到报纸"指导舆论，内则关系民听，外则影响国交"，① 为约束报界，控制舆论风向，将报纸限制在开通民智、补助宪政的范围内，制定报律等相关律令，以规范报纸的发行与言论。而报律能否有效地约束舆论，很大程度上取决于巡警道对报纸的监管力度。

1906年10月，巡警部颁布《报章应守规则》，规定"不得诋毁宫廷，不得妄议朝政，不得妨害治安，不得败坏风俗，凡外交内政之件，如经该管衙门传谕报馆秘密者，该报馆不得揭载"② 等九条。该规则内容过于简略笼统，给官吏随意解释、限制报界活动提供了便利，因此遭到报界的抨击与抵制。之后，民政部会同法部"折衷于日本新闻条例，酌加损益"，③ 共同厘定更为详细的报律，1908年3月交于宪政编查馆考核，最终核定《大清报律》四十五条，奏定施行。规定：每月发行四次以上的报纸，须缴保押费五百元，但宣讲及白话等报，确系开通民智，或专载学术、艺事等报，免于缴费；每日发行之报纸，应于发行前一日晚十二点钟以前，送交该管巡警官署或地方官署，随时查核；未判前的预审事件，禁止旁听的诉讼事件，传谕禁止登载的外交海陆军事件，未经阁钞官报公布的谕旨章奏，报纸均不得揭载。④ 该报律对报馆做出了更加严格的限制与处罚的规定，尤其是事前检查的规定，便于政府控制报纸言论，使报界深感不安，认为政府钳制报界、禁锢舆论。各报馆纷纷评说驳斥，北京各报

---

① 《督院张准民政部咨劝谕各报馆嗣后登载新闻宜从审慎缘由行东巡警道传谕查照文》，《两广官报》第2期，1911年6月18日，第359页。
② 《警部新定报律》，《盛京时报》1906年10月26日。
③ 《宪政编查馆奏考核报律折》，《时报》1908年3月24日。
④ 《宪政编查馆奏考核报律折（续）》，《时报》1908年3月25日。

馆更是联合起来，发表抗议书。① 1909 年 10 月，民政部以报律在"执行之际尚有窒碍难通之处"，②取消了事前检查，但报纸发行当日须呈送官署备查。1910 年 10 月，民政部提出修正报律案，交资政院公议。③ 资政院请旨裁决，经军机处审核修改后，宣统二年十二月二十九日，颁布《钦定报律》。修改之处主要是：保押费降低，每月发行四回以上者，保押费由五百元降为三百元；事前检查亦正式取消，改于发行日递送该管官署及本省督抚或民政部各存一份备查。④

各省巡警道遵照报律，从审查报馆开设、检查报纸内容等入手，甚至用行政命令干预报纸报道，惩戒封闭报馆，拘押报人等严厉手段，对该管地方报纸进行监管与限制。

报律规定，报馆发行报纸前，须将名称、体例，发行人、编辑人、印刷人的姓名、履历、住址，向该管地方官衙门申报。各省巡警道要求所属地方官认真审核报馆开设的申请，或亲自对其进行审查，遵照报律，或批准发行，或提议修正。1909 年，江西省有人拟组织谘议新闻报，提倡新政，禀诸当道，赣抚冯汝骙发交谘议局筹办处及巡警道议复，准予立案，并免保押等费，但要求必须改名为宪政报。⑤ 江西朱世芳拟在省城内设一赣商日报，以提倡商务，禀请巡警道立案。巡警道查核报律，若专载商务图表行情等项，可免纳保押费，单该报内设有时闻小说两栏，体例不纯，批饬更正，再行立案。该报未能顺利开办，媒体因之批评"内地风气锢蔽，全恃报纸为之开通，然而当道恐揭其内幕，百般留难"。⑥

---

① 参见赵建国《分解与重构：清季民初的报界团体》，三联书店 2008 年版，第 63—80 页。
② 《民政部奏请修正报律条文折》，《政治官报》第 725 号，1909 年 11 月 2 日，第 6—8 页。
③ 《民政部修正报律案理由书》，《申报》1910 年 10 月 13 日。
④ 刘哲民编：《近现代出版新闻法规汇编》，学林出版社 1992 年版，第 39—45 页。
⑤ 《宪政报将出现》，《盛京时报》1909 年 7 月 7 日。
⑥ 《报律之流毒》，《时报》1909 年 6 月 14 日。

已经开办的报纸，须向官署重新申请备案，并须补缴保押费。若于审查中发现有背报律或有碍政府统治者，则勒令停刊。如同盟会员赵正平等在桂林开办《南报》，宣传革命，鼓吹起义。广西巡警道王秉必要求开设报馆必须向巡警道注册，"受审查后才准发行"。《南报》被迫申请注册，王秉必乘机拒不批准。不过，《南报》后改名《南风报》注册，王道不察，获得允准。① 湖北巡警道王履康要求各报馆补缴保押费，但各报馆发行人集议，认为前曾到夏口厅及巡警局申报，准予免缴，现在忽然命令补缴，此乃借题发挥，故意为难，拟抗命不交。② 清廷报律虽然严苛，但清季报纸种类繁多，警局员额有限，审查报纸自然难以面面俱到，因此，一些言论激烈的报纸，虽然有违报律，但也能在夹缝中生存。

报馆获准注册后，每期刊载的内容须接受巡警道或地方官署的监督与审查。有关外交、军事、审判等事，不得随意刊载。对于比较敏感的军政事件，或者谕令各报纸必须按照政府的宣布登载，不能任意评议，或者径直禁止各报纸登载。如《醒俗画报》主编、天津县议事会议员温世霖，参与国会请愿运动，组织国会请愿学界同志会。因率三千多名学生向督署请愿，惹怒直督陈夔龙，1911年1月被流放新疆。③ 各界颇为不平。1911年，外城总厅致报界公会，温世霖一案，各报除登载上谕及告示外，不得妄发议论。④ 不过，虽然清廷极力严厉限制舆论，但官场习气难除，行政效率不高，以致禁止的命令往往比较滞后，各类消息已经流传开来。如禁止登载东三省交涉事，民政部致督抚电在六月二十四日，巡警总局传知各报馆在七月十三日，"地近咫尺，时越兼旬，不知各报宣传

---

① 耿毅：《辛亥革命时期的广西》，桂林市政协文史资料委员会编：《桂林文史资料》第16辑《辛亥革命在桂林》，漓江出版社1991年版，第37页。
② 《汉口各报一体取缔》，《时报》1911年8月26日。
③ 薄良弼：《温世霖事略》，中国人民政治协商会议天津市北郊区委员会文史资料研究委员会编：《北郊文史资料》第2辑，1989年，第20—24页。
④ 《外城总厅致报界公会函》，《大公报》1911年1月15日。

弛禁之说固已久矣"。① 批评政府、议论交涉的言论亦时常见诸报端。可见，虽有凌厉之禁令，仍难遏止社会舆论与消息的传播。

清廷对于外交事件的刊登，限制更为严格。清季政府外交羸弱，惧怕列强干涉，多次命令各报馆不得登载交涉之事，甚至在交涉期间，对各报的发行暂时实行事前检查。1909年，民政部电各省，令巡警官署严传各报馆，禁止登载东三省交涉事宜，亦不得著载论说。浙江巡警道杨士燮遵令饬谕巡警总局，传谕杭州各报馆，不得登载议论东三省外交谈判之事。② 1911年5月，社会各界纷传政府接到驻英法两使电，曰各国在巴黎会议上瓜分中国，为此日本留学界及上海等处，刊发传单，开会演说，广州《震旦报》及京津各报纷纷登载。外务部恐妨碍邦交，引起干涉，咨民政部制止。民政部即通咨各省督抚，并札行民政司巡警道，传谕各报馆，"近来京外各报登载外交事件，颇多失实，或轻信谣言转相抄袭，或捏造事实有意诋毁，非独伤国际之感情，抑且来意外之波折"，不得再行刊登此类消息，并要求巡警道劝谕各报馆，嗣后记载各种事件务当审慎。③ 而且谕令"各报迅速用大字辨正，并彻底纠察造谣之人"。④《云南日报》登载滇省交涉之事，滇督认为是捏造事实，有意诋毁，滇省交涉未定，民情惶惑，"实于边防治安大有妨碍"，因此发布暂时命令，"所有该报馆发行报纸，应于发行之前，送由巡警道衙门检查"。如果发现有报律禁止刊载之内容，均不得登载。俟交涉大定之后，酌核情形再行决定是否取消此项命令。⑤

---

① 《巡警总局传知报馆文》，《浙江日报》1909年8月29日。
② 《巡警总局传知报馆文》，《浙江日报》1909年8月29日。
③ 《民政部通咨各省督抚饬属传谕各报馆一体遵照嗣后记载各种事件务当审慎文》，《政治官报》第1261号，1911年5月6日，第17—18页。
④ 《谕饬报界公会遵照部示事理迅速办正文》，《广东警务杂志》第2期，1911年，33页。
⑤ 《云贵总督李经羲致外务部咨文》，付美英、方裕谨编选：《辛亥革命前清政府对革命书刊的封禁》，《历史档案》1982年第2期，第48页。

清季报人敢言者为数不少，他们不畏权势，甚至以监督政府自居，揭载官场腐败劣迹，官府中人大为痛恨，极力压制舆论。各省巡警道对于报刊抨击官府，多是借报律压制舆论，轻则谕令报纸更正，重则查封报馆。如1908年汉口《汉报》发刊不久，即因"时评痛抵某尚书"，巡警道冯启钧派员夤夜查封。该报股东朱铁夫托人面询鄂督意旨，鄂督佯称封禁一事事前并不知情，允饬巡警道启封，"惟不准仍用汉报牌号，免触某某之怒"。① 随后，该报股东遵照新颁报律，先缴押金五百元，改换刊名，始得继续开办。② 汉口《湖北日报》平日亦"遇事敢言，久触当道之忌"，曾因登载警局委员陈冠第侵吞米粮一事，警务公所函请更正，该报不允。1909年2月，该报刊载插画两则，"一则暗抵鄂督，一则讥刺藩司"，署巡警道金鼎派警务公所总务科科长瞿世枚，会同夏口厅及汉口警察坐办徐传笃，将该报查封。③ 数月后，汉口某报报道，汉口大成印刷公司半夜失火，该公司经理奔至警局水龙队处求救，该弁索钱五十串方允救护。因仓促之间措置不出，该弁拒不出救，导致该公司损失惨重。巡警道冯启钧见此事有损警界名誉，饬令大成印刷公司经理指认该弁，如指认不出，该报即须更正。然该经理于夜半时分，仓促之间，未看清该弁面目。某报屈于官威，只得更正。④ 汉口报馆林立，巡警道冯启钧处事强硬，遇有激烈言论，常用严厉手段，处罚报人，甚至封闭报馆，汉口报界多次遭到官权压制。不过，汉口报界并未在高压下屈服，1910年4月，商务报登载"巡警道碰钉子"一则新闻，冯启钧见之颇为不悦，但因鄂督更替，冯自身难保，无暇顾及该报，只得作罢。⑤

　　与湖北官场严厉监管报纸，压制舆论的做法不同，广东警界尝

---

① 《汉报被封纪闻》，《汇报》1908年3月21日。
② 《武昌通信》，《时报》1908年5月31日。
③ 《湖北日报被封缘由》，《时报》1909年2月9日。
④ 《汉口警官之摧残言论》，《时报》1909年9月7日。
⑤ 《二冯皆报界之敌也》，《神州日报》1910年4月30日。

试与报界合作，通过加强与报界的联络，影响报界与舆论的方向。广东警方认为报界虽然在警察管理的范围之内，但是报纸的报道反过来又可监督巡警，并为警界提供信息，且"民间信任警察，非借报界鼓吹不可"。① 因此，主动与报界联络，提议三事："请各报新闻添列警案一门；凡警局裁判议设旁听一席，以备报界诸君入座，如有失误报界可警告，借以改良；凡警局星期二各巡官长会议时请报界到局参议，以集思广益"。② 不过，对于各报纸揭露警界腐败，粤巡警道派员查核，如非实情，以关系巡警名誉，谕令报纸更正。如广州《羊城报》载教练所人员又演怪剧一则新闻，教练所以所载内容不实，禀请警务公所谕令该报更正。③ 宣统二年八月二十七日《南越报》载《佛山巡警几酿暴动之骇闻》一文，佛山第三分局警佐认为报载乃"误听访闻"，"破坏警政"，④ 禀请巡警道派员查明，据实办理。巡警道派员前往查办，以该报误载，谕令更正。但如果报纸揭示的社会问题属实，粤省官吏亦能据此调整政策。如宣统三年三月初一日为广东各项赌博一律禁绝之期，然粤垣各报揭载私赌新闻，"几于无日无之"，⑤ 引起粤督注意，当即汇录各报揭载私赌清单，咨行广东巡警道根据报载各节，实力查禁。

然而，各省官吏多不愿接受报纸监督，甚至仇视报界，借端摧残舆论。遇有报纸揭登官员私事丑闻，一些巡警道员则利用官权，压制报复，《桂林官话报》、江西的《宪政报》就因此被迫停刊。1911 年 5 月，《桂林官话报》因揭载广西巡抚沈秉堃的干儿郭述之事，触怒当道。巡警道王秉必借口该报"登载之件殊多违反报律，

---

① 《警局第一次与报界研究警政》，《大公报》1908 年 3 月 3 日。
② 《警局与报界集议》，《申报》1908 年 2 月 20 日。
③ 《谕羊城报载有教练所人员又演出怪剧一则除饬更正外并着续行明白禀复文》，《广东警务官报》第 6 期，第 48—49 页。
④ 《谕饬南越报更正误载佛山巡警几酿暴动新闻文》，《广东警务官报》第 6 期，1910 年 10 月 17 日，第 57 页。
⑤ 《督院张汇录粤垣各报揭载私赌新闻行东巡警道实力查禁文》，《两广官报》第 2 期，1911 年 6 月 18 日，第 364 页。

已与补助宣讲之宗旨不合"，① 勒令暂时停止发行，谕令该报馆缴足保押费，恪守报律，才可继续出版。该报编辑无力缴费，只得永远停版。江西《宪政报》因登载某学校两名女生失踪，被控信口雌黄，肆意摧残女学。江西巡警道张检查核宪政报馆原禀办报宗旨为开通风气、宣布谘议事件，但开办以来，记载琐碎个人新闻居多，谘议宪政事件极少，且被控造谣污蔑，将该报取缔，勒令停止发行，以示惩处。②

个别巡警道甚至对并未违犯报律的报纸滥用官权，实施干预。贵州《西南日报》与《贵州公报》，因记载谘议局审查师范学院议案，意见不同，互相论战，相持达半月之久。贵州巡警道贺国昌忽然谕令该两报停止争论，未依报律，滥用官权干涉，虽非恶意，但已逾越权限。《贵州公报》即日停止，《西南日报》又发表论说一篇，并刊登特别启事，声明停止论战。贺国昌即令罚《西南日报》五十金，并谕如再违示，即行封禁。③

革命党旨在推翻清朝统治，乃清廷之大忌，极力剿杀。各省巡警道发现鼓吹革命的报纸，通常施以最严厉的惩处，封闭报馆，拘捕报人。1911年汉口《大江报》鼓吹无政府主义，提倡革命思想，因刊登《大乱者救中国之妙药也》一文，巡警道王履康奉鄂督瑞澂谕令，以该报宗旨不纯，立意嚣张，混淆政体，饬令查封拿办。④ 1911年广东《可报》出版未及一月，因登载温生才一案，措辞激烈，"近于鼓吹暗杀"，又有感言一段，有"宁赠朋友，不与家奴"一语，粤省巡警道王秉恩以其"诋毁宫廷，扰害公安"为由，谕令可报馆永远停版。⑤《天民报》弁言中"多张皇革命之

---

① 《巡警道王批官话报馆禀请永远停版缘由文》，《广西官报》第11期，1911年6月21日，第13070页。
② 《江西巡警道张检详请封禁宪政报馆文并批》，《申报》1910年1月23日。
③ 《黔警道之野蛮不法》，《神州日报》1910年12月9日。
④ 《汉口大江报被封情形》，《时报》1911年8月6日。
⑤ 《广东警道又封报馆》，《时报》1911年4月29日。

词",要件栏内登载革命党文章,巡警道以其"鼓吹革命,扰乱治安"为由,谕饬该报馆即日停版,永远禁止发行。粤督张认为《天民报》有"冒犯君父,变乱国事之言",巡警道所做的停刊处罚过轻,谕令移送地方检察厅照律办理。① 革命党人张继、吴敬恒编辑报刊《新世纪》,"语多悖逆,昌言革命",② 军机处致电沿海沿江各督抚,严禁该报行销。

1911年4月,革命党在广州发动起义后,清朝各级政府更加紧张革命党的活动,对革命言论严厉查处。粤督张鸣岐饬令巡警道清查省内省外报馆,以便掌握各报纸的信息与动向。巡警道接谕后,即将省城十五家报馆及省外五家报馆的地址、编辑姓名、呈报存案日期、保押费数目逐一注明,列表呈交备查。③ 并因《粤东公报》所载论说新闻,"类多混淆视听,摇动人心,当兹匪乱初平,殊于治安有碍",即勒令该报停刊,禁止发行。④ 民政部也咨行各督抚,札饬巡警道,随时查核报馆,已报部有案者查明有无更易,未报者亦即报部。⑤ 浙江巡警道杨士燮商集各报馆主笔,饬各报馆遵守报律,并注明发行、编辑、印刷人姓名、住址,如军政外交秘密要件一律不准刊登。⑥ 鄂督接外务部电,留东学生王某为革命党,为内地报馆通信员,须密查汉口报馆。巡警道黄祖徽当即派员秘密调查,又以汉口各报纸所载关于粤省乱事难免传闻失实,"恐有匪徒在外散布谣言鼓惑",特委员充当报界密查员。⑦

---

① 《督院张批东巡警道申天民报鼓吹革命扰乱治安勒令停版缘由文》,《两广官报》第5期,1911年7月9日,第923—925页。
② 《军机处致沿江沿海各督抚电》,付美英、方裕谨编选:《辛亥革命前清政府对革命书刊的封禁》,《历史档案》1982年第2期,第47页。
③ 《督院张批东巡警道申送本年五月分省内外报馆调查表缘由文》,《两广官报》第6期,1911年7月16日,第1104—1106页。
④ 《警道惩前毖后》,《时报》1911年5月9日。
⑤ 《抚院增准民政部咨札饬巡警道报馆已报部有案者查明有无更易 未报者亦即报部一并汇造清册核办文》,《浙江官报》第46期,1911年9月29日,第237页。
⑥ 《巡警道实行报律》,《时事新报》1911年5月25日。
⑦ 《桂林》,《时事新报》1911年6月7日。

八九月，四川保路运动趋于激烈，川省官民对立加剧，群情极为激越，各省亦争路权。民政大臣桂春以川人争路事起，恐报纸以激烈言论再为鼓吹，势将不可收拾，传谕警厅对京报界严密稽查。各省巡警道为安定人心，亦封锁消息，传谕各报馆一律不得登载。粤省巡警道听闻四川保路会派员来粤运动，恐粤人受川事影响，传谕省城各新闻报馆，"遇有反对路归国有言论，一概不得登载"。① 湖北当道对汉口各报馆"百般取缔不遗余力，或无理干涉，或任意摧残"。②

除报纸外，图书等其他形式的出版物也受到检查，严惩出售及购买违禁图书。由于清末报馆书社设于租界内者甚多，以租界为护符，避免清政府查禁打压。因清廷为避免与外交涉，不会到租界封禁报馆书社。或者由留洋学生士绅，在国外编辑出版。另有一些秘密印刷，地点隐秘，难以侦查。因此，其查禁革命报纸，多禁止在华界内销售。湖北武昌各书坊私售《革命军》《黄帝魂》《清秘史》《警世钟》《灭汉族》等"悖逆书"，鄂督陈夔龙札饬提学司会同巡警道，先行出示晓谕，严禁售卖。然后，巡警道冯启钧派出侦探多名，扮作购书之人，分途查询，"倘有实据，立即拘拿重治"，③ 以控制反清图书的流传。

二 限制集会结社

清朝以少数民族入主中原，厉行党禁，不准文人结社、官吏结党，以固统治。清末忧患深重之下，多种社会思潮学说蜂拥而起，民心思变，社会对结社、政党的看法也有了极大的改观，政治性或公益性结社集会风起云涌，以联合同志，谋求公益，并渐有挣脱清政府控制的趋势。清廷再也无力全面禁止集会结社，随即制定相关

---

① 《粤警道谕禁报馆登载反对路事》，《时报》1911年8月21日。
② 《汉口各报一体取缔》，《时报》1911年8月26日。
③ 《鄂督严禁悖逆书籍》，《汇报》1909年7月24日，第773页。

律例，试图规范限制，以便控制，维护统治。1908年3月，宪政编查馆会同民政部奏定《结社集会律》，对结社集会尤其是政治类的结社集会，制定了严格的审批制度。该律规定，政事结社应由首事人于该社成立前开具宗旨、名称、社章、办事处、设立之日期、首事人及办事人姓名履历住址、入社人数各款，"呈报该管巡警官署或地方官署，在京申呈民政部核准，在外由巡警道局申呈本省督抚核准，咨部存案"。政论集会"须先定倡始人，由倡始人于开会前一日"，开具宗旨或事由、会场、开会时间、倡始人姓名履历住址、入会人数，呈报该管巡警或地方官署。并且对参与人数进行严格的限制，"凡政事结社人数以一百人为限，政论集会人数以二百人为限"。此外，政论集会，巡警或地方官署须派遣人员临场监视。各类结社集会，如果恪守律令，办理合法，则不在禁止之列；如果宗旨不正，违反规则，或滋生事端，妨害风俗，即查核情形，轻则解散，重则惩罚，"庶于提倡舆论之中，不失纳民轨物之意"。①

各省巡警道根据《结社集会律》，严格监管该管地方的政治性结社集会。湖南绅学各界开会演说时有所闻，1909年巡警道赖承裕传谕警务公所人员，所有开会地方，即责成该段巡警秘密调查，"其宗旨如何，演说是否纯正，由何人发起，到会人若干"，② 均须详细查明，即日禀报。江西学界内部的联系较为密切，受社会风潮影响，遇有有关学界事务，共同集议办法。宣统元年省城招考学生时，发生巡警无故责打学生事件。学界散发传单，开会筹议，经提学使会同巡警道派员安抚调和，才使事态平息。此事过后，江西巡警道张检以学界"遇事动辄开会筹议抵制"，形成风气，有碍治安，拟严定限制众人集会，以后各界开会，须于开会日期前三日呈

---

① 《宪政编查馆会奏拟订结社集会律折》，《申报》1908年3月23日。
② 《湘省政界近闻》，《时报》1909年12月23日。

报巡警道认可准行，"以凭派员弹压而示限制"。① 1911年，粤巡警道也鉴于"粤省结社集会之风日盛一日"，认为"其集会一项尤为流弊滋多"，② 札饬省城各区，要求各区所遵照律例办理，集会倡始人必须先将姓名履历住址呈报，经巡警批准，并接受巡警派员监视，方能进行。湖广总督瑞澂特饬巡警道，通饬各警区传知商学绅民，开会演说，必须遵章先期报知警区，以便派员旁听纠察，并随时饬警侦探，"如有私行集会言语谬妄情事，立予禁阻"。③

不仅政事结社与政论集会必须接受警署或官署的审查监督，即便是与政治无涉，凡关系公事之结社集会，"若巡警或地方官署为维持公安起见，谕令呈报，应即遵照办理"。④ 湖广总督瑞澂对集会结社加意防范。汉口湖南会馆聚众开会，瑞澂闻知后，即派巡警道调查是何人为何事而集会。经巡警道派员调查，乃是候补道彭见绥邀集同乡，会议调查该会馆首事王葆生经理的公款账目，完全与政事无关。而瑞澂批示，旅鄂湖南同乡集会虽为会馆清理账目，不涉他事，但也应将开会理由先行报告所在地方官及该管巡警，方准开会。因此，饬巡警道转饬江夏县夏口厅，嗣后无论何项集会，该管警官均须派员调查了解。⑤ 可谓防民之口甚于防川。

在涉及外交、政治问题上，与政府政策不符的集会结社，各省通常予以禁止。晚清中国受西方列强压迫，民族存亡危机日趋加深，列强攫取中国利益的举动，深深牵动着有识之士的心弦。宣统元年底，海牙和平会议召开，列强借此会议谋求"监督我财政，瓜分我土地"的传单在各省流传。湖北军界、学界皆接到此类传

---

① 《警道严定开会限制》，《申报》1909年6月29日。
② 《札饬各区所如遇该管段内结社集会一体据律办理文》，《广东警务官报》第10期，1910年12月16日，第44页。
③ 《鄂省防民之政策》，《时报》1911年6月8日。
④ 《结社集会律》，戴鸿映编：《旧中国治安法规选编》，群众出版社1985年版，第44页。
⑤ 《重申集会结社律》，《新闻报》1910年5月13日。

单，纷纷在学堂标营秘密会议，"组织筹还国债会，并电知本省各属一律筹办"，以资抵制。鄂督深恐引起外交抗议，饬提学使、巡警道切实查禁。① 京师内城第一学区宣讲所演说国债，京师警厅以此事有涉国事，警察有监督之责，"应饬该学区每日宣讲之先将本日演讲宗旨呈区，以便稽查"。②

不过，政府从中也看到了民众的力量，开始尝试利用民间的集会结社，并给予有限的支持或默许，以便作为对外交涉的筹码，或者达到其他政治目的。如1905年至1906年的抵制美货运动，广东绅商学各界组织宣讲社，如仁声演社、抵制美约志联社、拒约传声社等多个社团，在广东地区演讲，宣传拒约，抵制美货，听讲者甚众。粤督岑春煊并未横加干涉，而是给予同情与支持，并敦促政府与美交涉，以保护在美华工的权益。在美国总领事再三照会，要求禁止抵制活动的情况下，岑春煊仍然没有采取行动制止。直至清廷迫于美国压力，要求各省督抚制止抵制运动后，岑才劝谕绅民，但始终未采用强硬压制的手段。③ 浙江筹还国债的集会，也得到了该省官方的支持。开会之时，巡警道杨士燮亲临现场，并登台演说。④

凡秘密结社，则一律禁止，如有发现，即行解散。晚清社会动荡，民众生活困苦，会党等秘密结社乘隙而起，渐有扩张坐大之势。又因革命党从中鼓动，会党成为危及清政府统治的重要力量。革命党、会党等其他政治秘密结社旨在颠覆清朝政权，被清廷视为心腹大患。其他革新势力也自行结社，以推动社会政治之改革，也对清廷的权威造成威胁。为此，清廷对各项秘密社团大力打压。清廷通过查禁、收买、

---

① 《鄂督禁止开会示谕》，《汇报》1909年12月15日，第1432页。
② 《学区与警区之交涉》，《大公报》1910年3月1日。
③ 参见严冰《1905—1906年广东地区抵制美货运动研究》，硕士学位论文，广州大学，2007年；瞿巍《清政府在抵货运动中的态度》，《贵州社会科学》2008年第11期。
④ 《筹还国债开会记事》，《大公报》1910年3月15日。

取缔等各种方式,企图控制秘密结社蔓延的态势。四川的秘密会社组织庞杂,各种公口堂会林立,名目不一,遍及州县城乡,或"树党结盟,自雄乡里",或"藏污纳垢,敢于触法犯禁"。此类公口堂会吸纳人数众多,"自绅商学界在官人役以及劳动苦力",莫不有之。各公口各有规条,且"或置有产业,或备集金钱"。① 四川各属均有此类公口,巡警道深恐公口受革命党"煽惑"利用,札饬各属,切实开导,及时设法解散,并将财产缴充自治公用。广东小刀剑仔等会,亦为秘密会社。巡警道为铲除该会,示谕与会诸人,如若自行出首,准其自新。② 广东省城十一甫的十字社,夜聚多人,结党拜会,教习拳棒,又刊派传单,约期比武。巡警道得知后,深恐闹事,有碍治安,"札饬该区所,严密稽查,分别驱逐,以免滋事"。③

同盟会等以颠覆清朝为目标的政党结社,为清政府心腹大患。清政府不惜动用大批军警,对革命活动严密查禁,血腥镇压。湖北巡警道冯启钧长于缉捕,在湖北进行秘密革命活动的革命者被其缉捕者为数不少。冯启钧总办武昌巡警局时,侦知日知会倡导革命。同盟会发动萍浏醴起义失败,清廷大肆缉拿革命人员,冯启钧派密探将日知会总干事刘静庵等人逮捕。④ 1911年广州起义后,粤巡警道王秉恩出示禁止演说革命,不准在茶楼酒肆闲谈聚谈乱事。又以革党最易混迹学界,鼓动学生,特致函提学司,知照各学堂监督提调,调查各学堂学生姓名、籍贯、寄宿何处,详细开列,以便稽查。⑤

川路风潮乍起,各省谣言纷传,为防止广东也因为路事造成动

---

① 《巡警道通饬解散公口文》,《四川警务官报》第1年第2册,1911年3月,第30366页。

② 《示谕小刀剑仔等会人等自行出首准其自新文》,《广东警务官报》第1期,1910年8月5日,第40—41页。

③ 《札饬西六区稽查驱逐约期比武文》,《广东警务官报》第3期,1910年9月4日,第26页。

④ 杨鹏程:《刘静庵》,罗明、徐彻主编:《清代人物传稿》下编第7卷,辽宁人民出版社1993年版,第245页。

⑤ 《警道惩前毖后》,《时报》1911年5月9日。

乱，粤督札饬广东巡警道，转饬西四区制止粤路股东原定于十五日召开的会议。① 湘省自路事以来，绅商学各界动辄刊布传单，开会集议，演说宣讲。巡警道桂龄恐有革命党暗中活动，借题发挥，派人四处明察暗访开会集议，并札饬各区一律严行禁止，寺庙、客栈、各公所等地，不得私将房屋租赁于人开会，违者严办。如有各公共团体确有要事，必须开会商讨者，须将开会缘由、所在地、发起人、时间、规则等一律报告警区，转呈警道，经警道核准后方准开办。② 其他各省巡警道也增派警员分布于车站、码头、客栈等处，侦查革命党，并设法禁止集会。

清末报刊书籍的出版发行激增，各种思潮学说借此得以广泛传播，而社会危机深重也激发了改良社会的各类社团兴起，种类繁多的集会结社活动，激发了民众对社会问题的参与。由于书刊发行与结社集会的兴盛，清季民间舆论的声势日益壮大。因此，清政府制定报律、集会结社律，加强对民间舆论与活动的政治控制。各省巡警道则遵照律例，监管书刊的发行，限制集会结社，规范与引导舆论，查禁取缔威胁政府统治的书刊与社团，以控制言论，巩固统治秩序。巡警道的监管查禁，导致不少报刊生命短暂，一些秘密团体被迫解散，对革命或其他改革思想的宣传与活动造成打击。但是，清政府无力缓解社会危机，激进的言论与行动，仅依靠警察的监察与取缔，是不可能完全禁止消弭的。

第三节　统筹市政

晚清商埠城市迅速发展，工商业兴盛，人口激增，道路、卫生

---

① 《札饬西四区遵照督札制止粤路股东十五日会议文》，《广东警务杂志》第3期，1911年，第32页。

② 《湘官场提防革党忙》，《神州日报》1911年8月29日。

设施等有关市政设施的建设需求增加。受租界市政建设的影响，清季巡警道创办后，负责清理街道，修浚沟渠，设立菜场，讲究卫生，广设路灯，筹备消防，开始将卫生、营业、消防、交通等社会事务纳入政府的管理之中。市政治安管理与市政基础建设，成为各地巡警道职责中的重要内容。

一 规范市场

清朝本无市场的规划与管理，集市的形成乃是自然自发的。小贩占道摆卖，十分常见。巡警道为规范营业秩序，筹建菜市场，劝导小贩迁移。

保定、武昌、芜湖、九江、镇江等地警局开办时，就已经注意对担贩摊贩的管理。1902年，保定各区段巡警须随时留意劝导"商货堆积，或小货摊妨碍道路者"，① 武昌警察亦不准各项菜米杂货摊贩或挑筐担小贩在街旁摆卖。② 1903年2月，芜湖巡警局总办吕承翰筹备的吉祥菜市场建成，将沿街设摊的小贩集中起来，"每门面月收洋一元"。③ 九江警察规定鱼肉摊、水果摊均须靠墙摆设，不得侵占道路，肩挑者不准拦街出售，只可穿街走巷叫卖或在僻静巷内出售。④ 1904年，镇江警察局开办时，在城外河边设立菜市场，"饬各街所设鱼肉鸡鸭摊一律迁移河边菜市，各小贩不乐遵从"，⑤ 发生冲突，焚毁巡警局。为平息民愤，巡警局只得让步，规定鱼肉杂货各摊已经赴局领照，自愿迁往菜市者，照章租给，"此外菜蔬各摊愿迁与否悉听其便"。⑥ 各省巡警局开办后，规范管理街面上的商贩，以疏通道路，但办理之处尚少，且商民尚不

---

① 《创设保定警务局并添设学堂拟订章程呈览折》，《袁世凯奏议》中册，第611页。
② 《鄂垣警察章程》，《申报》1902年6月10日。
③ 《芜湖》，《申报》1903年2月19日。
④ 《示谕警察》，《申报》1903年9月8日。
⑤ 《小贩肇祸》，《申报》1904年5月16日。
⑥ 《警察更章》，《申报》1904年6月7日。

习惯。

各省巡警道添设后，以"近来东西各国于市政尤为注意"，① 将规划街市、整顿市场作为警政的一项重要内容，积极筹办。安徽巡警道卞绪昌以省城小本生意沿途摆摊，有碍行人，拟添设小市场数处。② 山东巡警道潘延祖将省城菜场迁移，于城内四角各设一处。③ 湖南谘议局第一次开会时议决筹设菜市场，但因款项难筹，一直未能建成。桂龄出任巡警道后，以湘省街道狭窄，行人拥挤，亟应开办市场，特札饬各分区委员，"各就地段内择觅公地，禀请开办"，④ 以便利行人。广西巡警道制定了开办街市简章，择各区适中之地，建设菜市六处，开办费由官酌拨。简章规定各市场专为摆卖一切米菜食物而设，开设后凡挑卖者一律入场摆卖。将市场房间编号分类，收取摊位租金，并要求各摊保持清洁整齐，不得摆卖有害卫生或禁售物品。⑤ 山西巡警道因马路两旁摆设货摊狼藉杂乱，甚不雅观，于省城修建市场数处，将所有小本生意迁移其中，"道路顿觉整齐，商民亦均称便"。⑥

然而，新建市场、迁移商贩的做法，得到商民称赞者为数不多，不少巡警道在筹建市场时遭遇阻力，不仅商贩不乐顺从，民众也觉不便，因此常遭摊商的强烈反对与联合抵制，如天津商民多次到直隶巡警道署恳请允准继续摆摊，被巡警道拒绝。⑦ 甚至引发警民之间的冲突，如汉口小贩即罢市抵制。巡警道冯启钧"锐于市政"，欲将汉口摊市一律整顿肃清，便借端方莅临汉口之机，传谕

---

① 《抚部院批巡警道刘详请开办街市缘由文》，《广西官报》第41期，1909年11月14日，第9962页。
② 《添设小市场之布置》，《申报》1908年7月17日。
③ 《菜市已移之确闻》，《大公报》1908年7月29日。
④ 《警道筹设菜市场》，《大公报》1910年10月28日。
⑤ 《广西巡警道开办街市简章》，广西壮族自治区地方志编纂委员会编：《广西通志·工商行政管理志》，广西人民出版社1995年版，第239页。
⑥ 《山西警政汇录》，《大公报》1910年11月19日。
⑦ 《所请不准》，《大公报》1910年8月7日、21日。

摊商一律拆摊清道。各商以为暂时拆卸，然不久巡警道又传谕不准再设摊贩卖，"另各择地谋生"。① 并严饬巡警整顿清道，驱逐威吓沿街摆卖摊贩，激起众怒，数千人聚集，请求允准继续摆卖。群情激愤难平，捣毁各警察局区，焚毁初等小学堂，砸毁路灯警亭，围在道厅衙署不散，掀起震惊朝野的罢市风潮。湖广总督陈夔龙调集营勇，会同巡警道属下的巡缉队共同弹压，经汉口厅、劝业道等劝谕商民，暂允各贩继续沿街摆卖，罢市风潮始息。②

巡警道整顿商贩，筹建菜场，遭到商民的抵制，主要有以下几个原因。第一，菜场位置偏僻，生意惨淡。如苏州中南北三路小菜场建成后，众菜贩皆不愿进，各路巡官百般劝谕，始迁入菜场售卖。但是南路菜场地点偏僻，生意惨淡，鱼肉蔬果不能久存，隔夜便会腐烂，各菜贩损失亏本，又回街上摆卖。巡警以武力驱逐，惹起众怒，各贩竟将担篮挑入警局，请官收买，并鼓动其他菜场商贩联合抵制。③ 第二，摊贩迁入菜场，征收捐税过苛。"苏垣小菜场之风潮，起于主顾之人少，杭州小菜场之风潮，起于苛捐之数多。"④ 第三，商民长期的习惯骤难改变。

针对上述问题，各省巡警道做了调整。如江西巡警道张检为整顿市政，令菜商前往菜市售卖，由于菜市既少又偏僻，并有抽菜捐之说，各商皆不愿往，罢市以示抵制。巡警道张检连忙发布四言浅近告示，晓谕商贩，"菜场分立，原以便民，行人无碍，街道悉清，群集贩卖，不抽分文，沿街走卖，准挑勿停"。⑤ 强调设菜场并不是为了抽取菜捐，以释商贩疑虑，并且做出让步，允准小本挑卖担贩可以沿街叫卖。并且针对前设菜场多在冷僻地方，商民皆不

---

① 陈夔龙：《梦蕉亭杂记》，北京古籍出版社1985年版，第42页。
② 《汉口小贩因禁止摆摊剧终滋乱》，《时报》1908年5月18—25日。
③ 《苏城小菜场全数涣散》，《时报》1909年2月17日。
④ 《论苏州小菜场之风潮》，《申报》1909年3月2日。
⑤ 《警道宣示不抽菜捐》，《神州日报》1909年5月25日。

愿往，拟将菜市改良，于闹市添设菜市数处，以便利商民。① 河南省垣巡警各区分设菜场，不准再沿街挑售，各商亦听闻要抽收菜捐，皆不乐意。豫巡警道也特出示晓谕，令各贩迁入菜场，只为清理街道、便利交通起见，并不抽收菜捐。② 苏省巡警道汪瑞闿特派警务公所科长一员，到市民公社与各商再三讨论设置菜场的办法、地址等事，以便得到各商的支持。③ 但苏州小菜场设立之后，"吉利桥一带摊担依然星罗棋布，陈设如前，菜场几同虚设"。巡警道特饬西路巡警多名，在该处常川巡视，遇有摊担，随时劝谕迁入菜场，不准片刻停留。④

二 稽核卫生

中国传统社会中卫生观念淡薄，城镇道路无人清扫，沟渠年久失修，饮食物品任人售卖，民众生活习惯也比较随意，污水垃圾随处倾倒，生活环境不良，卫生状况堪忧，影响居民的健康。因此，各种传染性疾病频发。如1907年1月山西的刘大鹏在日记中记载，"家中孩童七人俱染瘟疫"。⑤ 而粤海关的报告也反映出广东时常疫病流行，如1901—1910年，"淋巴腺鼠疫年年流行"，霍乱、天花、登革热等传染病也经常暴发。⑥ 这些疫病严重威胁着广大民众的生命安全。

各省巡警道添设后，于警务公所专门设立卫生科，专管该省清道、防疫等卫生事务。民政部亦通饬各省巡警道亟应讲究卫生，"并拟特定巡警道考成，以求实效"。⑦ 为了预防疫病，各省巡警道

---

① 《续记巡警道之新政》，《时报》1909年4月10日。
② 《梁垣警界之新政令》，《时报》1910年11月2日。
③ 《苏垣议定开办小菜场》，《新闻报》1910年12月25日。
④ 《巡警道维持道养菜场》，《新闻报》1911年3月10日。
⑤ 刘大鹏著，乔志强标注：《退想斋日记》，山西人民出版社1990年版，156页。
⑥ 广州市地方志编纂委员会办公室、广州海关志编纂委员会编译：《近代广州口岸经济社会概况——粤海关报告汇集》，暨南大学出版社1995年版，第987页。
⑦ 《肃邸注重卫生》，《大公报》1908年9月4日。

督饬清道夫役清扫道路，疏通沟渠，修建官厕。1908年夏，汉口时疫流行，湖北巡警道冯启钧亲自督率清道夫役，认真打扫街道，置备香药及避疫药水遍洒街衢。① 1909年，江西巡警道张检以省城街道脏乱不洁，沟渠异常污秽，恐夏季炎热酿成瘟疫，提取铺捐，作为经费，"拟将城内外沟渠概行修理"。② 并督饬各分局，限令清道夫役将省城道路清扫干净，又出示申明卫生要点，要求居民遵守。③ 苏州巡警道汪瑞闿以伏暑炎热，易发疾病，饬各局督率巡士分别填平各处溺坑，小街僻巷亦打扫干净，并谕各路区长，传令各业户改良坑厕，严禁当街小便，以重卫生。④ 安徽巡警道卞绪昌甚至以夏季居民在外露睡，引发疾病，通饬各区警传知居民，暑夜露卧，每晚以十二点钟为限，超时惩办。⑤ 各地警局通过清扫公共卫生，并督饬居民注重个人清洁，以预防时疫。

通过检查饮食物品的卫生预防疫病。1909年，京师警察厅为预防灾疫，拟定《管理饮食居住规则》二十条，饬令各区分别传谕一律遵行，讲究卫生。⑥ 四川巡警道选派精通化学的人员分赴各区，化验公用各井井水，将可以饮用与不可饮用者分别标明，并根据井水质量，将可饮之井分为三等，订立牌示，俾众周知。如果各署局堂厂及私宅之井愿意检查，可向警务公所提出申请，将区街号数报明，卫生科即派员前往化验，不取分文。⑦ 奉天警务公所亦派员检验省城内外各处水井，晓谕居民注意饮用水安全，要求公私水井保持清洁，以预防疫病传播。⑧ 并且严加管理饮食营业者，不得

---

① 《巡警道清道防疫》，《申报》1908年8月25日。
② 《赣省巡警道之新政》，《时报》1909年4月6日。
③ 《续记巡警道之新政》，《时报》1909年4月10日。
④ 《苏垣巡警近事汇志》，《新闻报》1910年6月29日。
⑤ 《警道注意卫生》，《新闻报》1910年7月4日。
⑥ 《警厅宣示卫生要略》，《大公报》1909年6月11日。
⑦ 《注重卫生》，《四川官报》第31册，1910年12月，第28390页。
⑧ 《警务公所注重卫生》，《北洋官报》第2351册，1910年3月2日，第2590页。

售卖腐烂食物。①

由于医疗条件的局限及卫生知识的缺乏，通过清洁生活环境及检查饮食物品等手段，很难杜绝疫病的发生。各省仍时常出现各种传染性疾病，危害生命安全。并且，一旦疫情发作，很难有效救治。因此，清末广州、保定、奉天等地已经开始从西方引进牛痘疫苗，劝民接种。但疫苗有限，未能推广普及，仅在个别城市试点。

创办官医院。巡警部成立后，筹划在内外城各设立一所官医院，"以济贫民无力医药者"，② 以重防疫卫生。并筹设医学堂及医学研究所，以期改良医术。③ 1910 年 3 月，民政部电咨各省督抚仿欧洲办法，速筹设官医院。1911 年，江苏巡警道遵照该省谘议局议决案，在苏州城内租房筹办官立医院及医学堂，招考六十名学生入医学堂学习医学。官医院开诊之时，原设施药局停办。该院纯用西医疗治，设上、中、下三等病房，可住院治疗，每日开诊时间为早上九点至午后两点半，每次诊察须交号金，特别诊察五角，普通诊察一百文，贫者免其号金。④ 四川谘议局也提出于省城创设模范医院，川督发交巡警道筹办。该巡警道即派卫生科科长及中西医官筹划办法，调查省垣英法各医院，以供参考。费用约需十万元，并将此项经费列入次年预算案。⑤ 湖北巡警道、汉关道齐耀珊与商会筹议，在汉口设立卫生医院，拟就庙宇改造充作病室，裁撤验疫公所，余款万金，拨作开办经费，常年经费则交给商会筹集，开办后由商主持，官不过问。⑥

查验医生产婆资格。民政部以医生误人性命、产婆误伤产妇者时有耳闻，拟加整顿，将医生一律考试，如果考试及格即发给执

---

① 《孟所长慎重卫生》，《盛京时报》1910 年 6 月 18 日。
② 《警部医院之成立》，《大公报》1906 年 9 月 22 日。
③ 《警部将设医学堂》，《大公报》1906 年 4 月 22 日。
④ 《苏省官立医院定期开办》，《新闻报》1911 年 5 月 6 日。
⑤ 《拟办模范医院》，《四川警务官报》第 1 年第 1 册，1911 年 2 月，第 30348 页。
⑥ 《汉口卫生医院成立》，《新闻报》1911 年 8 月 3 日。

照，准其行医；产婆也须考核，及格方准为人接生，否则一概不准挂牌。私自为人医病接生者，照违警律治罪。① 广西警务公所卫生科医学股员柏干呈请巡警道，以"庸医杀人胜于干将"，拟甄别省垣各医士，分别科目，试验合格者，给予凭证，准予继续营业，不合格者，即行淘汰，不准再行执业，以重人命而立卫生之基。② 奉省警务公所饬令各巡警分所，调查省城行医者年限、住址，缮写清楚，送公所备查。③

宣统二年冬，哈尔滨附近名为傅家甸的小镇，以捕鼠为业的猎户感染鼠疫病亡，引起恐慌，民众四处逃散，鼠疫随着人流沿铁路等交通要道，以可怕的速度向东北三省蔓延，短短数月，数万人染病丧生，疫情十分严重。谣言四起，民众恐慌，加上日俄两国施加压力，清政府及民政部开始重视此事，严令东三省督抚设法控制鼠疫传播，并派遣施肇基为验疫大臣，督促东省防疫。东省督抚及民政司筹设奉省防疫总局，专管防疫之事。并督饬所属州县，设立防疫分所、隔离所、留验所、检疫所，聘请中西医，组织消毒队、埋葬队等，派遣巡警封锁交通，阻截行人，协助验疫，通过隔离、治疗、焚烧等方式，从清除传染源入手，疫情逐渐得到控制，次年四月平息。④

东北开关之后，形成"闯关东"的大潮，以山东与直隶人为多。鼠疫暴发之后，在东北的苦力纷纷逃回家乡，因此，鼠疫随即波及山东、直隶。这引起了京师巡警总厅的高度警惕，派员在京师地面详细考察是否传染到京，饬内外城官医院配置预防及消毒药

---

① 《民政部限制行医》，《神州日报》1908年7月21日。
② 《抚部院批巡警道详甄别省垣卫生缘由文》，《广西官报》第32期，1909年9月1日，第9621页。
③ 《卫生行政之一》，《盛京时报》1909年8月10日。
④ 参见曹晶晶《1910—1911年的东北鼠疫及其控制》，硕士学位论文，吉林大学，2005年；王银《1910—1911年东北鼠疫及防治研究》，硕士学位论文，苏州大学，2005年；张蕾《1910—1911年东北鼠疫与山东疫情——兼论鼠疫在山东流行的环境因素》，硕士学位论文，中国海洋大学，2009年。

品，并发布示谕，如有此种疫病发生或疑似病状，立即呈报内外城官医院，以便诊察。① 两厅组织卫生警察，并于永定门外设传染病室及隔离病室。随着东北疫情的恶化，民政部仿照日本大阪鼠疫流行时设临时预防鼠疫事务所，设立京师防疫局，以外城总厅厅丞王善荃为局长，代理内城总厅厅丞董玉麐为副局长，分设五科，专司检菌捕鼠、诊断验尸、清洁消毒、接种疫苗等事，以内城官医局为办公之所，每日向民政部呈报防疫事项报告。② 凡客栈、饭馆等人口流动频繁的地方，加意清洁，并多备药水，卫生员随时查验。各铺户人等，凡有病亡者，一律就近向巡警区所呈报，巡警派员查验，不得擅自掩埋，如有违犯，须受处罚。③ 直隶也设立防疫局，官警绅民协作，共同防范。由于京津防疫甚为严密，因此疫病没有大规模流行。至1911年4月，因天津及附近州县疫气已消，直隶防疫局所取消。

山东烟台及附近村庄亦发现疫情，每日因鼠疫病亡一二十人至二三十人不等。山东巡抚派委巡警道潘延祖、商埠局朱道、中西医院庄道筹办防疫公所，又委医学经验丰富的德国医官科武资、中西医院医官黎树贵，随同各道检验，赶紧预防，以资补救。④ 控制疫病传播，首要之策在于阻截往来旅客，切断传染路径。疫区之内，派兵警阻截往来，以免传播。在芝罘岛设留验所，凡由大连到烟台职搭客，皆须留验数日，无病症者方可放行。于烟台西沙旺验疫医所留养染疫之人，添聘洋医生治疗。于东西马路租赁房屋多处，作为施医、养病、避疫各所，延聘精通中西医理者多名分别诊视，饬

---

① 《京师巡警总厅预防鼠疫示谕文》，《四川警务官报》第1年第1册，1911年2月，第30337页。
② 《民政部奏酌拟京师防疫局章程折并单》，《四川警务官报》第1年第2册，1911年3月，第30361页。
③ 《关于防疫之谕示二则》，《大公报》1911年2月17日。
④ 《抚部院札派医官科武资等随办防疫事宜文》，《山东官报》第1期，1911年2月17日，第4页。

巡警局、巡防营等分派查疫，并四处劝导乡民切勿隐病不言。① 潍县一带为由商埠通往内地的交通要道，由该地驻军阻截往来，黄河北岸设卡派派医检验渡客。② 省垣五里沟商埠地方，为胶济、津浦两路交汇之地，过客众多，特派医官科武资、黎树贵总理商埠区域内卫生防疫事宜，遇事与巡警道、商埠局及历城县随时接洽会商。③ 经过官绅的努力，京师、直隶、山东未形成大规模的鼠疫传播。

未被鼠疫波及之省，恐遭疫病蔓延，也重视对疫病的防范。各省巡警道督饬所属巡警，检验防范疫病的传播。如湖北巡警道会同交涉使、江汉关道，在武汉火车下车处设一防疫公所，修建房屋六百间，派遣各医查验来往行人，预防疫病传染。④ 并且为了切断鼠疫的传播路径，湖北官府鼓励民间捕鼠，总督瑞澂饬令署巡警道黄祖徽备办捕鼠器三万余具，分发武汉巡警各区，通饬民间赴局免费领取。每捕获一只老鼠能获得铜元二枚的奖励，居民可持鼠到各区领赏。⑤ 河南巡警道也于省城开封开办验疫所，并委派豫省官医院院长石亮前赴天津，考察天津临时防疫会办法，回河南仿照布置。⑥ 浙江巡警道杨士燮为预防鼠疫，拟具简章，购置清洁消毒药品，责令各铺户自行用石灰水泼洒，鼓励民间捕鼠，由官出费清洁厕所，随时检查疑似病症。⑦

巡警道所管卫生事务，包含很多方面，如考查道路沟渠厕所的

---

① 《抚部院札防疫公所据登莱道禀筹办防疫情形文》，《山东官报》第1期，1911年2月17日，第5—6页。
② 《抚部院札行巡警道查照电奏东省筹办防疫情形文》，《山东官报》第1期，1911年2月17日，第3页。
③ 《抚部院札派医官科武资等总理商埠区内防疫事宜文》，《山东官报》第1期，1911年2月17日，第7页。
④ 《汉口防疫事》，《大公报》1911年2月22日。
⑤ 《鄂省政界》，《时报》1911年2月20日。
⑥ 《防疫事汇志》，《大公报》1911年3月1日。
⑦ 《浙财政局议决防疫办法》，《新闻报》1911年4月9日。

修治扫除，检查饮食物料，查验病情种痘，预防时疫，化验查禁有碍卫生的物品，稽查店铺、戏园、商场等公共场所卫生，调查死亡人数，检查公私医院及医生、产婆资格等。不过，卫生科相对于其他三科，事务较简，科员的配置在各省警务公所中通常也最为精简。如四川警务公所总务科设科员六人，而卫生科仅设科员一人。又如，在直隶警务公所属员的配置上，巡警道舒鸿贻明确表示，总务科事务最繁，行政科次之，"卫生只有稽核之责，事务较简，该科人员多兼办他科事项，以均劳逸"。① 各区巡警亦为数不多，有限的警力实难兼顾各个方面。因此，各省巡警道在实际的卫生事务管理上，只得缩减范围，主要侧重于督促对道路的清洁、防疫、筹设官医院等几个方面。

三 筹办消防

中国修建房屋，通常使用竹木，城市屋宇毗邻，因此，祝融肆虐时有所闻，且常延烧多家，生命、财产皆损失巨大。清朝中前期，关于火灾的救护，通常是官府劝谕，民间自办。清季巡警创办后，巡警局内添办消防队，置备新式水龙等消防器具，官方逐渐参与消防管理。"消防之事，在平日留心，故非警察不能管理"，而且，"各国均设专官，且立分署"。② 1904 年，京师、天津率先分别添设消防队，之后，各省陆续仿办。1906 年，四川因省城火警频闻，警察局订立消防章程，编练消防队，添置水龙器具，平日勤加操演，以备不虞。③ 1908 年，河南巡警总局增设消防队，加抽铺捐，专归消防队薪饷及灭火器具等经费之用。④ 不过，因经费有

---

① 《直隶巡警道到任后举办一切事宜请咨部立案文》，《四川警务官报》第 1 年第 1 册，1911 年 2 月，第 30337 页。
② 《宪政编查馆奏定统计表总例》，《云南政治官报》第 395 号，1909 年 5 月 23 日，第 32438 页。
③ 《川省现办警察情形折》，锡良：《锡清弼制军奏稿》，第 567 页。
④ 《加筹铺捐设立消防队之实行》，《时报》1908 年 7 月 3 日。

限，巡警额数不敷分布，筹办消防，需要另筹经费、另募人员，因此，消防队的筹设并不普遍。有鉴于此，1908年，民政部"以东西各国注重保安警察，尤以消防队为最要"，催促各省迅速筹款设立。①

巡警道缺陆续添设后，省城警局已设消防队者即归并警务公所直辖，并添购消防器具，督促平时演练，而未设者则设法筹款添设。1907年底，湖北巡警道冯启钧在警局内添办消防队，招募勇丁数十名，分派各段梭巡。② 1908年，湖南巡警道赖承裕上任后，添设消防队，归卫生科管理，并将警务公所一带民房陆续收买，即就该处开设大水池一所，以备不虞。③ 广西省城本设有消防兵五十名，分布于各警察局。为节省经费，复改为额外巡兵，无事时供差遣及看管罪犯，遇有火警则出而救援，"以故责成不专，效果绝鲜"。1909年，广西巡警道刘永滇改革省垣消防，重新组织，设消防专所，派委京师高等巡警毕业生陈献琛为所长，增设消防手三十名，添购新式水龙七架，平日勤加教习，更番教练，"务使人与器习，以期临时有济"。④ 广东亦于警务公所附设消防所，下设消防分所三所，设所长一人、队官三人，统领消防队，处理省城消防事宜。1911年，湖北省城沿江一带居民稠密，遇有火警，施救为难，因此特从扬子机器公司专门定制了机器救火船一艘。⑤

然而，遇有火警，消防队员畏惧火情，不全力施救的情况时有发生，甚至出现巡士在火场借名救火，顺势抢夺财物的现象。⑥ 为了规范消防队的职责，使其明确救灾应守的规则，广东、广西、浙

---

① 《民政部饬立消防队》，《神州日报》1908年7月7日。
② 《警局添办消防队》，《申报》1907年12月5日。
③ 《长沙通信》，《时报》1908年5月9日。
④ 《抚部院批卸任广西巡警道刘接署广西巡警道欧阳为会详刘道任内办理警务情形文》，《广西官报》第41期，1909年11月14日，第9963页。
⑤ 《筹划水上救火船经费》，《北京日报》1911年1月16日。
⑥ 《巡士抢火骇闻》，《时报》1909年6月5日。

江等省专门制定了各项章程，严明救火纪律。1909年，广东警务公所订立消防所专章，共20章117条。广西警务公所也制定了消防章程，该章程详细规定了消防人员的职责与消防办法，并对消防人员分别任事劳绩，进行褒赏恤助或惩罚。对认事果敢者，给予异常、劳绩、寻常等奖励；对请假逾限、出勤迟误、在瞭望台不守规则、于火场救护不力、私自外出、临时误差、旷课教练、在队喧哗滋闹等行为，分别情节轻重，给予记过、罚金、免职等处分。①1910年，浙江巡警道派员会同省城商务总会，拟定省城消防拆断火路及拆屋摊贴章程，消防人员及火场附近居民皆须一律遵守。遇有火警，消防人员须带应用器具，以备临时拆断火路之用，为扑灭火灾，必要时可拆除起火附近民房，以阻隔火势蔓延，但拆屋之举须慎重。②

据统计，宣统元年七月至十二月，广东省城因洋灯、纸烟、香烛等不慎起火，发生火灾33起，烧毁房屋近400间，幸无人员伤亡。③因此，为了预防火灾，巡警道不仅劝谕居民谨慎预防，而且对易燃易爆物品的售卖进行管理与限制。粤垣各家批零火水店，存储火水多达百罐。"火水一物，最易发生危害，非预为防范，无以保地方之治安。"④因此，粤巡警道拟定取缔火水店规则八条，每店存储火水不得超过50罐，存储火水地方不许近火，且不许近容易焚烧之物。另外，广东省城东路第四区区官发现，有人燃放孔明灯，堕入民宅中，引起火灾，幸得消防与街坊一道及时扑救，火势熄灭。因此上呈巡警道，重申禁令，通饬各区所，"遇有燃放此种

---

① 《抚部院批巡警道详厘订消防所章程文》，《广西官报》第26期，1909年8月1日，第9372—9377页。
② 《浙江巡警道拟订省城消防拆断火路及拆屋摊贴章程》，《申报》1910年6月20日。
③ 《省城消防水利水龙局别表》，《广东警务公所第二次统计书》，第426—428页。
④ 《拟定取缔各火水店规则详请示遵文》，《广东警务官报》第6期，1910年10月17日，第45页。

灯者，即行拘案，从重究罚"，①并出示明文，昭告民众，不得再行燃放。山西巡警道咨商太原总商会，以双福火柴公司失火，幸得省城消防队灌救及时，扑灭火势。为预防火灾，拟请商会转商该公司，将磷质等易燃物品妥善存放。②1910年，京师内外城巡警厅专门制定了管理危险物营业规则，对煤油、干草、花爆、火柴四种易燃易爆物限制经营。如批发煤油者，大铺存货不得过二十箱，小铺不得过十箱，零售者不得过五箱，并须存于地窖，不得任意存放。干草应于空旷处堆积，草堆上盖上泥坯或铅板，并不得在附近吸烟，以防不虞。经营花爆，也须于地窖中储存。该四项营业必须呈报总厅许可后才可经营，并且必须备置防火器具，经常检查。③

虽然各省警务公所附设的消防队多拨出专款，备置新式水龙等，器具较为精良，但数十名消防员，相对于省城的广阔区域而言实属过少，难以顾及省城远近各区，因此，民间水会等救火组织仍然具有存在的意义，各省巡警道也力图指导监督民间救火组织，以辅助或协作消防。如广东省城设有水车会，为民间自发救火组织，巡警道刘永滇拟将之改为义勇消防会，以各街坊地名命名，并加以训练。由巡警道发给铜牌，仍由原设值理各该会。将省城地面分为若干段，遇有火警，该段消防会出动水车，其他消防会携带水管，赴火场接自来水浇灌扑救。④此外，清末推行地方自治，一些自治团体自行组织救火队，亦为消防警察的补助。如广州河南地区龙溪四约自治研究所附设救火队，禀请立案。粤巡警道审核该队办法，准其照章设立，并提示该队，救火时开拆火路应慎重，大火未延烧

---

① 《出示申禁燃放孔明灯文》，《广东警务官报》第6期，1910年10月17日，第65页。

② 《山西巡警道咨商太原总商会文》，《北洋官报》第2043号，1909年4月18日，第1634页。

③ 哈恩忠编选：《宣统二年京师巡警总厅拟定易燃易爆品管理规则》，《历史档案》1999年第2期，第75—78页。

④ 《广东警务应行提议事件编订草案交会讨议清折》，《广东警务官报》第6期，1910年10月17日，第76页。

之处不可轻易拆除，以重民居。① 据统计，广东省城各局辖区内消防水利水龙等项，消防水管共 417 条，消防水井 1429 口，各街水龙 80 台，水龙人数 3803 员。② 这些救火设备及人员多是民间自备的。

各省官办消防队多集中在省城或通商大埠，州县为数甚少。直隶高阳县令倡设保险水会，附设于巡警总局，以巡警兵弁经理其事，并拟捐廉购备火具、钩杆等件，传集城关铺商联络入会，遇有火警，官商共同扑救。③ 四川巡警道高增爵通饬各属州县讲求消防，置备水龙、水枪、钩筒、汲桶等消防器具，并遴派警员来省城实地调查，以便传习仿办。④ 1911 年，浙江警务公所为提倡州县注意消防，制定了各厅州县消防队规则，以推动各属筹办消防。⑤

警察消防队的创办，取得了一定的成效，尤其是天津、上海等地的消防队，在救灾灭火中行动迅速，减少了损失，当时报纸中刊登消防队救火的消息屡见不鲜，多赞赏有加。而四川巡警道所练消防营救火异常得力，如宣统二年正月初七夜邮政总局失火，消防队及时扑灭，邮件完好无损，"为民间所称颂"。⑥ 然而消防队的设置仍不普及，1911 年，民政部咨行各省督抚转饬巡警道，速编消防警察队，认真训练，"以弭祸患而保治安"。⑦ 也有不少地方消防警力过少，遇有火警，难以救护。如开封因富顺长号厨房失慎起火，火势起后，初仅有巡警灌救，但巡警太少，大火很快蔓延，后又调

---

① 《批河南龙溪四约自治研究所所长周藻芹等遵章附设救火队及救伤部肯准立案由》，《广东警务官报》第 5 期，1910 年 10 月 3 日，第 60 页。
② 《省城消防水利水龙局别表》，《广东警务公所第二次统计书》，第 426—428 页。
③ 《高阳县怡令钦禀巡警局附设保险水社及捐廉购备救火器具文并批》，《北洋官报》第 2043 册，1909 年 4 月 18 日，第 1584 页。
④ 《巡警道通饬筹备消防器具以期警政逐渐完备文》，《四川官报》第 24 册，1909 年 9 月，第 27475 页。
⑤ 《浙江各厅州县消防队规则》，《浙江官报》第 35 期，1911 年 8 月 4 日，第 262—263 页。
⑥ 《四川政界近闻录》，《时报》1910 年 3 月 16 日。
⑦ 《通饬速编消防警察队》，《大公报》1911 年 3 月 23 日。

陆军前来，但陆军不懂灌救之法，以致大火延烧四条街巷。①

清季各省巡警道提倡筹办消防队，专司救护火灾事务。虽然各省成效好坏有别，但是政府行政部门中专门设立消防机构，制定相关章程，规范并指导火灾的预防、施救等各个环节，显示出官方对消防这一社会公益事务的重视，标志着政府对城市公共事务的参与更加直接，管理更为深入。

四　路政交通

警察创设时，筹办管理路政工程等市政交通是其职责之一。京师最早的警务机构即名为内外工巡总局，工程、警察事务合一。1902年，鄂垣警察章程对通沟、招牌、街棚、路灯、街车、造屋、瓦木等事分别给予规范。② 而上海华界的城厢内外总工程局，也是集修路、巡警、消防等诸多功能于一体。可见，早期的警察与路政工程有着密不可分的关系。不过，也有分立为二者。如天津南北段警察局之外，尚有路工局、卫生局，河南开封巡警总局与路工局并立。

各城埠警察在路政交通方面，做出了许多开创性的工作。其一，修整旧路，新建马路。外城工巡总局修理外城街道沟渠，金陵巡警路工局于朝阳门一带开筑马路。其二，厘定交通规则，保持交通顺畅。京师外城工巡总局拟定交通章程，不准马车横停，不准逆道行驶，指定停车区域，区分洋车、轿车等类别，依类停放等，并张贴白话告示，绘成图画标示，使妇孺皆知。③ 其三，审批建筑。天津自接收后，所有商民建造房屋，均须请工程局查验，发给执照后，始能动工。后经天津巡警工程事务段道芝贵呈请，"凡各局所衙署建造房屋，无论官地公产，即先行移明工程局派员查勘，与路

---

① 《汴垣大火情形汇志》，《时报》1909年6月4日。
② 《鄂垣警察章程》，《申报》1902年6月10日。
③ 《宣示交通道路章程》，《大公报》1906年2月3日。

无碍再行动工"。① 其四，设置路灯。各地警局筹设添置路灯，一般采用两种方式：一是由警局向铺户征收杂捐作为路灯费，由警局负责路灯的安置与维护；二是在警局的督促下，各临街铺户住户自备灯油，于夜晚一律在门前点灯。或者两种方式同时使用。

各省巡警道进一步推进路政交通的发展。首先，在行政体制上整合归并原有马路等局。如汉口因开辟马路，设立马路局，"专理巡察各事务"，1908年1月，巡警道冯启钧认为该局所办事务纯属警察性质，改派巡士站岗稽查，将该局裁并于警察局，"以一事权"。② 武昌本也设有马路局，"专司修筑道路事件"，1909年3月，陈夔龙督鄂之时，以财政支绌，裁并省垣各局所，"特饬巡警道将该局归并警务公所建筑股内"，以期撙节经费。③ 民政部尚书肃亲王善耆也提出此议，"拟将各省马路工程局所裁撤，应办各事着责成巡警道专理"，④ 不另支薪水，以节糜费。

在路政交通方面，督促所属，进一步清理整顿。其一，开辟马路，修浚沟渠。汉口马路事务归并于警察局后，巡警道冯启钧与官钱局协商，拨银六万两，专用于开拓道路。⑤ 不过，巡警道可提用的经费及人员有限，因此，有关路政方面，主要集中在对道路的清洁与沟渠的修浚。江西巡警道张检因省垣沟渠异常污秽，夏季炎热，易酿成瘟疫，故拟抽收铺捐，筹集经费，将城内外沟渠概行修理。⑥ 四川巡警道则希望借助民间的力量，管理交通路政，通饬各地方官，传谕团首绅耆，"开导殷实富者出钱，贫者出力"，修治

---

① 《袁世凯为天津巡警工程事务道禀请局所衙署修造工程应先期移明事札津商会》，天津市档案馆编辑：《袁世凯天津档案史料选编》，天津古籍出版社1990年版，第225—226页。
② 《汉口归并马路局》，《中外日报》1908年1月13日。
③ 《马路局归并警务公所》，《时报》1909年3月30日。
④ 《巡警道兼管路政》，《大公报》1908年5月23日。
⑤ 《请款修筑马路》，《申报》1908年5月15日。
⑥ 《赣省巡警道之新政》，《时报》1909年4月6日。

道路津梁，以便利行旅，造福地方。①

其二，审批与管理人力车、轿担等公共交通的运营。浙江警务公所制订了《取缔省城轿埠试办规则》《人力车营业管理规则》等营业规则。新设人力车等交通公司的开张，也需要得到巡警道的许可。如广西省城职商候茂华等创设同德公司，试办人力车，呈请巡警道审核，广西巡警道会同农工商局共同核议，认为可行，并由巡警道拟订公司应守规则及巡警与人力车互守规则。② 留日生张振艺禀请在武汉创行电车，鄂督交由巡警道议复。巡警道冯启钧以创行电车必须修筑轨道，而武汉街道窄狭，不及上海、天津宽阔，"既不便建筑轨道，且恐该车易伤行人，未便准予创行"，③ 否定了这一提议。

其三，订立建筑规则。浙江警务公所订立了建筑规则，"以防止人民居住危险，保持街路交通利益为目的"，对于公私建筑者皆有效力，建筑许可证由巡警道酌拟定式，印发各属巡警总局。④ 杭州官巷一带，街道狭窄，屋宇毗邻，灾后重建房屋时，该处绅商决议，各家让地二尺，拓宽街道，以便消防而利公众交通。职商孔继荣不愿拆让，巡警道斥责该商"属殊不顾公益"。⑤ 江苏巡警道也因苏城街道狭窄，行路不便，照会总商会，并通饬各区长传知房主。民间翻造房屋，"无论大街小巷，必须让进三尺，大街以让至一丈六尺为止，小街以让至一丈二尺为止"。在修建之前，业主须写明地址图式，赴警务公所申报，警道派员勘查，给予执照后方准

---

① 《督宪札巡警道通饬地方官修治路津梁文》，《四川官报》第32册，1908年1月，第27046页。
② 《抚部院批巡警道会同农工商局详核议职商候茂华等创设同德公司试办人力车缘由文》，《广西官报》第29期，1909年8月22日，第9490页。
③ 《武汉碍难创行电车》，《北洋官报》第2158册，1909年8月11日，第1877页。
④ 《建筑取缔规则》，《浙江官报》第35期，1911年8月4日，第263—264页。
⑤ 《巡警道杨批职商孔继荣禀火场新建免于让地由》，《浙江官报》第15期，1909年11月29日。

动工。①

城镇乡自治章程颁布后，清洁修缮道路、疏通沟渠、设置路灯等有关卫生、工程等地方公益事务，可由地方自治自行经理筹办。而办理这些事务需要费用较多，政府并未指定自治经费，各地自治经费拮据，因此，此类事务仍多由巡警经管，仅有上海等地自治开办较早，绅商实力雄厚的地方，工程、卫生诸事由地方自治局承办，并富有成效。如上海绅商在城外东、西、南三区试行自治，设马路工程局办理巡警工程事务，而城内警察为官办。城外三区"马路修洁，打扫勤奋，官厕、路灯及消防一切外事颇觉完备"。而城内则"街市狭窄，人民杂沓，官厕、路灯及消防一切外事诸多缺"。两相比较，"似绅办较胜于官办"。民政部调查员认为这是城内经费出自官款，城外经费收自铺捐，而官款有限、铺捐甚巨所致。② 这种情况在其他地方却难以见到。

一些地方的自治团体试图接管当地社会公益之事，但巡警道并不愿放弃权责。如苏州自治公所认为，筹设路灯在自治范围之内，呈请巡警道将苏垣路灯改归自办。江苏巡警道汪瑞闿则以改设电灯所费不赀，断非现有经费所能办到，故商请藩司，先行借拨银二万两，交由振兴电灯公司承办，俟半年后发交自治公所管理。由于将路灯改为电灯，需费甚多，而灯捐支绌，不敷甚巨，又无的款可筹，议事会只得同意路灯之事先由巡警道一手经理。③ 而藩库借款，协商未成，汪瑞闿"另想办法，筹有的款"。④ 路灯改装费用落实后，与电灯公司订立合同。而每月点灯所需燃费，仍由城厢内外各店铺摊捐。苏州警务公所总务科札饬各路区长，原本各铺户的

---

① 《江苏巡警道为建屋领照事致苏商总会照会》，《苏州商会档案丛编（1905—1911年）》第1辑，第697页。

② 《阿勒精阿为调查江苏省松江属地情事致民政部禀》，丁进军编选：《清末江苏等省民政调查史料》，《历史档案》1988年第4期，第53页。

③ 《苏州之路政谈》，《时报》1911年3月1日。

④ 《苏垣遍设电灯之手续》，《申报》1911年4月19日。

路灯捐继续征收，每月收钱六百余元，而城厢内外月需燃费三千七百余元，不敷之数为三千元左右，警务公所拟向各衙署局所劝捐，经抚署会议厅议决通过，并谕饬自治公所劝谕绅富。①

不过，江苏巡警道汪瑞闿同意将苏城清道之事归并自治公所办理。苏州内外七路区段清道事宜，向归警务公所督饬各路分区，雇用清道夫专司在街打扫，所需工食及箩筐、扁担、号衣等一切经费，由城内各路茶馆捐项下支出。自治公所以清道为自治范围内之事，呈请巡警道改归办理，巡警道汪瑞闿允准，该城董事会取阅清单章程，拟研究后再行接洽办理。②

总体言之，巡警道规范市场营业秩序，取得了一定的成效，并且推进近代卫生、消防、路政、交通等市政方面的建设，一定程度上改善了城市的环境与民众的生活习惯，表现出在晚清政治制度的改革与转型中，政府对社会公共事务参与的深化、行政理念的转变以及政府职能的扩展。

晚清社会秩序失范，旧有治安体制疲软窳败，运转失灵，故参仿西法，创办警察，"济保甲之穷，而革差役之弊"，③ 以建立新的社会管理体系，纳民于轨，从而达到稳定社会的统治效果。时人明确表示，"警政既设专官以资督率，复颁年限以定考成，盖将纳民于轨物之中，非此无以保公安而维秩序也"。④ 从巡警道职能的实施来看，各省巡警道督饬所属清盗源、严缉捕、监察书刊与集会结社、管理营业、推进市政建设，在防患保安、纳民轨物方面，取得了一定的成效。不过，限于警力、经费及巡警自身素质，各项警务执行中出现诸多问题，甚至引起民众的抵制。

---

① 《劝谕认缴电灯染费》，《时报》1911 年 6 月 19 日。
② 《苏州之路政谈》，《时报》1911 年 3 月 1 日。
③ 《通饬各省禁止巡警扰民之原因》，《盛京时报》1909 年 2 月 5 日。
④ 《抚部院具奏筹办并酌拟变通各情形折》，《广西官报》第 34 期，1909 年 9 月 26 日，第 9695 页。

第 六 章
裁并巡警道

巡警道的设置是清末官制改革的一项重要内容，被清廷视为维护社会秩序与巩固王朝统治的新工具。但在辛亥革命中，各省巡警道并未能力挽狂澜。在光复各省，巡警道多于革命爆发后逃亡，而清廷仍能掌控的北方各省，巡警道则配合军队，严加戒备，但因时局动荡，巡警道员更换频繁。

辛亥革命是中国历史的转折点，中国政体由君主专制向民主共和转型。在革命浪潮中，各省军政府摈弃旧有官僚体制，巡警道被裁撤，警务归并于民政部、内务部、民政司等不同名目的部门。北京国民政府时期，再度划一警制，各省警务统一归并内务司掌理。

第一节　辛亥应变

武昌起义后，短短一两月间，十数省宣布独立，清朝眼看就要土崩瓦解，革命的迅猛发展让清政府与革命者都始料不及。作为清朝统治秩序守卫者的巡警道，无力应对这场突如其来的革命，在革命风暴中逃避退缩，进而被淘汰。

辛亥革命发端于武昌新军起义。鄂省"自川路风潮起后无日不戒严"，巡警道王履康传知各警区及各城门巡官，严为侦查，

"凡遇有携小皮包箱入城者,均须开阅始可放入,是以汉阳门人数拥挤,途为之塞"。① 夜间防守均荷枪实弹,各旅店客栈等处,巡警每日检查数次。兵变爆发后,湖广总督瑞澂、督同统制张彪、巡警道王履康等督率布置军警,试图控制局面。见革命党攻势迅猛,诸官员惊慌失措,退而自保,"瑞澂退登楚豫兵轮,移往汉口"。② 布政使连甲、提学使王寿彭、巡警道王履康等司道大员,"均已微服出城"。③ 清廷下令对擅离职守的官员进行严惩,并先后任命袁世凯、魏光焘出任湖广总督,但均未到任,后由段祺瑞署理。段接任后,即委申保亨署理湖北巡警道。但战乱中的湖北,在革命军与清军的相持下,申保亨无所作为。

广东是近代革命暴动的多发地带,1911 年 4 月,温生才暗杀署广州将军孚琦之后,巡警道出示晓谕商民,又会同南海县令"便衣步路,亲到各街,劝令勿庸惊疑,开门安业"。④ 在稳定人心的同时,加紧对革命党的侦查与防范。粤路收归国有之策,绅商股东颇为不安。受四川因川路集会结社力争路权的影响,广东绅商各界亦有动向。广东署巡警道秉承粤督札谕,"传谕该路股东静候办理",切实检查,随时解散"以此开会演说,煽惑人心"者。⑤ 11 月 9 日,广州光复,粤督张鸣岐逃往香港。广东谘议局大会议决,"所有巡警防营,亦仍旧服务"。⑥

江西毗邻鄂境,巡警道陆长佑恐革命党暗递消息,严密检查邮件书信,"所有往来邮寄函件一律稽查,如军界来函则汇交督练公所,学界来函则汇交学务公所,警界及高等巡警学堂、巡警教练所

---

① 《鄂垣风声鹤唳再志》,《时事新报》1911 年 10 月 8 日。
② 《宣统政纪》卷 61,宣统三年八月乙卯。
③ 《宣统政纪》卷 61,宣统三年八月戊午。
④ 大汉热心人辑:《广东独立记》,中国人民政治协商会议广东委员会文史资料研究委员会编:《广东辛亥革命史料》,广东人民出版社 1981 年版,第 117 页。
⑤ 《请看粤督之札谕》,《大公报》1911 年 10 月 12 日。
⑥ 大汉热心人辑:《广东独立记》,《广东辛亥革命史料》,第 132 页。

等处来函,自概送警务公所,分别查明,转交本人手收。其由本城邮寄他处各信,隶于何公所者,即由该公所加盖章记,其各学堂学生亦须由各监督加盖图章,方能邮寄"。① 陆长佑又密派六十名侦探,分赴省垣城厢各地方侦查,并将巡警教练所学生一百名分发各区,以备差遣。② 防范措施不可谓不严密,但并未能阻止军界警界反戈。不久,南昌光复,江西军政府成立,赣抚冯汝骙被送出赣境,巡警道陆长佑潜回苏省原籍。

江苏辖境内,上海、南京等通商口岸,洋人旅居于此,如有动乱,易生交涉,且江苏财富丰饶,提供赋税大宗,为争夺之重点。苏省警务公所专门制定了临时巡夜简章,巡警除正常值班外,午夜十二点至早上六点,"分派科长二员,随带队警六名,科员四员,随带队警二名,分路巡查",③ 各区官巡官,每晚检查客栈,并与巡缉公所派遣之军队协同防守。当然,这些都抵挡不住革命的热潮。11月3日,上海闸北巡警局起事。6日,江苏巡警道吴肇邦因"情怯思遁,几酿事变",被清廷革职。④

浙省自闻鄂乱后,巡抚增韫甚为恐慌,抚署戒备森严。巡警道杨士燮奉增抚密谕,在城内外大小客栈稽查外来形迹可疑之人,黄昏之后站岗巡士一律"身肩枪械,装满子弹,到处巡缉",对穿洋装、无发辫者严加盘问。夜间,巡警道署内"各科长科员亦不时出街巡逻",⑤ 探访队驻扎抚署,抚院内外加派警兵时常四面巡查,藩司、提法司等署也添派巡士轮流值守。巡警道杨士燮因加紧巡查,人手不足,岗警不敷分布,于是"添设马巡队数百人,夜间在城外巡缉"。⑥ 巡警道又通饬所属区官,多派侦探在火车、轮船

---

① 《赣省防乱情形》,《新闻报》1911年10月23日。
② 《赣省警道陆长佑》,《顺天时报》1911年10月29日。
③ 《苏省警务公所临时巡夜章程》,《新闻报》1911年10月25日。
④ 《宣统政纪》卷63,宣统三年九月庚辰。
⑤ 《巡警之严查》,《新闻报》1911年10月19日。
⑥ 《杭省防乱情形》,《新闻报》1911年10月23日。

经过停泊处以及客栈旅馆，一一稽查，对形迹可疑或私带军火者，须严加盘诘。① 革命党在杭州起事后，杭州巡警"共表同情，全体反正"。②

安徽巡警道全兴动员巡警加紧防备，"凡站岗巡士一律改用暗码口号，并以昔日所持木棍换执枪支"，③ 添派员弁侦查客栈饭馆及学员宿舍。芜湖巡警因拖欠警费，要求发饷，未得允可，相约罢岗。丁总办晋谒巡警道全兴面陈情形，极力筹措，允诺发给，始一律站岗。④ 巡警道全兴在革命中离去，巡警秩序照常。⑤

四川争路风潮是引发辛亥革命的导火索。川汉铁路收归国有，举借外资开办的消息入川后，川省股民群情激愤，组织保路同志会，集会演说，力争路权。9月，成都民众"因川警道禁止争路，警道为湖南人"，⑥ 愤而焚烧湖南会馆。随后，署川督赵尔丰诱捕罗、蒲等人，引起绅民聚众于督署前抗议。赵派兵枪杀绅民，更激发民愤。"巡警道王棪与周提法狼狈为奸，遇事逢迎，两面讨好，酿成此次之激变，实此二人左右成之也。"⑦ 王棪离职，徐樾到任。徐樾见川人争路，群情激越，罢学罢市，呈请川督转商内阁，将川路暂归商办，以舒缓危局。⑧ 武昌起义后，四川形势愈为紧张，徐樾称病求退，巡警道缺由成都府知府于宗潼兼理。此时川属新津等州县乱事已起，于宗潼出省宣抚，承诺既往不咎，以期解散集结之

---

① 《鄂乱中之浙江》，《顺天时报》1911年11月2日。
② 《杭州光复后进行种种》，《申报》1911年11月10日。
③ 《各处关于鄂事之防范　安徽》，《时事新报》1911年10月16日。
④ 《武昌革命中之芜湖》，《新闻报》1911年11月2日
⑤ 《皖省光复情形》，《申报》1911年11月13日
⑥ 凌盛仪：《辛亥日记》，栗戡时等编：《湖南反正追记》，湖南人民出版社1981年版，第230页。
⑦ 《川人争路详记》，《顺天时报》1911年10月19日。
⑧ 《徐樾请将川路暂归商办以维川局电》，中国第二历史档案馆编：《中华民国史档案资料汇编》第1辑，江苏人民出版社1979年版，第142页。

民众。① 但民心思变，晓谕安抚徒劳无功。

在武昌首义至宣统退位期间，各省巡警道因该省革命形势不同，表现各异。通常，在该省革命爆发之前，巡警道都能遵照职守，布置巡逻，监察民众行动，维持地方秩序，守护清朝的统治。但巡警道的加紧站岗稽查并不能阻挡革命的步伐，在革命党的运动下，不少省份的警察同情革命，并顺应时势，举起义旗。四川警务公所总务科科长、重庆巡警局提调吴良桐，于江津县"举义旗反正"。② 这些巡警与新军一道，由维护清朝统治的人员，变成了推翻清朝统治的力量。在各省独立时，巡警道多数逃离，在革命浪潮中被淘汰。

与经历革命而宣布独立的各省相比，未能取得革命胜利而清廷尚能控制的地方，在风声鹤唳的局势下，各该文武官吏高度戒备，以维持现状为最高任务，与独立的各省情形完全不同。其中，山西、山东虽经革命起义，但局面很快又被清廷控制；直隶、河南、东三省等，虽然亦由革命党酝酿起义，但因各该督抚督饬军警严密控制，未能发动。各该省巡警道也在政局多变的形势下不能安心奉职，巡警道员更换频繁。

山西虽地处腹地，革命形势却发展迅速。10月29日，山西将新军子弹发给巡警，往防蒲州，夜间即变。巡警道连印心生退意，请开缺省亲。1912年1月，清廷准其开缺，"山西巡警道着任毓麟补授"。③ 在毓麟到任之前，由山西巡抚张锡銮委周勃暂署该巡警道缺。

山东自辛亥革命爆发后，境内革命党活动频繁。11月13日，巡抚孙宝琦迫于压力，以中华民国军政府山东都督的名义，宣布独

---

① 《成都知府兼巡警道于宗潼劝谕江口人民解散告示》，戴执礼编：《四川保路运动史料》，科学出版社1959年版，第451—452页。
② 佚名：《吴良桐传》，方树海纂辑：《续滇南碑传集校补》，云南民族出版社1993年版，第500页。
③ 《上谕》，《内阁官报》第147号，1912年1月17日，第54页。

立。巡警道潘延祖随即去职，由倾向革命的夏莲居接任，① 并札饬各区，要求官警一体，照旧办公，认真查察，以保公安。同时，孙宝琦向清廷上奏汇报被逼情况，表示效忠。11天后，受时任内阁总理袁世凯的影响，又取消独立。夏莲居旋即离省，由吴炳湘补授山东巡警道，并宣告取消独立，通饬各属区官，对于开会演说，"按照结社集会律实行稽察"。② 不久，吴炳湘亦离任，由庄洪烈接任。5月底，巡警道庄洪烈辞职，临时大总统任命丁汝彪为山东巡警道。③

直隶地处近畿，为京师屏障。鄂乱发生后，清廷深恐革命波及直隶，革党潜入京师，谕令直督陈夔龙派拨得力军队分段梭巡，"并密饬各营统带及巡警道"，④ 派员于保定、天津车站设法侦察。巡警道叶崇质因鄂乱谣言四起，为平息动乱，稳定人心，在天津"一等巡警内挑选精明强健者三十人，派充侦探"，⑤ 每日身着便装，专在茶肆酒铺、娼寮妓馆查拿造谣生事之人。又于巡警教练所挑选肄习警生一百四十名，分派中东南三区各四十八名，加添岗警以资防范。⑥ 并增强武器配备，发给天津各区毛瑟枪六百杆，以资分配应用。1911年10月，顺直谘议局呈请直督，饬各州县设立乡团民团，以联合巡警，共保治安。⑦ 直督同意提案，将简章中乡团民团名目改为保卫社，并将之置于巡警道的监督之下。

巡警道叶崇质"面谕各区云，倘天津有事，我警察专以弹压土匪，维持地方秩序为责任"，⑧ 有人以此为据，报告直督，谓叶

---

① 夏莲居：《山东独立前后》，戴逸主编：《中国近代史通鉴》第5卷下，红旗出版社1997年版，第645页。
② 《警道取消独立告谕》，《顺天时报》1911年12月27日。
③ 《临时大总统令》，《大公报》1912年5月29日。
④ 《宣统政纪》卷61，宣统三年八月丁巳。
⑤ 《保卫治安》，《大公报》1911年10月24日。
⑥ 《加警保安》，《大公报》1911年10月29日。
⑦ 《答复照录》，《大公报》1911年11月12日。
⑧ 《叶警道撤任之原因》，《盛京时报》1911年12月15日。

已经暗降革命军，直督陈夔龙奏请更换巡警道。12月1日，"言敦源着补授直隶巡警道"。① 言敦源自小站练兵追随袁世凯，步步高升。② 但值此动乱之机，言亦不愿接任，清廷谕令改为署理，并以"现在需才孔急，着陈夔龙迅饬到任"。③ 言接署一月多后，力保探访局总办杨以德接任直隶巡警道一职，而言敦源则回直隶长芦盐运使本任。1912年2月底，杨以德调署口北道，巡警道缺委王景福署理。奉委后，杨、王皆未到任，仍就原职。

河南地处要冲，北与直隶接壤，南即辛亥首义之地，其政局稳定与否对清廷的影响不言而喻。省垣开封"特加添巡逻，往来巡视"。④ 由于各省发难，皆以督抚署为起点，豫抚署"大门前新建之营房二十间，各驻兵队，大门内则有巡警百名，二门则驻以亲信之卫队"。⑤ 豫抚宝棻对其衙署的防守如此严密，可见他首先考虑的是如何自保。"宝棻颇疑巡警道王守恂有革命举动"，⑥ 调派兵队二百名，藏驻于巡警道署对面之交涉公所，以备不测。不久，巡警道王守恂以豫省近来陆军、巡警屡有冲突，自请开缺，豫抚宝棻委候补道邹道沂署理该道缺。

甘肃承认共和较他省为晚。11月，甘肃巡警道赵惟熙升为甘肃提法使，所遗巡警道缺由潘龄皋着补授。1912年3月，黄钺率众在秦州起义，长庚惊慌失措，取道蒙古北逃。袁即任命赵惟熙为甘肃都督，并胁迫黄钺解散秦州军政府。赵惟熙委任赖恩培为甘肃巡警道。1913年2月，赖恩培捏造谣言，挑拨煽惑回汉军队，被甘肃提督马安良及各界通电反对。赵惟熙令赖道请假，所遗巡警道

---

① 《光绪宣统两朝上谕档》第37册，第322页。
② 《为言敦源题书》，《骆宝善评点袁世凯函牍》，岳麓书社2005年版，第301—303页。
③ 《宣统政纪》卷65，宣统三年十月丙午。
④ 《豫省通信纪要 巡警亦添巡逻》，《顺天时报》1911年11月28日。
⑤ 《豫省通信纪要 抚署之守卫》，《顺天时报》1911年11月28日。
⑥ 《豫抚围守警署之原因》，《大公报》1911年11月21日。

缺委杨丙荣代理,因军民反对,又委田骏丰署理。

辛亥革命爆发初期,各省巡警道尚能坚守职责,通过加派警员,严密巡逻侦查等方式,防范革命党的活动。但革命形势发展迅速,各省巡警道自觉无法力挽狂澜,多弃守逃亡。面对革命风潮,清廷举措失方,无力应对,惊慌失措,只得放袁出山,委以重任。袁世凯组阁后,在清廷与革命政府之间周旋,力图控制局势,坐收渔利。袁世凯内阁致力于稳住局面,将北方各省掌控在自己手中,并向革命政府做出进攻姿态,以达到要挟清廷及与革命党谈判的双重目的。因此,在袁内阁所能掌控的直隶、河南、山东、甘肃等省,巡警道的主要任务就是督促所属官警,加紧巡查戒备,稽查可疑人员,防范革命举动,并维持当地的治安秩序。在动荡的时局下,各种势力的较量此起彼伏,变动不居,从而促使人事的变更加快,受此影响,留存巡警道之省,巡警道员更换频繁。在辛亥革命爆发到北京临时政府成立的半年间,直隶巡警道更换了三任,河南两任,山东三任,甘肃也频繁更换巡警道员。

第二节　归并内务司

辛亥革命爆发之前,各省巡警道陆续设立的同时,伴随内外官制的再次议改,清政府内部关于巡警道去留裁并问题,就有着十分激烈的讨论。光复后的各省,巡警道被裁撤。在仓促组建的军政府中,各省对于警务的管理,体制各有不同。民国建立后,地方警制再度划一。

早在1908年10月,张之洞、袁世凯两位军机大臣商议,"俟各省新官制实行后,即将巡警道裁撤,添设民政司,以图整顿民政",[①] 并电询各督抚是否合宜。民政部各堂官也认为各省巡警道

---

① 《巡警道将改民政使》,《神州日报》1908年10月10日。

一缺，"总司全省警政，责任极重，而爵秩较卑，恐不足以资坐镇"，①拟改为民政司，酌加科员，以资办公，并强调民政司与民政部在政务上的对应关系。宪政编查馆负责厘定直省官制，也主张裁巡警道为民政司，但"决计自督抚以下皆直接隶于该管各部"，如巡警道直隶于民政部，"凡有何种奏折及何事商办皆直接达于所管该部，不必向本省督抚禀商，而督抚亦不得从中干预"。②

外官改制牵涉督抚的切身利益，1910年底，经李经羲发起，锡良、瑞澂、张人骏等十几位督抚函电交驰，互陈己见，热议外官制。并将他们对外官制的共同意见，由锡良领衔，联衔会奏。他们主张将督抚定为地方行政长官，秉承内阁的命令，负一省行政全责。各司为督抚属官，各就其主管事务对督抚分事负责。裁道设司，各司由督抚保荐。③虽然众督抚与京部枢臣皆主张裁撤巡警道，归并于民政司，但对于民政司与督抚及民政部的权限关系，却在中央集权还是地方分权两种截然不同的意见拉扯下，始终难成定论。

1911年6月，内阁法制院成立，所有宪政编查馆应修新官制事宜改归该院承办。监国特谕内阁总协理大臣，"以官制之要点，首在权限，现改订官制固应以中央集权为宗旨，然亦须无碍地方行政"。④9月下旬，内阁法制院起草的外官制草案公布，定名为各省地方新官制。大致内容为：每省设总督或巡抚一人，秉承内阁之命令，总理该省地方行政事宜。每省设公署，以民政、交涉、度支、提学、劝业各司使组织之，为督抚之参佐员，受督抚之节制命令，统受其成于督抚。各司使可由内外保荐，由阁请简。各省省会设巡警厅厅长，府州县署设民政、财政、学务、实业四科，另各设巡警

---

① 《扩充巡警道权限》，《大公报》1909年1月2日。
② 《会议中央集权之办法》，《大公报》1910年3月11日。
③ 《督抚联请参预外官制原奏》，《申报》1911年1月19日。
④ 《改订内外官制之筋节》，《新闻报》1911年7月23日。

长一人，承府州县长官之命令执行警务。① 该草案采纳督抚联衔电奏的部分意见，撤道设司，各司辅助督抚，唯内外皆可保荐司使。然而，该草案虽暂成定稿，可惜距武昌起义只有几日之遥了。

起义爆发后，外官改制的步伐被迫中断。而各省巡警道被迫选择应对革命的措施，地方警制也在革命中再次变更。经光复独立的各省，纷纷建立军政府，巡警道等旧有官僚机构自行废弃。由于各省光复政权仓促筹建，各自为政，其全省及省城的警务机构设置有一些差别，主要有以下几类。

第一，以内务部统管全省警务、铨选等各项民政事务。武昌首义后，革命军设立鄂军政府，组成自己的管理系统，以都督"执行军政一切事宜"，② 并置军令部、参谋部、内务部等九部分管各项事务。其内务部下设总务科、民政科、铨叙科、印铸科四科。民政科中设警政科员二人，"警政科员司水陆巡警设施，改良进行等事"。③ 湖北全省警务归并于军政府中的内务部统管。

第二，一省警务由该省军政府中的民政部掌管，并于省城设警察厅，专管省城警务。广东、江西、福建、贵州皆如是。广东都督府内设民政、财政、外交、司法、卫生等部，于省城设警察厅。④ 贵州军政府成立，所有巡抚司道等各官一律取消，暂定立法院、军政部、枢密部、民政部、学务部、实业部、交通部、司法部八部。⑤ 江西光复后，"警政厅仍设前巡警道署内，分科办事，公举伍达威、邃炳坤为厅长"，⑥ 分划区域，派警巡岗，以保地方。福建独立后，都督府中设民政部，下分五科，即民事科、警务科、庶

---

① 《各省地方官官制草案》，《时报》1911年9月23—25日。
② 《中华民国鄂军政府改订暂行条例》，蔡鸿源主编：《民国法规集成》第2册，黄山书社1999年版，第28页。
③ 《中华民国中央军政府内务部暂行条例》，蔡鸿源主编：《民国法规集成》第2册，第72页。
④ 朱子勉：《辛亥革命后广东政局的演变》，《广东辛亥革命史料》，第417页。
⑤ 《黔省光复记》，《申报》1911年12月8日。
⑥ 《赣省光复后之新状》，《申报》1911年11月12日。

务科、教育科、实业科。①

第三，江苏、湖南等省，以民政司统辖该省警务，而省城警务则设巡警总监专理。长沙光复后，巡警道改为民政司，下隶巡警总监二人，管理省城巡警。苏省宣布独立后，公推江苏巡抚程德全出任江苏都督，江苏省都督府行政机关分设二厅五司，其中，民政司"秉承都督，办理警务、学务、实业、交通及不属于各司职任内之一切内政事宜"。② 设苏州巡警总监，由曾任河南巡警道的蒋楸熙出任。

但也有例外，广西独立后，巡抚沈秉堃出任都督，巡警道王秉必逃离，由沈秉堃另委范锡朋署巡警道。③

除省级行政部门及省城警务机构调整外，地方官制及警制也随之变动。江西、浙江精简地方行政级别，设府县二级政府。以府知事、县知事为长官，府监督所属各县。各府县设民事课、学务课、警务课、实业课、财政课佐治员，由府县知事委用本地合格公正绅士，呈报省政事部。"警务课设警务长一员，处理城乡内外警察事宜。"④ 浙省也制定了府县暂行章程，改革地方官制。"各府设军政分府，置军政支部长兼民事长一员，各县设县民事长一员。"府县皆受军政府直辖，各分六课处理政务，为总务课、民事课、警务课、教育课、财政课、执法课。各府县治所在地设警察署长，处理城厢内外警察事宜。"凡镇乡应办警察各处，设警察分署长一员，直辖于府县，受警察署长监督。"⑤

江苏省地方官制与江西、浙江稍有不同，裁道府直隶州，并同

---

① 《闽省独立后之行政大纲》，《北京日报》，1911年12月4日。
② 《中华民国江苏军政府暂行官制总纲》，蔡鸿源主编：《民国法规集成》第2册，第62页。
③ 《广西独立后之纷扰》，《北京日报》1911年12月9日。
④ 《江西暂行地方官制草案》，蔡鸿源主编：《民国法规集成》第2册，第52—53页。
⑤ 《浙省地方官制之规定》，《北京日报》1911年12月15日。

城州县，于州县设民政长，统管该州县所有民政事务，直隶于都督府，由该州县议会公举。民政长酌设佐治职，分课治事，设总务课、警务课、学务课、劝业课、主计课、典狱课等，均三年一任，其中警务课掌理该州县巡警、户籍、营缮、卫生、消防等事，唯都督府所在地设警务总监，不另设警务课。①

各省光复后，废除原有官制，创设了临时性质的军政府。由于事起仓促，尚无统一的中央政府，各省军政府自主设立政府机构，并配置官员。各省军政府中，管理该省警察及民政事务的机构，有设立民政部者，有设立内务部者，有设立民政司者，也有巡警道仍旧留存者。山西、山东虽然宣布独立，但不久又被袁世凯内阁掌控，其该省巡警道尚存而未废，广西由该省巡抚出任军政府都督，该省地方官制变更幅度相对较小。而其他独立的省份则废止了巡警道，各该省警务由各该军政府中的内务部或民政部、民政司等管理，省城或商埠地方则设警察厅或巡警厅、警政厅、巡警局等，由厅长或巡警总监负责。不仅各省各地所设的警务机构存在差异，而且因政局变动及设置仓促，各地警察厅局的机构设置与人事安排不断变化。

1912年1月1日，南京临时政府成立。根据《中华民国临时政府组织大纲》，临时政府采用总统制，南京临时政府设外交、内务、财政、陆军、海军、教育、司法、实业、交通等九部。② 内务部管理警察、卫生、宗教、礼俗、户口、田土、水利工程、善举公益及行政事务，监督所辖各官署及地方官。③ 内务部下设民治司、职方司、警政司、土木司、礼教司、卫生司六司，其中警政司掌理行政警察、高等警察，监理著作出版事项。④

---

① 《苏省地方官制之大改革》，《申报》1911年11月18日。
② 《中华民国临时政府组织大纲》，蔡鸿源主编：《民国法规集成》第2册，第69页。
③ 《中华民国临时政府中央行政各部及其权限》，蔡鸿源主编：《民国法规集成》第2册，第78页。
④ 《内务部官职令草案》，蔡鸿源主编：《民国法规集成》第2册，第87页。

由于南京临时政府未能对各省官制进行划一，此后江苏、福建等省又自行调整官制。江苏以内务司统辖警察、卫生、教育等各项行政事务，而福建则民政部与警务部并立，分管巡警、卫生等事务。江苏公布《各司官职令通则》，设军务司、财务司、外务司、内务司、通运司、提法司，"内务司长管理警察、卫生、教育、宗教、礼俗、户口、田地、水利、工程、善举、公益及地方行政事务，监督所辖各官署及地方官"。① 各司设司长、次长、秘书官、书记官、科长、主事，分设各科分掌事务。1912年2月《闽都督府大纲》制定，福建省官制再次变革，原有各部重组。其中，民政部、警务部并立，各部置部长一人，次长一人，并分科治事。民政部设地方科、土木科、卫生科、实业科，警务部设司法科、行政科、消防科、侦探科。②

南北议和后，南京临时政府制定《中华民国临时约法》，中华民国政体改为责任内阁制，以国务院与各部作为中央行政中枢。1912年4月，南京参议院制定内务部官制，以内务总长管理"警察卫生、宗教礼俗、户口田土、水利工程、公益善举、著作出版及地方行政，并选举事务，监督所辖各官署及地方官"。③ 内务部置民治司、职方司、警政司、土木司、礼教司、卫生司。随后，北京临时政府将民政部裁改为内务部，全国警察事务亦改隶于内务部管辖。6月，北京政府提出内务部官制修正草案，提交参议院议决。该草案规定："内务总长管理地方行政、选举、恤贫、救灾、慈善、感化、人户、土地、警察、著作、出版、土木工程、礼俗及卫生事务，监督所辖各官署及地方长官。"④ 内务部下设民治、职方、警政、土木、礼俗、卫生六司。民政司主管地方行政及经济事项、

---

① 《中华民国江苏各官职令》，蔡鸿源主编：《民国法规集成》第2册，第56页。
② 《闽都督府大纲》，蔡鸿源主编：《民国法规集成》第2册，第95页。
③ 《南京参议院新定内务部官制》，《大公报》1912年4月28日。
④ 《临时大总统为内务部官制草案提请议决咨》，中国第二历史档案馆编：《中华民国史档案资料汇编》第3辑《政治（一）》，江苏古籍出版社1991年版，第31页。

地方自治及其他团体，选举，救济赈恤、贫民习艺收容等慈善事项，国籍、户籍及征兵征发等事项。警政司则主管行政警察、高等警察及著作出版等事。与清季民政部所设民治、警政、方舆、营缮、卫生五司相比，民国元年的内务部增添了管理礼制祀典的宗教礼俗司，其他方面大致相同。

由于各省独立后自行设立省级行政机构，又因政局动荡屡有变更，因此，民国元年各省行政长官的类型与组织比较复杂。武昌起义后，宣布独立各省多设都督，为军政、民政合一的政府组织。为削弱地方军政长官的权限与势力，袁世凯推行军民分治，都督只管军务，另设民政长官，掌管该省各项行政事务。1912年6月，国务会议核定都督府暂行条例，认为"民国创业，首宜回复秩序。然非军民分治，无以收统一之效"。所以该草案特为厘定都督职权而拟，规定都督与民政总监分辖军政、民政，都督"专在军事范围内施其政令"。① 但限于地方势力的强大，实行时有所妥协，都督兼任省总监时，依省官制而行。

1913年，袁世凯北京政权渐趋稳定，开始划一各省行政制度。由于地方官厅各为风气，"各省同此一司，而南北之名称互异。同为一长，而彼此之权限各殊"。而道府并存，府县相辖，"则尤沿袭前清之弊政"。此外，警察厅系统，"既不分明编制，复多歧出"。② 1月，北京临时政府先后颁布了《划一现行各省地方行政官厅组织令》《划一现行各县地方行政官厅组织令》《划一现行地方警察官厅组织令》等政令，旨在划一地方官制。规定"已设民政长省分，以民政长为该省行政长官；未设民政长省分，以都督兼任民政长为该省行政长官"。③ 省行政公署设总务处，及内务、财

---

① 《国务会议核军都督府暂行条例草案理由》，《中华民国史档案资料汇编》第3辑《政治（一）》，第82页。
② 《临时大总统关于暂行划一地方官制令》，《中华民国史档案资料汇编》第3辑《政治（一）》，第114页。
③ 《划一现行各省地方行政官厅组织令》，《大公报》1913年1月10日。

政、教育、实业四司。其内务司与中央内务部相对应，职权范围一致，管理该省民治、警政、卫生、土木诸事。与清季直省官制相比，此时省官制取消了事务道，将其职能归并于四司中。各省警务机构几经调整，最终划一归并于内务司兼管，而尚存的直隶、山东、甘肃等省巡警道此后陆续裁撤，地方警制又趋于统一。

省之下，裁撤原有各类府厅州，均改为县，以知事为长。县知事公署，量其事务繁简，"设二科至四科，称第一、第二等科字样"。① 该县警务即归县公署管辖。而各省省会与商埠地方，"均改设警察厅，承内务总长及该省或该道行政长官之命，办理该省会或该商埠警察行政事务"。各县已经办理警察者，"设警察事务所，由该县知事监督指挥之"。省会与商埠警察厅各设厅长一人，下分设总务、行政、司法、卫生四科，每科设科长一人、科员数人。并将管辖地区分为若干区，"每区设一警察署，办理该区警察事务"。② 此外，各警察厅酌编各项警察队，设队长督率之。该组织令施行后，从前各省所设的警视总监、巡警总监及其他署名官名，均应遵照改正。厅署总务、行政、司法、卫生四科，与清末巡警道署的四科设置相同。可见，民国各项政制虽以颠覆清朝制度的面貌出现，但实际上仍有所因袭，清末巡警道的建制，对近代中国警察制度的形成具有承前启后的历史作用。

武昌起义后，多种政治军事派系纷争不断，政权更迭频繁，政体屡有变动，职官制度随之不断调整。动荡的时局下，警察在执行政令及维持社会治安上的功用日益彰显，而警察制度随着主政者的需要多次变更。辛亥革命爆发初期，各省独立后，废除清朝官制体系，建立革命政府。在这一过程中，各该省巡警道多被废除，于省城及商埠建立了形式各异的巡警厅局，并多由该军政府下的内务

---

① 《划一现行各道地方行政官厅组织令（续）》，《大公报》1913年1月11日。
② 《临时大总统公布划一现行地方警察官厅组织令》，《中华民国史档案资料汇编》第3辑《政治（一）》，第124页。

部、民政司等管理该省警务。南北和谈后，袁世凯在北京建立民国政府，全国在政治上暂时趋于统一。袁世凯政府颁布划一地方官制的政令，地方官制逐步调整，一省警务归并内务司管辖，省城及商埠设警察厅专管该地警务。

结　语

社会治安直接关系着人民大众的日常生活，影响政府的统治秩序，是社会稳定的基础。中国治安制度古今迥异，清季警察制度的形成，则是中国治安制度转型的重要节点。而清末巡警道的筹议、建置、运作及流变，与近代知识观念转换、新政宪政筹备、内外官制改革乃至晚清社会的变迁息息相关。

自1860年代以来，中国社会局势与结构发生着剧烈的变化。连年的战乱造成社会动荡，盗匪乘势而起，民众颠沛流离，流民数量激增。而五口通商之后，商埠城市工商业迅速发展，吸纳众多人口流向城市谋生。因此，城乡社会治安急剧恶化，不仅四乡伏莽横行，商埠城市也因人口膨胀面临新的治安难题。但因清代固有治安体制中，绿营窳败羸弱，差役积习已深，保甲早成具文，难以有效遏制社会治安的恶化。

随着中西交流的频繁，西方警制渐被官绅各界接受。庚子之后，社会动荡加剧，督抚大吏借鉴西方警察之制，创办警务局所，为应对治安难题提供了一条与往昔不同的治理路径。清廷虽认可兴办警察，但尚无一定规划。各省督抚自行筹设警局，委员经理，突破固有官僚体制，作为督抚权力的延伸，清廷难以掌控。由于各省情形不同，警局规制不一，管理混乱。警兵录用无一定限制，来源不同，程度参差。

警政作为各项宪政与行政的基础，随着新政改革的深化，需要进一步推广。在此背景下，巡警道筹议添设。但因各省社会治安情形不一，且各督抚对新政的态度有别，以及原有警察局所建制存在差异，各省巡警道设立的进程并不一致，而警务公所的机构设置与属员配置也不尽相同。徐世昌、张之洞主政的奉天、湖北率先添设巡警道缺，并于道署内分科治事。直省巡警道官制细则颁布后，各省遵照细则，先后增设巡警道缺，在警务公所内分设四科，处理各类警务。而作为外官制试点的直隶、江苏却观望不前，议而不设，直至各省巡警道多已筹设，并经民政部多次督催，才奏请添设巡警道。

巡警道及警务公所属员的学养才干，影响该省警务进展甚重。道缺添设之初，各省督抚便宜行事，奏保能员补署。而警务公所属员，由巡警道秉承督抚，自行遴委。这既是晚清以来督抚用人权扩张的继续，又因督抚熟谙该省吏治实情，其遴委的干员能吏较能胜任巡警道缺，在警务专门人才尚属匮乏之时，不失为应急之良策。随着各省巡警道陆续添设，清廷中央及民政部为加强中央集权，便于部令的贯彻执行，并为部员谋求升转出路，开始对巡警道缺及其属员的选任进行规范调整。最终，巡警道员的选任基本形成外补与内简交替使用的规制，并限定其属员的委任资格，且强调选任警学专门人才。这既是集权与分权拉锯博弈的结果，又反映出铨选制度在清季的重要变化。巡警道及其属员的选任，更加注重专门，由督抚与民政部共同负责，吏部已难职司铨叙。然而，受人才储备有限、候补官员壅滞、官场习气腐败等社会政情的影响，各省在选任巡警道时任用私人、放宽资格、变通办理的情况屡见不鲜。

巡警道的设立与建制，与清季官制变革和筹备宪政密不可分。它是外官改制的一项重要内容，其上下左右的权限清理及政务联系，与清季各项政制改革密切相关。巡警道直接承命于该省督抚，间接受民政部的监督指挥，随着官制的再次议改，屡有三方关系变更的提议，但未能实行。受司法独立的影响，一省警务由臬司兼理转归巡警道专管,而警察的裁判权也进一步受到限制,除违警处罚及假预审之外,其他一切词讼划归提法司统管。不过,巡警道与该省藩臬、提法、劝业、善后、营务等司道局处所,分别在缉捕查证、筹集警费、协调官商军警关系等各方面时常协作。

此外,巡警道各项施政举措均须接受该省谘议局的监督。但各督抚及巡警道视谘议局为收集舆论、补助官力之所,所交议警务各案,主要以筹措警费、兴办警政为目的,而谘议局议员则以监督行政为己任,力求通过谘议局议案,问责巡警道员,改良该省警务,反映出清末绅权的提升。

由于晚清警察制度的引进,基于城市发展的治安与市政需要,故巡警道多将督饬官警调查户口,加强查禁与缉捕力度,监管书报发行,限制集会结社,筹建菜市场,规范摊贩营业秩序,查禁烟赌娼等特殊行业,筹办消防,清扫道路,修浚沟渠,修建官厕,检查饮食物品的售卖,筹建官医院,注重防疫,制定交通规则,管理公共交通等,作为警务工作的主要内容。在推进近代巡警、卫生、消防、路政、交通等治安与市政建设方面,取得了一定成效,表现出政府对社会公共事务参与的深化,及治理方式的变化与职能的扩张。

对于民众而言,警察的兴办与违警律等律例的施行,给日常生活带来了深刻的影响。警察在治安、卫生、消防等方面的管理,促进城市秩序趋向稳定,环境更加优化,交通更为便捷,民众也深切感受到周边环境的变化,遇有问题,开始习惯向警察寻求帮助。但是,不少警务规章与旧有习惯不符,且部分警察执行公务时言行粗暴,或滥刑苛罚,造成了民众的不满以及警民之间的冲突,罢市、打毁警局等民变风潮不断。而为筹办警察所筹措的经费,需强制征收各类捐税,加之其他各项新政及赔款亦用度浩繁,民众不堪重负,各地出现警捐纠纷,造成民众与政府的关系紧张。

在督抚及民政部的双重节制下,各省巡警道遵照筹备宪政清单中关于警务的逐年推广计划,督促所属,从兴办警察学堂及教练所，培养警务专门人才入手，筹划推广各属巡警，调配警区划分与警力分布，建立遍及城乡的警察体系。至清朝覆亡前夕，全国各级警察机构建制初具规模。

清末警察新制虽已基本形成，但尚未完全取代旧制，而是呈现出新旧杂陈的状态。由于各省警察创办仅数年，警额不等，既要分散到各警区站岗巡逻，又要负责缉捕查案、调查户籍、管理卫生、维持交通、救护火灾等各种公安事项，势必无力兼顾。因此，原有的各种保卫体系并未完全退出历史舞台，部分延续着原有的功能，负担着维持治安的职责。不过，随着警务的扩张与警额的扩充，不少省城或商埠等警务发展迅速之地，其他各类组织渐被裁撤，逐步退出。

武昌起义后，十数省先后宣布独立，这些省份的巡警道员多数逃离，光复后的军政府设立名目不一的部司兼管警务，而仍受清廷控制的部分省份，巡警道仍旧存在。直至1913年，北洋政府划一地方官制，一省警务归并于内务司统管。

清末巡警道作为中国最早的省级警政机构，其统一建制及短暂运作，促进了直省行政体制的变革；其所建构的城乡警察体系，对清末社会的变化，尤其是近代中国城市的发展产生了一定积极作用，亦为民国警察制度的形成奠定了基础，标志着中国治安制度的转型，对民国及今天的治安管理产生了深刻的影响。

征引文献

一 报刊

《半星期报》《北京日报》《北京新闻汇报》《北洋官报》《大公报》《东方杂志》《甘肃官报》《广东警务官报》《广东警务杂志》《广西官报》《国风报》《河南官报》《湖北官报》《湖南官报》《汇报》《吉林官报》《津报》《京报》《警钟日报》《两广官报》《两湖官报》《临时政府公报》《内阁官报》《青鹤》《陕西官报》《申报》《神州日报》《盛京时报》《时报》《（清末）时事采新汇选》《时事新报》《蜀报》《顺德新报》《顺天时报》《四川官报》《四川警务官报》《现世史》《湘报》《新闻报》《选报》《学部官报》《云南官报》《云南政治官报》《浙江官报》《振华五日大事记》《政法学报》《政治官报》《中外日报》

二 官书、史料汇编

卞孝萱、唐文权编：《民国人物碑传集》，团结出版社1995年版。

蔡鸿源主编：《民国法规集成》，黄山书社1999年版。

蔡恂：《北京警察沿革纪要》，1944年版。

陈旭麓、顾廷龙、汪熙主编：《辛亥革命前后——盛宣怀档案资料选辑之一》，上海人民出版社1979年版。

戴鸿映编：《旧中国治安法规选编》，群众出版社 1985 年版。
戴逸等主编：《中国近代史通鉴》，红旗出版社 1997 年版。
戴执礼编：《四川保路运动史料》，科学出版社 1959 年版。
方树海纂辑：《续滇南碑传集校补》，云南民族出版社 1993 年版。
冯煦主修，陈师礼总纂：《皖政辑要》，黄山书社 2005 年版。
甘厚慈辑：《北洋公牍类纂》，台北，文海出版社 1997 年版。
甘肃清理财政局编：《甘肃全省财政说明书》，广东省社会科学院图书馆藏。
故宫博物院明清档案部编：《清末筹备立宪档案史料》，中华书局 1979 年版。
故宫博物院明清档案部编：《义和团档案史料》，中华书局 1959 年版。
官箴书集成编纂委员会编：《官箴书集成》第 9 册，黄山书社 1997 年版。
《光绪会典》，线装书局 2006 年版。
《广东警务公所第二次统计书》。
广东清理财政局编：《广东全省财政说明书》，广东经济出版社 1997 年版。
广州市地方志编纂委员会办公室、广州海关志编纂委员会编译：《近代广州口岸经济社会概况——粤海关报告汇集》，暨南大学出版社 1995 年版。
国家档案局明清档案馆编：《戊戌变法档案史料》，中华书局 1959 年版。
河南清理财政局编：《河南全省财政说明书》，广东省社会科学院图书馆藏。
侯宜杰整理：《清末督抚答复厘定地方官制电稿》，《近代史资料》总 76 号。
湖南清理财政局编：《湖南全省财政说明书》，广东省社会科学院图书馆藏。

华中师范大学历史研究所、苏州市档案馆合编：《苏州商会档案丛编》，华中师范大学出版社1991年版。

江苏苏属地方自治筹办处编：《江苏自治公报类编》，台北，文海出版社1989年版。

江西清理财政局编：《江西全省财政说明书》，广东省社会科学院图书馆藏。

昆冈等撰：《钦定大清会典事例》。

林开明等编辑：《北洋军阀史料·徐世昌卷》，天津古籍出版社1996年版。

刘锦藻撰：《清朝续文献通考》，浙江古籍出版社2000年版。

马端临：《文献通考》。

《民政部奏折汇存》，全国图书馆文献缩微复制中心2004年版。

内阁印铸局编：《宣统三年冬季职官录》，台北，文海出版社1968年版。

内政部警政司编：《中国警察行政》，商务印书馆1935年版。

内政部年鉴编撰委员会编撰：《内政年鉴》，1935年。

《钦定大清律》。

《钦定续文献通考》。

秦国经主编：《清代官员履历档案全编》，华东师范大学出版1997年版。

《清朝文献通考》，浙江古籍出版社2000年版。

《清代各部院则例·钦定吏部则例》，蝠池书院出版有限公司2004年版。

《清德宗实录》。

清宪政编查馆编：《清末民初宪政史料辑刊》，北京图书馆出版社2006年版。

清宪政编查馆编：《清宪政编查馆奏稿汇订》，全国图书馆文献缩微复制中心 2004 年版。

仇江编:《广东新军庚戌起义资料汇编》,中山大学出版社 1990 年版。

桑兵主编:《清代稿钞本》,广东人民出版社 2007 年版。

山东清理财政局编:《山东全省财政说明书》,北京经济学会 1915 年版。

上海社会科学院历史研究所编:《辛亥革命在上海史料选辑》,上海人民出版社 1981 年版。

四川省档案馆编:《四川保路运动档案选编》,四川人民出版社 1981 年版。

台北"故宫博物院"、故宫文献委员会编:《宫中档光绪朝奏折》,台北"故宫博物院" 1973 年版。

天津市档案馆编辑:《袁世凯天津档案史料选编》,天津古籍出版社 1990 年版。

天津市档案馆等编:《天津商会档案汇编（1903—1911）》,天津人民出版社 1989 年版。

天津图书馆、天津社会科学院历史研究所编:《袁世凯奏议》,天津古籍出版社 1987 年版。

田涛、郭成伟整理:《清末北京城市管理法规》,北京燕山出版社 1996 年版。

隗瀛涛、赵清主编:《四川辛亥革命史料》,四川人民出版社 1981 年版。

《武昌起义档案资料选编》,湖北人民出版社 1981 年版。

吴剑杰主编:《湖北谘议局文献资料汇编》,武汉大学出版社 1991 年版。

辛亥革命武昌起义纪念馆、政协湖北省委员会文史资料研究委员会合编:《湖北军政府文献资料汇编》,武汉大学出版社 1986 年版。

徐世昌:《退耕堂政书》,台北,文海出版社 1968 年版。

《宣统政纪》。

《谕折汇存》，台北，文海出版社 1967 年版。

云南清理财政局编：《云南全省财政说明书》，广东省社会科学院图书馆藏。

章开沅、罗福惠、严昌洪主编：《辛亥革命史资料新编》，湖北人民出版社 2006 年版。

赵尔巽等撰：《清史稿》，中华书局 1976—1977 年版。

浙江清理财政局编：《浙江全省财政说明书》，广东省社会科学院图书馆藏。

中国第二历史档案馆编：《中华民国史档案资料汇编》，江苏古籍出版社 1991 年版。

中国第二历史档案馆编：《中华民国史档案资料汇编》第 1 辑，江苏人民出版社 1979 年版。

中国第一历史档案馆、北京师范大学历史系选编：《辛亥革命前十年间民变档案史料》，中华书局 1985 年版。

中国第一历史档案馆编：《光绪朝朱批奏折》，中华书局 1995 年版。

中国第一历史档案馆编：《光绪宣统两朝上谕档》，广西师范大学出版社 1996 年版。

中国第一历史档案馆编：《清代军机处电报档汇编》，中国人民大学出版社 2005 年版。

中国人民政治协商会议广东委员会文史资料研究委员会编：《广东辛亥革命史料》，广东人民出版社 1981 年版。

中国社会科学院中国边疆史地研究中心主编：《光绪朝黑龙江将军奏稿》，全国图书馆文献缩微复制中心 1993 年版。

中国史学会主编：《戊戌变法》，上海人民出版社 2000 年版。

朱寿朋编：《光绪朝东华录》，中华书局 1958 年版。

三　文集、日记、笔记、文史资料

北京市档案馆编：《那桐日记》，新华出版社 2006 年版。

斌椿：《乘槎笔记》，岳麓书社1985年版。

蔡尚思、方行编：《谭嗣同全集》，中华书局1980年版。

陈璧：《望岩堂奏稿》，台北，文海出版社1973年版。

陈灨一：《睇向斋秘录》，中华书局2007年版。

陈灨一：《新语林》，上海书店出版社1997年版。

陈夔龙：《梦蕉亭杂记》，北京古籍出版社1985年版。

陈夔龙：《庸庵尚书奏议》，台北，文海出版社1970年版。

陈善同：《陈侍御奏稿》，台北，文海出版社1968年版。

程德全：《程将军（雪楼）守江奏稿》，台北，文海出版社1968年版。

杜春和、耿来金、张秀清编：《荣禄存札》，齐鲁书社1986年版。

端方：《端忠敏公奏稿》，台北，文海出版社1967年版。

桂林市政协文史资料委员会编：《桂林文史资料》第16辑《辛亥革命在桂林》，漓江出版社1991年版。

郭嵩焘：《伦敦与巴黎日记》，岳麓书社1985年版。

何刚德：《春明梦录》，上海古籍出版社1983年版。

何刚德：《客座偶谈》，上海古籍出版社1983年版。

贺长龄辑：《皇朝经世文编》，台北，文海出版社1972年版。

胡思敬：《国闻备乘》，上海书店出版社1997年版。

胡思敬：《退庐全集》，台北，文海出版社1970年版。

胡珠生编：《宋恕集》，中华书局1993年版。

《黄遵宪集》，天津人民出版社2003年版。

黄遵宪：《日本国志》，天津人民出版社2005年版。

黄遵宪：《日本杂事诗（广注）》，岳麓书社1985年版。

黄遵宪著，钱仲联笺注：《人境庐诗草》，中国青年出版社2000年版。

李圭：《环游地球新录》，岳麓书社1985年版。

刘大鹏著，乔志强标注：《退想斋日记》，山西人民出版社

1990年版。

刘锡鸿：《英轺私记》，岳麓书社1985年版。

《刘忠诚公（坤一）遗集》，台北，文海出版社1968年版。

《清朝野史大观》，上海书店出版社1981年版。

上海图书馆编：《汪康年师友书札》，上海古籍出版社1986年版。

《汪荣宝日记》，台北，文海出版社1991年版。

王韬：《漫游随录》，岳麓书社1985年版。

锡良：《锡清弼制军奏稿》，台北，文海出版社1974年版。

夏东元编：《郑观应集》，上海人民出版社1988年版。

徐凌霄、徐一士：《凌霄一士随笔》，山西古籍出版社1997年版。

苑书义、孙华峰、李秉新主编：《张之洞全集》，河北人民出版社1998年版。

《恽毓鼎澄斋日记》，浙江古籍出版社2004年版。

《恽毓鼎澄斋奏稿》，浙江古籍出版社2007年版。

张謇研究中心、南通市图书馆编著：《张謇全集》，江苏古籍出版社1994年版。

赵炳麟：《赵伯严集》，《伯严文存》，台北，文海出版社1969年版。

赵树贵、曾丽雅编：《陈炽集》，中华书局1997年版。

政协广东省广州市委员会文史资料研究委员会编：《广州文史资料》第11辑。

政协四川省文史资料委员会编：《四川文史资料集萃》第1卷。

中国人民政治协商会议四川省重庆市委员会文史资料研究委员会编：《重庆文史资料选辑》第12辑，1981年。

中国人民政治协商会议天津市北郊区委员会文史研究委员会编：《北郊文史资料》第2辑，1989年。

周馥：《秋浦周尚书（玉山）全集》，台北，文海出版社1967

年版。

子虚子：《湘事记·徐世昌》，台北，文海出版社 1988 年版。

四 方志

安徽省地方志编纂委员会编：《安徽省志·公安志》，方志出版社 1998 年版。

广西壮族自治区地方志编纂委员会编：《广西通志·工商行政管理志》，广西人民出版社 1995 年版。

黄元直修：《沅江志稿·云南省》，《中国方志丛书》第 147 号。

嵇璜、刘墉等：《清朝通志》，浙江古籍出版社 1988 年版。

辽宁省地方志编纂委员会办公室主编：《辽宁省志·公安志》，辽宁民族出版社 2001 年版。

民国《南通县图志》，《中国地方志集成·江苏府县志辑》第 53 辑，凤凰出版社 2008 年版。

民国《潜山县志》，《中国地方志集成·安徽府县志辑》第 17 辑，江苏古籍出版社 1998 年版。

民国《汝城县志》，《中国地方志集成·湖南府县志辑》第 30 辑，江苏古籍出版社 2002 年版。

民国《溆浦县志》，《中国地方志集成·湖南府县志辑》第 63 辑，江苏古籍出版社 2002 年版。

民国《政和县志·福建省》，《中国方志丛书》第 97 号。

天津市地方志编修委员会编著：《天津通志·公安志》，天津人民出版社 2001 年版。

《新纂云南通志》，云南人民出版社 2007 年版。

云南省地方志编纂委员会编：《云南省志·公安志》，云南人民出版社 1995 年版。

五 论著

陈卫民编著：《天津的人口变迁》，天津古籍出版社 2004

年版。

陈允文：《中国的警察》，商务印书馆1935年版。

陈真、陈合权主编：《世界警察概论》，四川大学出版社2008年版。

程幸超：《中国地方行政制度史》，四川人民出版社1992年版。

池子华：《流民问题与社会控制》，广西人民出版社2001年版。

丁芮：《管理北京：北洋政府时期京师警察厅研究》，山西人民出版社、山西经济出版社2013年版。

〔荷〕冯客：《近代中国的犯罪、惩罚与监狱》，徐有威等译，江苏人民出版社2008年版。

关晓红：《从幕府到职官：清季外官制的转型与困扰》，三联书店2014年版。

关晓红：《晚清学部研究》，广东教育出版社2000年版。

韩延龙、苏亦工等：《中国近代警察史》，社会科学文献出版社2000年版。

韩延龙主编：《中国近代警察制度》，中国人民公安大学出版社1993年版。

何一民主编：《近代中国城市发展与社会变迁（1840－1949年）》，科学出版社2004年版。

蒯世勋编著：《上海公共租界史稿》，上海人民出版社1980年版。

李细珠：《张之洞与清末新政研究》，上海书店出版社2003年版。

栗戡时等：《湖南反正追记》，湖南人民出版社1981年版。

刘绍韬、黄祖同编：《黄钺与秦州起义》，甘肃人民出版社1992年版。

刘伟：《晚清督抚政治：中央与地方关系研究》，湖北教育出版社 2003 年版。

刘雨珍、孙雪梅编：《日本政法考察记》，上海古籍出版社 2002 年版。

刘增合：《鸦片税收与清末新政》，三联书店 2005 年版。

刘哲民编：《近现代出版新闻法规汇编》，学林出版社 1992 年版。

刘子扬编著：《清代地方官制考》，紫禁城出版社 1988 年版。

〔英〕罗伯特·雷纳：《警察与政治》，易继苍、朱俊瑞译，知识产权出版社 2008 年版。

罗尔纲：《绿营兵志》，中华书局 1984 年版。

罗明、徐彻主编：《清代人物传稿》第 7 卷，辽宁人民出版社 1993 年版。

《骆宝善评点袁世凯函牍》，岳麓书社 2005 年版。

马小泉：《国家与社会：清末地方自治与宪政改革》，河南大学出版社 2001 年版。

马濬明编辑：《河南警务沿革纪略》，1936 年稿本。

彭泽益：《中国近代手工业史资料（1840–1949）》，三联书店 1957 年版。

皮明庥主编：《近代武汉城市史》，中国社会科学出版社 1993 年版。

钱实甫：《北洋政府时期的政治制度》，中华书局 1984 年版。

钱实甫：《清季新设职官年表》，中华书局 1961 年版。

钱实甫：《清季重要职官年表》，中华书局 1959 年版。

瞿同祖：《清朝地方政府》，法律出版社 2003 年版。

谭汝谦主编：《中国译日本书综合目录》，香港中文大学出版社 1980 年。

王家俭：《清末民初我国警察制度现代化的历程》，台湾商务印书馆 1984 年版。

王树槐：《中国现代化的区域研究——江苏省，1860—1916》，中研院近代史研究所1983年版。

隗瀛涛主编：《近代重庆城市史》，四川大学出版社1991年版。

魏光奇：《官治与自治：20世纪上半期的中国县制》，商务印书馆2004年版。

忻平：《从上海发现历史——现代化进程中的上海人及其社会生活（1927—1937）》，上海人民出版社1996年。

徐秀丽编：《中国近代乡村自治法规选编》，中华书局2004年版。

严迪昌编著：《近现代词纪事会评》，黄山书社1995年版。

杨世骥：《辛亥革命前后湖南史事》，湖南人民出版社1958年版。

殷莉：《清末民初新闻出版立法研究》，新华出版社2007年版。

余英时：《钱穆与中国文化》，上海远东出版社1994年版。

张德泽：《清代国家机关考略》，学苑出版社2001年版。

张海林：《端方与清末新政》，南京大学出版社2007年版。

张季：《清季铨选制度流变》，世界图书出版广东有限公司2015年版。

张朋园：《中国现代化的区域研究——湖南省，1860—1916》，中研院近代史研究所1983年版。

张玉法：《清季的立宪团体》，中研院近代史研究所1985年版。

张玉法：《中国现代化的区域研究——山东省，1860—1916》，中研院近代史研究所1982年版。

赵建国：《分解与重构：清季民初的报界团体》，三联书店2008年版。

钟叔河：《走向世界：近代中国知识分子考察西方的历史》，中华书局2000年版。

〔美〕周锡瑞:《改良与革命——辛亥革命在两湖》,杨慎之译,中华书局1982年版。

朱绍侯主编:《中国古代治安制度史》,河南大学出版社1994年版。

六 期刊资料、论文

丁进军编选:《清末江苏等省民政调查史料》,《历史档案》1988年第4期。

付美英、方裕谨编选:《辛亥革命前清政府对革命书刊的封禁》,《历史档案》1982年第2期。

公安部公安史资料征集研究领导小组办公室编:《公安史资料》1990年第3期。

关晓红:《从幕府到职官:清季外官制改革中的幕职分科治事》,《历史研究》2006年第5期。

关晓红:《种瓜得豆:清季外官改制的舆论及方案选择》,《近代史研究》2007年第6期。

何文平:《清末广东巡警的创建与官绅关系》,《中山大学学报》2006年第5期。

皮锡瑞:《师伏堂未刊日记(1897—1898年)》,《湖南历史资料》1958年4期。

瞿巍:《清政府在抵货运动中的态度》,《贵州社会科学》2008年第11期。

王家俭:《近代安徽的警政建设》,《近代中国区域史研究会论文集》(下),台湾,1986年。

谢汝钦撰:《按属考察日记》,《近代史资料》总62号。

张振鹤、丁元英整理:《清末民变年表》,《近代史资料》1982年第4期。

中国第一历史档案馆:《清末筹备立宪档案史料补遗》,《历史档案》1993年第3期。

中国第一历史档案馆：《有关川岛浪速的几件史料》，《历史档案》1993 年第 4 期。

朱东安：《关于清代的道和道员》，《近代史研究》1982 年第 4 期。

邹俊杰：《论晚清的警政人事博弈——以湖北巡警道的选任和罢黜为中心》，《江苏警官学院学报》2016 年第 6 期。

谷井俊仁、滋賀秀三「清代外省の警察機能について」『東洋史研究』第 46 巻第 4 号、1988 年、87－115 頁。

吉澤誠一郎「光緒末天津における巡警創設と行政の變容」『史學雜誌』第 101 編第 12 号、1992。

七　学位论文

曹晶晶：《1910—1911 年的东北鼠疫及其控制》，硕士学位论文，吉林大学，2005 年。

方靖：《近代西方警政的东渐及其在广州的实践》，博士学位论文，暨南大学，2010 年。

葛天：《清末陕西新政研究》，硕士学位论文，西北大学，2009 年。

郭艳波：《清末东北新政研究》，博士学位论文，吉林大学，2007 年。

贾蕊华：《试论清末广东警政》，硕士学位论文，暨南大学，2006 年。

李思颖：《清末警察制度研究》，硕士学位论文，上海师范大学，2015 年。

林广荣：《晚清广东教案新探》，硕士学位论文，暨南大学，2008 年。

潘鸣：《清末省级行政机构改革研究（1906 年—1911 年）》，硕士学位论文，首都师范大学，2007 年。

庞振宇：《清末江西新政与社会变迁》，硕士学位论文，江西师范大学，2007 年。

苏寒沙：《近代湖南警政研究（1989—1926年）》，硕士学位论文，湖南科技大学，2015年。

王银：《1910—1911年东北鼠疫及防治研究》，硕士学位论文，苏州大学，2005年。

谢明刚：《清末直隶警政述论》，硕士学位论文，河北师范大学，2002年。

许雪溢：《清末浙江警政建设述论》，硕士学位论文，浙江大学，2008年。

严冰：《1905—1906年广东地区抵制美货运动研究》，硕士学位论文，广州大学，2007年。

杨雪英：《1902—1928年山东警政研究》，硕士学位论文，山东师范大学，2008年。

张蕾：《1910—1911年东北鼠疫与山东疫情——兼论鼠疫在山东流行的环境因素》，硕士学位论文，中国海洋大学，2009年。

张利荣：《清末民初甘肃的警政建设》，博士学位论文，暨南大学，2007年。

朱俊：《徐世昌与东北新政研究》，硕士学位论文，安徽师范大学，2005年。

Stapleton, Kristin E., *Police Reform in a Late-Imperial Chinese City: Chengdu, 1902–1911*, Ph. D. dissertation, Harvard University, 1993.

附　录

表1　各省巡警道职官

省份	1907年	1908年	1909年	1910年	1911年	1912年
奉天	邓嘉缜 8月由奉天府知府升署,外补指名	邓嘉缜	邓嘉缜 5月裁缺离任			
湖北	冯启钧 9月由候补知府升试署,外补指名	冯启钧 11月5日是金鼎代理	冯启钧 3月7日冯回任	冯启钧 5月革职 全兴 5月补授,内简,暂由黄祖徽署理,7月到任,8月调署盐法道,仍以黄祖徽署	全兴 4月回任,5月调补安徽巡警道,以祝书远署 王履康 7月到任,11月武昌起义中逃 申保亨 12月1日署理	
山东		潘延祖 1月以存记道补授,外补指名	潘延祖		潘延祖 11月离任 吴炳湘 11月14日署理	庄洪烈 丁汝彪

续表

省份	1907年	1908年	1909年	1910年	1911年	1912年
安徽		卞绪昌 4月以存记试用道试署,外补指名	卞绪昌	卞绪昌 11月病故出缺,由顾赐书暂署	王履康 1月内简补授,2月赴任,5月调任湖北巡警道 全兴 湖北巡警道调任	
陕西		张嘉猷 5月以盐巡道改补,外补指名,7月病故 张藻 7月补授,外补请简	张藻	张藻	张藻	
湖南		赖承裕 3月以补用道试署,外补指名	赖承裕	赖承裕 5月革职,张鸿年代理 桂龄 5月28日补授,内简,9月到任	桂龄	
四川		高增爵 10月以成都府知府试署,外补指名	高增爵	高增爵 7月丁忧,王棪代理 周肇祥 9月补授,外补	周肇祥 6月请假,以贺纶夔暂代,7月开缺 徐樴 7月10日补授,以王棪代理,9月赴任,旋离职,由于宗潼兼任	
广东		王秉恩 8月补授,外补请简	王秉恩 9月调任广西巡警道 刘永滇 9月由广西巡警道调任,赴日考察警政,由高觐昌暂署	刘永滇	刘永滇 3月调任琼崖道 王秉恩 3月署理,5月升任提法司,以李湛阳署 刘道仁 10月26日补授	

省份	1907年	1908年	1909年	1910年	1911年	1912年
云南		杨福璋 7月以补用道试署，外补指名	杨福璋 2月以赵鸿猷代理	杨福璋	杨福璋 9月升署提法司，由郭灿署理	
贵州		贺国昌 5月，以截取知府试署，外补指名	贺国昌	贺国昌	贺国昌	
江西			张检 1月以存记道、实任知府补授，外补指名	张检 8月升署臬司，以陆长佑署理	张检 9月回本任，署警道陆长佑调补南瑞袁临道	
浙江			杨士燮 4月以存记道实任知府试署，外补指名，7月由首府兼理，月底回任	杨士燮	杨士燮 11月与温处道郭啸麓互调	
山西			王为干 5月以补用道补授，外补请简，9月开缺，以臬司志森暂行兼理 连印 9月25日补授，内简，12月到任	连印	连印 8月升署提法司，遗缺由元寓署理	毓麟 周渤 南桂馨
广西			刘永滇 5月由补用道补授，外补请简，9月与粤巡警道王秉必互调，由欧阳中鹄署	王秉必 7月抵任	王秉必 12月逃，以范锡朋署	

续表

省份	1907年	1908年	1909年	1910年	1911年	1912年
河南			蒋懋熙 9月以特用道试署，外补请简	蒋懋熙 12月开缺，仍暂署 王守恂 12月补授，内简	王守恂 3月蒋懋熙撤任，以首府袁镇南兼署，4月到任，12月开缺 邹道沂 外补，补授	邹道沂
直隶				舒鸿贻 4月补授，内简，12月请假三个月，以田文烈暂署	叶崇质 4月田晋京，以叶崇质署理，7月舒开缺，以叶试署，12月开缺 言敦源 12月补授	言敦源 1月调任 杨以德 1月补授
江苏				汪瑞闿 5月试署，内简	汪瑞闿 4月调任，仍暂署，6月离任 吴肇邦 6月到任，调补，11月革职	
福建				吕承瀚 5月以补用道试署，外补指名	吕承瀚 10月离任，由彭述暂署	
甘肃					赵惟熙 1月由补用道宁夏府知府试署，外补请简，11月升署提法司 潘龄皋	潘龄皋 赖恩培

表 2　宣统三年各省警务公所官吏

省份	科别	职别	衔名	姓名	籍贯	出身	统计
直隶		巡警道		叶崇质	安徽人	荫生	毕业生居多，占一半以上，且科长科副绝大多数为毕业生。四科皆设科长科副，总务科科员5人，行政、司法、卫生三科科员各4人，四科科员分布平均，职员共25人。河南籍6人，安徽籍8人，其余省份各少许。由于巡警道为安徽人，故公所职员以安徽人为最多，且总务、行政、卫生三科科长及司法科副科长皆为安徽人
	总务科	科长	直隶候补知县	张宏周	安徽合肥	毕业生	
		副科长	候选通判	丁嵩	湖南清泉	毕业	
		科员		朱绍雍	河南光州	毕业生	
		科员	候选县丞	江毓麐	安徽怀宁	监生	
		科员	县丞职衔	冯景焘	河南祥符	毕业生	
		科员	试用府经历	姚兆鸾	安徽怀宁	监生	
		科员		王清骏	直隶东光	毕业生	
	行政科	科长	候补知县	余恩纶	安徽桐城	毕业生	
		副科长	候选从九品	朱堉	浙江仁和	毕业生	
		科员	前贵州广顺州知州	崔逢霖	安徽太平	难荫生	
		科员	裁缺中书科中书	沈豫立	河南祥符	荫生	
		科员	试用县丞	钱杰	浙江桐乡	毕业生	
		科员	候选府经历	娄守愚	浙江会稽	监生	
	司法科	科长	补用知县	佘耕礼	四川新都	毕业生	
		副科长	候补知县	余上达	安徽怀宁	优附贡生	
		科员	补用知县	随良	汉军正白旗	廪贡	
		科员	补用知县	程世谦	河南光山	监生	
		科员	候补知县	刘景范	安徽旗德	举人	
		科员	候选县丞	田文弨	湖北夏口	附生	
	卫生科	科长	候补知县	张宏周	安徽合肥	毕业生	
		副科长	候补知府	王景福	浙江山阴	毕业生	
		科员		杨卓家	湖南湘潭	毕业生	
		科员		王方瀛	河南固始	毕业生	
		科员	度支部主食	陈秉璐	安徽怀宁	毕业生	
		科员	前候补知州	周尔昌	河南祥符	监生	

续表

省份	科别	职别	衔名	姓名	籍贯	出身	统计
江苏		巡警道		吴肇邦	广西	举人	巡警道系举人出身，职员中毕业生很少，几为旧学出身。仅总务科设副科长，其余三科未设。总务、行政二科各设科员4名，司法、卫生二科各科科员2名。共17人，其中江苏籍5人，浙江籍6人，本省及邻省人居多
	总务科	科长	通判	戴宗礼	湖南长沙	监生	
		副科长	通判	陈熊	浙江钱塘	附贡	
		科员	中书科中书衔	尤志逵	江苏吴县	附生	
		科员	县丞	沈炳荣	浙江海宁	监生	
		科员	通判	王念植	江苏宝应	附生	
		科员		申彤藻	江苏元和	附贡	
	行政科	科长	试用知县	唐同声	贵州贵筑	毕业生	
		科员	县丞	戈丰玉	江苏吴县	毕业生	
		科员	库大使	张镇元	浙江鄞县	举人	
		科员	县丞	苏本廉	福建永定	监生	
		科员	试用知县	倪文范	安徽望江	监生	
	司法科	科长	试用知县	胡燡	浙江山阴	监生	
		科员	试用知县	胡智澄	浙江建德	监生	
		科员	从九品	钱燮元	浙江会稽	监生	
	卫生科	科长	小京官	蔡垕	安徽怀宁	拔贡	
		科员	直隶州州判	贾霈周	江苏长洲	优廪生	
		科员	试用知县	章朴	湖南善化	监生	
安徽		巡警道		全兴	满洲镶黄旗	拔贡	除总务科科长外，均为毕业生。总务、行政两科设科长副科长，司法、卫生两科仅设科长。总务科科员4人，其余三科科员各1人。共13人
	总务科	科长	试用知府	张茂镛	江苏吴县	举人	
		副科长	县丞衔	王季纶	江苏长洲	毕业生	
		科员	候补府经历	汪瓒生	四川成都	毕业生	
		科员		程钟	江苏江宁	毕业生	
		科员	候补典史	桂念典	江西临川	毕业生	
		科员	试用巡检	余际春	湖南长沙	毕业生	
	行政科	科长	候补知县	杨承孝	湖北襄阳	毕业生	
		副科长	民政部裁缺八品警官	许维绮	安徽桐城	毕业生	
		科员	即用知县	邱方监	山东诸城	毕业生	
	司法科	科长	候补知县	沈福新	顺天大兴	毕业生	
		科员	试用知县	范绪鸿	江苏上元	毕业生	
	卫生科	科长	民政部裁缺八品警官	许维绮	安徽桐城	毕业生	
		科员	候补府经历	沈文钧	浙江余姚	毕业生	

续表

省份	科别	职别	衔名	姓名	籍贯	出身	统计
山东		巡警道		潘延祖	安徽泾县	监生	毕业生居多，且科长科副多为毕业生。总务科科员2人，分别兼任行政科、司法科科长，每科科员2人。共14人
	总务科	科长	候补知府	姚彤章	直隶天津	毕业生	
		副科长	候补知县	黄恩荣	湖北汉阳	学生	
		科员	候补知县	范家祜	广西临桂	毕业生	
		科员	候补州吏目	陈宪曾	浙江会稽	毕业生	
	行政科	科长	候补知县	范家祜	广西临桂	毕业生	
		副科长	候补府经历	吕道长	江苏阳湖	毕业生	
		科员	候补巡检	张圣柱	直隶磁州	毕业生	
		科员	分省知县	徐克恒	直隶天津	毕业生	
	司法科	科长	候补州吏目	陈宪曾	浙江会稽	毕业生	
		副科长	候补知县	茅乃厚	顺天大兴	毕业生	
		科员	候补知县	汪纶章	浙江山阴	监生	
		科员	候选县丞	孙长清	山东馆陶	毕业生	
	卫生科	科长	候选县丞	王书田	直隶林榆	毕业生	
		副科长	候选县丞	王祖香	江苏甘泉	学生	
		科员	候补知县	辛玉培	直隶天津	毕业生	
		科员	山东试用从九	王执中	直隶天津	毕业生	
山西		巡警道		连印	汉军正白旗	举人	因巡警道为汉军旗人，属员中汉军旗人较他省为多。旧学出身占优势，多为科长科副，科员中多毕业生。设有额外科员。共26人
	总务科	科长	临汾县知县	李增荣	四川绵竹	进士	
		副科长	候补知县	丁尚恒	直隶通州	监生	
		科员	试用县丞	杨濂	直谷清苑	毕业生	
		科员	记名七品警官	杨希贤	直隶通州	毕业生	
		额外科员		惠振	汉军正黄旗	毕业生	
		额外科员	州同职衔	潘树棠	江苏荆溪	毕业生	
	行政科	科长	记名七品警官	王钟槐	安徽望江	毕业生	
		副科长	候补直隶州知州	连魁	汉军正白旗	举人	
		科员	六品衔	刘兆瑞	山西托克托城	毕业生	
		科员		张音铭	山西孝义	毕业生	
		科员	试用从九	谢宪武	河南南阳	监生	
		科员		冯经芳	山西赵城	毕业生	
		额外科员	候补知县	陈作梅	广东海阳	监生	

续表

省份	科别	职别	衔名	姓名	籍贯	出身	统计
山西	司法科	科长	截取知县	文杰	汉军镶白旗	进士	因巡警道为汉军旗人，属员中汉军旗人较他省为多。旧学出身占优势，多为科长科副，科员中多毕业生。设有额外科员。共26人
		副科长	候选州判	吴人彦	江苏通州	附生	
		科员	试用典史	李廷栋	顺天霸州	监生	
		科员	补用巡检	梁仁溥	直隶吴桥	廪生	
		科员		章倬云	浙江会稽	毕业生	
		额外科员	笔贴式	荣培			
	卫生科	科长	改选知县	邓维翰	四川射洪	副贡	
		副科长	府经历职衔	周鼎	浙江杭州	监生	
		科员	试用仓大使	茅桂芬	浙江山阴	监生	
		科员	分省补用直隶州知州	丁其忞	河南永城	毕业生	
		科员	记名七品警官	金山	满洲	毕业生	
		科员	分省试用府经历	吴长瀛	安徽桐城	毕业生	
		额外科员		焦澂	顺天大兴	毕业生	
河南		巡警道		王守恂	直隶天津	进士	科员3—4人，旧学出身占优势，直隶人较多。共22人，毕业生仅7人
	总务科	科长	光禄寺署正衔	裴熙琳	江苏长洲	廪贡	
		副科长	项城县知县	朱宝璇	浙江嘉兴	进士	
		科员	候补知县	刘祖柽	直隶吴桥	监生	
		科员	候选盐大使	张映星	山西阳曲	监生	
		科员	改选知县	刘昌宜	山西平定	举人	
		科员	候选县丞	张才鼎	河南祥符	廪贡	
	行政科	科长	即用知县	陈官桃	广东东莞	举人	
		副科长	试用知县	严济和	浙江乌城	监生	
		科员	候补知县	沈德本	顺天大兴	毕业生	
		科员	候补巡检	宓钟棠	顺天大兴	毕业生	
		科员		程兆祐	直隶清苑	毕业生	
		科员		卢熙绅	直隶大兴	毕业生	
	司法科	科长	候补知县	杨光斌	江苏溧水	增贡	
		副科长	应补知县	戚渠清	浙江余姚	拔贡	
		科员	补用知州	褚荣泰	浙江嘉兴	毕业生	
		科员	改选知县	章鹏万	浙江山阴	毕业生	
		科员	候选县丞	卢鸿钧	直隶涿州	毕业生	
	卫生科	科长	改选知县	郭名世	山西平定	举人	
		副科长	候补知县	曹亮臣	江苏江阴	监生	
		科员	试用知县	贾振鹭	江苏武进	监生	
		科员	试用知县	钟汝廉	直隶天津	廪贡	
		科员	试用知县	吴鹏	湖北孝感	监生	

续表

省份	科别	职别	衔名	姓名	籍贯	出身	统计
陕西		巡警道兼管水利事务		张藻	湖北	举	旧学出身占优势，总务科科员5人，超编，总务科、司法科各设2名科长。共21人。毕业生7人。巡警道为湖北人，科员中湖北籍最多，有7人
	总务科	科长	补用通判	薛士选	山西解州	举人	
		科长	即用知县	孙成启	江苏兴化	举人	
		副科长	调陕差委知县	孙际仁	安徽桐城		
		科员	拣选试用县丞	陈梦熊	甘肃武威	举人	
		科员	候补府经历	谭道隆	湖北建始	附贡	
		科员	试用县丞	胡贤绪	湖北江夏	毕业生	
		科员	补用知县	彭念宓	湖北江夏	监生	
		科员	补用县丞	刘人佶	陕西三原	监生	
	行政科	科长	补用知县	龙云藻	湖南长沙	监生	
		副科长	补用知县	王运熙	四川巴县	毕业生	
		科员	补用从九	萧玉成	直隶天津	毕业生	
		科员	考职巡检	徐菜	四川成都	毕业生	
	司法科	科长	试用知县	陈问绅	湖北安陆	附生	
		科长	候补知县	曾瑞灵	四川内江	毕业生	
		副科长	候补盐大使	尹鏊	浙江山阴	监生	
		科员	试用县丞	李锡璜	湖北襄阳	毕业生	
	卫生科	科长	准补洵阳县知县	玉崑	蒙古正红旗	毕业生	
		副科长	补用知县	刘鼎三	湖北建始	拔贡	
		科员	试用县丞	周钟藻	顺天大兴	监生	
		科员	试用从九	周敬裕	湖北黄陂	监生	
		科员	试用知县	王植存	湖北黄陂	附贡	
甘肃		试署巡警道		赵惟熙	江西南丰	进士	总务科科长兼卫生科科长，行政科科长兼司法科科长，科员1—3人，人数较少，共10人
	总务科	科长	保送知府	明堃	满洲镶黄旗		
		科员	知州	黎丹	湖南湘潭		
		科员	截取同知	赵国珍	云南蒙化厅		
		科员	候补通判	刘鼎	湖南巴陵		
	行政科	科长	直隶州知州	潭焯	湖南长沙		
		科员	候补知县	曹耀崐	湖南长沙		
		科员	补用直隶州知州	李芝	湖南鄜县		
	司法科	科长	直隶州知州	潭焯	湖南长沙		
		科员	议叙通判	陈铠	湖北安陆		
		科员	截取直隶州州同	江命职	云南会泽		
	卫生科	科长	保送知府	明堃	满洲镶黄旗		
		科员	试用通判	黄承熙	四川西充		

续表

省份	科别	职别	衔名	姓名	籍贯	出身	统计
福建		巡警道		吕承瀚	湖北武昌	举人	浙江籍7人，福建籍9人，共18人，本省及邻省人占多数，行政科、卫生科只有副科长，科长科副均旧学出身，科员多毕业生出身
	总务科	科长	候补通判	陶闻远	浙江绍兴	举人	
		副科长	试用知县	计达三	浙江钱塘	附贡	
		科员	前按察司经历	潘钟华	浙江泰顺	岁贡	
		科员		陈翼谋	福建侯官	毕业生	
		科员		陈毓璋	福建闽县	毕业生	
	行政科	副科长	试用知县	王述曾	浙江山阴	难荫	
		科员		施侃	福建闽县	毕业生	
		科员		林俶浑	福建侯官	毕业生	
	司法科	科长	候补知县	方宗猷	浙江山阴	监生	
		副科长	候补知县	黄树棠	广东归善	举人	
		科员	候补县丞	程经邦	浙江山阴	毕业生	
		科员	考职典史	薛鸿猷	福建闽县	毕业生	
		科员		蒋燮钧	福建侯官	毕业生	
	卫生科	副科长	候补知县降补府经县丞	樊明达	湖北大冶	监生	
		科员	候补县丞	周邦济	浙江诸暨	附贡生	
		科员	州同职衔	陈兴柽	福建闽县	毕业生	
		科员	分省补用府经历	卢朴	福建闽县	优贡	
		科员		苏景洵	福建闽县	毕业生	
浙江		巡警道		杨士燮	安徽泗洲	进士	毕业生占绝大多数，浙江人占三分之一。除总务科设科长副科长外，余均仅设科长，每科均设科员4人
	总务科	科长	尽先布照磨	黄镛	江西新淦	毕业生	
		副科长	补用从九	胡宗成	浙江会稽	监生	
		科员	两淮试用盐大使	赵翰芬	直隶祁州	毕业生	
		科员		夏钟澍	浙江富阳	毕业生	
		科员	县丞职衔	杨寿恒	江苏山阳	监生	
		科员	试用县丞	孔宪荄	浙江西安	毕业生	
	行政科	科长	补用知县	朱沛	江苏泰兴	毕业生	
		科员	世袭云骑尉	沈曜	浙江钱塘	毕业生	
		科员	试用布理问	汪驷	安徽盱眙	毕业生	
		科员		詹渭淦	浙江西安	毕业生	
		科员	试用盐大使	钱沐华	江苏通州	毕业生	

续表

省份	科别	职别	衔名	姓名	籍贯	出身	统计
浙江	司法科	科长	补用县丞	贺学海	湖南邵阳	举人	毕业生占绝大多数,浙江人占三分之一。除总务科设科长副科长外,余均仅设科长,每科均设科员4人
		科员	巡检	来长泰	浙江萧山	毕业生	
		科员		钱青	浙江嵊县	毕业生	
		科员	湖北试用知县	潭日森	浙江嘉兴	毕业生	
		科员		赵宗典	江苏丹徒	附生	
	卫生科	科长	州同职衔	孙耀曾	直隶天津	毕业生	
		科员		陈世絜	安徽定远	毕业生	
		科员	补用知县	叶远荣	江西新建	毕业生	
		科员		林洞	福建闽县	毕业生	
		科员	县丞职衔	于斌	山东济宁	毕业生	
江西		巡警道		张检	直隶南皮	进士	
	总务科	科长	候补知县	黄绶	福建莆田	附生	
		副科长	分省补用道库大使	陈其达	浙江山阴	毕业生	
		科员	候补县丞	王炳义	安徽怀宁	毕业生	
		科员	候补县丞	陆佑宸	江苏阳湖	监生	
		科员		王儒镜	直隶沧州	毕业生	
		科员	补用府经历	黄葆琦	河南光山	毕业生	
	行政科	科长	补用直隶州知州	汪念祖	浙江钱塘	附贡	科长科副以旧学出身为主,科员多为毕业生
		副科长		伍建威	江西德化	毕业生	
		科员	试用府经历	朱正煌	江苏吴县	监生	
		科员		刘国栋	湖北沔阳	毕业生	
		科员	选用县丞	刘洞业	福建侯官	监生	
	司法科	科长	候补知县	佘寅中	湖北兴国	举人	
		副科长	候补知县	柳绍基	直隶大兴	监生	
		科员	补用知县	陈祖光	福建长乐	监生	
		科员	候选从九品	璩炳焜	江西德化	毕业生	
	卫生科	科长	补用知府	朱莹	安徽泾县	监生	
		副科长	县丞职衔	阎恩荣	直隶良乡	毕业生	
		科员		张仁锐	直隶南皮	毕业生	
		科员	考职典史	魏显荣	福建莆田	附生	

续表

省份	科别	职别	衔名	姓名	籍贯	出身	统计
湖北		巡警道		王履康	江苏句容	拔贡	人员精简
	总务科	科长	补用知府	瞿世玫	顺天宛平	毕业生	
		副科长	试用武昌县知县	顾印愚	四川成都	举人	
	行政科	科长	试用通判	杨培	四川华阳		
		科长	知府用补用同知	何锡章	广东香山	监生	
	司法科	科长	补用知县	徐道恭	四川华阳	监生	
	卫生科						
湖南		巡警道		桂龄	蒙古镶红旗	举人	各科均未置科长，人员精简
	总务科	科员	试用布理问	杨安	江苏武进	毕业生	
		科员	补用典史	罗骞	广东嘉应	毕业生	
		科员	难荫知县	梁恩湛	山西灵石		
		科员	试用从九品	汤振鹏	江苏上元	毕业生	
	行政科	副科长		吕炳晟	广西陆川	举人	
		科员	试用通判	徐曾荣	浙江山阴		
		科员		熊士芬	湖南长沙	毕业生	
		科员	试用通判	王嘉曾	江苏溧阳		
	司法科	科员	候补直隶州吏目	林心	福建侯官	举人	
		科员	试用通判	胡元善	汉军正蓝旗		
	卫生科	科员	候选通判	劳远葆	湖南善化	毕业生	
		科员	候选府经历	王瑞霖	浙江仁和	毕业生	
四川		试署巡警道		徐樾	浙江	监生	行政科科员多达8员
	总务科	科长	试用知县	陶相	湖北		
		副科长	即用知县	丁兆冠	云南	举人	
		科员	补用知县	曾伯荣	江西		
		科员		左少莹	四川	毕业生	
		科员		萧荣章	四川	毕业生	

续表

省份	科别	职别	衔名	姓名	籍贯	出身	统计
四川	行政科	科长	县丞	吴士泰	浙江	毕业生	行政科科员多达8员
		科员	典史	李纪勋	湖南		
		科员	县丞	杨琛	甘肃		
		科员	府经历	张烱	陕西		
	司法科	科员	府经历	胡方立	贵州		
		科员	同知衔	袁照薰	贵州	毕业生	
		科员	从九品	罗天泽	四川	毕业生	
	卫生科	科员	守备	李其宾	四川	毕业生	
		科员		陈凤祥	四川	毕业生	
		科长	补用知县	赵耀基	云南	进士	
		科员	巡检	李振沄	陕西	毕业生	
		科员	盐茶大使	孙吉焜	浙江	毕业生	
		科长	通判	晋和	京口驻防旗人	毕业生	
		科员	州同职衔	危勋	四川	毕业生	
广东		巡警道		刘道仁	湖北沔阳	举人	总务科科员达17名之多，行政科科员9员，严重超编，广东本省人占三分之一强。旧学出身者多，但多兼习警学
	总务科	科长	开缺茂名县知县	黄树荣	福建宁德	进士	
		科员兼副科长		姚景期	湖南邵阳	附贡	
		科员		戴扬芬	广东南海	毕业生	
		科员		刘守严	浙江山阴	毕业生	
		科员		熊轼	广东茂名	廪生	
		科员	试用从九品	胡庆升	浙江归安	监生	
		科员		姚耀宗	湖南邵阳	毕业生	
		科员	试用从九品	曾宗枢	福建闽县	监生	
		科员	州同职衔	丁钟狱	湖南湘乡	监生	
		科员		蔡瑜亮	广西桂平	附生	
		科员	分省补用县丞	谭家齐	湖南湘乡	监生	
		科员	县丞职衔	徐希蕃	浙江乌城	附贡	
		科员		于璟	江苏泰兴	附生	

续表

省份	科别	职别	衔名	姓名	籍贯	出身	统计
广东	总务科	科员	州同职衔	李澄	湖南长沙	毕业生	
		科员	县丞职衔	李宝祥	广东南海	毕业生	
		科员		周万里	广东顺德	毕业生	
		科员		阳毅	广西临桂	毕业生	
		科员	候补县丞	邓燮中	湖南新宁	监生	
		科员		陈献琛	广西平乐	毕业生	
	行政科	科长	拣发知县	黄璲	福建侯官	举人	
		副科长		彭名时	湖南湘乡	廪贡	
		科员		凌鸿年	广东番禺	毕业生	
		科员		何洪钧	广东香山	监生	
		科员	候选典史	麦穗芳	广东东莞	附生	
		科员	州同职衔	荣瑞铨	广东新会	附贡	
		科员	州同职衔	王衡	江苏金匮	附监	
		科员	试用从九品	朱霞	浙江山阴	监生	
		科员	府经历职衔	钟定寰	广东合浦	毕业生	
		科员	候选主簿	邹宜珩	江苏丹徒	监生	
		科员	从九职衔	熊承钧	湖南长沙	毕业生	
	司法科	科长		冯有彝	湖南黔阳	毕业生	
		副科长	拣发知县	董国桢	四川乐山	举人	
		科员	补用知县	王寿祺	广西临桂	监生	
		科员	试用直隶州州判	周安臣	广西临桂	副贡	
		科员	补用都司	周翰怡	广东开平		
		科员		区乃棕	广东四会	廪生	
		科员	试用知县	彭德洋	四川巴县	举人	
		科员	试用道库大使	赵森	顺天大兴	监生	
	卫生科	科长	试用知县	刘嘉福	山西洪洞	荫生	
		副科长	前御前医官	门定鳌	广州驻防旗人	监生	
		科员		刘炳黎	湖南益阳	附生	
		科员	候补从九品	孔庆镶	山东曲阜	监生	
		科员		王临湘	湖南湘阴	毕业生	
		科员		柏干	湖南宁远	毕业生	

续表

省份	科别	职别	衔名	姓名	籍贯	出身	统计
广西		巡警道		王秉必	四川华阳	监生	总务科科员8人,卫生科科员1人,相差甚远
	总务科	科长	补用直隶州知州	冯锡薇	浙江桐乡	监生	
		副科长		林苻桢	广西雒荣	拔贡	
		科员	典史	刘溱	湖南浏阳	毕业生	
		科员		石宝恒	广西临桂		
		科员	试用从九品	杨廷辅	贵州贵筑	毕业生	
		科员	候补巡检	董韶	四川灌县	监生	
		科员		廖剑青	广西临桂	毕业生	
		科员	同知职衔	吕镛	湖南零陵	附贡	
		科员	试用知县	钱福臣	贵州贵筑	毕业生	
		科员	候选按经历	萧葆枸	江西泰和	监生	
	行政科	科长	补用知县	谢上珍	江苏江阴	监生	
		副科长		陈大猷	江苏武进	附生	
		科员		杨煦	广西灵川	附生	
		科员	选用通判	覃恩溥	云南呈贡	附生	
		科员		沈之豫	浙江会稽		
		科员		吴泽瑞	广东会同	岁贡	
	司法科	科长	补用县丞	钱维骐	湖南宁乡	附生	
		副科长	候补知县	钱尊彝	云南昆明	附生	
		科员	候补知县	钱尊彝	云南昆明	附生	
		科员		陈凯	广西马平	毕业生	
	卫生科	副科长	候补知县	陈长候	福建闽县	毕业生	
		科员	从九职衔	刘瑞藻	湖南浏阳		
云南		巡警道		杨福璋	浙江会稽	举人	
		科长		朱铠	浙江会稽	毕业生	
		科长	州判职衔	杨崇基	云南昆明	毕业生	
		科长	补用知县	全免泽	浙江山阴	学生	
		副科长	试用盐大使	陈鸣锵	贵州绥阳	举人	
		科员	考职班分省试用典史	赵荣宗	云南宣威	优附生	
		科员	补用府经历	张宗祥	贵州贵筑	监生	
		科员	试用知县	邹达人	贵州镇远	廪贡	

续表

省份	科别	职别	衔名	姓名	籍贯	出身	统计
云南		科员	试用知县	邹达人	贵州镇远	廪贡	
		科员	候选通判	罗宗耀	广东南海		
		科员	县丞职衔	段世璋	云南浪穹	附生	
		科员	补用巡检	景涟	四川三台	监生	
		科员	候选府经历	朱树森	湖北江陵	毕业生	
		科员	试用府经历	徐桂林	贵州贵筑	举人	
贵州		巡警道		贺国昌	江西萍乡	举人	
	总务科	科长	补用知县	方象矩			
		副科长	试用巡检	钟应贤			
		科员	通判	张起璜			
		科员	府经历	曾涛			
		科员	京师巡警总厅录事	吴秉衡			
		科员	同知职衔	李泽霓			
	行政科	科长	候选通判	周培艺			
		副科长		蔡铣			
		科员		宁士谦			
		科员		萧开锦			
	司法科	科长	试用知县	简协中			
		副科长	补用知县	冯树荣			
		科员	补用从九品	李发柯			
		科员		段汶明			
		科员	候选县丞	黄畸			
	卫生科	科长	补用通判	吴达渊			
		副科长		倪树铭			
		科员		陈振霖			
		科员	候选巡检	钟鹗章			

资料来源：内阁印铸局编《宣统三年冬季职官录》，沈云龙主编《近代中国史料丛刊》第290辑。

后 记

本书是在我的博士学位论文的基础上修改完成的。

首先特别感谢我的博士生导师关晓红教授。记得我尚在古城开封攻读硕士期间,偶尔读到《晚清学部研究》,极为惊诧制度研究可以做得如此精彩,当即萌生南下拜师的念头。后承蒙恩师不弃,得以忝列师门,不胜欢喜之至。在中山大学跟随恩师读博四年间,恩师从论文的选题、资料搜集、史料解读、章节布局、文字表述等各个方面,都给予悉心的指点。在学期间,恩师不仅主动询问论文进展,耐心给予鼓励,并且关心我的生活,提醒注意身体,让我心中备感温暖。今后当继续努力,体悟学问法门,以不负恩师教诲。

十分感谢桑兵教授。几年来,桑老师也时常指点迷津,启示努力方向,在论文的问题意识、研究方向、写作方法上都给予了我很多启发。而在论文修改过程中,桑老师也不吝赐教,指正论文缺陷,惠我良多。另外,吴义雄、曹天忠、赵立彬、何文平等老师关心论文的进展,提出中肯的意见,在此谨致谢忱。谢放、桑兵、吴义雄、刘增合、曹天忠等老师在我博士论文答辩时提出宝贵的修改意见,让我受益匪浅。

本书的完成也离不开其他师友的鼓励。我的硕士导师马小泉教授、翁有为教授在我来到广州之后,继续关心我的学业进展,并给予帮助。读硕期间,马老师的肯定与及时的鼓励,让我决心走上继续求学的道路，回想起来，甚为感谢。华中师大刘伟教授曾在一次学术讨论会上，对我的论文提出中肯的建议。而在史料的搜集与论文的撰写过程中，同门王鸿志、吴昌稳、张凯、陈享冬、吴昱、杨瑞、於梅舫，时常互相讨论，给我诸多提示。在学习与生活中关心我的，还有师兄张季、徐文勇、谢小强、何树远、林晓照，师弟安东强、杨思机、朱怀远、曾荣、赵虎、陈明、朱贞，同学崔军峰、康波，一并谢过。尤其是王鸿志与我论文选题较为接近，在搜集资料与写作过程中，时常互相探讨，给予我很多的提示与建议。吴昌稳多次关心本书的修订，给予我极大的鼓励与鞭策。

此次有幸入选中国历史研究院学术出版资助项目，非常感谢评审专家的肯定，也感谢社会科学文献出版社的支持。

本书的写作离不开家人不遗余力的支持。与世无争的父母终日操劳，节衣缩食，供我读书。先我工作的弟弟，踏实勤奋，使我得以安心学业。爱人肖华峰一路陪伴，见证了本书从酝酿到出版的全过程。两个女儿乖巧可爱，聪慧静美，她们的成长给予我这世间最美好的体验。家人的理解与陪伴，给了我向前的动力与勇气。

2021 年 12 月 30 日

图书在版编目(CIP)数据

纳民轨物：清末巡警道研究/彭雪芹著．--北京：
社会科学文献出版社，2022.1
中国历史研究院学术出版资助项目
ISBN 978-7-5201-9385-6

Ⅰ.①纳… Ⅱ.①彭… Ⅲ.①警政-研究-中国-清后期 Ⅳ.①D691.6

中国版本图书馆 CIP 数据核字（2021）第 232333 号

中国历史研究院学术出版资助项目
纳民轨物：清末巡警道研究

著　　者 / 彭雪芹

出 版 人 / 王利民
责任编辑 / 陈肖寒
文稿编辑 / 徐　花
责任印制 / 王京美

出　　版 / 社会科学文献出版社·历史学分社（010）59367256
　　　　　地址：北京市北三环中路甲29号院华龙大厦　邮编：100029
　　　　　网址：www.ssap.com.cn
发　　行 / 社会科学文献出版社（010）59367028
印　　装 / 北京盛通印刷股份有限公司

规　　格 / 开　本：787mm×1092mm　1/16
　　　　　印　张：26.25　字　数：365千字
版　　次 / 2022年1月第1版　2022年1月第1次印刷
书　　号 / ISBN 978-7-5201-9385-6
定　　价 / 128.00元

读者服务电话：4008918866

版权所有 翻印必究